এক কিশোরী কন্যার ডায়েরি

Bengali translation of the International Bestseller
The Diary of a Young Girl

Published in 2023 by

FiNGERPRINT! BENGALI

An imprint of Prakash Books India Pvt. Ltd.

113/A, Darya Ganj,
New Delhi-110 002
Tel: (011) 2324 7062–65, Fax: (011) 2324 6975
Email: info@prakashbooks.com/sales@prakashbooks.com

facebook www.facebook.com/fingerprintpublishing
twitter www.twitter.com/FingerprintP
www.fingerprintpublishing.com

ISBN: 978 93 5440 711 6

Processed & printed in India

এক কিশোরী কন্যার ডায়েরি

Bengali translation of the International Bestseller
The Diary of a Young Girl

আনে ফ্রাঙ্ক

সম্পাদনা

অটো হাইনরিশ ফ্রাঙ্ক ও মিরজাম প্রেসলার

অনুবাদ: শান্তনু গঙ্গোপাধ্যায়

FiNGERPRINT!

অনুবাদকের ভূমিকা

১৯৩৩ সাল। জার্মানিতে দাপিয়ে বেড়াচ্ছে নাৎসি বাহিনী। তাদের হাত থেকে বাঁচতে জার্মানি ছাড়ল এক ইহুদি পরিবার। পরিবারের কর্তা অটো হাইনরিশ ফ্রাঙ্ক, গিন্নি এডিথ আর দুই মেয়ে মারগট এবং আনে। তিনি প্রথম বিশ্বযুদ্ধে জার্মান সেনার লেফটেন্যান্ট পদ সামলেছিলেন, পরে তিনি ফ্রাঙ্কফুর্টে নিজেকে এক সফল ব্যবসায়ী হিসেবে প্রতিষ্ঠিত করেন। কিন্তু তাকেও দেশ ছাড়তে হয়। তিনি চলে এসেছিলেন আমস্টারডামে। হল্যান্ডের রাজধানীতে তিনি একটি মশলার কারবারে ম্যানেজিং ডাইরেক্টরের পদে আসীন হন, অফিসের ঠিকানা ২৬৩ প্রিনজেনগ্রাখট। কালক্রমে যে বাড়িটা হয়ে উঠেছিল তাঁদের লুকিয়ে থাকার ঠিকানা।

১৯৪০ সালে নাৎসি বাহিনী হল্যান্ড দখল করে নিলে ইহুদিদের ওপর দমনপীড়ন শুরু হয়। মারগট এবং আনেকে নিজেদের স্কুল ছেড়ে ভর্তি হতে হয় ইহুদি লাইসিয়ামে। ইহুদিদের ওপর জারি হয় নানা নিষেধাজ্ঞা। তাদের সব সময় হলুদ রঙের ইহুদি প্রতীক স্টার অফ ডেভিড পরে থাকতে হবে। এছাড়া গাড়ি চড়া (নিজের হলেও), ট্রামে চড়া, সিনেমা থিয়েটারে যাওয়ার ওপর নিষেধাজ্ঞা, বাজার দোকান করার সময় বেঁধে দেওয়া ইত্যাদি ইত্যাদি। একের পর এক ইহুদি পরিবারের ওপর শমন জারি করে পাঠানো হতে থাকে বন্দী শিবিরে।

১৯৪২ সালের জুলাইয়ের শুরুতে দেশ ছেড়ে বন্দী শিবিরে যাবার শমন এসে পৌঁছল মারগটের নামে। অটো ফ্রাঙ্ক অবশ্য আগে থেকেই অনুমান করে তাঁর পরিবারের জন্য একটা গোপন আস্তানার ব্যবস্থা করেছিলেন। শমন এড়িয়ে ফ্রাঙ্ক পরিবার নির্ধারিত ১৬ই জুলাইয়ের আগেই ৯ই জুলাই অটো ফ্রাঙ্কের অফিস বাড়ির পিছন দিকে উপর তলায় এক গোপন ডেরায় আশ্রয় নিল। একটা বইয়ের তাক। সেটাই একটা দরজার মতো খুলে যায়। তার পেছনেই গোপন ডেরা। কয়েকটা ঘর বাথরুম মিলিয়ে মন্দ নয়। অটো ফ্রাঙ্কের এক সহকর্মীর তিনজনের পরিবার ও এক দাঁতের ডাক্তারও সেখানে আশ্রয় নিয়েছিলেন।

ঐ গোপন ডেরায় আটজনের চলাফেরা, খাওয়া, শোওয়া, কথা বলায় পদে পদে ছিল নিষেধের বাঁধন, বিশেষ করে দিনের বেলায়। শৌচাগারে জলের ব্যবহারও

করতে হবে লোকের কান বাঁচিয়ে। কারণ ওটার সামনের অংশেই অফিস বাড়ি। সেখানে ও গুদামঘরে অফিসের কর্মীরা আসেন, কাজ করেন। তাদের মধ্যে কয়েকজন বিশ্বস্ত মানুষ কালোবাজার থেকে খাদ্যবস্তু ও অন্যান্য জিনিসপত্র যোগান দেন।

এখানে আশ্রয় নেবার আগে ১৯৪২-এর ১২ই জুন আনে তার তেরো বছরের জন্মদিনে একটা ডায়েরি উপহার পেয়েছিল আনে। সেই ডায়েরিই হয়ে উঠেছিল তার পরম প্রিয় বন্ধু 'কিটি'। ডায়েরি শেষ হয়ে যাবার পর স্কুলের খাতা, তারপর সাদা পাতায় চলেছিল তার অনর্গল কলম। কিশোরী কন্যাটির কলমে উঠে এসেছিল সেই সময়। তার ব্যক্তিগত ভালো লাগা, অভিমান, ক্রোধ, ভালোবাসা, তার বড়ো হয়ে ওঠার ছবি ফুটে উঠেছিল। সম্পর্কের টানাপোড়েন, হাসি, মজা, প্রেম, আশঙ্কা, আতঙ্ক...সব কিছু যেন ক্যালাইডোস্কোপের মতো ঘুরে ঘুরে গিয়েছিল ডায়েরির পাতায় পাতায়।

দ্য ডায়েরি অফ আ ইয়ং গার্ল শুধু সময়ের প্রতিচ্ছবিই নয়, ইউরোপের হলোকাস্ট লিটারেচারের অন্যতম প্রধান একটি অংশ। ইতিহাসেরও অংশ। ডাচ ভাষায় এই ডায়েরি প্রকাশিত হয়েছিল *হেট আখ্‌ট্যারহ্যাইস্‌* (সিক্রেট অ্যানেক্স, এখানে যাকে গোপন ডেরা বলা হয়েছে) নামে ১৯৪৭ সালের ২৫-এ শে জুন। ৭৫ বছর পূর্ণ হল সেই প্রকাশনার। রেডিয়োয় আনা শুনেছিল লন্ডন থেকে নেদারল্যান্ডের নির্বাসিত সরকারের মন্ত্রীর ভাষণ, তিনি বলেছিলেন এবছর সময়কার সমস্ত চিঠি, জার্নাল, ছবি সংরক্ষণ করে রাখতে। পরে সেগুলি দিয়ে একটা আর্কাইভ তৈরি হবে। আনা উৎসাহিত হয়ে নিজের লেখা সম্পাদনা শুরু করেছিল।

১৯৪৪-এর চৌঠা আগস্ট নাৎসিরা আনেদের গ্রেফতার করে নিয়ে গিয়েছিল। কিন্তু ডায়েরি, আনের লেখা খাতা আর কাগজগুলো তারা ফেলে গিয়েছিল। তাদের সাহায্যকারিনী বেপ আর মিয়েপ সেগুলো সযত্নে রেখে দিয়েছিলেন। অটো ছাড়া পেয়ে আমস্টারডামে ফিরে এলে তাঁর হাতে তুলে দিয়েছিলেন। ডায়েরির কথা জানলেও বাবা প্রথমে পড়তে চাননি মেয়ের লেখা। যখন পড়লেন তখন খুঁজে পেলেন এক উত্তাল সময়ের ছবি। অটো এবং তাঁর এক বন্ধু সম্পাদনা করে প্রকাশ করেছিলেন *হেট আখ্‌ট্যারহ্যাইস্‌*। ইংরেজি ভাষায় অনূদিত হয়ে পাঠকের কাছে বইটি পরিচিতি পায় *দ্য ডায়েরি অফ আ ইয়ং গার্ল* নামে। ১৯৫২ সালের ৫ই অক্টোবর মার্কিন যুক্তরাষ্ট্রে ইংরেজি অনুবাদটি প্রকাশ পায়। সেই প্রকাশনারও ৭০ বছর হল এ বছর। এই ডায়েরির নাট্যরূপ অভিনীত হয়েছিল ব্রডওয়ের থিয়েটারে। আমেরিকা সফর করেছিল নাটকটি। পেয়েছিল অজস্র পুরস্কার। হলিউডে সিনেমাও হয়েছিল জর্জ স্টিফেন্স-এর পরিচালনায়।

প্রসঙ্গত উল্লেখ্য, বইটি অনেক বছর আগে বাংলায় অনুবাদ করেছিলেন শ্রদ্ধেয় কবি সুভাষ মুখোপাধ্যায়। তিনি যে ইংরেজি অনুবাদ থেকে করেছিলেন সেটি অটো ফ্রাঙ্কের সম্পাদিত সংস্করণ ছিল না। সেখানে বহু পাঠভেদ লক্ষ করা যায়।

কাজটি করতে গিয়ে সহায়তা পেয়েছি নির্মলকান্তি ভট্টাচার্য, কাঞ্চনা মুখোপাধ্যায়, সুলগ্না মুখোপাধ্যায়, শুভ্র দাস ও প্রবাল বসাকের কাছ থেকে। আমি কৃতজ্ঞ আমার স্ত্রী রুপালি এবং কন্যা গঙ্গোত্রীর কাছে, যারা আমার কাজের পরিসর তৈরি করে দিয়েছে।

শান্তনু গঙ্গোপাধ্যায়

নভেম্বর ২০২২, কলকাতা

ভূমিকা

নেদারল্যান্ডের এক তেরো বছরের কিশোরী কন্যাকে তার জন্মদিনে একটা ডায়েরি উপহার দেওয়া হয়েছিল। দুদিন পরে সে লিখতে শুরু করে। ১৯৪২-এর জুন মাস না হলে এই ডায়েরি বয়ঃসন্ধিকালের কোনো এক কিশোরীর নেহাতই একটা মামুলি ডায়েরি হয়ে উঠতে পারত। অ্যাডলফ হিটলার ইউরোপ মহাদেশের ইহুদিদের বিরুদ্ধে তার দমনমূলক অভিযান শুরু করেছিল; তার সেনাবাহিনী মহাদেশের অনেকটা অংশ দখল করে নিয়েছিল—অস্ট্রিয়া, চেকোস্লোভাকিয়া এবং পোলান্ড একটার পর একটা, প্রায় দেশলাই কাঠির মতোই—আর যখন জার্মানরা নেদারল্যান্ডে ঢুকেছিল, এই ছোট্ট ইহুদি কিশোরীটি তার বাবা অটো ফ্রাঙ্ক, তার মা এডিথ, দিদি মারগট এবং আরেকটি তিন সদস্যের পরিবারের সঙ্গে আমস্টারডামে তার বাবার যে বাড়িতে অফিস ছিল সেই বাড়ির ওপর তলায় একটা বইয়ের তাকের পেছনে একটা গোপন মহলের বদ্ধ ঘরে গা-ঢাকা দিয়েছিল। সেখানে সে সকলের সঙ্গে দুবছর লুকিয়েছিল, যতদিন না বিশ্বাসঘাতকতা করে তাদের ধরিয়ে দেওয়া হয় এবং তারপর দখলদার জার্মান ফৌজের সেনারা এসে গ্রেফতার করে কনসেনট্রেশন ক্যাম্পে পাঠিয়ে দেয়। সেখানে সে শেষ পর্যন্ত টাইফাস রোগে মারা যায়। অসুস্থতাকে জয় করে বেঁচে থাকতে পারলে সে অন্যদের সঙ্গে বন্দীদশা মুক্ত হতে পারত কারণ কয়েক সপ্তাহ পরেই ব্রিটিশ ফৌজ এসে সবাইকে মুক্ত করে দিয়েছিল। ১৯৪৫ সালের মার্চের শুরুতে বের্গেন-বেলসেন কনসেনট্রেশন ক্যাম্পে সে যখন মারা যায় তখন তার বয়স ছিল পনেরো বছর। এক বিকৃত মানসিকতার জন্য তার ছোট্ট জীবন বিয়োগান্তভাবে নির্বাপিত হয়ে যায়।

১৯২৯ সালের জুনে জাত আনে ফ্রাঙ্কের জীবনযাপন অন্ধকারেই থেকে যেত, যদি না তার বাবা ১৯৪৭ সালে তার ডায়েরিটা প্রকাশ করতেন। দ্বিতীয় বিশ্বযুদ্ধের মানবিক দিকের তথ্যানুসন্ধানের সরকারি ফাইলে একটা সংখ্যা হয়েই হয়তো সে থেকে যেত। কিন্তু তা হতে পারেনি। সে ১৯৪২-এর গ্রীষ্মে তার ডায়েরি লিখতে শুরু করেছিল, সেখানে একজন লুকিয়ে থাকা ইহুদি হিসেবে তার অভিজ্ঞতার বিবরণ লিপিবদ্ধ করার উদ্দেশ্য কখনই ছিল না। আনের ডায়েরি তার কাছে ছিল খুবই সৎ এবং অকপটভাবে

নিজেকে প্রকাশ করার জায়গা। সে কোনো কিছু লিখতেই ইতস্তত বোধ করেনি, ডায়েরির পাতায় পাতায় সব কিছু প্রকাশ করে নিজের হৃদয়কে উন্মুক্ত করে ঢেলে দিয়েছিল। ১৯৪৪-এর মার্চ মাসে আনে লন্ডনে নির্বাসিত ডাচ সরকারের এক মন্ত্রীর বেতার সম্প্রচার শুনেছিল, যিনি জার্মান জমানায় ওলন্দাজদের ওপর অত্যাচারের অভিজ্ঞতার একটি মহাফেজখানা তৈরি করার কথা বলেছিলেন। যিনি জনগণকে বলেছিলেন তাদের সমস্ত চিঠি, তাদের ডায়েরি, জার্নাল এবং আলোকচিত্র সংরক্ষণ করতে, যেগুলো তাঁর এই প্রকল্পের ক্ষেত্রে অমূল্য প্রমাণ হয়ে উঠবে। আনে অনুপ্রাণিত হয়ে যুদ্ধের পরে প্রকাশ করতে দেবে এই অভিপ্রায়ে তার দিনলিপি সম্পাদনা করতে শুরু করে দিয়েছিল। দুবছর ধরে সে লিখেছিল, যা দেখেছে তার প্রতি সে অবিচল ছিল এবং যা লিখেছে তার মধ্যে দিয়েই সে গিয়েছিল।

আজ আনে ফ্রাঙ্কের ডায়েরি হিটলারের উন্মত্ততার অন্যতম একটি গুরুত্বপূর্ণ নথি। সরকারি নথি এবং রাজনৈতিক আলোচনাকে সরিয়ে রেখে ঐতিহাসিক ট্রাজেডির ভেতর থেকে বুনে নেওয়া যায় একটি মানবিক আখ্যান যার মূল উপজীব্য পরিস্থিতির শিকার হয়ে টিঁকে থাকা একক একটি কণ্ঠস্বর আর আনের ডায়েরি ঠিক তাই। সে ছিল ত্রয়োদশী যখন সে লিখতে শুরু করেছিল। তার কিছু প্রমাণ করার ছিল না, হাসিল করার জন্য গোপন কোনো মতলব ছিল না, প্রচার করার জন্য কোনো মতবাদ ছিল না। শুধুমাত্র সে লিখতে চেয়েছিল বলেই লিখে গিয়েছিল। সে লিখে গিয়েছিল অত্যন্ত নিষ্পাপ মনে আন্তরিকতার সঙ্গে, যা শুধু ছোটোদেরই থাকে, তবে সে যা লিখেছিল তা তার মতো অপাপবিদ্ধ ছিল না। ধ্বংসযজ্ঞকে ঘিরে সমস্তরকম বাদানুবাদ ও বিতর্কের মধ্যেই, আনের ডায়েরি একটি অনুপুঙ্খভাবে লেখা এবং অনেক কিছু প্রকাশ করে দেওয়া নথি যা ভুক্তভোগীর দৃষ্টিভঙ্গিতে লেখা হয়েছিল, সেটি ধ্বংসযজ্ঞের একটি প্রতীকী বয়ান হয়ে উঠেছে। পাঠ্যসূচির অংশ হিসেবে ছোটো ছেলেমেয়েরা ডায়েরির সংক্ষেপিত সংস্করণ পড়ে অবহিত হয় তাদের বয়সি একটি মেয়ে চল্লিশের দশকে কী ভয়ানক সময়ের মুখোমুখি হয়েছিল। শিক্ষাবিদ এবং ইতিহাসবিদরা এটিকে ঐতিহাসিক সত্যের প্রামাণ্য উৎস বিন্দু হিসেবে ব্যবহার করে অনেক গুরুত্বপূর্ণ লেখা লিখেছেন। ডায়েরিটির ব্যাপারে ডাচ সাংবাদিক এবং ইতিহাসবিদ জান রোমেন ১৯৪৬ সালে বলেছিলেন, যদিও 'এক কিশোরীর কণ্ঠস্বরে বলা' তবুও 'এর মধ্যে রয়েছে ফ্যাসিবাদের সব রকমের কুৎসিত চেহারা, যা নুরেমবার্গের সমস্ত প্রমাণ এক করে যা হয় তার চেয়েও বেশি।'

আনের কণ্ঠস্বর পৌঁছে গিয়েছিল সব মহাদেশে এবং প্রজন্মব্যাপী। তার ডায়েরি ধ্বংসযজ্ঞের ভুক্তভোগীদের অবশ্যম্ভাবী নামহীনতায় ডুবে যাওয়া থেকে রক্ষা করেছে। সে অন্যদের তার মতো মুখ এবং জীবন দান করেছে। যারা তার মধ্যে থেকে বেঁচেছিল

এবং আমরা যারা তারপরে এসেছি, সে আমাদের সকলের জন্য তা বাস্তব করে তুলেছিল। বলা হয় যে ক্ষতের চেতনায় মানুষ কষ্ট পায়, ক্ষতমুখ বন্ধ হয়ে গেলেও তা চলে যায় না। তা শুধু ক্ষতের স্মৃতিকে জাগিয়ে রাখে, মনে করায় এবং ছড়িয়ে দেয় যাতে মানুষের সত্যকার আবেগমুক্তি ঘটে। এক কিশোরী কন্যার ডায়েরি যতবার পড়া হবে এবং আলোচিত হবে, যত বেশি বার সংলাপ এবং ঐতিহাসিক বিতর্ককে উদ্দীপিত করে তুলবে, এই আবেগমুক্তি নিকটতর হবে।

জুন ১২, ১৯৪২

আমি যেহেতু কাউকেই কখনও বিশ্বাস করে গোপন কথা বলতে পারিনি, আমি আশা করি তোমাকে বিশ্বাস করে সব গোপন কথা বলতে পারব আর আশা করব তুমি আমার সান্ত্বনা আর সহায়তার একটা মস্ত উৎস হবে।*

রবিবার, জুন ১৪, ১৯৪২

যে মুহূর্তে আমি তোমাকে টেবিলে আমার অন্যান্য জন্মদিনের উপহারের সঙ্গে দেখেছিলাম সেই পাওয়ার মুহূর্ত থেকে আমি শুরু করব। (যখন তোমাকে কেনা হয়েছিল আমি সেখানে ছিলাম না, তাতে কিছু এসে যায় না।)

শুক্রবার, ১২ই জুন, সকাল ছ-টায় আমার ঘুম ভেঙে গেল, যেটা আশ্চর্যের নয়, যেহেতু, সেদিনটা আমার জন্মদিন ছিল। কিন্তু অত ভোরে ওঠার অনুমতি আমার ছিল না, কাজেই আমাকে পৌনে সাতটা অবধি কৌতুহল চেপে রাখতে হল। যখন আমি আর অপেক্ষা করতে পারলাম না, তখন আমি উঠে খাওয়ার ঘরে গেলাম, সেখানে মুরটিয়ে (বেড়াল) আমার পায়ে মাথা ঘষে আমাকে অভ্যর্থনা জানাল।

সাতটা বাজার একটু পরেই আমি বাবা-মায়ের কাছে গেলাম আর তারপর বসার ঘরে আমার উপহারগুলো খুলতে লাগলাম আর প্রথমেই যেটা দেখলাম সেটা তুমি, সম্ভবত আমার সবচেয়ে সুন্দর উপহার। তাছাড়া ছিল গোলাপের তোড়া, কিছু পিয়োনি ফুল আর একটা টবে চারা গাছ। বাবা-মায়ের কাছ থেকে পেয়েছিলাম একটা নীল ব্লাউজ, একটা খেলনা, এক বোতল আঙুরের রস, যেটা আমার মতে খানিকটা ওয়াইনের মতো খেতে (যতই হোক ওয়াইন তো আঙুর থেকেই হয়), একটা ধাঁধা, কোল্ড ক্রিমের শিশি, আড়াই গিল্ডার আর দুটো বইয়ের জন্য একটা গিফট কুপন।

---

* আনে মন্তব্য যোগ করেছিল ২৮-এ সেপ্টেম্বর ১৯৪২।

যাকে এখন আমি নিয়মিত লিখি, সেই কিটির মতো তুমিও সত্যিই আমার সান্ত্বনার একটা বড়ো উৎস হয়ে উঠেছ। এইভাবে ডায়েরি লেখাটা বেশ ভালো আর এখন আমায় লিখতে পাবার সময়ের জন্যে অপেক্ষা করতে হবে না।

ওহ্, তোমাকে নিয়ে এসে আমার কী যে ভালো লাগছে!

তাছাড়া পেয়েছিলাম আরেকটা বই, *ক্যামেরা অবস্কিউরা* (কিন্তু মারগটের এটা ছিল, সুতরাং অন্য কিছুর সঙ্গে সেটা বদলে নিয়েছিলাম), আর ছিল বাড়িতে তৈরি অনেক রকম বিস্কুট (যা আমি নিজেই বানিয়েছিলাম, আমি যেহেতু বিস্কুট তৈরিতে ওস্তাদ হয়ে উঠেছিলাম), অনেক মিষ্টি আর মায়ের বানানো স্ট্রবেরি টার্ট। আর ছিল সঠিক সময়ে আসা ঠাকুমার কাছ থেকে একটা চিঠি, তবে সেটা অবশ্যই কাকতালীয়।

তারপর হানেলি বাড়িতে এল, আমরা স্কুলে গেলাম। টিফিনের সময় আমি আমার ক্লাসের সবাইকে আর দিদিমণি আর মাস্টারমশাইদের বিস্কুট দিলাম, তারপর ক্লাসে ফিরে গেলাম। আমি ক্লাসের সকলের সঙ্গে জিমে গিয়েছিলাম সেজন্য পাঁচটার মধ্যে বাড়ি পৌঁছতে পারিনি। (আমার জিমে অংশ নেওয়া বারণ ছিল কারণ আমার কোমর আর কাঁধের হাড় দুর্বল।) সেদিনটা আমার জন্মদিন বলে আমিই ঠিক করেছিলাম কোন খেলাটা আমার সহপাঠীরা খেলবে, আমি বেছেছিলাম ভলিবল। খেলার পরে তারা 'হ্যাপি বার্থডে' গানটা গাইতে গাইতে আমাকে ঘিরে ঘিরে নাচল। যখন বাড়ি পৌঁছলাম দেখি সানে লিডারমান এসে বসে আছে। ইলসে হ্বাগনার, হানেলি গসলার আর জাকলিন ভ্যান মার্জেন জিম ফেরত আমার সঙ্গেই এল, আমরা তো এক ক্লাসেরই। হানেলি আর সানে আমার বেস্ট ফ্রেন্ড। লোকেরা আমাদের তিনজনকে এক সঙ্গে দেখলেই বলে, ঐ চলল, আনা, হানা, সানা। জাকলিনকে প্রথম দেখি যখন আমি ইহুদি লাইসিয়ামে যাওয়া শুরু করি, এখন ও আমার বেস্ট ফ্রেন্ড। ইলসে হানেলির বেস্ট ফ্রেন্ড আর সানে আরেকটা স্কুলে পড়ে, সেখানে ওর বেস্ট ফ্রেন্ড আছে।

ওরা আমাকে একটা চমৎকার বই দিয়েছে *ডাচ সাগাস অ্যান্ড লিজেন্ডস*, কিন্তু ভুল করে দ্বিতীয় খণ্ড দিয়েছে, কাজেই আমি দুটো অন্য বই দিয়ে প্রথম খণ্ডটা নিয়েছি। হেলেন মাসি আমাকে একটা ধাঁধা কিনে দিয়েছে, স্টেফানি মাসি দিয়েছে একটা ব্রোচ আর লেনি মাসি দিয়েছে একটা দারুণ বই: *ডেইজি গোজ টু মাউন্টেন।*

আজ সকালে চান করতে করতে আমি ভাবছিলাম কী ভালোই না হত আমার যদি রিন টিন টিন-এর মতো একটা কুকুর থাকত। আমিও ওকে রিন টিন টিন বলেই ডাকতাম আর আবহাওয়া ভালো থাকলে আমার সঙ্গে ওকে স্কুলে নিয়ে যেতাম, সেখানে ও দারোয়ানের ঘরে কিংবা সাইকেল রাখার ঘরে থাকত।

সোমবার, জুন ১৫, ১৯৪২

রবিবার বিকেলে আমার জন্মদিনের পার্টি হয়েছিল। আমার সহপাঠীদের রিন টিন টিন-এর সিনেমা খুব ভালো লেগেছে। আমি আরও দুটো ব্রোচ, একটা বুকমার্ক, আর দুটো বই পেয়েছিলাম।

অন্যান্য ছেলেমেয়েদের নিয়ে আমার ক্লাস আর আমার স্কুল নিয়ে কিছু কথা বলে শুরু করব।

বেটি ব্লোমেনডালকে বেশ গরিব দেখায়, আর আমার মনে হয় ও তাই-ই। ও থাকে পশ্চিম আমস্টার্ডামের একটা অনামা গলিতে, কেউই জানে না সেটা কোথায়। পড়াশোনায় বেশ ভালো তবে তার কারণ ও খুব খাটে, বুদ্ধি খুব আছে তা নয়। ও বেশ সুন্দরী।

জাকলিন ভ্যান মার্জেনকে আমার বেস্ট ফ্রেন্ড হিসেবে ধরা যেতে পারে তবে আমার কোনো সত্যিকারের বন্ধু ছিল না। প্রথমে আমি ভেবেছিলাম সে তাই হবে কিন্তু আমি ভুল ভেবেছিলাম।

ডি. কিউ.* সময়েই বিচলিত থাকে আর কেবলই সব ভুলে যায়। সেজন্য শাস্তি হিসেবে তার ঘাড়ে বাড়তি হোমওয়ার্কের বোঝা চাপে। ও খুব দয়ালু মেয়ে, বিশেষত জি. জেড-এর প্রতি।

ই. এস. ভীষণ কথা বলে তবে তা মজার নয়। ও যখনই কিছু তোমাকে জিজ্ঞেস করবে তখন হয় তোমার জামার বোতামগুলো ধরে পাক দেবে নয়তো তোমার চুলে হাত দেবে। অন্যরা বলে ও আমাকে দেখতে পারে না, তাতে আমার কিছু যায় আসে না, কারণ আমিও ওকে পছন্দ করি না।

হেনি মেটস খুব উচ্ছ্বল স্বভাবের চমৎকার মেয়ে, তবে একটু জোরে কথা বলে আর বাইরে যখন আমরা খেলাধুলো করি তখন ভারী ছেলেমানুষি করে। দুর্ভাগ্যবশত হেনির একজন মেয়ে বন্ধু আছে বেপ্পি নামে, হেনির ওপর তার বেশ একটা খারাপ প্রভাব আছে, আর সে নোংরা এবং অশ্লীল।

জে. আর.—আমি একটা পুরো বই লিখতে পারি ওর ওপর। জে. অত্যন্ত ঘৃণিত, হাতটান আছে, দাম্ভিক, দু-মুখো স্বভাবের যে নিজেকে খুব একটা বড়ো মেয়ে বলে মনে করে। সে জাককে তার কী যাদুমন্ত্রে বশ করে রেখেছে, সেটা খুবই লজ্জার বিষয়। সে সহজেই রেগে যায়, কোনো তুচ্ছ কারণে চোখের জলে ভেসে যায় আর সর্বোপরি তার ভয়ানক নিজেকে জাহির করার স্বভাব। মিস জে. কে সব সময়েই সঠিক হতে

---

* কিছু এলোমেলো ভাবেই নামের ক্ষেত্রে আদ্যক্ষর ব্যবহার করা হয়েছে যারা নামহীন থাকতেই চেয়েছিল।

হবে। সে খুবই ধনী, তার এক আলমারি ভর্তি অত্যন্ত আকর্ষণীয় পোশাক আছে যে গুলো তার মতে অত্যন্ত পুরোনো ধরনের। সে মনে করে সে খুবই দারুণ দেখতে, কিন্তু সে একদমই তা নয়। জে. এবং আমি পরস্পরকে সহ্য করতে পারি না।

ইলসে হ্বাগনার উজ্জ্বল স্বভাবের এক চমৎকার মেয়ে কিন্তু সে চরম খুঁতখুঁতে। যে কোনো একটা কিছু নিয়ে সে ঘণ্টার পর ঘণ্টা ঘ্যান ঘ্যান করে কাটিয়ে দিতে পারে। ইলসে আমাকে খুব পছন্দ করে। সে খুবই চালাক কিন্তু কুঁড়ে।

হানেলি গসলার অথবা লিস, স্কুলে যে নামে ডাকা হয়, একটু অদ্ভুত ধরনের। ও সাধারণভাবে লাজুক—বাড়িতে বেশ স্পষ্ট বক্তা, কিন্তু অন্য লোকের সামনে চুপ। ওকে যা বলবে ওসব ওর মায়ের কাছে ফাঁস করে দেবে। কিন্তু ও যা ভাবে সেটাই বলে আর পরে আমি ওকে খুব ভালো মেয়ে হিসেবে পছন্দ করতে শুরু করেছি।

ন্যানি ভ্যান প্রাগ-সিগার ছোটোখাটো, মজার আর বেশ কাণ্ডজ্ঞান আছে। আমার মতে চমৎকার। যথেষ্ট চালাকও বটে। এছাড়া ন্যানির ব্যাপারে আর কিছু আপনি বলতে পারবেন না।

এফজে ডি জং, আমার মতে দারুণ মেয়ে। যদিও তার বয়স মাত্র বারো, কিন্তু হাবভাব বড়োদের মতো। সে আমার সঙ্গে বাচ্চাদের মতো ব্যবহার করে। ও খুবই উপকারী মেয়ে, আমি ওকে পছন্দ করি।

জি. জেড. আমাদের ক্লাসে সবচেয়ে সুন্দরী। ওর মুখটা ভারী সুন্দর, কিন্তু ও একটু বোকা ধরনের। আমার মনে হয় ওরা ওকে একবছর একই ক্লাসেই রেখে দেবে, তবে আমি এসব কথা ওকে বলিনি।*

আমাদের বারোজন মেয়ের শেষ জন হচ্ছি আমি, জি. জেড-এর পাশে বসি।

ছেলেদের ব্যাপারে অনেক কিছু বলা যেতে পারে, নাকি তেমন কিছু বলব না!

মরিস কোস্টার আমার অনেক অনুরাগীদের একজন কিন্তু যথেষ্ট বিরক্তিকর।

স্যালি সিঙ্গার নোংরা মনের আর এটা গুজব যে ওর ঐ সব করা হয়ে গেছে। তা সত্ত্বেও আমার মতে ও দারুণ, কারণ ও খুব মজার।

এমিয়েল বোনউইট জি. জেড-এর রূপে মুগ্ধ কিন্তু সে ওকে পাত্তা দেয় না। এমিয়েলও ভীষণ বিরক্তিকর।

রব কোহেনের আমার প্রতি প্রেমভাব ছিল, কিন্তু আমি আর ওকে সহ্য করতে পারি না। নোংরা, দুমুখো, মিথ্যেবাদী, ঘ্যানঘ্যানে বিরক্তিকর ছেলে আর নিজের সম্পর্কে ভীষণ রকম উঁচু ধারণা।

---

* পরের কোনো তারিখে আনা মন্তব্য যোগ করেছিল:

আশ্চর্যের কথা, শেষ পর্যন্ত জি. জেডকে এক বছর রেখে দেওয়া হয়নি।

ম্যাক্স ভ্যান ডে ভেলডে, মেডেমব্লিক থেকে আসা চাষির ঘরের ছেলে, মারগট বলে ও বেশ পছন্দ করার মতো ছেলে।

হেরমান কুপমানও খুব নোংরা মনের ছেলে, ঠিক জোপি ডি বিয়ার-এর মতো, যে কেবল ফষ্টিনষ্টি করে আর মেয়েদের পেছনে পড়ে থাকে।

লিও ব্লুম, জোপি ডে বিয়ারের বেস্ট ফ্রেন্ড, কিন্তু জোপির সংস্পর্শে এসে নষ্ট হয়ে গেছে।

অ্যালবার্ট ডি মেসকুইটা, মন্টেসরি স্কুল থেকে এক ক্লাস টপকে ভর্তি হয়েছে। খুব চালাক।

লিও স্লাগের একই স্কুল থেকে এসেছে কিন্তু ও অতটা চালাক নয়।

রু স্টোপেলমোন, আলমেলো থেকে আসা একটু বেঁটে, বাতিকগ্রস্ত ছেলে, ও বছরের মাঝখানে এই স্কুলে ভর্তি হয়েছিল।

সি. এন. যে সব করে, যেগুলো ওর করা উচিত নয়।

জ্যাক কোসেরনুট আমাদের পিছনে বসে, সি-এর পাশে আর আমরা (জি. আর আমি) বোকার মতো হাসি।

হ্যারি শাপ আমাদের ক্লাসের সবচেয়ে ভদ্র ছেলে। চমৎকার ছেলে।

ওয়ার্নার জোসেফও চমৎকার ছেলে, কিন্তু পরে যে সমস্ত পরিবর্তন হয়েছে, তাতে সে বেশ চুপচাপ হয়ে গেছে, কাজেই এখন সে বিরক্তিকর।

স্যাম সলোমন শহরের খারাপ এলাকা থেকে আসা শক্তপোক্ত ছেলেদের একজন। সত্যিকারের জোয়ান ছেলে। (অনুরাগী!)

অ্যাপি রিয়েম যথেষ্ট গোঁড়া স্বভাবের, তবে সেও বেশ জোয়ান।

শনিবার, জুন ২০, ১৯৪২

আমার মতো একজনের পক্ষে ডায়েরি লেখাটা একটা বিচিত্র অভিজ্ঞতা। এমন নয় যে আগে কখনও কিছু লিখিনি, কিন্তু পরে একজন তেরো বছর বয়সি স্কুল বালিকার ভাবনা চিন্তায় কারো কোনো আগ্রহ হবে না, না আমার না অন্য কারোর। ঠিক আছে, ওতে আমার কিছু যায় আসে না। আমার লেখার কথা মনে হয়েছে আর বড়ো ব্যাপার হল আমার মনের মধ্যে যা যা আছে তা বার করে আনতে চাই।

'মানুষের চেয়ে কাগজের ধৈর্য অনেক বেশি।' যেসব দিনগুলোতে আমার মনটা খারাপ থাকে, নিরুৎসাহ হয়ে, একঘেঁয়েমিতে ক্লান্ত হয়ে থুতনিতে হাত দিয়ে বসে থাকি, বেরোব কী বেরোব না ভাবি, সেইসব দিনগুলোতে ঐ প্রবাদটা মনে পড়ে। শেষ পর্যন্ত আমি মনমরা হয়ে আমি বাড়িতেই থেকে যাই। হ্যাঁ, কাগজের ধৈর্য আছে, আর

আমি এই শক্ত মলাটের নোটবই যার গালভরা নাম 'ডায়েরি' সেটা কাউকেই দেখাব না যতক্ষণ না একজন সত্যিকারের বন্ধু পাই, আর সম্ভবত এতে কারো কিছু যাবে আসবে না।

এখন আমি সেই কথাতেই ফিরে যাই, কেন আমি ডায়েরি লেখাকে প্রথমে রেখেছি: কারণ আমার কোনো বন্ধু নেই।

আমাকে কথাটা খুলেই বলতে হবে, কারণ কেউ-ই বিশ্বাস করবে না যে একটা তেরো বছরের মেয়ে এই পৃথিবীতে সম্পূর্ণ একা। যদিও তা নয়। আমার খুব স্নেহময় মা-বাবা, যোলো বছরের দিদি আছে আর আছে তিরিশ জন যাদের বন্ধু বলতে পারি। আর আছে একদল ছেলে বন্ধু যাদের মুগ্ধ চোখে পলক পড়ে না, কেউ আবার ভাঙা পকেট আয়না দিয়ে লুকিয়ে দেখে। আমার পরিবার আছে, আদরের মাসি পিসিরা আছে, আর আছে একটা সুন্দর বাড়ি। না, শুধু একজন সত্যিকারের বন্ধু ছাড়া, বাইরে থেকে আমার সব কিছু আছে। আমি যখন বন্ধুদের সঙ্গে থাকি তখন ভালোই সময় কাটাই। তবে খুব সাধারণ বিষয় ছাড়া অন্য কোনো বিষয়ে কথা হয় না। আমার খুব কাছাকাছি আসতে পারি না, সেটাই সমস্যার। এটা হয়তো আমারই ত্রুটি যে আমরা পরস্পরের সঙ্গে মন খুলে কথা বলতে পারি না। যাই হোক, ব্যাপারটা এই রকমই, আর দুর্ভাগ্যবশত তা আর পালটাবে না। সেই কারণেই এই ডায়েরি লেখার শুরু।

আমার কল্পনায় আমার বহু প্রতীক্ষিত বন্ধুর ছবি ফুটিয়ে তোলার জন্য সবাই যা করে সেইভাবে শুধু ঘটনাগুলোকে লিখে যাব না। আমি চাই এই ডায়েরিটা আমার বন্ধু হয়ে উঠুক, আর সেই বন্ধুকে আমি *কিটি* নামে ডাকব।

আমি যদি আমার গল্পগুলো কিটিকে হঠাৎ করে বলতে শুরু করে দিই তাহলে কেউ-ই বুঝবে না, তাই আমার ঠিক পছন্দের না হলেও আমার সম্পর্কে কিছু কথা লিখব।

আমার বাবা, আমার খুব ভালো বাবা, মাকে যখন বিয়ে করেন তাঁর বয়স ছিল ছত্রিশ আর মায়ের বয়স ছিল পঁচিশ। আমার দিদি মারগট জন্মায় ১৯২৬ সালে জার্মানির ফ্রাঙ্কফুর্ট অ্যাম মাইন-এ। তারপর আমি জন্মাই ১৯২৯-এ ১২ জুন। চার বছর বয়স পর্যন্ত আমি ফ্রাঙ্কফুর্ট-এ ছিলাম। আমরা ইহুদি বলে ১৯৩৩ সালে আমরা হল্যান্ডে চলে যাই। সেখানে বাবা ডাচ ওপেকটা কোম্পানির ম্যানেজিং ডিরেক্টর ছিলেন, যে কোম্পানি জ্যাম তৈরির মালমশলা তৈরি করত। আমার মা এডিথ হলান্ডার ফ্রাঙ্ক বাবার সঙ্গে সেপ্টেম্বর মাসে হল্যান্ডে চলে যায়, আর আমি আর মারগট আচেন-এ আমার দিদিমার কাছে থাকতে যাই। আর ডিসেম্বরে মারগট হল্যান্ডে চলে যায় আমিও ফেব্রুয়ারিতে তার পিছু পিছু তার জন্মদিনের উপহার হিসেবে হাজির হয়ে যাই।

আমি একেবারে মন্টেস্সরি নার্সারি স্কুল থেকেই শুরু করেছিলাম। আমি সেখানে আমার ছ-বছর বয়স অবধি ছিলাম। সিক্সথ বি ফর্মে আমার শিক্ষিকা ছিলেন হেডমিস্ট্রেস মিসেস কুপারাস। বছরের শেষে যখন আমাকে ইহুদি লাইসিয়ামে নিয়ে যাওয়া হল, বিদায় নেবার সময় আমাদের দুজনের চোখেই জল বয়ে যাচ্ছিল। আমি মারগটের সঙ্গেই সেই স্কুলে গিয়েছিলাম, ও ভর্তি হয়েছিল ফোর্থ ফর্মে আর আমি ফার্স্ট-এ।

আমাদের জীবন দুর্ভাবনাহীন ছিল না কারণ জার্মানিতে হিটলারের ইহুদি বিরোধী আইনের জন্য আমাদের আত্মীয়দের সেখানে ভুগতে হয়েছিল। ১৯৩৮ সালে ইহুদিদের ওপর অত্যাচারের ঘটনার পর আমার দুই মামা জার্মানি থেকে পালিয়ে উত্তর আমেরিকায় নিরাপদ আশ্রয়ের সন্ধানে চলে যান। আমার বুড়ি দিদিমা আমাদের কাছে চলে আসেন, সে সময় তাঁর বয়স ছিল তিয়াত্তর।

১৯৪০ সালের মে মাসের পর থেকে ভালো সময় উধাও হতে থাকে: প্রথমত যুদ্ধ শুরু হয়ে গেল, তারপর আত্মসমর্পণ আর তারপর জার্মানদের এসে পড়া, আর সেই সঙ্গে শুরু হয়ে গেল ইহুদি নির্যাতন। একটার পর একটা ইহুদি বিরোধী আইন জারি করে আমাদের স্বাধীনতা কেড়ে নেওয়া হচ্ছিল: ইহুদিদের একটা করে হলুদ তারা* পরতে হবে; ইহুদিদের বাইসাইকেলগুলো দিয়ে দিতে হবে; ইহুদিদের ট্রামে চড়া নিষেধ, ইহুদিদের দোকান বাজার করতে হবে বেলা ৩টে থেকে ৫টার মধ্যে; ইহুদিরা ইহুদি মালিকের সেলুন ও বিউটি সেলুনেই যেতে পারবে; ইহুদিদের রাত ৮টা থেকে সকাল ৬ টা পর্যন্ত রাস্তায় বেরোনো বারণ; ইহুদিদের থিয়েটার, সিনেমা অথবা অন্য কোনো আমোদ প্রমোদের জায়গায় যাওয়া নিষিদ্ধ, ইহুদিরা কোনো সাঁতারের পুল, টেনিস কোর্ট, হকি খেলার অথবা অন্য কোনো খেলার জায়গায় যেতে পারবে না; ইহুদিদের নৌকাবাইচে যোগ দেওয়া বারণ; ইহুদিদের রাত ৮টার পর নিজেদের বা বন্ধুদের বাগানে বসা বারণ; ইহুদিদের খ্রিষ্টানদের বাড়িতে যাওয়া নিষেধ; ইহুদিদের ইহুদি স্কুলেই যেতে হবে ইত্যাদি ইত্যাদি। তুমি এটা করবে না তুমি ওটা করবে না, কিন্তু জীবন বয়ে যেতে লাগল। জাক আমাকে বলত, 'আমি কিছু করতেই ভয় পাই, হয়তো বারণ আছে।'

১৯৪১-এর গ্রীষ্মে দিদিমা অসুস্থ হয়ে পড়লেন এবং তাঁর একটা অস্ত্রোপচার হল, কাজেই আমার জন্মদিনে বিশেষ কিছু হয়নি কারণ হল্যান্ডে তখন লড়াই সদ্য শেষ হয়েছে। দিদিমা ১৯৪২-এর জানুয়ারিতে মারা গেলেন। আমি যে তাঁকে কতটা ভালোবাসি আর কতবার যে ওঁর কথা ভাবি কেউ জানে না। এবারের এই ১৯৪২-এর

---

* যাতে আলাদা করে চেনা যায় সেজন্য জার্মানরা সব ইহুদিকে ছয়বাহু বিশিষ্ট একটা করে হলুদ তারা পরতে বাধ্য করেছিল।

জন্মদিনটায় আগের বারের কিছুটা পূরণ হল আর অন্যান্য মোমবাতির সঙ্গে দিদিমার মোমবাতিটাও জ্বলছিল।

এখনও পর্যন্ত আমরা চারজন ঠিকঠাক আর এই আজকের দিন ২০ জুন, ১৯৪২, আমার ডায়েরির আনুষ্ঠানিক উদ্বোধন হল।

শনিবার, জুন ২০, ১৯৪২

প্রিয়তমা কিটি!

এখনই শুরু করে দিলাম; এখন খুব সুন্দর ও নিস্তব্ধ সময়। বাবা মা বেরিয়েছে আর মারগট তার বন্ধু ট্রিজ-এর ওখানে আরও কয়েকজনের সঙ্গে পিং পং খেলতে গেছে। আমিও ইদানীং খুবই পিং পং খেলছি। আমরা পাঁচজন মেয়ে মিলে একটা ক্লাব তৈরি করেছি। তার নাম 'দ্য লিটল ডিপার মাইনাস টু'। খুবই বোকা বোকা নাম, কিন্তু একটা ভুল ছিল এটার ভিত্তি। আমরা আমাদের ক্লাবকে একটা বিশেষ নাম দিতে চেয়েছিলাম যেহেতু আমরা পাঁচজন ছিলাম, আমাদের মনে এসেছিল লিটল ডিপার-এর (সপ্তর্ষিমণ্ডল) কথা। কিন্তু আমাদের ভুল হয়েছিল, ভেবেছিলাম ওতে পাঁচটা তারা আছে। আসলে তো সাতটা তারা সেজন্য 'মাইনাস টু'। ইলসে হ্বাগনারের একটা পিং পং সেট আছে এবং হ্বাগনাররা আমরা যখনই চাই তখনই তাদের বড়ো খাবারের ঘরে আমাদের খেলতে দেয়। আর যেহেতু আমরা পাঁচজন পিং পং খেলুড়েই আইসক্রিম পছন্দ করি, বিশেষত গ্রীষ্মকালে যখন আমাদের শরীর গরম হয়ে যায় তখন সাধারণত আমাদের খেলা শেষ হয় কাছাকাছি কোনো আইসক্রিমের দোকানে যেখানে ইহুদিরা যেতে পারে; হয় ওয়েসিস নয়তো ডেলফি। আমরা অনেক দিন ধরেই হাত খরচ নিই না। ওয়েসিস সব সময়েই ভিড়ে ঠাসা থাকে আর তার মধ্যে আমরা ঠিক আমাদের চেনা কোনো না কোনো অনুরাগীকে পাকড়ে ফেলি আর তারা আমাদের প্রায় এক সপ্তাহের আইসক্রিম খাইয়ে দেয়।

আমাকে এই অল্প বয়সে কোনো অনুরাগীর কথা বলতে শুনে সম্ভবত অবাক হচ্ছ। দুর্ভাগ্যবশত অথবা সৌভাগ্যবশত যাই হোক না কেন এই ব্যাপারটা আমাদের স্কুলে ভালোরকমই ছিল। যেই কোনো একজন ছেলে আমার সঙ্গে সাইকেল চালিয়ে বাড়ি ফিরতে চায় আর আমরা কথা বলতে শুরু করে দিই, এবং সে তক্ষুণি প্রেমে পড়ে যায়। আমি হলফ করে বলতে পারি দশ বারের মধ্যে ন'বার এরকম ঘটে। আর আমাকে এক মুহূর্তের জন্য চোখ ছাড়া হতে দিতে চায় না। তবে বিশেষত যখন তার প্রেম প্রেম চাহনিকে পাত্তা না দিয়ে খুশি খুশি মনে সাইকেল প্যাডেল করে যাই তখন তার আবেগ

অনেকটাই কমে যায়। তবে জল যদি আরেকটু গড়ায়, মানে তারা যদি কেউ বাবার অনুমতি নেবার কথা বলে, তখন আমি সাইকেলটা একটু হেলিয়ে দিই আর আমার ব্যাগটা কাঁধ থেকে পড়ে যায়। তখন তো আমার ব্যাগটা কুড়িয়ে দেবার জন্য ছেলেটাকে নামতেই হয়, আর সেই ফাঁকে আমি কথা অন্য দিকে ঘুরিয়ে দিই। এরা সব নেহাৎই নিরীহ ধরনের ছেলে। তবে অবশ্যই কয়েকজন আছে যারা উড়ন্ত চুমু পাঠায় অথবা হাত ধরার চেষ্টা করে—সেক্ষেত্রে আমি শক্ত ঘাঁটি। তখন আমি সাইকেল থেকে নেমে পড়ি এবং বলে দিই ওদের সঙ্গে যাব না কিংবা অপমানিত হবার ভান করে ওদের চলে যেতে বলি।

তাহলে আমাদের বন্ধুত্বের গোড়াপত্তন হল। আবার কালকে।

তোমার, আনে

রবিবার, জুন ২১, ১৯৪২

প্রিয়তম কিটি,

আমাদের পুরো ক্লাসের পা কাঁপছে। কারণ টিচারদের আসন্ন মিটিং যেখানে তাঁরা ঠিক করবেন কে কে ওপরের ক্লাসে উঠবে আর কে কে পড়ে থাকবে। ক্লাসের অর্ধেক বাজি ফেলাফেলি করছে। আমাদের পেছনে বসে থাকা সি. এন. আর জ্যাক কোসেরনুট ছেলেদুটোর রকমসকম দেখে আমি আর জি. জেড ভারী মজা পাচ্ছি। ওরা ছুটিতে জমানো সব পয়সা বাজিতে লাগিয়ে সকাল থেকে সন্ধে 'তুই পাশ করবি', 'না আমি পাশ করব না', 'হ্যাঁ, তুই করবি', 'না করব না'—এই করে চলেছে, এমনকি জি-র কাতর চাহনি কিংবা আমার ধমক ধামকে কোনোই কাজ হয় না। তুমি যদি আমাকে জিজ্ঞেস কর তাহলে আমি বলব ক্লাসে এত নির্বোধ ছেলে মেয়ে আছে যে ক্লাসের সিকি ভাগের এই ক্লাসেই থেকে যাওয়া উচিত। কিন্তু টিচাররা জগতের সবচেয়ে অবোধ্য প্রাণী। হয়তো এবারেই তারা কিছু বদল ঘটানোর জন্য ঠিক কাজ করে ফেলবেন।

আমি আমার আর আমার মেয়েবন্ধুদের ব্যাপারে চিন্তিত নই। আমরা ঠিকই বেরিয়ে যাব। তবে অঙ্কের ব্যাপারে আমার একটু চিন্তা আছে। যাই হোক আমাদের তো অপেক্ষা করতেই হবে। ততক্ষণ পর্যন্ত আমরা পরস্পরকে মন শক্ত রাখতে বলি।

আমার প্রায় সব টিচারদের সঙ্গেই মোটামুটি ভালো সম্পর্ক। মোট নজনের মধ্যে সাতজন শিক্ষক, দুজন শিক্ষিকা। পুরোনো ধ্যানধারণার লোক মি. কিসিং যিনি আমাদের অঙ্ক করান আমার ওপর অনেকদিন ধরেই বিরক্ত হয়ে আছেন কারণ আমি বেশি কথা

বলি। বেশ কয়েকবার সতর্ক করার পর তিনি আমাকে বাড়তি হোমওয়ার্ক দেন। সেটা হল 'একজন বাচাল' বিষয়ক রচনা। একজন বাচাল! এ বিষয়ে কী লেখা যায়? আমি এটা নিয়ে পরে ভাবব, এটা ঠিক করে নিয়ে শিরোনামটা নোট বইয়ে লিখে নিয়ে ব্যাগে ভরে ফেললাম আর চুপচাপ থাকার চেষ্টা করলাম।

সেদিন সন্ধেবেলায় অন্যান্য হোম ওয়ার্ক শেষ করে ফেলেছি যখন, তখন নোটবইতে লেখার শিরোনামটার দিকে নজর পড়ল। ঝরনা কলমের মাথাটা চিবোতে চিবোতে বিষয়টা নিয়ে ভাবতে লাগলাম। যে কেউ ফাঁক দিয়ে দিয়ে হাবিজাবি লিখে পাতা ভরিয়ে ফেলতে পারে কিন্তু আসল ব্যাপারটা হল কথা বলার প্রয়োজনীয়তা বিষয়ে বিশ্বাসযোগ্য যুক্তি দেওয়া। আমি ভাবছি আর ভাবছি, ভাবতে ভাবতেই হঠাৎ একটা আইডিয়া এসে গেল। খসখস করে তিন পাতা লিখে ফেললাম আর লিখে বেশ ভালো লাগল। আমার যুক্তিগুলো ছিল: বেশি কথা বলাটা মেয়েলি স্বভাব। আমি খুব চেষ্টা করব স্বভাবকে বশে রাখতে কিন্তু আমার এই স্বভাব তো একেবারে বদলাবে না কারণ আমার মা আমার চেয়েও বেশি বকর বকর করে আর উত্তরাধিকারসূত্রে পাওয়া স্বভাব নিয়ে তো খুব একটা কিছু করা যায় না।

আমার যুক্তিগুলো দেখে মিস্টার কিসিং খুব হেসেছিলেন, কিন্তু পড়ার সময়েও আমার বকবক চলতে থাকায় তিনি আমাকে আরেকটা রচনা লিখতে দিলেন। এবারের বিষয় হল 'অশোধনীয় বাচাল'। আমি সেটা লিখে তাঁকে দেওয়ার পর দুবারের ক্লাসে তিনি কিছু বলেননি। কিন্তু তৃতীয় দিনের ক্লাসের সময় তিনি আর চুপ করে থাকতে পারেননি। 'অ্যানে ফ্রাঙ্ক ক্লাসে কথা বলার শাস্তি হিসেবে তোমাকে একটা রচনা লিখতে হবে তার শিরোনাম "শ্রীমতী বকবক বললেন প্যাঁক, প্যাঁক, প্যাঁক"।'

গোটা ক্লাস হাসিতে ফেটে পড়ল। আমিও হাসলাম কিন্তু বাচালতা বিষয়ে নতুন কিছু তৈরির পুঁজিও তো আমার শেষ। এবারে তো আমায় অন্য কিছু নতুন কিছু করতে হবে। কিন্তু কী ভাগ্যি আমার বন্ধু সানা যে ভালো কবিতা লেখে সে বলল রচনাটা পদ্য করে লিখে দেবে। আমি তো আনন্দে নেচে উঠলাম। কিসিং এইরকম একটা অদ্ভুত বিষয় দিয়ে আমার সঙ্গে মজা করতে চাইছিলেন কিন্তু আমিই ওঁকে নিয়ে মজা করব। পদ্যটা লেখা হল, চমৎকার হল। এটা একটা মা-হাঁস আর রাজহাঁস বাবাকে নিয়ে গল্প। তাদের তিনটে ছানা ছিল। তারা খুব প্যাঁক প্যাঁক করত বলে বাবাটা ওদের ঠুকরে মেরে ফেলে। কী ভাগ্যি যে কিসিং এর মজাটা বুঝতে পেরেছিলেন। নিজের মন্তব্য যোগ করে পদ্যটা তিনি ক্লাসে জোরে জোরে পড়েন এবং অন্যান্য ক্লাসেও পড়ে শোনান। তারপর থেকে আমার কথা বলায় আর বাধা ছিল না আর আমাকে বাড়তি হোমওয়ার্ক দেওয়া হয়নি। বরং কিসিং প্রায়ই ব্যাপারটা নিয়ে মজা করেন।

তোমার, আনে

বুধবার, জুন ২৪, ১৯৪২

প্রিয়তমা কিটি,

একেবারে গলদঘর্ম অবস্থা। প্রত্যেকে হাঁসফাঁস করছে এই গরমে। আমাকে হেঁটে ঘুরে বেড়াতে হচ্ছে। আমি এখন বুঝতে পারছি যে ট্রাম কত ভালো জিনিস; কিন্তু ট্রামে চড়ার বিলাসিতা ইহুদিদের পক্ষে নিষিদ্ধ; দুটো পা-ই আমাদের পক্ষে ভালো। গতকাল দুপুরের খাবারের পর জান লাইকেনস্ট্রাটে দাঁতের ডাক্তারের কাছে গিয়েছিলাম; স্টাডসটিম্মেরটুইনেন-এ আমাদের স্কুল থেকে সে অনেক রাস্তা। বিকেলে ফিরে আমার ডেস্কেই প্রায় ঢুলে পড়ছিলাম। তবে ডাক্তারের সহকারী খুব সদয় মানুষ, আমাকে একটা পানীয় দিয়েছিলেন।

একমাত্র ফেরি নৌকা আমরা ব্যবহার করতে পারি। জোসেফ ইজরায়েলকাড ঘাটে ফেরির মাঝিকে বললে সে আমাদের পার করে দেয়। আমাদের ইহুদিদের যে দুর্দশা চলছে তার জন্য ওলন্দাজরা দায়ী নয়।

আমি ভাবছিলাম স্কুলে না যেতে হলেই ভালো হয়। ইস্টারের ছুটির সময়ে আমার সাইকেলটা চুরি হয়ে গেছে আর বাবা, মায়ের সাইকেলটা দেখভাল করে রাখার জন্য একটা খ্রিষ্টান পরিবারকে দিয়েছেন। কী ভাগ্যি যে গরমের ছুটি প্রায় দোর গোড়ায়; আর এক সপ্তাহ গেলেই কষ্ট কমবে।

গতকাল সকালে আলটপকা একটা ঘটনা ঘটল। আমি যখন বাইসাইকেল রাখার জায়গাটার সামনে দিয়ে যাচ্ছি এমন সময় কেউ একজন আমার নাম ধরে ডাকল। ফিরে দেখি একটা সুন্দর পানা ছেলে যার সঙ্গে আমার বন্ধু উইলমা-র বাড়িতে পরশু সন্ধেয় আলাপ হয়েছিল। ও উইলমা-র মামাতো ভাই। উইলমা এমনিতে বেশ ভালো কিন্তু ও যখনই সে ছেলেদের বিষয়ে কথা বলতে শুরু করে তখনই বিরক্ত লাগে। ছেলেটি লাজুক মুখে এগিয়ে এসে হেলো সিলবারবার্গ নামে সে নিজের পরিচয় দিল। আমি একটু অবাক হয়ে ঠিক বুঝতে পারছিলাম না ও কী চাইছে, তবে আমাকে বেশিক্ষণ অপেক্ষা করতে হয়নি। স্কুল অবধি আমার সঙ্গে যেতে পারে কিনা তা জানতে চাইল। আমি বললাম, 'তুমি যখন ঐ রাস্তাতেই যাচ্ছ, তখন চল আমিও যাচ্ছি।' তো দুজনেই হাঁটতে লাগলাম। হেলোর বয়স ষোলো আর দারুণ মজার মজার গল্প বলতে পারে।

আজ সকালেও সে আমার জন্য দাঁড়িয়ে ছিল আর মনে হচ্ছে রোজই থাকবে।

আনে

বুধবার, জুলাই ১, ১৯৪২

প্রিয়তমা কিটি,

সত্যি বলছি এর আগে একদম সময় পাইনি তোমাকে লেখার। বৃহস্পতিবারটা সারাদিন বন্ধুদের সঙ্গে ছিলাম, আর শুক্রবার বাড়িতে লোকজন এসেছিল, এভাবেই আজ অবধি গড়াল।

গত সপ্তাহে হেলো আর আমি পরস্পরের সম্পর্কে কিছুটা জেনেছি, হেলো ওর জীবনের অনেক কথা আমাকে বলেছে। ও গেলসেনকির্শেন থেকে এসেছে, ঠাকুর্দা ঠাকুমার কাছে থাকে। ওর বাবা-মা বেলজিয়ামে থাকে কিন্তু সেখানে সে থাকতে পারেনি। হেলোর উরসুলা নামে এক বান্ধবী আছে। আমিও তাকে চিনি। মেয়েটি ভারী মিষ্টি এবং ভারী ক্লান্তিকর। আমার সঙ্গে দেখা হওয়ার পর থেকে ও বুঝতে পেরেছে উরসুলার কাছে থেকে ও প্রায় ঘুমিয়ে পড়ত। আমার কাছে এলে ওর মনে ফূর্তির ভাব আসে। তুমি সত্যিই জান না তুমি কিসের জন্য কার কাছে ভালো!

জাক শনিবার রাতে এখানে ছিল, রবিবার বিকেলে হানেলিদের বাড়িতে চলে যায়; কিছুই করার ছিল না, সময় আর কাটে না।

হেলোর সন্ধেবেলা আসার কথা ছিল কিন্তু ছটা নাগাদ ফোন করল। আমি ফোন ধরলাম, হেলো বলল, 'আমি হেলমুথ সিলবারবার্গ। আমি কি আনের সঙ্গে কথা বলতে পারি?'

'হ্যালো, আমি আনে বলছি।'

'হ্যালো, আনে কেমন আছ?'

'খুব ভালো, ধন্যবাদ।'

'আজ সন্ধেবেলা আসতে পারছি না বলে খুব খারাপ লাগছে, কিন্তু আমার তোমার সঙ্গে কিছু কথা আছে। আমি যদি দশ মিনিটের মধ্যে আসি অসুবিধা হবে না তো?'

'হ্যাঁ, ঠিক আছে, এসো।'

'ঠিক আছে, আসছি।'

ফোন রেখে তাড়াতাড়ি পোশাক বদলে চুল আঁচড়ে নিলাম। আমি খুবই নার্ভাস হয়ে জানলায় দাঁড়িয়ে ওর আসার পথের দিকে তাকিয়ে রইলাম। শেষ পর্যন্ত দেখা গেল। ওর দোরঘণ্টি বাজানো পর্যন্ত শান্তভাবে অপেক্ষা করলাম। তারপর দরজা খুলতে নিচে গেলাম। দরজা খুলতেই বলতে শুরু করল।

'আনে আমার ঠাকুমা মনে করেন তোমার মতো ছোটো মেয়ের সঙ্গে আমার রোজ

দেখা করা উচিত নয়। তিনি মনে করেন আমার লোয়েনবাখ-এ যাওয়া উচিত। কিন্তু তুমি তো জানো আমি আর উরসুলের সঙ্গে বেরোই না।'

'না আমি জানি না তো। কী হয়েছে? তোমাদের কি ঝগড়া হয়েছে?'

'না না, সেরকম কিছু নয়। আমি উরসুলকে বলেছি আমাদের দুজনের ঠিক মতে মেলে না কাজেই আমাদের দুজনের এক সঙ্গে না বেরোনোই ভালো। তবে আমাদের বাড়ির দরজা ওর জন্যে খোলা আর আশা করি ওর বাড়ির দরজাও আমার জন্য খোলা থাকবে। আসলে আমার মনে হচ্ছিল উরসুল আরেকটি ছেলের সঙ্গে ঘুরছে আর আমি ওর সঙ্গে আগের মতোই ব্যবহার করছিলাম। কিন্তু ঘটনাটা সত্যি নয়। আমার কাকা এখন আবার বলছে ওর কাছে আমার ক্ষমা চাওয়া উচিত আর আমার অবশ্যই তা মনে হচ্ছে না। আর আমি তো ব্যাপারটা কাটিয়েই দিয়েছি। তবে এটা তো অনেক কারণের মধ্যে একটা।

'এখন আমার ঠাকুর্দা ঠাকুমা চাইছেন তোমার সঙ্গে নয় আমি উরসুলের সঙ্গেই মিশি। আমার তা পছন্দ নয়, আমি তা করবও না। মাঝে মাঝে এই বুড়োগুলোর মাথায় এমন সেকেলে ধারণা ঢুকে যায়, আর তার মানে এই নয় যে আমাকে সেই মতো চলতে হবে। ঠাকুর্দা ঠাকুমাকে আমার যেমন দরকার এক হিসেবে তাঁদেরও আমাকে দরকার। এখন থেকে বুধবার সন্ধেগুলো আমার ফাঁকা। এদিকে দেখো বুড়োবুড়ি চাইছে আমি কাঠ খোদাইয়ের ক্লাসে যাই কিন্তু আসলে আমি জুদাইপন্থীদের একটা ক্লাসে যেতে চাই। বুড়োবুড়ি তা চায় না কারণ তারা জুদাইপন্থীদের বিরোধী। আমি মোটেই উগ্র জুদাইপন্থী নই কিন্তু আমার আগ্রহ আছে। যাই হোক ব্যাপারটা এমন গোলমেলে হয়ে দাঁড়াল যে আমি কিছুর মধ্যেই থাকছি না। পরের বুধবারটাতেই আমি শেষ বারের জন্য যাব। তার মানে বুধবার সন্ধেবেলা, শনিবার বিকেল, শনিবার সন্ধে, রবিবার বিকেল যে কোনো সময় তোমার সঙ্গে দেখা করতে পারব।'

'কিন্তু তোমার ঠাকুর্দা ঠাকুমা যদি না চান, তাঁদের মতের বিরুদ্ধে তোমার যাওয়া উচিত নয়।'

'প্রেমে আর যুদ্ধে সব কিছুই ঠিক।'

তারপর আমরা হাঁটতে হাঁটতে ব্রাঙ্কেভুর্টস বইয়ের দোকানটা পেরোতেই দেখি পিটার স্কিফ ও আরও দুটো ছেলে দাঁড়িয়ে রয়েছে। দীর্ঘদিন পরে এই প্রথম সে আমার কুশল সংবাদ নিল আর আমার সত্যিই বেশ ভালো লাগল।

সোমবার সন্ধেবেলা হেলো আমার বাবা মায়ের সঙ্গে দেখা করতে এল। আমি একটা কেক আর কিছু মিষ্টি কিনে এনেছিলাম। আমরা চা বিস্কুট খেলাম। কিন্তু আমি আর হেলো কেউই চেয়ারে শক্ত হয়ে বসে থাকতে চাইনি। সুতরাং আমরা হাঁটতে বেরিয়ে পড়েছিলাম। ও যখন আমায় বাড়ি পৌঁছে দিয়ে গেল তখন দেখি আটটা বেজে

দশ। বাবা তো খুব রেগে গিয়েছিলেন। বললেন যে সময় মতো বাড়ি না ফেরাটা অত্যন্ত অন্যায় হয়েছে। আমাকে কথা দিতে হল ভবিষ্যতে আটটা বাজার দশ মিনিট আগে ফিরব। হেলোকে শনিবারে সে কথা বলতে বলা হল।

উইলমা আমাকে বলল একদিন রাতে হেলো ওদের বাড়িতে ছিল। সে তাকে জিজ্ঞেস করেছিল, 'তুই কাকে বেশি পছন্দ করিস উরসুল না আনে?'

সে বলেছিল, 'তুই এটা নিয়ে মাথা ঘামাস না।'

কিন্তু যাবার সময় (সে সন্ধ্যায় ওরা আর পরস্পরের সঙ্গে কথা বলেনি) হেলো বলছিল, দেখ, আমি আনেকে বেশি পছন্দ করি, কিন্তু কাউকে বলিস না, চলি।' বলে সাঁ...একেবারে দরজার বাইরে।

সে যা করে এবং বলে তাতে বুঝতে পারি হেলো আমার প্রেমে পড়েছে, বদল হিসেবে মন্দ না। মারগট বলে হেলো বেশ ভালো ছেলে। আমারও তাই মনে হয়, কিন্তু সে তার চেয়েও ভালো। মা-ও প্রশংসায় পঞ্চমুখ: 'সুন্দর দেখতে ছেলে, সভ্য ভদ্র।' ওকে যে সকলেই পছন্দ করে সেটা আমার ভালোই লাগে। শুধু আমার বান্ধবীদের ও খুব একটা পছন্দ করে না। ও মনে করে ওরা খুব ছেলেমানুষ। অবশ্য ঠিকই বলে। জাক ওকে নিয়ে আমাকে খ্যাপায়। কিন্তু আমি তো ওর প্রেমে পড়িনি। সত্যিই না। ছেলে-বন্ধু তো আমার থাকতেই পারে। এটা নিয়ে তো কেউ মাথা ঘামায় না।

মা সব সময় জিজ্ঞেস করে বড়ো হলে আমি কাকে বিয়ে করব। কিন্তু আমি বাজি ধরতে পারি যে মা ধারণাই করতে পারবে না যে—সে হল পেটার। কারণ আমি এ ব্যাপারটা চেপে রেখে, একবারও চোখের পাতা না ফেলে মায়ের সঙ্গে কথা বলি। আমি পেটারকে এত ভালোবাসি, তেমন আমি কাউকে ভালোবাসিনি। আর আমি নিজেকে বলি আমার প্রতি ওর ভালোবাসা লুকোনোর জন্যই ও অন্য মেয়েদের সঙ্গে ঘুরে ঘুরে বেড়ায়। ও হয়তো মনে করে হেলো আর আমার মধ্যে ভালোবাসা আছে, সেটা তো ঠিক নয়। হেলো শুধুমাত্র একজন বন্ধু অথবা মায়ের ভাষায় হবুবর।

তোমার, আনে

রবিবার, জুলাই ৫, ১৯৪২

প্রিয় কিটি,

ইহুদি থিয়েটারে শুক্রবার আমাদের পরীক্ষার ফলাফল ঘোষণা করা হল। আমার ফল খুব একটা খারাপ হয়নি। আমি একটা ডি, একটা সি-পেয়েছি অ্যালজেব্রায়, দুটো বি+, দুটো বি-আর বাকি গুলো বি। আমার বাবা-মা খুশি, ওঁরা কখনই গ্রেডের ব্যাপারে অন্য

অন্য বাবা-মায়ের মতো নন। ওঁরা কখনই রিপোর্ট খারাপ না ভালো ও নিয়ে দুশ্চিন্তা করেন না। যতক্ষণ পর্যন্ত আমি সুস্থ সমর্থ আর হাসিখুশি আছি আর বেশি বেহায়াপনা করছি না ততক্ষণ তাঁরা সন্তুষ্ট। এই তিনটে ব্যাপার মোটামুটি ঠিক থাকলে বাকি সব এমনিই হয়ে যাবে।

আমি কিন্তু ঠিক উলটো। আমি খারাপ ছাত্রী হতে চাই না। আমাকে ইহুদি স্কুলে শর্ত করে দেওয়া হয়েছিল। আমার মন্টেস্সরি স্কুলেই থেকে যাওয়ার কথা, কিন্তু যখন ইহুদি ছেলেমেয়েদের ইহুদি স্কুলে চলে যাওয়ার কথা হল তখন অনেক অনুনয় বিনয় করার পর মিস্টার এলটে, লিস গসলার আর আমাকে নিতে রাজি হলেন। লিসও এবারে পাস করেছে তবে ওকে জিয়োমেট্রি পরীক্ষাটা আবার দিতে হবে।

বেচারা লিস! ওর পক্ষে বাড়িতে পড়াশুনো করাটা সহজ নয়; তার দুবছরের ছোটো বোনটা সারা দিন তার ঘরেই খেলাধুলো করে। যদি লিস তাকে না দেখে তাহলে মিসেস গসলার চেঁচাতে থাকেন। সুতরাং যতদিন পর্যন্ত এরকম চলবে লিসের পক্ষে হোমওয়ার্ক করাটাই কঠিন এর ফলে সে যে বাড়তি টিউশন নেয় সেটাও কাজে লাগে না। গসলারদের পরিবার দেখবার মতো ব্যাপার। মিসেস গসলারের বাবা-মা পাশের বাড়িতে থাকেন, কিন্তু খাওয়া দাওয়া করেন একসঙ্গে। সেখানে একটি কাজের মেয়ে, কাঁদুনে বাচ্চাটি, সব সময়েই অন্যমনস্ক ও অনুপস্থিত মিস্টার গসলার এবং আরেকটি বাচ্চার মা হতে চলা সব সময়েই বিচলিত ও খিটখিটে মিসেস গসলার—সব মিলিয়ে একটা ব্যাপার। লিস এইরকম বিশৃঙ্খল পরিস্থিতিতে একেবারেই সুস্থির থাকতে পারে না।

আমার দিদি মারগট তার রিপোর্ট পেয়েছে।

প্রতিবারের মতোই দারুণ! স্কুলে যদি আমাদের 'বিশেষ প্রশংসা'র ব্যাপার থাকত সেটা নিয়েই সে ওপরের ক্লাসে উঠত, ও খুবই মেধাবী।

বাবা ইদানীং বাড়িতেই থাকেন। অফিসে ওঁর কিছু করার নেই; নিজের প্রয়োজন ফুরিয়েছে এটা ভাবতে খুবই কষ্ট হয়। মিস্টার ক্লাইমান ওপেকটা নিয়ে নিয়েছেন আর মিস্টার কুগলার নিয়েছেন গিস অ্যান্ড কোং, কোম্পানি এখন মশলার ব্যবসা করছে।

কয়েকদিন আগে পাড়ার পার্কে পায়চারি করার সময় বাবা আমাদের আত্মগোপন করার কথা তুললেন। তিনি বললেন যে গোটা পৃথিবী থেকে নিজেদের বিচ্ছিন্ন করে নেওয়া খুব কঠিন হবে। আমি জিজ্ঞেস করলাম কেন বাবা এই কথাটা এখন তুললেন।

বাবা বললেন, 'দেখ আনে, তুই তো জানিস যে, গত এক বছরেরও বেশি সময় ধরে আমরা অন্য লোকেদের আমাদের জামাকাপড়, খাবারদাবার, আসবাবপত্র পাঠিয়ে দিচ্ছি। আমরা চাই না জার্মানরা আমাদের সব কিছু হাতিয়ে নিক। আর আমরা এও চাই না ওদের খপ্পরে গিয়ে পড়তে। কাজেই আমরা নিজেদের ব্যবস্থা নিজেরাই করব, কবে ওরা আমাদের তুলে নিয়ে যাবে তার ঠিক নেই।'

'কিন্তু কবে বাবা?' বাবা এরপর এমন গম্ভীর গলায় কথাগুলো বললেন যে ভয় পেয়ে গেলাম।

'চিন্তা করিস না। আমরা ব্যাপারটা দেখছি। তোরা তোদের মতো থাক।'

এটুকুই। এই অপয়া কথাগুলো সত্যি হতে যেন অনেক অনেক দেরি হয়।

দোরঘণ্টি বাজল। হেলো এসেছে, এবারে থামতে হবে।

তোমার, আনে

বুধবার, জুলাই ৮, ১৯৪২

প্রিয়তমা কিটি,

রবিবার থেকে আজ পর্যন্ত মনে হচ্ছে যেন কয়েকটা বছর। এত কিছু ঘটেছে যেন গোটা পৃথিবীটাই উলটে গেছে। কিন্তু দেখ কিটি আমি এখনও বেঁচে আছি, বাবা বলেছে যে সেটাই বড়ো কথা। আমি বেঁচে আছি ঠিকই কিন্তু জিজ্ঞেস কোর না কোথায় কীভাবে। আমি আজ কিছু বললে তুমি কিছুই বুঝবে না, কাজেই রবিবার বিকেলে কী ঘটেছিল তাই বলি।

বেলা তিনটে বাজে (হেলো চলে গেছে কিন্তু আবার পরে ফিরে আসার কথা), দোরঘণ্টি বাজল। আমি শুনতে পাইনি কারণ আমি বারান্দায় রোদ্দুর পোয়াতে পোয়াতে বই পড়ছিলাম। একটু পরে রান্নাঘরের দরজায় মারগটকে দেখা গেল খুব উত্তেজিত অবস্থায়। ফিস ফিস করে বলল, 'বাবা এস. এস. থেকে শমন পেয়েছে। মা গেছে মিস্টার ভ্যান ডান-এর সঙ্গে দেখা করতে।' (মিস্টার ভ্যান ডান বাবার ব্যবসার অংশীদার এবং ভালো বন্ধু)।

আমার বুক জল হয়ে গেল। শমন: এর মানে সকলেই জানে। মাথার মধ্যে এসে গেল বন্দী শিবির আর নির্জন জেলখানার ঘরের ছবি। কী করে বাবাকে সেই দুর্ভাগ্যের হাতে ছেড়ে দেব? বৈঠকখানায় যখন আমরা অপেক্ষা করছি মারগট স্পষ্ট গলায় বলল, 'অবশ্যই বাবা যাবে না। আমরা কালই আমাদের গোপন আস্তানায় চলে যাব কিনা সেই ব্যাপারে মিস্টার ভ্যান ডানের সঙ্গে কথা বলতে মা গিয়েছে। ভ্যান ডানেরাও আমাদের সঙ্গে যাবেন। আমরা সবাই মিলে সাত জন হব।' চুপচাপ। আর কথা নেই আমাদের। বাবা গেছেন ইহুদি হাসপাতালে কাউকে দেখতে আর তিনি এসবের কিছুই জানেন না। মায়ের জন্য অপেক্ষা, গরম, দম চাপা ভাব—সব কিছু মিলিয়ে আমরা একেবারে চুপ।

হঠাৎ আবার দোরঘণ্টি বেজে উঠল। আমি বললাম, 'হেলো এসেছে।'

'দরজা খুলিস না!' আমাকে থামানোর জন্য মারগট চেঁচিয়ে উঠল। কিন্তু তার প্রয়োজন ছিল না কারণ নিচের তলায় মা আর মিস্টার ভ্যান ডান হেলোর সঙ্গে কথা বলছেন শুনতে পেলাম। তারপর ওঁরা দুজন ভেতরে এসে দরজা বন্ধ করে দিলেন। যতবারই দোরঘণ্টি বেজে উঠছিল ততবারই আমি বা মারগট পা টিপে টিপে দেখে আসছিলাম বাবা কিনা। আর কাউকেই আমরা ঢুকতে দিইনি। মিস্টার ভ্যান ডান মায়ের সঙ্গে আলাদা করে কথা বলতে চান তাই আমাদের সে ঘর থেকে চলে যেতে হল।

যখন মারগট আর আমি আমাদের শোবার ঘরে বসেছিলাম তখন সে বলল শমনটা বাবার জন্য নয় তার জন্য। দ্বিতীয়বার ধাক্কা। আমি কাঁদতে শুরু করলাম। মারগটের বয়েস ষোলো—ওরা কী এই বয়সের মেয়েদের তুলে নিয়ে যেতে চায়! কিন্তু ও যাবে না; মা নিজেই নিজেকে বলেছেন, সেজন্যই বাবা আমাকে অজ্ঞাতবাস...কোথায় আমরা লুকোবো? শহরে? গ্রামে? বাড়িতে? নাকি কুঁড়ে ঘরে? কখন, কোথায়, কী ভাবে...? অনেক অনেক প্রশ্ন, আমার জিজ্ঞেসা করার অনুমতি নেই কিন্তু আমার মনের মধ্যে ঘুরতে লাগল।

আমি আর মারগট একটা স্কুলব্যাগে আমাদের সব দরকারি জিনিসগুলো পুরে ফেলতে লাগলাম। প্রথমেই এই ডায়েরিটা তারপর চুলের ক্লিপ, রুমাল, স্কুলের বই, চিরুনি এবং কিছু পুরোনো চিঠি। গোপন আস্তানায় যাচ্ছি এই ভেবে যতরকম অদ্ভুত জিনিস ব্যাগে ভরেছি। তার জন্য আমার মোটেই কোনো আক্ষেপ নেই। পোশাক-আশাকের চেয়ে আমার স্মৃতি অনেক দামি।

বাবা শেষ পর্যন্ত এলেন বিকেল পাঁচটায়। আমরা মিস্টার ক্লাইমান ফোন করে বললাম যদি তিনি সন্ধেবেলা আসেন। মিস্টার ভ্যান ডান মিয়েপকে ডেকে আনতে গেলেন। মিয়েপ এসে একটা ব্যাগে ভর্তি করে জুতো, জামাকাপড়, জ্যাকেট, অন্তর্বাস আর মোজা নিয়ে গেলেন, বলে গেলেন পরে আবার আসবেন। বাড়ি জুড়ে ছেয়ে গেল নৈঃশব্দ; আমাদের কারোর খাওয়ার কোনো ইচ্ছে নেই। বেশ ভ্যাপসানো গরম আর সব কিছু যেন অস্বাভাবিক।

আমাদের ওপর তলার একটা বড়ো ঘর মিস্টার গোল্ডস্মিট নামে তিরিশ বছরের এক বিবাহবিচ্ছিন্ন ভদ্রলোকের ভাড়া দেওয়া হয়েছিল। ঐ সন্ধ্যায় তাঁর কিছুই করার ছিল না তবুও তিনি নানারকম ভাবে ইঙ্গিত দেওয়া সত্ত্বেও নাছোড়বান্দার মতো রাত দশটা পর্যন্ত আমাদের সঙ্গে লেগে রইলেন।

মিয়েপ এবং জান গিস এগারোটার সময় এলেন। মিয়েপ বাবার কোম্পানিতে ১৯৩৩ সাল থেকে কাজ করেন, ঘনিষ্ঠ বন্ধু হয়ে গেছেন, তাঁর স্বামী জানও আমাদের কাছের মানুষ। আরেক বার জুতো, মোজা, বই এবং অন্তর্বাস মিয়েপের ব্যাগে এবং জান-এর লম্বা পকেটে ঢুকে গেল। রাত সাড়ে এগারোটা নাগাদ ওঁরা চলে গেলেন।

আমি খুব ক্লান্ত ছিলাম, আমার নিজের বিছানায় আমার শেষ রাত জানা সত্ত্বেও আমি তক্ষুণি ঘুমিয়ে পড়লাম, মা সকাল সাড়ে পাঁচটায় আমাকে ডাকা পর্যন্ত খুব ঘুমিয়েছিলাম। কী ভাগ্য, দিনটা রবিবারের মতো গরম ছিল না; সারাদিন টিপটিপ করে বৃষ্টি পড়ছিল। আমরা চারজন এত জামা কাপড় পরেছিলাম মনে হচ্ছিল যেন উত্তর মেরুতে যাচ্ছি—কারণ একটাই, যত বেশি সম্ভব জামা কাপড় সঙ্গে নেওয়া। একটা স্যুটকেস ভর্তি জামাকাপড় নিয়ে বাড়ি থেকে বেরোনোর কথা আমাদের অবস্থার কোনো ইহুদি চিন্তাই করতে পারে না। আমি পরেছি তিনটে ভেস্ট, তিন জোড়া প্যান্ট, একটা ড্রেস, একটা স্কার্ট, একটা জ্যাকেট, একটা বর্ষাতি, দুজোড়া মোজা, ভারী জুতো, একটা টুপি, স্কার্ফ আরও কত কী। বাড়ি থেকে বেরোবার আগেই আমার প্রায় দম বন্ধ হয়ে আসছিল কিন্তু আমার কেমন লাগছে তা নিয়ে কেউ কিছুই জিজ্ঞেস করেনি।

মারগট তার স্কুলব্যাগে পড়ার বইগুলো ভর্তি করে তার বাইসাইকেলটা নিয়ে এসে মিয়েপের সঙ্গে কোথাও একটা অজানা জায়গায় চলে গেল। আমি ঐ রকমই ভাবছিলাম কারণ আমি তো জানতাম না কোথায় আমাদের গোপন ডেরা।

সকাল সাড়ে সাতটায় সদর দরজা বন্ধ করে আমরা বাইরে এলাম। আমার বেড়াল মুরটিয়ের কাছ থেকে আমি বিদায় নিলাম। মিস্টার গোল্ডস্মিটের জন্য চিঠিতে লেখা হল প্রতিবেশীরাই ওর দেখভাল করবে, আশ্রয় দেবে।

টান মেরে গোটানো বিছানা, টেবিলে প্রতিরাশের ছড়ানো বাসনপত্র, রান্নাঘরে বেড়ালের জন্য এক পাউন্ড মাংস—এই সব কিছু দেখে মনে হবে যেন আমরা তাড়াহুড়ো করে বেড়িয়ে গিয়েছি। তবে কী মনে হবে তা নিয়ে আমাদের আগ্রহ ছিল না। আমরা শুধু চলে যেতে চেয়েছিলাম, পালিয়ে নিরাপদে আমাদের গন্তব্যে পৌঁছতে চেয়েছিলাম। আর কিছুই না।

আবার কালকে।

তোমার, আনে

বৃহস্পতিবার, জুলাই ৯, ১৯৪২

প্রিয়তমা কিটি,

তো এইভাবে বাবা, মা আর আমি অবিরাম বৃষ্টির মধ্যে হাঁটতে লাগলাম, আমাদের প্রত্যেকের হাতে নানা জিনিস ঠেসে-ঠুসে ভর্তি করা একটা করে স্কুল ব্যাগ আর বাজারের থলি। সকাল বেলায় কাজে যাওয়া লোকগুলো আমাদের দিকে দরদি চোখে

তাকাচ্ছিল। ওদের মুখ দেখে বোঝা যাচ্ছিল তাদের কোনো গাড়িতে আমাদের তুলে নিতে পারছে না বলে তারা দুঃখিত বোধ করছিল। দৃষ্টি আকর্ষণী হলদে তারাই সেকথা জানান দিচ্ছিল।

যখন আমরা বড়ো রাস্তায় এসে পড়লাম তখন বাবা-মা একটু একটু করে পরিকল্পনাটা বললেন। কয়েক মাস ধরে আমাদের বেশ কিছু আসবাবপত্র ও পোশাক-আশাক সরিয়ে নিয়ে যাওয়া হয়েছে। ঠিক ছিল যে ১৬ই জুলাই আমরা অজ্ঞাতবাসে চলে যাব। কিন্তু মারগটের নামে শমন আসায় পরিকল্পনাটা দশ দিন এগিয়ে আনা হয়েছে; তার মানে আমাদের অগোছালো ঘরেই থাকতে হবে।

বাবার আপিস বাড়িতেই আমাদের গোপন আস্তানা। বাইরের লোকের পক্ষে ধারণা করা শক্ত, সেটা বুঝিয়ে বলব। বাবার আপিসে খুব বেশি লোক কাজ করত না, মিস্টার কুগলার, মিস্টার ক্লাইমান, মিয়েপ আর একজন তেইশ বছর বয়সি টাইপিস্ট নাম বেপ ভোসকুইজ্‌ল। এরা সকলেই আমাদের আসার ব্যাপারটা জানত। বেপ-এর বাবা আর দুজন সহকারী গুদামে কাজ করতেন, তাদের কিছু বলা হয়নি।

বাড়িটার একটু বর্ণনা দেওয়া যাক। এক তলায় একটা মস্ত গুদামঘর সেটাই কাজের জায়গা এবং মাল রাখার জায়গা হিসেবে বিভিন্ন অংশে ভাগ করা আছে। পেষাই ঘর রয়েছে যেখানে দারচিনি, লবঙ্গ এবং গোলমরিচ পেষাই করা হয়।

গুদামঘরের দরজার পাশেই বাইরের দিকে আরেকটা দরজা আছে, আপিসে ঢোকার আলাদা প্রবেশ পথ। আপিসের দরজা দিয়ে ঢুকে দ্বিতীয় একটা দরজা আছে তারপরে একটা সিঁড়ি। সিঁড়ির মাথায় আরেকটা ঘষা কাঁচ লাগানো দরজা তার ওপর কালো কালিতে লেখা 'অফিস'। সেটাই বড়ো আপিসঘর, বেশ বড়ো খোলামেলা। বেপ, মিয়েপ আর মিস্টার ক্লাইমান সকাল বেলায় সেখানে বসেন। একটা সিন্দুক, একটা পোশাক রাখার আলমারি, একটা আপিসের জিনিসপত্র রাখার আলমারি রয়েছে এমন একটা চোর কুঠুরির মতো ঘর পেরিয়ে একটা ছোটো, অন্ধকার মতো একটা ঘর। এখানে মিস্টার কুগলার আর ভ্যান ডান বসতেন, এখন মিস্টার কুগলার একাই বসেন। মিস্টার বুগলারের আপিসে বারান্দা দিয়েও আসা যায় কিন্তু শুধুমাত্র একটা কাঁচের দরজা দিয়ে যেটা ভেতর থেকে খোলে, বাইরে থেকে খোলা শক্ত। মিস্টার কুগলারের দপ্তর থেকে একটা লম্বা সরু বারান্দা মতো পথ দিয়ে কয়লা রাখার ঘরের পাশ দিয়ে গিয়ে চার ধাপ উঠলে একটা খাস কামরায় পৌঁছনো যাবে। সেটা বাড়িটার সেরা জায়গা। রুচিশীল মেহগিনি কাঠের আসবাবপত্র, লিনোলিয়াম আর কার্পেট বিছানো মেঝে, রেডিয়ো, একটা বাহারি আলো সবই খুব উচ্চ শ্রেণির। পাশেই বড়োসড়ো রান্নাঘর, সেখানে গরম জলের ব্যবস্থা আর গ্যাসের উনুন রয়েছে, পাশে রয়েছে বাথরুম। এটাই দোতলা।

একতলার বারান্দা থেকে একটা কাঠের সিঁড়ি দোতলায় উঠে এসেছে। সিঁড়ির ওপরে ল্যান্ডিং-এর দুপাশে দুটো দরজা। বাঁ দিকের দরজা দিয়ে পৌঁছনো যায় মশলা রাখার ঘরে, চিলেকোঠা আর মালপত্র রাখার জায়গা রয়েছে বাড়ির সামনের অংশে। বাড়ির সামনের দিক থেকে ওলন্দাজ ধরনের ভীষণ খাড়া, গোড়ালি মচকানো সিঁড়ি নিচে নেমে গিয়ে একটা দরজা খুললেই রাস্তা।

সিঁড়ির মাথার ডানদিকের দরজা দিয়ে বাড়ির পেছন দিকে আমাদের 'গোপন ডেরা'। কেউ বুঝতেই পারবে না যে ছাই-রঙা সাধারণ একটা দরজার পিছনে এতগুলো ঘর আছে। দরজার সামনে একটা ছোটো ধাপ আছে, সেটা দিয়ে গেলেই একেবারে ভেতরে। সামনেই একটা খাড়া সিঁড়ি। বাঁদিকে সরু পথ গিয়ে পড়েছে ফ্রাঙ্ক পরিবারের বসার আর শোবার ঘরে। পরের ঘরটা ছোটো, সেটা দুটি মেয়ের শোয়ার এবং পড়ার ঘর। সিঁড়ির ডানদিকে জানলাহীন বেসিনসহ একটা ঘর 'বাথরুম'। কোনের দরজাটা খুললে পায়খানা আর আরেকটা দরজা খুললে আমার আর মারগটের ঘর। এরপরে সিঁড়ি দিয়ে উঠে গেলে এইরকম একটা পুরোনো খালের ধারের বাড়িতে একটা মস্ত আলো ঝলমলে ঘর দেখে অবাক হয়ে যাবে। এখানে একটা গ্যাসের উনুন (এটা আসলে মিস্টার কুগলারের পরীক্ষাগার হিসেবে ব্যবহৃত হত) আর বেসিন রয়েছে। এটা মিস্টার আর মিসেস ভ্যান ডানের রান্নাঘর আর শোয়ার ঘর, সেই সঙ্গে সকলের বসার, খাওয়ার আর পড়ার ঘর। পাশের একটা ছোটো ঘর পেটার ভ্যান ডানের শোয়ার ঘর। তাহলে এই হল সব। আমি তোমাকে বাড়িটার লাগোয়া আমাদের চমৎকার গোপন আস্তানাটা দেখিয়ে দিলাম!

তোমার, আনে

শুক্রবার, জুলাই ১০, ১৯৪২

প্রিয়তমা কিটি,

আমাদের বাড়ির দীর্ঘ বর্ণনা শুনে তুমি সম্ভবত খুবই ক্লান্ত হয়ে পড়েছ, কিন্তু আমি মনে করি যে আমরা কোথায় এসে উঠেছি সেটা তোমার জানা উচিত; আর কীভাবে তা আমার পরের চিঠিগুলো থেকে তুমি জানতে পারবে।

কিন্তু প্রথমে, আমাকে আরও কথা বলতে হবে কারণ আমার কথা শেষ হয়নি। ২৬৩ নম্বর প্রিন্সেনগ্রাখটে পৌঁছনোর পর মিয়েপ তাড়াতাড়ি করে লম্বা বারান্দা কাঠের সিঁড়ি পার করে ওপর তলায় আমাদের গোপন ডেরায় এনে তুললেন। আমাদের একা রেখে আমাদের পেছনে তিনি দরজা বন্ধ করে দিলেন। মারগট তার সাইকেলে করে আগেই এসে আমাদের জন্য অপেক্ষা করছিল।

আমাদের বসার ঘর অন্যান্য ঘরগুলো এমন ভাবে ঠাসা যে সে আর কহতব্য নয়। গত কয়েক মাস ধরে যে কার্ডবোর্ডের বাক্সগুলো পাঠানো হয়েছে সেগুলো মেঝেতে আর বিছানার ওপর ডাঁই হয়ে পড়ে রয়েছে। ছোটো ঘরটায় বিছানার চাদর টেবিলের কভারে মেঝে থেকে ছাদ পর্যন্ত ঠাসা। আমাদের যদি রাতে ঠিক মতো শুতে হয় তাহলে আমাদের সব সাফসুতরো করতে হবে। মা আর মারগট আঙুল নাড়ানোর অবস্থাতেও ছিল না। ওরা খালি গদির ওপরেই শুয়ে পড়েছিল হা-ক্লান্ত হয়ে, হয়তো আর কিছু অসুবিধে হচ্ছিল সেটা আমি জানি না। আমি আর বাবা, পরিবারের দুই সাফাইওয়ালা কাজে লেগে গেলাম।

সারাদিন ধরে বাক্স থেকে জিনিস বার করলাম, কাপবোর্ডে ভরলাম, পেরেক ঠুকলাম, গোছগাছ করলাম যতক্ষণ না চরম পরিশ্রান্ত হয়ে সে রাত্তিরে পরিষ্কার বিছানায় শরীরটাকে ফেললাম। আমরা সারাদিন কিছু খাইনি, তাতে অবশ্য কিছু যায় আসেনি। মা আর মারগট এত বেশি ক্লান্ত ছিল যে খাওয়ার ইচ্ছেই ছিল না। আর বাবা আর আমি খাওয়ার সময়ই পাইনি।

মঙ্গলবার সকালে আগের দিনের কাজ যেখানে শেষ করেছিলাম সেখানে থেকে শুরু করলাম। বেপ আর মিয়েপ আমাদের র‍্যাশন কুপনগুলো নিয়ে বাজার করে নিয়ে এলেন। বাবা বাইরে আলো না যাওয়ার জন্য পর্দাগুলো ঠিকঠাক করলেন। আমরা রান্নাঘরের মেঝে ঘষে পরিষ্কার করলাম, এমনি করেই সকাল থেকে রাত ব্যস্ত রইলাম। বুধবার পর্যন্ত আমি চিন্তা করবার সময়ই পাইনি যে আমাদের কী বিপুল বদল হয়ে গেল। তারপর এই গোপন ডেরায় আসার পর এই প্রথম আমি সময় পেলাম তোমাকে সব জানাবার আর আমাদের জীবনে কী ঘটল আর আরও কী ঘটবে তা বোঝাবার।

তোমার, আনে

শনিবার, জুলাই ১১, ১৯৪২

প্রিয়তমা কিটি,

বাবা, মা আর মারগট ওয়েস্টারটোরেন ঘড়ির ঘণ্টার আওয়াজে এখনও অভ্যস্ত হতে পারেনি, যেটি প্রতি পনেরো মিনিট অন্তর বাজে। আমি অভ্যস্ত হয়ে গেছি। প্রথম থেকেই আমার বেশ ভালো লেগেছে; আওয়াজটা যেন আশ্বস্ত করার মতো, বিশেষত রাতে। সন্দেহ নেই যে তুমি জানতে চাইবে লুকিয়ে থাকতে কেমন লাগে। দেখ, আমি এটুকুই বলতে পারি যে আমি নিজেই তা বুঝতে পারিনি। আমার মনে হয় না আমি কখনই এই বাড়িতে বাড়ির মতো স্বাচ্ছন্দ্যবোধ করব, কিন্তু তার মানে এই নয় যে খুব

খারাপ লাগছে। এটা যেন অনেকটা ছুটির সময়ে একটা অদ্ভুত সরাইখানায় এসে উঠেছি। অজ্ঞাতবাসের ব্যাপারটা এভাবে ভাবাটা খুবই অস্বাভাবিক। কিন্তু আমার এরকমই মনে হয়। বাড়ির এই বাড়তি অংশটা লুকোবার পক্ষে আদর্শ। যদিও এটা স্যাঁতস্যাতে এবং একধারে, তবুও গোটা আমস্টারডামে এমন আরামের লুকোনোর জায়গা খুঁজে পাবে না, এমনকি হল্যান্ডেও না।

দেওয়ালে কিছু না থাকায় আমাদের শোবার ঘরটা খুব খালি লাগছিল। কিন্তু বাবাকে ধন্যবাদ দিতেই হবে কারণ বাবা আমার সমস্ত পিকচার পোস্টকার্ড আর ফিল্মস্টারদের ছবির সংগ্রহ আগেই নিয়ে এসেছিলেন। আর আমি একটা ব্রাশ আর আঠার বাটি নিয়ে গোটা দেওয়াল ছবি দিয়ে ভরিয়ে দিলাম। দেওয়ালটা যেন ঝলমল করছে। ভ্যান ডানেরা এসে গেলে চিলেকোঠার ঘরে জমে থাকা কিছু কাঠ নিয়ে কাপবোর্ড ও আরও কিছু জিনিস মেরামত করতে পারব।

মারগট আর মা অনেকটা ভালো। গতকাল মা সুস্থ বোধ করে প্রথমবার উনুনে ভাঙা ডালের সুপ বসিয়েছিলেন, কিন্তু নিচের তলায় কথা বলতে গিয়ে ভুলে যান। ফলে ডালগুলো এমনভাবে পুড়ে যায় যে কড়াই থেকে ছাড়ানোই যায়নি।

গত রাতে আমরা চারজন খাস কামরায় রেডিয়োতে ইংলন্ডের খবর শুনতে গিয়েছিলাম। কেউ যদি শুনে ফেলে ভেবে আমি এত ভয় পেয়েছিলাম যে আমি বাবাকে ধরে টানাটানি করছিলাম। মা আমার উদ্বেগ বুঝতে পেরে আমার সঙ্গে চলে এলেন। আমরা যা-ই করি না কেন, সব সময় ভয়ে ভয়ে থাকতাম—এই বুঝি পড়শিরা কিছু শুনে ফেলল বা দেখে ফেলল। প্রথম দিন এসেই আমরা পর্দা সেলাই করেছিলাম। আসলে ওগুলো পর্দা বলা মুশকিল, বিভিন্ন আকারের, বিভিন্ন নকশার, বিভিন্ন ধরনের কাপড়ের কিছু টুকরো, যেগুলো আমি আর বাবা অপটু হাতে সেলাই করে জোড়া দিয়েছিলাম। এই শিল্পকর্মগুলি জানলায় আটকে দেওয়া হয়েছিল যাতে আমরা এখান থেকে চলে যাওয়া পর্যন্ত টিঁকে থাকে।

আমাদের বাড়ির ডানদিকে জানডাম শহরের কেগ কোম্পানির একটা শাখা, ডানদিকে আসবাবপত্রের কারখানা। যদিও ওখানে যারা কাজ করে তারা দিনের শেষে চলে যায়, কিন্তু আওয়াজ তো দেওয়াল ভেদ করে যেতে পারে। মারগটের খুব ঠান্ডা লেগেছে, কড়া ডোজে কোডিন দেওয়া হয়েছে, রাত্তিরে ওকে কাশতে বারণ করা হয়েছে।

আমি ভ্যান ডানদের অপেক্ষায় আছি, ওরা মঙ্গলবার আসবে। তখন অনেক মজা হবে, থমথমে ভাবটা থাকবে না। দেখ, এই শব্দহীনতায় সন্ধেবেলা আর রাত্তিরে আমার এত ভয় ভয় করে যে মনে হয় আমাদের সাহায্যকারীরা কেউ যদি এখানে এসে শুত!

এমনিতে এখানে খুব একটা খারাপ নেই আমরা, নিজেরা রান্নাবান্না করছি, বাবার আপিসে বসে রেডিয়ো শুনতে পারছি। মিস্টার ক্লাইমান, মিয়েপ আর বেপ ভোসকুইজ্‌লরাও খুবই সাহায্য করছেন। আমরা ইতিমধ্যেই প্রচুর রুবার্ব (এক ধরনের সবজি), স্ট্রবেরি এবং চেরি মজুত করেছি কাজেই এখন আমাদের চলে যাবে। বইপত্রও এসে যাচ্ছে, কিছু খেলনাও কিনব। তবে অবশ্যই আমরা জানলা দিয়ে উঁকি দিতে পারি না বা বাইরে যেতে পারি না। আর আমাদের এত চুপচাপ থাকতে হয় যেন নিচের তলায় লোকেরা জানতে না পারে।

গতকাল আমরা খুব ব্যস্ত ছিলাম। দু'বাক্স চেরি বাছতে হয়েছে মিস্টার কুগলারকে সংরক্ষণের জন্য দেবার কারণে। খালি বাক্সগুলো দিয়ে আমরা বইয়ের তাক বানাব।

কেউ একজন ডাকছে আমাকে।

তোমার, আনে*

রবিবার, জুলাই ১২, ১৯৪২

একমাস আগেও ওরা সকলে আমার সঙ্গে ভালো ব্যবহার করছিল কারণ আমার জন্মদিন ছিল। কিন্তু প্রত্যেক দিন মা আর মারগটের কাছ থেকে আরও দূরে সরে যাচ্ছি। আমি আজ খুব খাটাখাটনি করেছি তাই ওরা আমার পিঠ চাপড়াল, কিন্তু পাঁচ মিনিট পরেই আবার খুঁত ধরতে লেগে গেল।

তুমি পরিষ্কার বুঝতে পারবে তফাৎটা—ওরা মারগটের সঙ্গে কেমন ব্যবহার করে আর আমার সঙ্গে কেমন করে। যেমন ধর, মারগট ভ্যাকুয়াম ক্লিনারটা ভেঙে ফেলেছিল আর তার ফলে বাকি দিন আমাদের আলো ছাড়া থাকতে হল।

আর মা মারগটকে বললেন, 'দেখ মারগট, দেখেই বোঝা যাচ্ছে তুমি কাজ করতে একেবারেই পার না, তা না হলে তুমি প্লাগটা ওরকম ঝাঁকি মেরে টানতে না।' মারগট কিছু একটা জবাব দিয়েছিল, আর গল্পটা ওখানেই শেষ হয়ে গেল।

কিন্তু আজ বিকেলে যখন আমি মায়ের কেনাকাটার তালিকায় কিছু একটা নতুন করে লিখতে চাইলাম, মায়ের হাতের লেখা পড়া বেশ শক্ত বলে, তখন মা আমাকে লিখতে দিলেন না। তিনি আবার আমাকে বকাবকি শুরু করলেন এবং পুরো পরিবার তার মধ্যে ঢুকে পড়ল।

---

* সেপ্টেম্বর ২৮, ১৯৪২-এ আনে মন্তব্য যোগ করেছে:
ঘরের বাইরে যেতে পারব না, এটা যে আমাকে কী কষ্ট দিচ্ছে বলে বোঝাতে পারব না, আর সেই সঙ্গে আমি আতঙ্কিত কখন ধরা পড়ে যাব আর আমাদের গুলি করে মারা হবে। সেটাই আমাদের ভবিতব্য।

আমার ওদের সঙ্গে একদম পটে না, আর এটা আমি গত কয়েক সপ্তাহে খুব পরিষ্কার বুঝতে পেরেছি। ওরা আমার কথায় এত মনে করল যে বলার নয়, বরং আমারই তো মনে করার কথা! ওরা সব সময় বলে আমরা চারজনে কী ভালো আছি, আমাদের নিজেদের মধ্যে কী ভালো সম্পর্ক কিন্তু ওরা একবারও ভাবে না যে আমি সেরকম ভাবি না।

বাবাই একমাত্র যিনি আমাকে বোঝেন, যদিও সাধারণত তিনি মা আর মারগটের পক্ষই নেন। আরেকটা জিনিস আমি একেবারেই পছন্দ করি না সেটা হল বাইরের লোকের সামনে আমার ব্যাপারে কথা বলা—আমি কী ভাবে কান্নাকাটি করি, আমি কীরকম ব্যবহার করি এই সব। খুব বিশ্রী। আর মাঝে মাঝে ওরা মুরটিয়েকে নিয়ে কথা বলে সেটাও আমি সহ্য করতে পারি না। মুরটিয়ে আমার দুর্বল জায়গা ওকে আমি দিনের প্রতি মিনিটে মিস করি, কেউ জানে না ওর কথা আমি কতবার ভাবি; আর যখনই ভাবি আমার চোখ জলে ভরে যায়। মুরটিয়ে এত মিষ্টি আর আমি ওকে এত ভালোবাসি যে আমি স্বপ্নে দেখি ও যেন ফিরে এসেছে।

আমি অনেক স্বপ্ন দেখি কিন্তু বাস্তবটা হল যুদ্ধ শেষ না হওয়া পর্যন্ত আমাদের এখানে থাকতে হবে। আমরা বাইরে যেতে পারি না, আর আমাদের সঙ্গে দেখা করতে আসার লোক বলতে মিয়েপ, তার স্বামী জান, বেপ ভোসকুইজল, মিস্টার ভোসকুইজল, মিস্টার কুগলার, মিস্টার ক্লাইমান এবং মিসেস ক্লাইমান, যদিও শেষের জন আসেন না কারণ তিনি মনে করেন দেখা করাটা বিপজ্জনক।*

শুক্রবার, আগস্ট ১৪, ১৯৪২

প্রিয় কিটি,

একটা পুরো মাস আমি তোমাকে ছেড়ে ছিলাম। এত কম ঘটনা ঘটেছে যে প্রত্যেক দিন লেখার মতো কিছু ছিল না। ভ্যান ডানেরা ১৩ই জুলাই এলেন। আমরা ভেবেছিলাম

---

* আনে মন্তব্য যোগ করেছিল সেপ্টেম্বর ১৯৪২:

বাবা সব সময়ই খুব ভালো। তিনি আমাকে ঠিকঠাক বোঝেন, আর আমার ইচ্ছে করে কান্নাকাটি না করে বাবার সঙ্গে মন খুলে কথা বলি। আমার বয়সি মেয়েরাই হয়তো এমন করে। আমার সমস্ত সময় লেখালেখি করে কাটাতে ইচ্ছে করে, কিন্তু সেটাও সম্ভবত খুব ক্লান্তিকর হবে।

এখনও পর্যন্ত আমি আমার ভাবনা চিন্তা ডায়েরির মধ্যেই গোপন রাখছি। আমি পরে কোনো একদিন উচ্চৈঃস্বরে পড়ব বলে চমৎকার ছবি আঁকতে চাই না। ভবিষ্যতে আমি আবেগের ওপর কম সময় দেব, সময় বেশি দেব বাস্তবের ওপরে।

ওঁরা ১৪ই আসবেন কিন্তু ১৩ থেকে ১৬ তারিখ জার্মানরা একধার থেকে শমন পাঠানোয় মানুষ খুব সন্ত্রস্ত হয়ে উঠেছিল। সেজন্য তারা ভেবেছিল একদিন দেরি করে আসার চেয়ে একদিন আগে আসাটাই নিরাপদ হবে।

পেটার ভ্যান ডান সকাল সাড়ে নটায় এল (তখনও আমরা প্রাতরাশ করছি)। যোলো বছর বয়সি পেটার, লাজুক জবুথবু ধরনের ছেলে যার সান্নিধ্য মোটেই কাম্য নয়। মিস্টার এবং মিসেস ভ্যান ডান এক ঘণ্টা পরে এলেন। মিসেস ভ্যান ডান টুপির বাক্সে করে একটা বহনযোগ্য কমোড নিয়ে এসেছেন দেখে আমাদের খুব মজা লাগল। তিনি জোরে জোরে বললেন, 'এই কমোড না থাকলে কোথাও গিয়ে আমার জুত হয় না।' জিনিসটা প্রথমেই তিনি তাঁর ডিভানের নিচে রাখলেন। মিস্টার ভ্যান ডান কমোডের বদলে একটা ভাঁজ করা চায়ের টেবিল টেনে টেনে নিয়ে এসেছেন।

প্রথম থেকেই আমরা খাওয়া দাওয়া একসঙ্গে করছি; তিনদিন পরে মনে হল সাতজন মিলে আমরা একটা বড়ো পরিবার। স্বাভাবিক ভাবেই যে সপ্তাহটা আমরা সভ্যতা থেকে বিচ্ছিন্ন ছিলাম সে ব্যাপারে তাদের অনেক বলার ছিল। আমাদের বেশি কৌতুহল ছিল আমাদের ফ্ল্যাট আর মিস্টার গোল্ডস্মিটের ব্যাপারে।

মিস্টার ভ্যান ডান বললেন: 'সোমবার সকাল ৯টা নাগাদ মিস্টার গোল্ডস্মিট জিজ্ঞেস করলেন আমি একবার আসতে পারি কিনা। আমি তখনই গেলাম, গিয়ে দেখি তিনি খুবই বিক্ষিপ্ত। তিনি ফ্র্যাঙ্ক পরিবারের লেখা একটা চিঠি দেখালেন। যেমন বলা আছে সেই মতো তিনি বেড়ালটাকে প্রতিবেশীর বাড়িতে নিয়ে যাবার পরিকল্পনা করছেন সেকথা জানালেন। আমি তাতে সায় দিলাম। তাঁর ভয় হচ্ছিল বাড়িতে হয়তো তল্লাশি হবে। সেজন্য আমরা সব কটা ঘরে গিয়ে দেখেশুনে সব গুছিয়ে রাখলাম, টেবিল থেকে প্রাতরাশের জিনিসপত্রও সরিয়ে রাখলাম। হঠাৎই আমার চোখে পড়ল মিসেস ফ্র্যাঙ্কের টেবিলে একটা লেখার খাতা, সেখানে মাসট্রিখট-এর ঠিকানা লেখা আছে। যদিও জানতাম ঠিকানাটা মিসেস ফ্র্যাঙ্ক বিশেষ উদ্দেশ্যেই লিখে গেছেন, তবুও আমি অবাক এবং ভীত হওয়ার ভান করে মিস্টার গোল্ডস্মিটকে ঐ কাগজটা পুড়িয়ে ফেলার কথা বললাম। আমি এমন একটা ভাব করেছিলাম যেন তোমাদের চলে যাবার ব্যাপারটা আমি কিছুই জানি না, কিন্তু ঐ ঠিকানাটা দেখে আমার মাথায় একটা বুদ্ধি খেলে গেল। আমি বললাম, ''মিস্টার গোল্ডস্মিট, এই ঠিকানাটার ব্যাপারে আমি বাজি রেখে বলতে পারি। মাস ছয়েক আগে একজন উচ্চপদস্থ অফিসার আপিসে এসেছিলেন। দেখে মনে হয়েছিল ওদের মধ্যে খুবই জানাশোনা। তিনি প্রয়োজন হলে মিস্টার ফ্র্যাঙ্ককে সাহায্য করবেন বলেছিলেন। যদ্দুর মনে পড়ছে ভদ্রলোক মাসট্রিখট-এ থাকেন। আমার মনে হচ্ছে ঐ অফিসার তাঁর কথা রেখেছেন, কোনো ভাবে পরিকল্পনা করে বেলজিয়াম পার করে সুইজারল্যান্ডে পৌঁছতে সাহায্য করেছেন। ফ্র্যাঙ্ক পরিবারের

বন্ধুরা কেউ খোঁজ করলে এই খবরটা দিলে কোনো ক্ষতি নেই। তবে অবশ্যই মাসট্রিখট-এর নাম করবেন না।'' এই বলে আমি চলে গেলাম। এই গল্প আপনাদের বন্ধুদের মধ্যে রটে গেছে কারণ আমি পরে আলদা আলাদা ভাবে অনেকের মুখে শুনেছি।'

আমাদের খুব মজা লেগেছিল আর এরপর ভ্যান ডান যখন বললেন লোকের কল্পনার দৌড়ের কথা তখন আরও জোরে হেসেছিলাম। যেমন, পার্কের পাশে থাকা একটি পরিবার দাবি করেছে আমাদের চারজনকে খুব ভোরে সাইকেল চালিয়ে যেতে দেখেছে আর আরেকজন মহিলা একেবারে নিশ্চিন্ত যে মাঝ রাতে একটা মিলিটারি ধরনের গাড়িতে করে আমরা চলে গেছি।

তোমার, আনে

শুক্রবার, আগস্ট ২১, ১৯৪২

প্রিয় কিটি,

এখন আমাদের গোপন ডেরা সত্যি সত্যিই গোপন হয়েছে। লুকোনো সাইকেলের খোঁজে বাড়ি বাড়ি তল্লাশি চলছে। মিস্টার কুগলার ভেবেছিলেন আমাদের দরজার সামনে একটা বইয়ের তাক রেখে দিলে ভালো হয়। ওটায় কবজা লাগানো থাকবে ফলে দরজার মতো খুলে যাবে। মিস্টার ভোসকুইজ্‌ল, ছুতোরগিরি করেছিলেন। (মিস্টার ভোসকুইজ্‌লকে বলা হয়েছিল আমরা সাতজন লুকিয়ে আছি, আর তিনি খুবই সাহায্য করেছিলেন।)

এখন যখনই আমাদের নিচের তলায় যেতে হয় তখন নিচু হয়ে ঝাঁপ দিতে হয়। প্রথম তিনদিন আমরা সবাই ফোলা কপাল নিয়ে ঘুরে বেড়িয়েছিলাম কারণ সকলেরই মাথা নিচু দরজায় ঠুকে গিয়েছিল। তারপর পিটার একটা তোয়ালের মধ্যে কাঠের গুঁড়ো দিয়ে দরজার মাথায় পেরেক ঠুকে লাগিয়ে দিয়েছিল। দেখা যাক কিছু সুরাহা হয় কিনা।

আমি স্কুলের পড়া খুব একটা করছি না। সেপ্টেম্বর অবধি আমি নিজেই নিজেকে ছুটি দিয়েছি। বাবা আমার পড়াশুনো শুরু করাতে চাইছেন, কিন্তু আমাদের তো আগে বই কিনতে হবে।

এখানে আমাদের জীবনে সামান্যই পরিবর্তন হয়েছে। পেটারের চুল আজ ধোয়া হয়েছে, কিন্তু সেটা বিশেষ ব্যাপার কিছু নয়। আমার আর মিস্টার ভ্যান ডানের কোনো সময়ে মতে মেলে না। মা সব সময়ে আমার সঙ্গে ছোটো বাচ্চার মতো ব্যবহার করে, সেটা আমার অসহ্য লাগে! বাকি সব মোটামুটি চলছে।

পেটার খুব একটা শোধরাবে বলে আমার মনে হয় না। অত্যন্ত নোংরা ছেলে, দিনরাত শুধু বিছানায় শুয়ে থাকে, আরেক বার ঘুমোতে যাওয়ার আগে নিজেকে বিছানা থেকে তুলে কিছুটা ছুতোরগিরি করে। একেবারে জড়ভরত!

মা আবার আজ সকালে তাঁর আরেকটি ভয়ঙ্কর উপদেশ বিতরণ করেছেন। আমাদের নাকি সমস্ত ব্যাপারেই উলটোরকম দৃষ্টিভঙ্গি! বাবার মনটা নরম, মাঝে মাঝে রেগেও যান, কিন্তু তা কখনও পাঁচ মিনিটের বেশি থাকে না।

আর বাইরে দিনটা খুব সুন্দর, চমৎকার আর উষ্ণ, আর সব কিছু সত্ত্বেও চিলেকোঠায় ভাঁজ করা বিছানায় শুয়ে দিনটাকে উপভোগ করি।

তোমার, আনে*

বুধবার, সেপ্টেম্বর ২, ১৯৪২

প্রিয়তমা কিটি,

মিস্টার আর মিসেস ভ্যান ডানের মধ্যে ভয়ানক তর্কাতর্কি হয়ে গেল। এরকম আমি কখনও দেখিনি কারণ আমার বাবা মা কোনোদিন স্বপ্নেও ভাবতে পারেন না পরস্পর এরকম ঝগড়া করবেন। ঝগড়ার কারণটা এতই তুচ্ছ ছিল যে তার জন্য একটা বাক্য ব্যয় করাটাই বৃথা। কী আর করা, যার যেমন ইচ্ছে।

অবশ্য পেটারের পক্ষে একটু মুশকিল হয়েছিল কারণ সে ঝগড়ার মাঝখানে পড়েছিল, তবে তাকে কেউ পাত্তা দেয় না কারণ সে আবেগপ্রবণ এবং কুঁড়ে। কালকেই তো মুখ চুন করে ঘুরছিল কারণ ওর জিভটা নীলের বদলে গোলাপি হয়ে গেছে। এই আশ্চর্য ঘটনাটা অবশ্য খুব কম সময়ের জন্যই ঘটেছিল। আজ সে একটা মোটা স্কার্ফ গলায় জড়িয়ে ঘুরছে কারণ তার ঘাড় শক্ত হয়ে গেছে। মহানুভবের আবার কোমরে বাতের ব্যথাও হয়। এছাড়া হার্ট, কিডনি, লাং-এও নাকি ব্যথা বেদনা হয় প্রায়ই। ও রোগাতঙ্কের অসুখে ভুগছে, যাকে বলে হাইপোকন্ড্রিয়াক। (এটাই বোধ সঠিক শব্দ তাই না?)

মা আর মিসেস ভ্যান ডানের সম্পর্কটা খুব ভালো নয়। ঠোকাঠুকির যথেষ্ট কারণও আছে। একটা উদাহরণ দিই। মিসেস ভ্যান ডান আমাদের সকলের জন্য যে কাপড়ের

---

* আনে মন্তব্য যোগ করেছিল ২১ সেপ্টেম্বর ১৯৪২-এ:
মিস্টার ভ্যান ডান ইদানীং আমার সঙ্গে খুব ভালো ব্যবহার করছেন। আমি কিছুই বলিনি, যতদিন থাকে উপভোগ করি।

৩৯

আলমারি সেখান থেকে তিনটে চাদরই বার করে নিয়েছেন। ধরেই নিয়েছেন মায়ের কাছে যে কটা আছে তা দিয়েই সকলের হয়ে যাবে। উনি একটু ধাক্কা খাবেন পরে যখন দেখবেন যে মা-ও একই কাজ করেছেন।

এছাড়াও উনি আরও বিরক্ত হন কারণ আমরা আমাদেরগুলোর বদলে ওঁর চিনে মাটির বাসন ব্যবহার করি। তিনি খুঁজে বার করার চেষ্টা করেন আমাদের প্লেটগুলো আমরা কোথায় রেখেছি। উনি যা ভাবছেন তা নয়, সেগুলো কাছাকাছিই আছে। ওগুলো কার্ডবোর্ডের বাক্সে প্যাক করে ওপেকটা-র বিজ্ঞাপনের জিনিসপত্রের পেছনে চিলেকোঠাতেই রাখা আছে। যতদিন আমরা এই গোপন ডেরায় থাকব, ততদিন প্লেটগুলো ওঁর নাগালের বাইরেই থেকে যাবে। কিন্তু যেমন হয়, আমার কপালে একটা না একটা দুর্ঘটনা ঘটবেই। গতকাল মিসেস ভ্যান ডানের একটা সুপের বাটি হাত পড়ে একেবারে টুকরো টুকরো হয়ে গেল।

তিনি চেঁচিয়ে উঠলেন, 'একটু সাবধান হয়ে ব্যবহার করতে পারো না! ওটাই আমার শেষ সুপ-বাটি।'

কিটি, সহ্য করতেই হবে, দুজন মহিলাই জঘন্য ডাচ ভাষায় কথা বলেন (ভদ্রলোকের ব্যাপারে কথা বলার সাহসই করছি না; তাঁরা ভীষণ ভাবে অপমানিত হতে পারেন)। তুমি যদি শোনো তাদের আনাড়ির মতো চেষ্টা, হাসি আর থামাতেই পারবে না। আমরা ওঁদের ভুল ধরা ছেড়ে দিয়েছি কারণ আমাদের শুধরে দেওয়ার চেষ্টা কোনো কাজেই আসে না। যখনই আমি মা অথবা মিসেস ভ্যান ডানের মুখের কথা লিখব তখন তাদের ভাষা না লিখে শুদ্ধ ডাচ ভাষাই লিখব।

গত সপ্তাহে আমাদের একঘেয়ে জীবনে একটা তরঙ্গ উঠেছিল। সেটা তুলেছিল পেটার এবং মেয়েদের বিষয়ে একটি বই। আমাকে বলতে হবে যে মিস্টার ক্লাইমান যেসব বই ধার দেন সেগুলোর প্রায় সবগুলি পড়ারই অনুমতি মারগট আর পেটারের আছে। কিন্তু বড়োরা ঐ বিশেষ বইটা নিজেদের হেফাজতে রাখতে চেয়েছিলেন। এই ব্যাপারটা পেটারের কৌতুহল বাড়িয়ে দিয়েছিল। কী নিষিদ্ধ ফল ওর মধ্যে আছে? তার মা যখন নিচে কথা বলছিলেন সে চোরের মতো নিঃশব্দে গিয়ে বইটি হাতিয়ে চুরির মাল সমেত ঘরের লফট্-এ উঠে পড়েছিল। দুদিন সব ঠিকঠাক ছিল। তার মা ব্যাপারটা জানতেন কিন্তু কাউকে কিছু বলেননি। পেটারের বাবা একদিন দেখে ফেললেন। তিনি ভীষণ রেগে গেলেন এবং বইটা নিয়ে নিলেন, ভাবলেন ব্যাপারটা এখানেই শেষ হল। তিনি তার ছেলের কৌতূহলকে ধর্তব্যের মধ্যেই রাখেননি। কিন্তু বাবার এই কাজে তার কৌতূহল কিন্তু কমেনি বরং ভাবতে লাগল কী করে ঐ চিত্তাকর্ষক বইয়ের বাকিটা পড়ে ফেলা যায়।

এদিকে মিসেস ভ্যান ডান মাকে তাঁর মতামত জিজ্ঞেস করেছেন। মা মনে করেন না ঐ বইটা মারগটের পড়ার উপযোগী, কিন্তু বেশিরভাগই বই মারগটকে পড়তে দেওয়াই যায়।

মা বললেন, 'দেখুন মিসেস ভ্যান ডান, মারগট আর পেটারের মধ্যে অনেকটা ফারাক আছে। প্রথমত, মারগট মেয়ে, আর মেয়েরা সব সময়েই ছেলেদের থেকে বেশি চৌকশ। দ্বিতীয়ত, সে ইতিমধ্যেই অনেক ভারী বই পড়ে ফেলেছে, কোনো বই ওকে পড়তে না দিলে তার জন্য ও ছোঁক ছোঁক করে বেড়াবে না। তৃতীয়ত, মারগট অনেক বেশি কাণ্ডজ্ঞান সম্পন্ন এবং বুদ্ধির দিক থেকে এগিয়ে আছে, সেটা চার বছর একটা ভালো স্কুলে পড়ার ফল।' মিসেস ভ্যান ডান একমত হলেন, কিন্তু তিনি মনে করেন বড়োদের জন্য লেখা বই ছোটোদের পড়া উচিত নয়।

এদিকে পেটার তক্কে তক্কে ছিল সেই সময়টার যখন তার আর বইটার কথা কারো খেয়াল থাকবে না। সন্ধে সাড়ে ৭ টায় যখন পুরো পরিবার খাস কামরায় রেডিয়ো শুনছে তখন সে আবার বইটা চুরি করে ঘরের লফট্-এ উঠে পড়েছিল। তার সাড়ে আটটার মধ্যে নেমে আসা উচিত ছিল কিন্তু বইটাতে সে এমনই মগ্ন হয়ে গিয়েছিল যে তার সময় জ্ঞান ছিল না। সে যখন নেমে আসছে তখনই তার বাবা ঘরে ঢুকছেন। এরপরে তো আর অবাক হবার কোনো ব্যাপার নেই। একটা চপেটাঘাতের পর একটা শব্দ, একটা টানাটানি, বইটা পড়ল টেবিলের ওপর আর পেটার দৌড়ে লফট্-এ উঠে গেল।

ব্যাপারটা এইরকম দাঁড়াল এবং আমরা খেতে বসে গেলাম। পেটার ওখানেই থেকে গেল। তার কথা কেউ ভাবল না, না খেয়েই তাকে শুয়ে পড়তে হবে। আমরা খাওয়া-দাওয়া সারছি, গল্পগাছা চলছে, তখন হঠাৎ একটা হুইসিলের তীক্ষ্ণ আওয়াজ। আমাদের হাত থেকে কাঁটা চামচ পড়ে গেল আমরা এ ওর মুখের তাকাতে লাগলাম, আমাদের পাংশু মুখে বিচলিত ভাবটা ফুটে উঠেছিল।

এমন সময়ে পেটারের গলা চিমনির ভেতর দিয়ে ভেসে এল, 'আমি নিচে নামব না।' মিস্টার ভ্যান ডান লাফিয়ে উঠলেন, তার ন্যাপকিন মেঝেতে পড়ে গেল, মুখ চোখ লাল হয়ে গেল, চিৎকার করে উঠলেন, 'যথেষ্ট হয়েছে'।

কী ঘটতে পারে অনুমান করে বাবা উঠে গিয়ে তার হাতটা ধরলেন এবং দুজনে লফট্-এ উঠলেন। বেশ কিছুক্ষণ টানা হ্যাঁচড়ার পর পেটার নিজের ঘরে গিয়ে খিল দিল, আমরা আবার খেতে শুরু করলাম।

মিসেস ভ্যান ডান তার সাধের ছেলের জন্য এক টুকরো রুটি বাঁচাতে চাইছিলেন কিন্তু মিস্টার ভ্যান ডান অনড়। 'ও যদি ক্ষমা না চায় ওকে ঐ লফট্-এই রাত কাটাতে হবে।'

আমরা সবাই প্রতিবাদ করে বললাম রাতে না খাওয়াটাই যথেষ্ট শাস্তি। ওখানে শুয়ে ওর যদি ঠান্ডা লাগে, আমরা তো ডাক্তারও ডাকতে পারব না।

পেটার ক্ষমা চায়নি, লফট্-এই ফিরে গিয়েছিল। মিস্টার ভ্যান ডান ঠিক করেছিলেন আর কিছু বলবেন না, যদিও তিনি লক্ষ করেছিলেন পেটারের বিছানায় শোয়ার ছাপ। সকাল সাতটায় পেটার আবার লফট্-এ উঠে গিয়েছিল; কিন্তু আমার বাবা ভুলিয়ে ভালিয়ে ওকে নিচে নামিয়ে এনেছিলেন। তিনদিন গোমড়া মুখে একগুঁয়েমির পর আবার সব যেমনকে তেমন।

তোমার, আনে

সোমবার, সেপ্টেম্বর ২১, ১৯৪২

প্রিয়তমা কিটি,

আজ আমি তোমাকে আমাদের এখানকার সাধারণ খবরাখবর দেব। আমার ডিভানের বিছানার ওপর একটা আলো লাগানো হয়েছে। ভবিষ্যতে যদি গোলাগুলির আওয়াজ শুনি একটা দড়ি টেনে আলো জ্বালাতে পারব। এই মুহূর্তে তা করতে পারব না কারণ দিনে রাতে আমরা জানলা একটু খুলে রাখি।

ভ্যান ডান দলের পুরুষ সদস্যদের সঙ্গে মিলে ভারী সুবিধা জনক কাঠের রঙে রং করা পর্দা দেওয়া একটা খাবার রাখার আলমারি বানিয়েছে। এই চমৎকার কাপবোর্ডটি এখনও পর্যন্ত পিটারের ঘরে রয়েছে, কিন্তু যাতে হাওয়া বাতাস খেলে সে জন্য ওটাকে চিলেকোঠায় নিয়ে যাওয়া হবে। ওটা যেখানে আছে সেখানে একটা ঝোলানো তাক আছে। আমি পেটারকে বলেছি তার টেবিলটা ঐ তাকের নিচে রেখে তার ওপর একটা সুন্দর দেখে কম্বলের টুকরো ঢাকা দিতে আর টেবিলের জায়গায় নিজের কাপবোর্ডটা রাখতে। তার ফলে তার এই বন্ধ ঘরটা একটু খোলামেলা দেখাবে। যদিও আমি কখনই ঐ ঘরে থাকব না। মিসেস ভ্যান ডান একেবারে অসহ্য। যখন আমি ওপরে থাকি আমার অতিরিক্ত বকাবকানির জন্য উনি আমাকে বকা দেন। আমি অবশ্য তক্ষুনি তা ঝেড়ে ফেলে দিই। মহিলা এখন একটা নতুন কায়দা বার করেছেন; বাসন কোসনে যদি একটু খাবার পড়ে থাকে তাহলে আর তিনি ধোবেন না। একটা কাচের প্লেটে তুলে না রেখে ওটা ওভাবেই রেখে দেন, যাতে নষ্ট হয়ে যায়। তারপর বিকেলে যখন মারগট সব বাসন কোসন ধুতে বসে, তখন মহিলা চিৎকার করে বলেন, ‘ওহ বেচারা মারগট তোকে অনেক কাজ করতে হচ্ছে!’

এক সপ্তাহ অন্তর মিস্টার ক্লাইমান আমার বয়সি মেয়েদের জন্য বই নিয়ে আসেন। *জুপ টের হয়েল* সিরিজের জন্য আমার খুব আগ্রহ। সিসি ভ্যান মার্ক্সভেলট-এর বই আমার খুব ভালো লাগে। *জ্যানিয়েস্ট সামার* আমি চারবার পড়েছি আর মজার মজার পরিস্থিতি গুলো পড়ে দারুণ হাসি পায়।

বাবা আর আমি সম্প্রতি আমাদের বংশ তালিকা নিয়ে কাজ করছি। কাজ করতে করতে তিনি প্রত্যেকের সম্পর্কে কিছু না কিছু বলছেন।

আমি স্কুলের কাজ শুরু করেছি। ফরাসি নিয়ে খুব খাটছি, রোজ পাঁচটা করে অনিয়মিত ক্রিয়াপদ মাথায় ঢোকাচ্ছি। কিন্তু স্কুলে যা শিখেছিলাম তার বেশির ভাগই ভুলে গেছি।

অত্যন্ত অনীহা নিয়ে পেটার ইংরেজি নিয়ে বসেছে। কয়েকটা স্কুলের বই এসেছে, আর আমি বাড়ি থেকে অনেক লেখার খাতা, পেনসিল, রবার আর লেবেল নিয়ে এসেছি। পিম (বাবার ডাক-নাম) ডাচ ভাষা শেখার জন্য আমার সাহায্য চাইছে। আমি তো সাহায্য করতে তৈরি তবে তার বদলে আমাকে ফরাসি আর অন্য বিষয়গুলো দেখিয়ে দিতে হবে। কিন্তু বাবা অসম্ভব সব ভুল করছে!

আমি মাঝে মাঝে লন্ডন থেকে ডাচ সম্প্রচার শুনি। প্রিন্স বার্নহার্ড সম্প্রতি জানিয়েছেন যে প্রিন্সেস জুলিয়ানার জানুয়ারিতে বাচ্চা হবে। এটা দারুণ খবর! রাজ পরিবার সম্পর্কে আমার আগ্রহ কেন তা এখানে কেউ-ই বোঝে না।

কয়েকটা রাত আগে আমিই ছিলাম আলোচনার বিষয়বস্তু আর সবাই মিলে সিদ্ধান্ত নিল আমি নেহাৎই নির্বোধ। ফলত আমি নিজেকে স্কুলের কাজে ডুবিয়ে দিলাম। চোদ্দ/পনেরো বছর বয়সে আমি প্রাথমিক স্তরে থাকব এটা তো আমি চাই না। যে সমস্ত বই নিয়ে আলোচনা হয় সেগুলো আমাকে পড়তে দেওয়া হয় না। এই মুহূর্তে মা পড়ছেন *জেন্টলমেন, ওয়াইভস অ্যান্ড সার্ভেন্টস,* আর অবশ্যই আমার পড়ার অধিকার নেই (যদিও মারগট পড়েছে)। প্রথমে আমাকে আমার বুদ্ধিশুদ্ধি আরও বাড়াতে হবে আমার প্রতিভাময়ী দিদির মতো। তারপর আলোচনা হয়েছিল দর্শন, মনস্তত্ত্ব ও শারীরবিদ্যা বিষয়ে আমার অজ্ঞতা নিয়ে (আমি তৎক্ষণাৎ ঐ বড়ো বড়ো শব্দগুলো অভিধানে দেখে নিয়েছিলাম)। এটা সত্যি যে আমি ঐ বিষয়গুলোর কিচ্ছু জানি না। কিন্তু সামনের বছর হয়তো জেনে যাব।

এটা জেনে আমি চিন্তিত হয়ে পড়লাম যে আমার মাত্র এটা লম্বাহাতা পোশাক আর তিনটে কার্ডিগান। বাবা আমাকে একটা সাদা উলের জাম্পার বোনার অনুমতি দিয়েছে, উলটা খুব ভালো নয়, তবে গরম, সেটাই তো আসল। আমাদের বেশ কিছু জামাকাপড় বন্ধুদের বাড়িতে আছে, কিন্তু যুদ্ধ না শেষ হলে সেগুলো উদ্ধার হবার আশা নেই। অবশ্য যদি তখনও থাকে।

আমি ঠিক যখনই মিসেস ভ্যান ডান সম্পর্কে দুকথা লিখেছি তখনই তিনি ঘরে ঢুকলেন। আমি চট করে খাতাটা বন্ধ করে দিলাম।

'এই আনে আমাকে দেখাবে না?'

'না না, মিসেস ভ্যান ডান।'

'শেষ পাতাটা দেখাও অন্তত।'

'না না, ওটাও দেখাতে পারব না।'

কী কাণ্ড, আমি প্রায় মারাই যাচ্ছিলাম। কারণ ঐ পাতাটাতেই ওঁর সম্পর্কে ভারী নিন্দে করে একটা বর্ণনা লেখা ছিল।

রোজই কিছু না কিছু ঘটে কিন্তু আমি এত ক্লান্ত আর অলস যে সব লিখে উঠতে পারি না।

তোমার, আনে

শুক্রবার, সেপ্টেম্বর ২৫, ১৯৪২

প্রিয়তমা কিটি,

বাবার একজন বন্ধু আছেন যাঁর বয়স সত্তরের মাঝামাঝি, মিস্টার ড্রেহের, যিনি অসুস্থ, দরিদ্র এবং কালা। তাঁর একটি ল্যাংবোটের মতো স্ত্রী আছে, সাতাশ বছরের ছোটো এবং ঐ রকমই দরিদ্র, যার হাতে পায়ে নানা রকমের আসল এবং নকল ব্রেসলেট এবং আংটি যেগুলো এককালের ভালো দিনের চিহ্ন। এই মিস্টার ড্রেহের বাবার একটা মস্ত ঝামেলা। এই হতভাগা বুড়োটার সঙ্গে বাবা যেভাবে অসীম ধৈর্যের সঙ্গে কথা বলে দেখে আমি অবাক হয়ে যাই। যখন আমরা নিজেদের বাড়িতে থাকতাম তখন মা বলত ফোনের রিসিভারের সামনে একটা গ্রামোফোন রাখতে, যেটা থেকে প্রতি তিন মিনিট অন্তর 'হ্যাঁ, মিস্টার ড্রেহের' আর 'না, মিস্টার ড্রেহের' বেরিয়ে আসবে। কারণ ঐ বুড়োটা বাবার লম্বা উত্তরের একটা শব্দও বুঝতে পারে না।

আজ মিস্টার ড্রেহের আপিসে ফোন করে মিস্টার কুগলারকে তার সঙ্গে দেখা করতে বলেছেন। মিস্টার কুগলারের মেজাজ ভালো ছিল না, তিনি বলেছেন মিয়েপকে পাঠাবেন, কিন্তু মিয়েপ দেখা করতে যাওয়াটা বাতিল করে দিয়েছিলেন। মিসেস ড্রেহের তিন বার আপিসে ফোন করেছেন। মিয়েপ যেহেতু আপিসের কাজে বাইরে থাকবেন বলে জানিয়েছিলেন সেই জন্য তিনি বেপ-এর গলা নকল করে উত্তর দিয়েছিলেন। নিচের আপিসে এবং আমাদের ওপরে এই নিয়ে খুব হাসাহাসি হয়েছে। এবার যখনই ফোন বাজে, বেপ বলে, 'ঐ মিসেস ড্রেহের!' আর মিয়েপ হাসতে থাকে,

88

কাজেই লাইনের ওদিকের লোকটি এদিক থেকে একটা খিক খিক হাসি শুনতে থাকে। তুমি কি এই ছবিটা কল্পনা করতে পারছ? এটা গোটা পৃথিবীর মধ্যে একটা সেরা আপিস। যেখানে উঁচুতলা আর নিচু তলার কর্মীরা একই সঙ্গে মজা করে!

কোনো কোনো সন্ধেয় আমি ভ্যান ডানদের ঘরে গল্প করতে যাই। আমরা 'পোকা মারা ওষুধের গন্ধওয়ালা বিস্কুট' (বিস্কুটের টিনটা ঐ ওষুধের গন্ধওয়ালা কাপড়ের আলমারিতে রাখা হয়) খাই আর দিব্যি গল্পগাছা করি। সম্প্রতি পেটারকে নিয়ে কথা হচ্ছিল। আমি বললাম পেটার প্রায়ই আমার গালে টোকা মারে, সেটা আমার পছন্দ হয় না। ওরা বড়োদের মতো করে জিজ্ঞেস করলেন আমি কি কখনও পেটারকে দাদার চোখে দেখি না, কারণ সে নাকি আমাকে বোনের মতো ভালোবাসে। আমি বললাম 'না', আসলে আমি ভাবছিলাম 'কী বাজে!' ভাবো একবার! আমি বললাম পেটার খুব আড়ষ্ট, কারণ সম্ভবত ও খুব লাজুক। যে সব ছেলেরা মেয়েদের সঙ্গে মেলামেশা করে না তারা এইরকমই হয়।

আমাকে বলতেই হবে আমাদের এই আপিসের লোকজনদের (পুরুষদের) খুবই বুদ্ধি আছে। ওপেকটা কোম্পানির বিক্রয় প্রতিনিধি মিস্টার ব্রোকস আমাদের খুব বন্ধু, তিনি আমাদের কিছু জিনিস লুকিয়ে রেখেছেন। আপিসের লোকেরা একটা চিঠি টাইপ করছে দক্ষিণ জিল্যান্ডের একজন দোকানের মালিকের উদ্দেশ্যে, যিনি পরোক্ষভাবে ওপেকটার খদ্দের, তাকে বলা হবে একটা ফর্ম ভর্তি করে সঙ্গে দেওয়া ঠিকানা লেখা খামে ভরে ফেরত পাঠিয়ে দিতে। ঐ খামে বাবা নিজের হাতে ঠিকানা লিখে দেবেন। জিল্যান্ড থেকে খাম ফেরত এলে ঐ ফর্মটা সরিয়ে ফেলে বাবার হাতে একটা লেখা একটা চিঠিতে বাবা যে বেঁচে আছে এটা বুঝিয়ে তার মধ্যে ভরে দেওয়া হবে। এইভাবে হলে মিস্টার ব্রোকস্‌ কিছু সন্দেহ করবেন না।ওরা জিল্যান্ডকে বেছে নিয়েছিল কারণ ঐ জায়গাটা বেলজিয়ামের কাছে (একটা চিঠি সহজেই গোপনে পাঠানো যাবে)। ওখানে বিশেষ পারমিট ছাড়া কাউকেই ঢুকতে দেওয়া হয় না। মিস্টার ব্রোকস্‌-এর মতো সাধারণ বিক্রয় প্রতিনিধি তো কখনই পারমিট পাবেন না।

গতকাল বাবা একটা কাণ্ড করেছেন। ঘুমের মধ্যে পায়ে শিরটান ধরেছিল। পা গুলো ঠান্ডা হয়ে গিয়েছিল, সুতরাং আমি আমার বিছানার মোজাগুলো তাঁকে দিই। পাঁচমিনিট পরেই সেগুলো খুলে মেঝেতে ছুঁড়ে ফেলেন। তারপর তিনি মাথার ওপর কম্বল চাপা দেন কারণ আলোতে তাঁর অসুবিধা হচ্ছিল। তারপর আলো নিবিয়ে দেওয়া হল। তারপর তিনি ভারী সতর্ক ভাবে কম্বলের ভেতর থেকে তাঁর মুণ্ডুটা বার করলেন। ব্যাপারটা খুবই মজার ছিল। আমরা কথা বলছিলাম একটা ব্যাপারে, তো পিটার বলল মারগট খুব 'পরিশ্রমী মেয়ে'। তখন বাবার গলা কম্বলের তলা থেকে শুনতে পেলাম, 'নাক গলানো টাইপ, বলছিস তো?'

যতদিন যাচ্ছে মুশ্চি বেড়ালটা আমার খুব প্রিয় হয়ে উঠেছে, তবুও আমার ওকে একটু ভয় করে।

তোমার, আনে

রবিবার, সেপ্টেম্বর ২৭, ১৯৪২

প্রিয়তমা কিটি,

মা আর আমার মধ্যে আজ তথাকথিত 'আলোচনা' হয়ে গেল, তার মধ্যে সবচেয়ে বিরক্তিকর ব্যাপারটা হল আমি কান্নায় ভেসে গেলাম। বাবা সবসময় আমার ব্যাপারে খুব ভালো এবং তিনি আমাকে খুব ভালো বোঝেন। এই সব সময়ে আমি মাকে সহ্য করতে পারি না। এটা পরিষ্কার যে মায়ের কাছে আমি অচেনা; তিনি এমনকি জানেনও না যে খুব সাধারণ ব্যাপারেও আমি কী ভাবি।

আমরা ঝি-দের ব্যাপারে কথা বলছিলাম আর এখনকার দিনে তাদের 'গৃহস্থালির সাহায্যকারিনী' বলতে হবে। তিনি বলতে চাইছেন যুদ্ধ শেষ হয়ে গেলে তারা চাইবে তাদের ঐ নামে ডাকা হোক। আমি এভাবে ভাবি না। তারপর তিনি বলতে লাগলেন আমি 'পরের' কথা প্রায়ই ভাবি আর একজন মহিলার মতো আচরণ করি, যদিও আমি তা নই, তবে আমি মনে করি না যে হাওয়ায় একটা বালির প্রসাদ বানিয়ে তোলাটা একটা ভয়ানক খারাপ কাজ, অবিশ্যি যতক্ষণ না তুমি খুব বেশি গুরুত্ব দিচ্ছ। তবে যে কোনো ভাবেই হোক বাবা আমার পাশে এসে দাঁড়ান। তাঁকে ছাড়া ওখানে আমি টিঁকতেই পারতাম না।

মারগটের সঙ্গেও আমার খুব ভালো যাচ্ছে না। তবে আমাদের পরিবারে ওপরতলার মতো মেজাজ খারাপ করে চেঁচামেচি করার চলন নেই, আমার মনে হয় সেটা অত্যন্ত খারাপ ব্যাপার। মারগট আর মায়ের আচার আচরণ আমার খুব অদ্ভুত লাগে। আমার মায়ের চেয়ে আমার বান্ধবীদের বেশি বুঝি। এটা লজ্জাজনক নয়?

মিসেস ভ্যান ডান বহু সময়েই মুখ গোমড়া করে থাকেন। খুবই বদ-মেজাজি আর যত পারছেন নিজের জিনিসপত্র নিয়ে গিয়ে তালাচাবি দিচ্ছেন। ভ্যান ডানের প্রত্যেকটি জিনিস লুকিয়ে ফেলার উত্তরে মায়েরও উচিত ফ্রাঙ্কদের 'লুকিয়ে ফেলা' দিয়ে জবাব দেওয়া।

কিছু কিছু লোক আছে, যেমন ভ্যান ডানেরা, নিজেদের ছেলেপিলেদের মানুষ করে তোলার ওপর আবার পরের ছেলেপিলেদেরও মানুষ করতে ভারী আনন্দ পায়। মারগটের কাউকে দরকার নেই, কারণ স্বাভাবিকভাবেই ভালো, দয়ালু এবং চালাক,

৪৬

যাকে বলে নিখুঁত। কিন্তু আমার একার মধ্যেই রয়েছে দুজনের দুষ্টুমি। একাধিকবার আবহাওয়া ভারী হয়ে উঠেছে ভ্যান ডানদের বকাবকি আর আমার চোখা উত্তরে। মা বাবা অবশ্য জোরালো ভাবেই আমার পক্ষ নেন। ওঁদের ছাড়া আমি টিঁকতেই পারতাম না। তবে তাঁরা আমাকে কম কথা বলতে বলেন, নিজের ব্যাপারে মাথা ঘামাতে বলেন এবং বিনয়ী হতে বলেন তবে সব বলাই ব্যর্থ হয়। বাবা যদি এমন ধীর স্থির মানুষ না হতেন তবে অনেক আগেই আমার ব্যাপারে তাঁদের আশা আকাঙ্ক্ষাকে জলাঞ্জলি দিতে হত।

যদি খাবার টেবিলে আমার অপছন্দের কোনো তরকারি থাকে আর তার বদলে আমি যদি আলু নিই, ভ্যান ডানেরা, বিশেষত মিসেস ভ্যান ডান মনে করে আমি আদরে বাঁদর হয়ে গেছি। তিনি বলেন, 'এ কী আনে আরও একটু সবজি নাও।'

'না না, ধন্যবাদ, আমি অনেকটা আলু নিয়েছি।'

'সবজি তোমার শরীরের পক্ষে ভালো, তোমার মা-ও তাই বলেন। আরেকটু নাও।' তিনি জোর করেন। বাবা রক্ষাকর্তার ভূমিকায় এসে আমার অপছন্দের সবজি খাওয়া থেকে আমাকে রক্ষা করেন।

এরপর মিসেস ভ্যান ডান সত্যি সত্যিই নিজের মেজাজ হারান: 'তোমার উচিত ছিল আমাদের ঘরে জন্মানো। যেখানে ছেলেপুলেরা ঠিকমতো মানুষ হয়। একে মানুষ করা বলে না। আনে একেবারে আদরে বাঁদর হয়ে গেছে। আমি কখনওই এ সব মেনে নিতাম না। আনে যদি আমার মেয়ে হত...'

এইভাবেই সবসময় তাঁর রাগত ভাষণ শুরু হয় আর শেষ হয় এইভাবে: 'আনে যদি আমার মেয়ে হত...' ভ্যাগিস, তা হয়নি!

ছেলে মেয়েদের বড়ো হয়ে ওঠা নিয়ে মিসেস ভ্যান ডানের ক্ষুদ্র ভাষণ শেষ হবার পর নৈঃশব্দ নেমে এল। এরপর বাবা বললেন, 'আমার মনে হয় আনে খুব ভালো ভাবেই মানুষ হয়েছে। অন্তত পক্ষে আপনার এই অন্তহীন বাণী শুনে চুপ করে থাকতে শিখেছে। আর তরকারির ব্যাপারে আমি বলব, আপনি আচার ধর্ম পরেরে শিখাও।'

মিসেস ভ্যান ডানের মুখ একেবারে ঝুলে গেল। 'আপনি আচরি ধর্ম...' বলতে মহিলাকেই বোঝানো হল কারণ তিনি রাতে বিন বা বাঁধাকপি ইত্যাদি খেতে চান না, খেলে নাকি তাঁর 'গ্যাস' হয়। আমিও তো এরকম কিছু বলতেই পারতাম। কেমন দেওয়া হল ওঁকে! যাই হোক, আশা করা যাক তিনি আমাকে নিয়ে কথা বলাটা বন্ধ করবেন।

ওঁর লজ্জায় লাল হয়ে যাওয়াটা বেশ মজার। আমার অবিশ্যি তেমন হয় না, আর সেটাও ওর আরও রাগের কারণ।

তোমার, অ্যানা

সোমবার, সেপ্টেম্বর ২৮, ১৯৪২

প্রিয়তমা কিটি,

কালকে লেখা শেষ করবার আগেই শেষ করতে হয়েছিল। আমাদের আরেকটা ঝগড়ার ব্যাপার তোমাকে বলতে তর সইছে না কিন্তু তার আগে আমি একটা কথা বলতে চাই: বড়োরা এত সহজে এত তুচ্ছ ব্যাপারে ঝগড়া করে এটা ভারী বিশ্রী ব্যাপার। আমার মনে হত ছোটোরাই তুচ্ছ ব্যাপারে ঝগড়া-ঝাঁটি করে, বড়ো হবার সঙ্গে সঙ্গে তা চলে যায়। অবশ্যই কখনও কখনও 'সত্যিকারের' ঝগড়ার একটা কারণ থাকে, কিন্তু এখানে তুচ্ছ ব্যাপারে কথা কাটাকাটি হয়। আমার এই নিত্যকারের ঝগড়াঝাটি অভ্যেস হয়ে যাওয়া উচিত ছিল, কিন্তু তা হয়নি আর কখনও হবেও না যতদিন পর্যন্ত আলোচনার বিষয়বস্তু আমি। (ওরা 'ঝগড়া'কে বলে 'আলোচনা', কিন্তু জার্মানরা এই পার্থক্যটা জানে না!) ওরা আমার সব কিছুর সমালোচনা করত, মানে আমি বলতে চাইছি সব কিছুরই: আমার ব্যবহার, আমার ব্যক্তিত্ব, আমার আচার আচরণ; আমার প্রতিটি ইঞ্চি, মাথা থেকে পা পর্যন্ত, চর্চা এবং তর্কের বিষয়। কড়া কড়া কথা আর চিৎকার আমার দিকে ছুঁড়ে দেওয়া হয়, যেটাতে আমি একেবারেই অভ্যস্ত নই। বড়োদের মতে আমার এ গুলো দেঁতো হাসি হেসে মেনে নেওয়া উচিত। কিন্তু না! ওদের এই সব অপমান মুখ বুঁজে সহ্য করার কোনো ইচ্ছে আমার নেই। আমি ওদের দেখিয়ে দেব আনে ফ্রাঙ্ক গতকালই জন্মায়নি। যখন ওরা দেখবে আমাকে শেখানোর বদলে আমার কাছ থেকেই ওরা আচার আচরণ শিখছে তখন ওরা দেখবে আর মুখ বন্ধ হয়ে যাবে। কী সাহস ওরা এই রকম ব্যবহার করে! একেবারে অমার্জিত। আমি অবাক হয়ে যাই বারে বারে এই রকম জঘন্য ব্যবহার আর বেশির ভাগ...আর ঐরকম নিবুর্দ্ধিতা (মিসেস ভ্যান ডান)। একবার আমার মতলব মতো আমি তৈরি হয়ে যাই, সেটা হতে খুব একটা দেরি হবে না, আমি ওদের উচিত শিক্ষা দেব, আর ওরা ঠিক সুর পালটে ফেলবে! আমি কি সত্যিই বেআদব, গোঁয়ার, জেদি, নিজেকে জাহির করি, নির্বোধ, কুঁড়ে ইত্যাদি ইত্যাদি, ভ্যান ডানেরা যেমন বলে? না, অবশ্যই নয়। আমি আমার দোষ ত্রুটির কথা জানি, কিন্তু ওঁরা সমস্ত কিছু বাড়িয়ে বাড়িয়ে দেখান। তুমি যদি জানতে কিটি ওরা যখন খ্যাঁচখ্যাঁচ করে আর বিদ্রুপ করে আমার শরীরটা কীরকম জ্বলে যায়। আমি জানি না এই রকম রাগ চেপে রাখতে রাখতে কবে আমি ফেটে পড়ব!

অনেক হয়েছে। ঝগড়ার বিষয়ে ফেনিয়ে ফেনিয়ে তোমাকে ক্লান্ত করে ফেলেছি তবে রাতের খাওয়ার টেবিলে যেসব কথাবার্তা হয় তার একটা খুব মজার ব্যাপার তোমাকে না বলে পারছি না।

একদিন কীভাবে কথায় কথায় বাবার অতি বিনয়ের কথা উঠল। তাঁর বিনয়ের কথা লোকে এতটাই জানে যে সেরা নির্বোধও এ ব্যাপারে প্রশ্ন করবে না। হঠাৎ মিসেস ভ্যান ডান, যিনি মনে করেন সব ব্যাপারেই তাঁর কথা বলা উচিত, বলে উঠলেন, 'আমারও স্বভাবটা আমার স্বামীর চেয়ে বেশি বিনয়ী আর শান্ত!'

এর চেয়ে বেশি হাস্যকর কথা কি কখনও তুমি শুনেছ? আর এই বাক্যটিই তো পরিষ্কার ভাবে বলে দিচ্ছে তিনি বিনয়ী নন!

মিস্টার ভ্যান ডানের মনে হল 'আমার স্বামীর চেয়ে বেশি'—সে ব্যাপারে কিছু বলা দরকার। তিনি নিচু স্বরে বললেন, 'আমার বিনয়ী হবার কোনো ইচ্ছে নেই, বরং আমার অভিজ্ঞতায় নিজেকে জাহির করতে পারলেই বেশি কাজ হয়।' আর আমার দিকে ঘুরে বললেন, 'একদম বিনয়ী আর শান্ত হোয়ো না। ওতে কোথাও পৌঁছনো যায় না।'

মা এ কথায় সম্পূর্ণ সায় দিলেন। কিন্তু, যথারীতি মিসেস ভ্যান ডানকে তো দর কষাকষি করতে হবে! তবে এবারে আমাকে না বলে আমার বাবা-মাকে বললেন, 'জীবন সম্বন্ধে তোমাদের ভারী অদ্ভুত দৃষ্টিভঙ্গি। আমার বড়ো হবার সময় ব্যাপার গুলো এমন ছিল না। যদিও সেসব খুব একটা পালটায়নি, শুধু তোমাদের আধুনিক বাড়িটাই ব্যতিক্রম।'

মা যেভাবে আধুনিক ধরনে মেয়েদের মানুষ করেছেন এটা তার ওপর সরাসরি আঘাত, মা এই সন্তান পালনের ব্যাপারটা বহু সময় বলেওছেন। মিসেস ভ্যান ডানের মুখ লাল হয়ে উঠেছে। যে সমস্ত লোক লাল হয়ে রেগে ওঠে তারা সহজেই বিপক্ষের কাছে হেরে যায়।

আমার নির্বিকার মা ব্যাপারটা তাড়াতাড়ি শেষ করতে চেয়ে একটু থেমে চিন্তা করে নিলেন, তারপর বললেন, 'বেশ মিসেস ভ্যান ডান, আমি মেনে নিচ্ছি যে অতি বিনয়ী না হওয়াটাই ভালো। আমার স্বামী, মারগট এবং পেটার এরা সবাই অত্যন্ত বিনয়ী। তোমার স্বামী, আনে এবং আমি তার সম্পূর্ণ বিপরীত না হলেও আমাদের সহজে ঠেলে এগিয়ে যাবে এমনটা হবে না।'

মিসেস ভ্যান ডান: 'কিন্তু মিসেস ফ্রাঙ্ক তুমি কী বলছ আমি বুঝতে পারছি না। সত্যি কথা বলতে কি আমি নিজে অত্যন্ত বিনয়ী এবং শান্ত মানুষ। তুমি কী করে আমি নিজেকে জাহির করি এ কথা বলছ?

মা: 'আমি তোমাকে সেকথা বলিনি, তবে কেউ তোমাকে মুখচোরা বলবে না।'

মিসেস ভ্যান ডান: আমি জানতে চাই কোন হিসেবে আমি নিজেকে জাহির করি একথা বললে? আমার নিজের ব্যাপারটা নিজে না দেখলে, আর তো কেউ দেখবে না, আর তা না দেখলে আমাদের উপোস করে মরতে হত। আর তার মানে এই নয় যে আমি তোমার স্বামীর মতো বিনয়ী আর শান্ত নই।'

আত্মরক্ষার এই হাস্যকর চেষ্টা দেখে মায়ের হেসে ফেলা ছাড়া গত্যন্তর ছিল না, তাতে তিনি আরও চটে গেলেন। ঠিক জন্ম তার্কিক তিনি নন কিন্তু জার্মানি আর ডাচের খিচুড়ি ভাষায় অনেকক্ষণ বললেন যতক্ষণ না নিজের কথার জটে নিজেই আটকে গেলেন। তারপর চেয়ার ছেড়ে উঠে ঘর থেকে বেরোতে যাবেন তখন আমার দিকে তাঁর চোখ পড়ল আমার ওপর। তখন আমার মনে শ্লেষ আর সহানুভূতির একটা মিশ্রণ চলছিল আর আমি মাথা নাড়ছিলাম। তবে সেটা ইচ্ছে করে নয়, নিজেরই অজান্তে কারণ আমি খুব মন দিয়ে তাঁর রাগত ভাষণ শুনছিলাম। মিসেস ভ্যান ডান আমার দিকে ফিরে অত্যন্ত রেগে জার্মান ভাষায় বাছা বাছা গালি শোনালেন, ঠিক একটা মোটা বাজারি মাছওয়ালির মতো। সে একটা দারুণ দৃশ্য! আমি যদি আঁকতে পারতাম, তখনকার চেহারাটা এঁকে ফেলতাম। মহিলা হাস্যকর, বোকা বিক্ষিপ্ত মানসিকতার ছোটো মাপের মানুষ! আমি একটা জিনিসই শিখেছি: ঝগড়াঝাঁটি হলেই লোক চেনা যায়। তখনই তুমি আসল চরিত্রটি বুঝতে পারবে।

তোমার, আনে

মঙ্গলবার, সেপ্টেম্বর ২৯, ১৯৪২

প্রিয়তমা কিটি,

কোথাও লুকিয়ে থাকলে নানা রকম আজব ঘটনা ঘটে। এটা বোঝার চেষ্টা কর। বাথটব না থাকায় আমাদের স্নান করার জন্য ব্যবহার করতে হয় টিনের টাব। আর একমাত্র আপিসেই গরম জল আছে (তার মানে আমি পুরো নিচের তলাটা বোঝাচ্ছি)। আমরা সাত জন পালা করে এই সুবিধেটা নিই। যেহেতু আমাদের কারোর সঙ্গে কারোর মিল নেই, প্রত্যেকেই নিজের নিজের স্নানের জায়গা বেছে নিয়েছে। পেটার আপিসের রান্নাঘরে স্নান করে, যদিও দরজাটা কাঁচের। তার স্নানের আগে সকলের কাছে গিয়ে বলে আসে কেউ যেন আধঘণ্টা রান্নাঘরের সামনে দিয়ে না যায়। ও মনে করে এই ব্যবস্থাটাই যথেষ্ট। মিস্টার ভ্যান ডান গরম জল বয়ে নিয়ে যাওয়ার কষ্ট স্বীকার করে ওপর তলাতেই স্নান করেন। মিসেস ভ্যান ডান স্নান-টান করেন না; বোধহয় কোন জায়গাটা সবচেয়ে ভালো সেইটা বের করার অপেক্ষায় আছেন। বাবা খাস কামরায় স্নান করেন আর মা রান্নাঘরে আগুন ঠেকানোর দেওয়ালের পিছনে স্নান সারেন। মারগট আর আমি জানিয়ে দিয়েছি সামনের আপিসটাই আমাদের স্নানঘর। শনিবার বিকেলে যখন পর্দাগুলো টানা থাকে তখন আমরা একজন একজন করে অন্ধকারেই গা মাজাঘষা করি, সে সময় যে করে না সে জানলার পর্দার ফাঁক দিয়ে রাস্তায় ফূর্তিবাজ মানুষদের চলাচল দেখে।

তবে গত সপ্তাহ থেকে এই জায়গাটা আমার ভালো লাগছে না, আরেকটু ভালো জায়গার সন্ধানে আছি। পেটার আমাকে অবশ্য আপিসের বড়ো স্নানঘরটা ব্যবহার করার কথা বলেছে। সেখানে বসতে পারি, আলো জ্বালাতে পারি, দরজা বন্ধ করতে পারি, জল ঢাললে গড়িয়ে বেরিয়ে যাবে এবং আমাকে কেউ দেখতে পাবে না। ঐ চমৎকার স্নানঘরটা আমি রবিবারে প্রথম ব্যবহার করলাম, আর আশ্চর্য, আমার খুব ভালো লেগে গেল।

বুধবার কলের মিস্ত্রি কাজ করেছে। আপিসের স্নানঘর থেকে জলের আর ড্রেনের পাইপ সরিয়ে দালানে লাগানো হয়েছে যাতে শীতকালে ঠান্ডায় না জমে যায়। কলের মিস্ত্রি কাজ করায় আমাদের খুব অসুবিধে হয়েছিল। সারাদিন আমরা কল খুলতে পারিনি, নিচের স্নানঘরে যেতে পারিনি। এই সমস্যার কী করে আমরা সমাধান করেছিলাম সেটা আমি তোমাকে বলব; তোমার মনে হতে পারে ও সব বলা ঠিক নয় কিন্তু আমার এ সব ব্যাপারে কোনো ছুঁৎমার্গ নেই, আমরা যেদিন এসেছিলাম সেদিন একটা বড়ো কাঁচের বয়ামকে কাজ চলার মতো কমোড বানিয়ে নিয়েছিলাম। অতএব কলের মিস্ত্রির কাজ চলার সময় প্রকৃতির ডাকে সাড়া দেবার জন্য কাঁচের বয়ামই ভরসা ছিল। আর আমার পক্ষে সারাদিন চুপ করে বসে থাকাটা বেশ ঝামেলার। ভাবো একবার আমার মতো বক্তিয়ারের পক্ষে কী কষ্টকর। এমনি দিনেই তো আমাদের ফিসফিস করে কথা বলতে হয় আর একেবারে চুপ করে থাকাটা তো দশগুণ খারাপ।

নাগাড়ে তিনদিন বসে থেকে আমার পশ্চাদ্দেশ ব্যথা হয়ে গিয়েছিল। শেষে রাত্তিরে শুয়ে পায়ের ব্যায়াম করে কিছুটা স্বাভাবিক হয়েছিল।

তোমার, আনে

বৃহস্পতিবার, অক্টোবর ১, ১৯৪২

প্রিয় কিটি,

গতকাল আমি সাংঘাতিক ভয় পেয়েছিলাম। আটটার সময় হঠাৎ দোরঘণ্টি বেজে উঠেছিল। আমি ভেবেছিলাম কেউ আমাদের নিতে এল, তুমি জান আমি কী বোঝাতে চাইছি। যখন সবাই বলল কোনো দুষ্টু ছেলে কিংবা ডাক পিয়ন তখন আমি আশ্বস্ত হলাম।

এখানে দিনগুলো খুব শান্ত। একজন ছোটোখাটো ইহুদি কেমিস্ট মি. লেভিংসন রান্নাঘরে মি. কুগলারের জন্য কিছু পরীক্ষানিরীক্ষা করেন। যেহেতু উনি সারা বাড়িটার সঙ্গেই পরিচিত আমরা সর্বদাই ভয়ে কাঁটা হয়ে থাকি এই বুঝি তিনি ল্যাবরেটরিতে

উঁকি দিতে আসেন। আমরা এখনও নেংটি ইঁদুরের মতো লুকিয়ে আছি। তিন মাস আগে কে ভাবতে পেরেছিল ছটফটে আনেকে ঘণ্টার পর ঘণ্টা চুপচাপ থাকতে হবে—আর সে পারবেও।

মিসেস ভ্যান ডানের জন্মদিন ছিল উনত্রিশে। যদিও দিনটা বড়ো করে পালন করা হয়নি, তবুও কিছু ফুল, সাধারণ উপহার দেওয়া হয়েছিল। খাওয়াদাওয়ার আয়োজন হয়েছিল। পারিবারিক প্রথামতো তাঁর স্বামী দিয়েছিলেন লাল কারনেশন ফুল।

মিসেস ভ্যান ডানের বিষয়টা একটু তোমাকে বলি, মহিলার আমার বাবার সঙ্গে ফষ্টিনষ্টি করার চেষ্টাটা আমার অত্যন্ত বিরক্তি লাগে। পিম-এর মনোযোগ আকর্ষণ করার জন্য গালে মাথায় টোকা দেন, নিজের স্কার্ট তুলে তথাকথিত মজার মন্তব্য করেন। সৌভাগ্যবশত বাবা তাঁকে সুন্দরী বা আকর্ষণীয় মনে করেন না, কাজেই তিনি তাঁর ফষ্টিনষ্টিতে সাড়া দেন না। তুমি তো জান আমি যথেষ্ট হিংসুটে, আমি ওঁর ব্যবহার মেনে নিতে পারি না। আর মা তো মিস্টার ভ্যান ডানের সঙ্গে ঐ ধরনের ব্যবহার করেন না। এটা আমি সোজা মিসেস ভ্যান ডানের মুখের ওপর বলে দিয়েছি।

মাঝে মাঝে পেটার বেশ মজা করে। আমাদের দুজনের একটা মিল আছে: আমরা সাজতে ভালোবাসি আর তা দেখে সবাই মজা পায়। এক সন্ধ্যায় পেটার পরেছে তার মায়ের টাইট পোশাক আর আমি পেটারের স্যুট। ওর মাথায় টুপি, আমার ক্যাপ। বড়োরা এই দেখে মজা পায় আমাদেরও বেশ মজা লাগে।

বেপ বিয়েনকর্ফ থেকে আমার আর মারগটের জন্য নতুন স্কার্ট কিনে এনেছেন। কাপড়টা বেশ খারাপ, আলুর বস্তার কাপড়ের মতো। আগে এ সমস্ত জিনিস দোকানে রাখতই না। দাম নিয়েছে মারগটেরটা ২৪ গিল্ডার আর আমারটা ৭.৭৫ গিল্ডার।

আরেকটা ভালো ব্যাপার ঘটেছে: বেপ আমার, মারগট আর পেটারের জন্য শর্টহ্যান্ডের ডাক যোগে শিক্ষার কোর্স অর্ডার দিয়েছেন। একটু অপেক্ষা কর, সামনের বছর আমরা ঠিক- ঠাক শর্টহ্যান্ড ডিকটেশন নিতে পারব। তবে যাই হোক না, এইরকম গুপ্তলিপি শিখতে পারাটা সত্যিই দারুণ। আমার বাঁহাতের তর্জনীতে ভীষণ ব্যথা হয়েছে, সেজন্য আমি ইস্ত্রি করতে পারিনি। কী ভাগ্য!

মিস্টার ভ্যান ডান চান আমি টেবিলে তাঁর পাশে বসি কারণ মারগট বেশি খায় না সেটা তাঁর পছন্দ নয়। আমার পক্ষে ঠিক আছে, বদল হলে ভালোই লাগে। একটা ছোটো কালো বেড়াল চত্বরে সব সময় ঘুরে বেড়ায়, আমার প্রিয় মিষ্টি মুরটিয়ের কথা মনে করিয়ে দেয়। আরেকটা কারণে আমি জায়গা বদলানো পছন্দ করি কারণ মা আমার ওপর খুব খিটখিট করে, বিশেষত টেবিলে। এখন ধাক্কাটা মারগট সামলাবে। অথবা তা না-ও হতে পারে, কারণ মারগট ব্যঙ্গাত্মক মন্তব্য করে না। আদর্শের প্রতিমূর্তি! আমি আজকাল মারগটকে 'আদর্শের প্রতিমূর্তি' বলে খেপাই, ও খুব

রেগে যায়। হয়তো ও বুঝবে এত ভালোমানুষি ভালো নয়। শেখার পক্ষে এটাই ঠিক সময়।

এই হাবিজাবি খবর থেকে নজর ঘোরাতে মিস্টার ডানের একটি মজার কৌতুক :

এমন কি আছে যা নিরানব্বই বার সফল হয়, একবার ব্যর্থ হয়?

একশোটা পাওয়ালা কেন্নো, যার একটা পা বিকলাঙ্গ।

টা টা।

আনে

শনিবার, অক্টোবর ৩, ১৯৪২

প্রিয় কিটি,

গতকাল সকলেই আমার পেছনে লেগেছে কারণ আমি মিস্টার ভ্যান ডানের পাশের বিছানায় শুয়ে পড়েছিলাম। 'এই বয়সে! সত্যি!' ঐ ধরনের আরও নানা কথা। বোকা বোকা কথা! ওরা যা বলতে চাইছে, আমি কখনওই মিস্টার ভ্যান ডানের সঙ্গে সেভাবে শুতে চাই না।

গতকাল মায়ের সঙ্গে খুব ঝগড়ঝাঁটি হয়ে গেল, মা খুব রেগে গিয়েছিলেন। তিনি বাবাকে আমার যত গোলমালের কথা বললেন, বলে নিজে কাঁদতে লাগলেন, তাই দেখে আমিও কাঁদতে লাগলাম আর তার ফলে আমার ভীষণ মাথা ধরেছিল। আমি শেষ পর্যন্ত বাবাকে বলেছি আমি মায়ের চেয়ে 'তাঁকেই' বেশি ভালোবাসি। বাবা বললেন এরকম মনে হয়, ওটা ঠিক কেটে যাবে, আমার কিন্তু তা মনে হয় না। আমি মাকে একেবারেই সহ্য করতে পারছি না। তাঁর সঙ্গে যাতে চিৎকার না করতে হয় এবং কড়া কথা না বলতে হয় সেজন্য জোর করে নিজেকে শান্ত রেখেছি। আমি জানি কেন আমি মাকে এত অপছন্দ করছি। বাবা বলছেন, মায়ের শরীরটা ভালো নেই, মাথা ধরেছে, আমি যেন তাঁর সেবা করি। কিন্তু আমি যাব না কারণ আমি তাঁকে ভালোবাসি না এবং কাজটা করতে আমি পছন্দ করব না। আমি কল্পনা করতে পারি মা একদিন মারা যাবেন কিন্তু বাবার মৃত্যুর কথা ভাবাই যায় না। এটা হয়তো খুব 'নীচ' মনের পরিচয় দেওয়া হল কিন্তু আমার এই রকমই মনে হয়। আশা করি মা কখনই এটা পড়বেন না বা আমার অন্য কোনো লেখা পড়বেন না।

আমাকে ইদানীং বড়োদের বই পড়ার অনুমতি দেওয়া হয়েছে। নিকো ভ্যান সাচটেলেনের *ইভা'স ইউথ* নিয়ে আমি এখন ব্যস্ত। আমার মনে হয় না বয়ঃসন্ধিকালের মেয়েদের বই আর এই বইয়ের মধ্যে খুব একটা তফাত আছে। ইভা ভাবত

বাচ্চাকাচ্চারা আপেলের মতো গাছে বেড়ে ওঠে আর যখন তারা পেকে ওঠে তখন সারস গিয়ে তাদের পেড়ে এনে মায়ের কাছে দেয়। কিন্তু তার বান্ধবীর বেড়ালের ছানাপোনা আছে। ইভা দেখেছিল তারা তার মায়ের পেট থেকে বেরিয়ে আসছে, সুতরাং সে ধরে নিয়েছিল বেড়াল ডিম পাড়ে আর মুরগির মতো তা দেয়। মুরগির মায়েরা যারা বাচ্চাকাচ্চা চায় তারা ডিম পাড়ার কয়েক দিন আগে ওপরের তলায় চলে যায় তারপর ডিম পাড়ে তা দেয়। বাচ্চা হবার পর ঐভাবে পা মুড়ে বসে থাকার জন্য মায়েরা খুব দুর্বল হয়ে পড়ে। কোনো একটা সময়ে ইভাও বাচ্চা চেয়েছিল। সে একটা উলের স্কার্ফ মেঝেতে বিছিয়ে বসল, যাতে ডিমটা তার ওপর পড়ে, উবু হয়ে বসে চাপ দিতে লাগল। মুরগির মতো ডাকাডাকি করতে লাগল কিন্তু কোনো ডিম বেরোল না। শেষ পর্যন্ত অনেকক্ষণ বসে থাকার পর কিছু একটা বেরোল, ডিমের বদলে সসেজ। ইভা অস্বস্তিতে পড়ল। তার মনে হল সে অসুস্থ হয়ে পড়েছে। মজার না? *ইভা'স ইউথ* বইটায় আরও আছে যে রাস্তায় মেয়েরা শরীর বেচছে আর অনেক অর্থ চাইছে। এরকম লোকের সামনে তো আমি লজ্জায় অপমানে মরে যেতাম। এছাড়াও আছে ইভার রজঃস্রাবের কথা। আমার এখনও দেরি আছে—তখন আমি বড়ো হয়ে যাব।

বাবা আবার গজগজ করছে আর আমার ডায়েরিটা নেবে বলে ভয় দেখাচ্ছে। বিপদের ওপর বিপদ! এখন থেকে ডায়েরিটা লুকিয়ে রাখতে হবে।

আনে ফ্রাঙ্ক

বুধবার, অক্টোবর ৭, ১৯৪২

আমি কল্পনা করি...

আমি সুইজারল্যান্ডে গিয়েছি। বাবা আর আমি একটা ঘরে শুই আর ছেলেরা* পড়ার ঘরটাকে বসার ঘর বানিয়ে নিয়েছে, সেখানে আমি অতিথিদের বসাতে পারি। আশ্চর্যের ব্যাপার, একটা চায়ের টেবিল, একটা ডেস্ক, আর্ম চেয়ার কয়েকটা এবং একটা ডিভানসহ ওরা আমার জন্য বেশ কিছু নতুন আসবাবপত্র এনেছে। সবগুলোই বেশ ভালো। কয়েক দিন পরে বাবা আমাকে ১৫০ গিল্ডার দিলেন—সুইস মুদ্রায় বদল করে, কিন্তু আমি ওগুলোকে গিল্ডারই বলব। বাবা বললেন আমার নিজের জন্য যা দরকার কিনে নিতে। (পরে আরেকটা গিল্ডার পেয়েছিলাম, যা দিয়ে আমি যা চাই তা কিনতে পারি।) আমি বার্নহার্ডের সঙ্গে বেরিয়েছিলাম এবং কিনেছিলাম:

---

* আনের মাসতুতো ভাই বার্নহার্ড এবং স্টিফেন ইলিয়াস

৩টে সুতির অন্তর্বাস @ ০.৫০ = ১.৫০

৩টে মেয়েদের ইজের @ ০.৫০ = ১.৫০

৩টে উলের অন্তর্বাস @ ০.৭৫ = ২.২৫

৩টে উলের মেয়েদের ইজের @ ০.৭৫ = ২.২৫

২টো সায়া @ ০.৫০ = ১.০০

২টো ব্রা (ছোটো সাইজের) @ ০.৫০ = ১.০০

৫টা পাজামা @ ১.০০ = ৫.০০

১টা হালকা ড্রেসিং গাউন @ ২.৫০ = ২.৫০

১টা মোটা ড্রেসিং গাউন @ ৩.০০ = ৩.০০

২টো বিছানায় পরার জ্যাকেট @ ০.৭৫ = ১.৫০

১টা ছোটো বালিশ @ ১.০০ = ১.০০

১ জোড়া হালকা চটি @ ১.০০ = ১.০০

১ জোড়া উলের চটি @ ১.৫০ = ৩.০০

১ জোড়া গরমকালের জুতো (স্কুলের) @ ২.৫০ = ২.৫০

১ জোড়া গরমকালের জুতো (ভালো মানের) @ ২.০০ = ২.০০

১ জোড়া শীতকালের জুতো (স্কুলের) @ ২.৫০ = ২.৫০

১ জোড়া শীতকালের জুতো (ভালো মানের) @ ৩.০০ = ৩.০০

২ টো অ্যাপ্রন @ ০.৫০ = ১.০০

২৫ টা রুমাল @ ০.০৫ = ১.২৫

৪ জোড়া সিল্কের মোজা @ ০.৭৫ = ৩.০০

৪ জোড়া হাঁটু অবধি মোজা @ ০.৫০ = ২.০০

৪ জোড়া মোজা @ ০.২৫ = ১.০০

২ জোড়া মোটা মোজা @ ১.০০ = ২.০০

৩টে সাদা উলের ফেটি (অন্তর্বাস, টুপির জন্য) = ১.৫০

৩টে নীল উলের ফেটি (সোয়েটার, স্কার্টের জন্য) = ১.৫০

৩টে বিভিন্ন রঙের ফেটি (টুপি, স্কার্ফের জন্য) = ১.৫০

বেশ কিছু স্কার্ফ, বেল্ট, কলার, বোতাম ইত্যাদি = ১.২৫

এ ছাড়া ২টো স্কুল ড্রেস (গরমকালের), ২টো স্কুল ড্রেস (শীতকালের), ২টো ভালো পোশাক (গরমকালের), ২টো শীতের পোশাক (শীতকালের), ১টা গরমকালের স্কার্ট, ১টা ভালো শীতের স্কার্ট, ১টা স্কুলের শীতকালের স্কার্ট, ১টা রেনকোট, ১টা গরমকালের কোট, ১টা শীতকালের কোট, ২টো হ্যাট, ২টো ক্যাপ, সব মিলিয়ে ১০৮.০০ গিল্ডার।

২টো হাতব্যাগ, ১টা আইস স্কেটিং করার পোশাক, ১জোড়া স্কেট, একটা বাক্স (যার মধ্যে আছে পাউডার, ত্বকের ক্রিম, ফাউন্ডেশন ক্রিম, ক্লিনসিং ক্রিম, সান ট্যান লোশন, তুলোর গোলা, প্রাথমিক চিকিৎসার সরঞ্জাম, রুজ, লিপস্টিক, আইব্রো পেনসিল, বাথ সল্ট, বাথ পাউডার, ওডিকোলন, সাবান, পাউডার পাফ)।

এ ছাড়া ৪টে সোয়েটার @ ১.৫০ করে, ৪টে ব্লাউজ @ ১.০০ করে আরও নানারকম জিনিস @ ১০.০০ করে এবং বই, উপহার সামগ্রী @ ৪.৫০ করে।

শুক্রবার, অক্টোবর ৯, ১৯৪২

প্রিয়তমা কিটি,

আজকে আমার কাছে মন খারাপ করা খবর ছাড়া আর কোনো খবর নেই। আমাদের অনেক ইহুদি বন্ধুদের একেবারে জন্তু জানোয়ারের মতো নিয়ে যাওয়া হচ্ছে। গেস্টাপোরা তাঁদের সঙ্গে ভীষণ খারাপ ব্যবহার করছে আর গোরু ছাগল নিয়ে যাবার ট্রাকে করে ওয়েস্টারবোর্কের ড্রেনথের বড়ো বন্দী শিবিরে পাঠিয়ে দিচ্ছে। মিয়েপ আমাদের একজনের কথা বলেছে যে কোনো ভাবে সেখান থেকে পালিয়ে এসেছিল। ওয়েস্টারবোর্ক অতি সাংঘাতিক জায়গা। লোকেদের প্রায় কিছুই খেতে দেওয়া হয় না, খাবার জলও খুব কম দেওয়া হয়, কারণ দিনে মাত্র একঘণ্টা জল পাওয়া যায়, আর কয়েক হাজার লোকের জন্য একটাই পায়খানা আর একটাই বেসিন। পুরুষ আর মহিলারা একই ঘরে শোয়, আর মহিলা ও ছোটো ছেলেমেয়েদের মাথা প্রায়ই কামিয়ে দেওয়া হয়। পালিয়ে যাওয়া কার্যত অসম্ভব, কারণ মাথা ন্যাড়া থাকার জন্য তাদের ইহুদি বলে দাগিয়ে দেওয়া হয় আর অনেককেই ইহুদিদের মতো দেখতে।

হল্যান্ডেই যখন এই অবস্থা, তখন জার্মানরা ওদের যখন দূরের সব উদো জায়গায় পাঠাচ্ছে সেখানে কী অবস্থা হচ্ছে? আমাদের মনে হচ্ছে ওদের সবাইকে মেরে ফেলা হচ্ছে। ইংলন্ডের রেডিয়ো বলছে ওদের গ্যাস চেম্বারে ঢুকিয়ে মেরে ফেলা হচ্ছে। হয়তো সেটাই খুব তাড়াতাড়ি মারা যাবার রাস্তা।

আমার ভীষণ খারাপ লাগছে। মিয়েপের বিভীষিকার বর্ণনাগুলো মর্মন্তুদ আর মিয়েপকেও খুব বিচলিত দেখাচ্ছিল। এর মধ্যে একদিন গেস্টাপো এক পঙ্গু বৃদ্ধা ইহুদি মহিলাকে মিয়েপের দোরগোড়ায় বসিয়ে রেখে গাড়ি ডাকতে গিয়েছিল। বৃদ্ধা মহিলা জোরালো সার্চ লাইট আর ইংরেজদের প্লেন লক্ষ্য করে গুলি চালানোর শব্দে ভীষণ ভয় পেয়ে গিয়েছিলেন। মিয়েপের তাঁকে বাড়িতে ঢোকানোর সাহস হয়নি। কারোরই হবে না। জার্মানরা শাস্তি দিতে ভয়ানক দড়।

বেপও কেমন দমে গেছে। তার ছেলে বন্ধুটিকে জার্মানিতে পাঠিয়ে দেওয়া হচ্ছে। যতবার কোনো প্লেন উড়ে যাচ্ছে, সে ভয় পাচ্ছে তারা সমস্ত বোমা বেরটুস-এর মাথার উপর ফেলবে। 'ভয় পেয়ো না, ওরা সব বোমা ওর মাথায় ফেলবে না' কিংবা 'একটা বোমাতেই শেষ' এধরনের ঠাট্টা এরকম পরিস্থিতিতে একেবারেই ঠিক নয়। বেরটুসই একমাত্র নয় যাতে যেতে হচ্ছে। ট্রেনভর্তি করে ছেলেরা রোজ চলে যাচ্ছে। পথে কোনো ছোটোখাটো স্টেশনে থামলে, দু-একজন ফাঁকি দিয়ে পালিয়ে যাবার চেষ্টা করে, কিন্তু মাত্র কয়েকজনই গা ঢাকা দিতে পারে।

আমার দুঃখের কাহিনির এটাই শেষ নয়। তুমি কি কখনও 'হোস্টেজের' কথা শুনেছ? এটাই এখন অন্তর্ঘাতকদের জন্য সর্বশেষ শাস্তি। কী ভয়ানক ব্যাপার তুমি ভাবতে পারবে না। বিশিষ্ট নাগরিক—নিরপরাধ মানুষদের শাস্তি দেবার জন্য বন্দী করা হচ্ছে। গেস্টাপো যদি অন্তর্ঘাতককে না খুঁজে পায় পাঁচজন হোস্টেজকে দেওয়ালের সামনে লাইন দিয়ে দাঁড় করিয়ে দেয়। কাগজে এদের মারা যাওয়ার খবর 'দুর্ঘটনায় মৃত্যু' বলে ছাপা হয়।

মানবিকতার চমৎকার দৃষ্টান্ত জার্মানরা, আর আমিও তো তাদেরই একজন! না, সেটা সত্যি নয়। হিটলার আমাদের জাতীয়তা কেড়ে নিয়েছে অনেক আগে। এছাড়া এই পৃথিবীতে পরস্পরের সবচেয়ে বড়ো শত্রু কেউ যদি থাকে তা হল জার্মান আর ইহুদি।

তোমার, আনে

বুধবার, অক্টোবর ১৪, ১৯৪২

প্রিয় কিটি,

আমি ভীষণ ব্যস্ত, গতকাল আমি *লা বেল নিভারনেইস* থেকে একটা অধ্যায় অনুবাদ করেছি আর বেশ কিছু শব্দের তালিকা করেছি। তারপর একটা বিতিকিচ্ছিরি অঙ্কের সমস্যা নিয়ে পড়েছিলাম, এছাড়া তিন পাতা ফরাসি ব্যাকরণ অনুবাদ করেছি। আজকে ফরাসি ব্যকরণ আর ইতিহাস। এই বিরক্তিকর অঙ্ক করার ব্যাপারটা আমি সোজাসুজি না বলে দিই। বাবাও অত্যন্ত জঘন্য বলে ভাবে। আমি বাবার চেয়ে অঙ্কে একটু ভালো, তবে দুজনকেই ভালো বলা যায় না, সুতরাং আমাদের সব সময়েই মারগটকে ডাকতে হয়। শর্টহ্যান্ডে আমি এগিয়ে আছি, ওটা আমার বেশ লাগে। তিনজনের মধ্যে আমার উন্নতিই বেশি।

আমি *দ্য স্টর্ম ফ্যামিলি* পড়ে ফেলেছি। বেশ ভালো, কিন্তু *জুপ টের হয়েলের* সঙ্গে তুলনা করা যায় না। তবে যাই হোক দুটো বইতেই একই ধরনের শব্দের ব্যবহার ছিল,

অর্থ বোঝা যাচ্ছিল ঠিকই কারণ দুটোই একই লেখিকার লেখা। সিসি ভ্যান মার্কস ভেল্ড একজন দারুণ লেখিকা। আমি অবশ্যই আমার ছেলেমেয়েকে ওঁর বই পড়তে দেব।

এছাড়াও আমি থিয়োডোর কর্নর-এর নাটকগুলো বেশ কয়েকটা পড়েছি। আমার ওঁর লেখার ধরনটা ভালো লাগে। যেমন হেডউইগ, *দ্য কাজিন ফ্রম ব্রেমেন, দ্য গভর্নেস, দ্য গ্রিন ডোমিনো* ইত্যাদি।

মা, মারগট আর আমার মধ্যে আবার বেশ বন্ধুত্ব হয়ে গেছে। সেদিক থেকে এটা বেশ ভালোই বলতে হবে। গতরাতে আমি আর মারগট আমার বিছানায় পাশাপাশি শুয়েছিলাম। রীতিমতো গাদাগাদি হয়েছিল কিন্তু বেশ মজাও হয়েছিল। ও জিজ্ঞেস করেছিল কখনও আমার ডায়েরিটা ও পড়তে পারে কিনা।

'কিছুটা', আমি বলেছিলাম, তারপর আমি জিজ্ঞেস করলাম ওরটার কথা। ও ওর ডায়েরিটা পড়ার অনুমতি দিয়েছিল।

এরপর কথাবার্তা ভবিষ্যতের দিকে চলে গিয়েছিল, আমি জিজ্ঞেস করেছিলাম ও বড়ো হয়ে কী হতে চায়। কিন্তু ও কিছু বলল না বরং একটু রহস্যই করল। আমার মনে হল ও বোধহয় মাস্টারি করতে চায়, আমি খুব নিশ্চিত নই, তবে আমার মনে হয়েছিল ঐ রকমই কিছু। আমার অত নাক গলানো ঠিক নয়।

আজ সকালে পিটারকে হঠিয়ে ওর বিছানায় শুয়ে গড়াচ্ছিলাম। ও খুবই রেগে গিয়েছিল, আমি পাত্তা দিইনি। ও তো আমার ব্যাপারে মাঝে মধ্যে কিঞ্চিৎ বন্ধুত্ব দেখাতে পারে। আর ওকে তো গত রাতে একটা আপেল দিয়েছি।

আমি একবার মারগটকে জিজ্ঞেস পরেছিলাম ও আমাকে কুচ্ছিত ভাবে কিনা। ও বলেছিল আমি ঠিকঠাক আর আমার চোখ দুটো সুন্দর। কথাগুলো একটু ভাসা ভাসা, তাই না?

বেশ, আবার পরে কথা হবে!

তোমার, আনে

পুনশ্চ।। আজ সকালে আমরা সবাই নিজেদের ওজন নিয়েছি। মারগটের এখন ওজন ৯ স্টোন ৬ পাউন্ড, মা ৯ স্টোন ১০ পাউন্ড, বাবা ১১ স্টোন ১, আনে ৬ স্টোন ১২, পেটার ১০ স্টোন ১, মিসেস ভ্যান ডান ৮ স্টোন ৫, মিস্টার ভ্যান ডান ১১ স্টোন ১১। তিন মাস আমি এখানে রয়েছি, আমার ওজন ১৯ পাউন্ড বেড়েছে। যথেষ্ট, তাই না?

মঙ্গলবার, অক্টোবর ২০, ১৯৪২

প্রিয়তমা কিটি,

আমার হাত এখনও কাঁপছে, যদিও দুঘণ্টা আগে আমাদের ভয় পাওয়ার ঘটনাটা ঘটেছিল। খুলে বলা দরকার যে আমাদের বাড়িতে পাঁচটা আগুন নেভাবার যন্ত্র আছে। অফিসের লোকগুলো এত নির্বোধ যে যন্ত্রগুলোর গ্যাস ভরতে কোনো ছুতোর বা অন্য কেউ যে আসবে সেটা আমাদের বলতে ভুলে গেছে। তার ফলে যতক্ষণ না সিঁড়ির ল্যান্ডিং-এ হাতুড়ির শব্দ শোনা গেল (গোপন দরজার সামনে রাখা বইয়ের তাকের কাছ থেকে) ততক্ষণ পর্যন্ত আমরা আস্তে কথা বলিনি। আমি তক্ষুণি বুঝতে পেরেছিলাম লোকটা ছুতোর এবং আমি তখন বেপ-এর কাছে চলে গিয়েছিলাম, ও তখন দুপুরের খাবার খাচ্ছিল, যাতে ও নিচে ফিরে না যায়। বাবা আর আমি দরজার কাছে ঠায় দাঁড়িয়েছিলাম যাতে আমরা বুঝতে পারি লোকটা কখন গেল। মিনিট পনেরো ধরে কাজ করার পর লোকটা তার হাতুড়ি এবং অন্যান্য যন্ত্রপাতি আমাদের বইয়ের তাকের ওপর রাখল (অথবা আমরা তাই ভাবছিলাম!) আর আমাদের দরজায় ধাক্কা দিতে লাগল। আমরা ভয়ে সাদা হয়ে গিয়েছিলাম। লোকটি কি আদৌ কিছু শুনতে পেয়েছিল নাকি ঐ রহস্যময় চেহারার বইয়ের তাকটা পরীক্ষা করে দেখতে চাইছিল? তাই মনে হয় কারণ সে টোকা দিচ্ছিল, টানছিল, ঠেলছিল এবং ঝাঁকাচ্ছিল।

একটা অচেনা লোক এসে আমাদের চমৎকার গোপন ডেরার খবর পেয়ে যাবে এই ভাবনাতেই আমি এত ভয় পেয়ে গিয়েছিলাম যে প্রায় অজ্ঞান হয়ে যাচ্ছিলাম। ঠিক যখন আমি ভাবতে শুরু করেছিলাম আমাদের দিন শেষ হয়ে এল তখনই মিস্টার ক্লাইমানের গলার আওয়াজ শুনলাম, 'দরজা খোলো, আমি।'

আমরা তৎক্ষণাৎ দরজা খুলে দিলাম। কী হয়েছিল? বইয়ের তাকের সঙ্গে লাগানো আংটাটা কোনো ভাবে আটকে গিয়েছিল, ফলত কেউই আমাদের ছুতোর আসার ব্যাপারে সতর্ক করতে পারেনি। লোকটা চলে যাবার পর মিস্টার ক্লাইমান বেপকে ডাকতে এসেছিলেন কিন্তু বইয়ের তাকটা নড়াতে পারেননি। আমি তোমাকে বলতে পারব না আমি কী রকম দুশ্চিন্তামুক্ত হলাম। যে লোকটা আমাদের গোপন ডেরায় ঢুকতে চাইছিল আমার কল্পনায় সে ফেঁপে ফুলে যে দৈত্যের আকারই নিয়েছিল তা নয় সে হয়ে উঠেছিল পৃথিবীর নিষ্ঠুরতম ফ্যাসিস্ট। সৌভাগ্যবশত, এবারের মতো সব কিছু ঠিকঠাক মিটে গেছে।

সোমবারটায় আমরা খুব মজা করেছি। মিয়েপ আর জান রাত্তিরে আমাদের সঙ্গে ছিলেন। ওদের আমাদের ঘরটা ছেড়ে দিয়ে আমরা মা বাবার ঘরে শুয়েছিলাম। ওদের

সম্মানে বিশেষ পদ রান্না হয়েছিল, খাওয়াটা জমাটি হয়েছিল। তবে আমাদের মজায় বাধা পড়েছিল বাবার বাতিটা শর্টসার্কিট হয়ে যাওয়ায়। হঠাৎ দেখি একেবারে ঘুটঘুটে অন্ধকার। কী করা যায়? আমাদের ফিউজের তার তো আছে, কিন্তু ফিউজ বক্স আছে অন্ধকার গুদাম ঘরের একেবারে পেছনে। রাত্তির বেলায় খুবই ঝামেলার কাজ। তবুও পুরুষমানুষরা কাজে নামল এবং দশ মিনিট পর আমরা মোমবাতিগুলো নিবিয়ে দিলাম।

আজ আমি ঘুম থেকে তাড়াতাড়ি উঠেছি। জানের বাইরে যাবার পোশাক পরা হয়ে গিয়েছিল। ওঁকে যেহেতু সাড়ে আটটায় যেতে হবে, তাই আটটার সময়ে ওপরে প্রাতরাশ করছিলেন। মিয়েপও পোশাক পরছিলেন। আমি যখন ঘরে ঢুকলাম তখন তিনি অন্তর্বাস পরেছিলেন। তিনি আমার মতোই লম্বা অন্তর্বাস ব্যবহার করেন সাইকেল চালানোর সময়। আমি আর মারগট তাড়াতাড়ি পোশাক পরে ওপরতলায় হাজির হয়ে গেলাম। একটা ভালো প্রাতরাশের পর, মিয়েপ নিচের তলায় চলে গেলেন। বাইরে অঝোরে বৃষ্টি হচ্ছিল, তিনি খুব খুশি যে আজ আপিসে আসার জন্য সাইকেল চালাতে হল না। বাবা আর আমি বিছানাপত্র গোছালাম আর তারপর পাঁচটা অনিয়মিত ফরাসি ক্রিয়াপদ শিখলাম। খুবই পরিশ্রমের কাজ, তোমার কী মনে হয়? মারগট আর পেটার আমাদের ঘরে পড়ছিল, মুশ্চি মারগটের পাশে গুটিসুটি মেরে বসেছিল। আমার অনিয়মিত ফরাসি ক্রিয়াপদের পর আমি ওদের সঙ্গে মিলে *দ্য উডস আর সিঙ্গিং ফর অল ইটারনিটি* পড়লাম। খুব ভালো বই, কিন্তু বেশ অন্যরকম। আমি প্রায় শেষ করে ফেলেছি।

পরের সপ্তাহে বেপ-এর রাত কাটানোর পালা।

তোমার, আনে

বৃহস্পতিবার, অক্টোবর ২৯, ১৯৪২

প্রিয়তমা কিটি,

বাবা অসুস্থ, আমি খুব চিন্তায় আছি। গায়ে লাল দাগ আর খুব জ্বর। হাম-এর মতো মনে হচ্ছে। ভাবো একবার, আমরা এমনকি ডাক্তারও ডাকতে পারব না। মা চেষ্টা করছেন বাবার যাতে ঘাম হয়, তাহলে জ্বরটা কমতে পারে।

আজ সকলে মিয়েপ জানালেন যে জুইদার-আমসটেলানে ভ্যান ডানদের বাড়ি থেকে সব আসবাবপত্র নিয়ে যাওয়া হয়েছে। আমরা মিসেস ভ্যান ডানকে বলিনি এখনও। ইদানীং উনি যেরকম বিচলিত হয়ে রয়েছেন, তাতে তাঁর ছেড়ে আসা চমৎকার চিনেমাটির বাসন আর সুন্দর চেয়ারগুলোর জন্য আবার হাহাকার শুরু করলে আমাদের

মোটেই ভালো লাগবে না। আমাদেরও তো সব ভালো জিনিস ফেলে চলে আসতে হয়েছে। এসব নিয়ে হাহুতাশ করে লাভ কী?

বাবা চাইছেন হেবেল আর অন্যান্য জার্মান লেখকদের লেখা যেন আমি পড়ি। এখন আমি জার্মান ভালোই পড়তে পারি, শুধু কয়েকটা শব্দ নিঃশব্দে পড়ার বদলে বিড়বিড় করে উচ্চারণ করি। কিন্তু সেটা ঠিকই আছে। বাবা বড়ো বইয়ের তাক থেকে গ্যোয়েটে আর শিলারের নাটক বের করে নিয়ে এসেছেন এবং প্রত্যেক সন্ধ্যায় আমাকে পড়ে শোনাবেন ভেবেছেন। আমরা *ডন কার্লোস* দিয়ে শুরু করেছি। বাবাকে দেখে উৎসাহ পেয়ে, মা তাঁর প্রার্থনার বইটা আমার হাতে ধরিয়ে দিয়েছেন। ভদ্রতার খাতিরে আমি জার্মান ভাষায় কয়েকটা স্তোত্র পড়েছি। শুনতে বেশ ভালো, কিন্তু আমার কাছে ওগুলোর কোনো গুরুত্ব নেই। আমাকে কেন যে উনি ধার্মিক বানাতে চান?

আগামীকাল প্রথমবার আমরা ঘরের মধ্যে আগুন জ্বালাব। চিমনি তো বহুযুগ পরিষ্কার করা হয়নি, কাজেই ঘর তো ধোঁয়ায় ভরে যাবে। আশা করা যাক চিমনি দিয়ে ধোঁয়া বেরোবে!

তোমার আনে

সোমবার, নভেম্বর ২, ১৯৪২

প্রিয় কিটি,

শুক্রবার রাতে বেপ আমাদের সঙ্গে ছিলেন। খুব মজা হয়েছে কিন্তু বেপ ভালো করে ঘুমোতে পারেননি কারণ তিনি বেশ খানিকটা ওয়াইন খেয়েছিলেন। এছাড়া আর বিশেষ কিছু লেখার নেই। গতকাল আমার বিশ্রী রকম মাথা ধরেছিল, সকাল সকাল শুতে গিয়েছিলাম। মারগট আবার উত্তেজিত হয়েছিল।

আজ সকালে অফিস থেকে একটা ইনডেক্স কার্ড ফাইল নিয়ে এসে বাছাবাছি করছিলাম, ওটা পড়ে গিয়ে সব উলটো পালটা হয়ে গিয়েছিল। অনেক দিন আগেই হয়েছিল, তাতে আমি উদ্ব্যস্ত হয়ে পড়েছিলাম। আমি মারগট আর পেটারকে সাহায্য করতে বলেছিলাম, কিন্তু ওরা অসম্ভব কুঁড়ে, তাই সরিয়ে রেখেছিলাম। নিজে নিজেই করতে লেগেছি, আমি কি যথেষ্ট খ্যাপা নই!

আনে ফ্রাঙ্ক

পুনশ্চ।। একটা দরকারি কথা বলতে ভুলে গেছি, আমার সম্ভবত খুব শিগগিরই পিরিয়ড শুরু হবে। আমি বলছি কারণ আমার প্যান্টিতে সাদা সাদা সাদা দাগ দেখলাম,

আর মা বলল খুব তাড়াতাড়িই শুরু হবে। আমার, আর অপেক্ষা সইছে না। এটা এমন একটা গুরুত্বপূর্ণ বিষয়। খুব খারাপ ব্যাপার হল যে আমি স্যানিটারি টাওয়েল ব্যবহার করতে পারব না, কারণ ওগুলো আর পাওয়াই যাচ্ছে না। মায়ের কাপড়ের পট্টিই ব্যবহার করতে হবে যেগুলো বাচ্চাদের মা-রাই শুধু ব্যবহার করে।*

বৃহস্পতিবার, নভেম্বর ৫, ১৯৪২

প্রিয় কিটি,

ব্রিটিশরা শেষ পর্যন্ত আফ্রিকাতে কিছু সাফল্যের মুখ দেখেছে এবং স্তালিনগ্রাদের এখনও পতন হয়নি, কাজেই মানুষজন খুশি আর আমরা আজ সকালে কফি, চা দুটোই খেলাম। আর বাকি বিশেষ কিছু লেখার নেই। এই সপ্তাহে আমি প্রচুর পড়ছি, কাজ কম করছি। এই রকমই তো হওয়া উচিত। সেটাই নিশ্চিত সাফল্যের রাস্তা।

মায়ের আর আমার ইদানীং মোটামুটি চলছে, তবে আমরা কখনই ঘনিষ্ঠ নই। বাবা তাঁর মনোভাব খুলে জানান না, তবে তিনি সব সময়ের মতো একই রকম সহৃদয়। আমরা কদিন আগে ঘরে উনুন জ্বালিয়েছিলাম, এখনও গোটা ঘর ধোঁয়ায় ভর্তি হয়ে আছে। আমার সেন্ট্রাল হিটিং পছন্দ, তবে এ মতের সমর্থক আমি একা নই। মারগট বিরক্তিকর (অন্য কোনো শব্দ খুঁজে পাচ্ছি না), সকাল, দুপুর এবং রাতের বিরক্তি উৎপাদনের অবিরাম উৎস।

আনে ফ্রাঙ্ক

---

* আনে মন্তব্য যোগ করেছে জানুয়ারি ২২, ১৯৪২:
এই ধরনের বিষয়ে আর আমার পক্ষে লেখা সম্ভব নয়। এখন আমি আমার ডায়েরি আবার পড়ছি দেড় বছর পর, ছেলেমানুষি সরলতা দেখে আমি অবাক হয়ে যাচ্ছি। খুব ভালো ভাবেই আমি জানি যে আমি যতই চাই না কেন আমি কখনই আবার ঐরকম সরল হতে পারব না। মারগট, মা আর বাবার মেজাজের পরিবর্তন এবং তাদের বিষয়ে করা মন্তব্যগুলো আমি বুঝতে পারি, যেন আমি গতকালই ওগুলো লিখেছি। কিন্তু অন্যান্য বিষয়ে এত খোলাখুলি লেখার ব্যাপারটা আমি ভাবতেই পারছি না। বিষয়গুলি নিয়ে লেখা পাতাগুলি পড়ে আমি ভীষণ রকম অস্বস্তিতে পড়েছি, ওগুলো আসলে যা ছিল আমার স্মৃতিতে তার চেয়ে সুন্দর চেহারায় রয়েছে। আমার বর্ণনা একেবারেই শোভন নয়। কিন্তু যথেষ্ট লেখা হয়েছে।
আমার নিজের বাড়ির প্রতি টান আর মুরটিয়ের জন্য ব্যাকুলতাও বুঝতে পারি, যে পুরো সময়টা আমি এখানে আছি সব সময়েই আমি অসচেতনভাবে—কোনো সময়ে সচেতনভাবে আকাঙ্ক্ষা করেছি— বিশ্বাস, ভালোবাসা আর শারীরিক স্নেহের। আকাঙ্ক্ষার তীব্রতার হয়তো পরিবর্তন ঘটেছে, কিন্তু তা সবসময়ে ছিল।

শনিবার, নভেম্বর ৭, ১৯৪২

প্রিয়তমা কিটি,

মায়ের মেজাজ বেজায় খাপ্পা, যেটা আমার পক্ষে শুভ লক্ষণ নয়। বাবা এবং মা মারগটকে কখনও বকেন না, অথচ সব কিছুর জন্য আমাকে দায়ী করেন এটা কি একটা আকস্মিক ঘটনা? যেমন গতরাতে মারগট একটা বই পড়ছিল, তাতে চমৎকার ছবি ছিল; সে বইটা আবার পরে পড়বে বলে পাশে রেখে উঠে গেল। আমি তখন কিছু করছিলাম না, কাজেই আমি বইটা তুলে ছবিগুলো দেখতে লাগলাম। মারগট ফিরে এল, দেখল 'তার' বই আমার হাতে, ভুরু কুঁচকে বিরক্তভাবে বইটা ফেরত চাইল। আমি আরেকটু সময় দেখতে চাইছিলাম। মারগট সঙ্গে সঙ্গে রেগে গেল আর মা-ও মাথা গলালেন: 'মারগট বইটা পড়ছিল, ওকে ফেরত দাও।'

বাবা এই সময় এলেন, এমনকি কী ঘটেছে তা না জেনেই মারগটকে বিরক্ত দেখে আমাকে তীব্রভাবেই বললেন: মারগট যদি তোমার বই নিত তাহলে তুমি কী বলতে আমি দেখতে চাই!' আমি তক্ষুণি বইটা রেখে দিয়ে, তাঁদের মতে 'রাগ করে' ঘর থেকে চলে গেলাম। আমি রাগিনি বিরক্ত হইনি, দুঃখ পেয়েছিলাম।

কী ঘটনা না জেনে রায় দিয়ে দেওয়া বাবার উচিত হয়নি। আমি বইটা মারগটকে তাড়াতাড়িই দিয়ে দিতাম যদি না বাবা মা এসে মাথা গলাতেন এবং মারগটের ওপর ভয়ানক একটা অন্যায় হচ্ছে ধরে নিয়ে তার পক্ষ নিতেন।

মা তো মারগটের পক্ষ নেবেনই; ওরা সব সময়েই একে অপরের পক্ষ নেয়। আমি এতে অভ্যস্ত। মায়ের বকুনি আর মারগটের মেজাজকে আমি একেবারেই পাত্তা দিই না। আমি ওদের ভালোবাসি শুধুমাত্র মা আর মারগট বলে। মানুষ হিসেবে ওদের গুরুত্ব দিই না। আমার ওদের সঙ্গে যে সম্পর্ক, বলতেই পারি আমার সামনে থেকে চলে যাও। বাবার ব্যাপারটা আলাদা। আমি যখন দেখি তিনি মারগটের ব্যাপারে পক্ষপাত দেখাচ্ছেন, তার সমস্ত কাজ সমর্থন করছেন, প্রশংসা করছেন, জড়িয়ে ধরছেন, তখন আমার বুকের মধ্যে চিনচিন করে, কেননা বাবাকে আমি পাগলের মতো ভালোবাসি। আমি বাবাকে আদর্শ মনে করি, আর পৃথিবীতে তার চেয়ে আর কাউকে বেশি ভালোবাসি না। তিনি বুঝতে পারেন না মারগটের সঙ্গে যা ব্যবহার করেন আমার সঙ্গে তা করেন না। মারগট হয়তো চালাক চতুর, দয়ালু আর খুব ভালো। কিন্তু আমিও তো দাবি করতে পারি আমাকেও গুরুত্ব দেওয়া হোক। আমি পরিবারে সব সময়েই একজন ভাঁড় এবং অনিষ্টকারী; আমি সব সময় আমার দুষ্টুমির জন্য দুগুণ শাস্তি পাই; একবার বকুনি, আবার আরেক বার নিজের হতাশাবোধের জন্য। অর্থহীন ভালোবাসা

৬৩

অথবা বানানো কিছু গুরুগম্ভীর কথা আমার ভালো লাগে না। আমি বাবার কাছ থেকে কিছু চাই, যা উনি দিতে পারেন না। মারগটকে আমি হিংসে করি না, কখনই করিনি। বাবা যে আমাকে সত্যিই ভালোবাসে আমি সেটাই বুঝতে চাই, শুধু তাঁর সন্তান বলে নয়, এটা আমি, আনে হিসেবে।

মায়ের সঙ্গে আমার সম্পর্ক দিনে দিনে খারাপ হচ্ছে, তাই বাবাকে আঁকড়ে ধরেই পরিবারের প্রতি শেষ টানটুকু আমি বাঁচিয়ে রাখতে চাই। তিনি বুঝতে পারেন না আমার মাঝে মাঝে মায়ের প্রতি ক্ষোভ প্রকাশ করার দরকার হয়। কিন্তু তিনি এ নিয়ে কথা বলতে চান না, মায়ের ভুল ত্রুটি নিয়ে কথাবার্তা তিনি এড়িয়ে যান।

আর মায়ের সমস্ত ব্যর্থতা আমার পক্ষে সহ্য করা শক্ত হয়ে উঠেছে। আমি জানি না আমার কীরকম করা উচিত। মায়ের অপদার্থতা, শ্লেষ, নির্দয় ব্যবহার—এসব নিয়ে কথা বলতে চাই না, কিন্তু সব কিছুর জন্য আমাকে দোষী করাটাও তো চলতে পারে না।

আমি মায়ের বিপরীত, কাজেই আমাদের মধ্যে খটাখটি লাগবেই। আমি তার বিচার করতে বসছি না, সে ব্যাপারে আমার কোনো অধিকারও নেই। আমি তাঁকে শুধুমাত্র মা হিসেবেই দেখতে চাই। তবে তিনি আমার মা নন—আমাকেই আমার মা হতে হবে। আমি ওদের কাছ থেকে নিজেকে গুটিয়ে নিয়েছি। আমার রাস্তা আমিই ঠিক করছি, দেখা যাক কোথায় নিয়ে যায়। আমার কিছু করার নেই, কারণ একজন মা এবং একজন স্ত্রী কী হতে পারেন তার ছবি আমার মনের মধ্যে আছে। যাকে আমার 'মা' বলা উচিত তার মধ্যে আমার সে ছবির কোনো মিল দেখতে পাই না।

আমি বারবার মনকে বোঝাই মায়ের খারাপ উদাহরণগুলো আমি দেখব না। আমি শুধু তাঁর ভালো দিকগুলোই দেখতে চাই। আর যা তাঁর নেই তা আমি নিজের মধ্যে খুঁজব। কিন্তু এতে কোনো কাজ হয় না, আর সব চেয়ে খারাপ ব্যাপার হল বাবা মা দুজনের কেউই নিজেদের অসম্পূর্ণতা বুঝতে পারেন না, অতএব আমাকে ছোটো করার জন্য ওদের আমি কতটা দোষ দেব? এমন কোনো বাবা মা আছেন কি যাঁরা নিজেদের সন্তানকে সম্পূর্ণ সুখী করতে পেরেছেন?

মাঝে মাঝে আমার মনে হয় ভগবান আমায় পরীক্ষা করতে চান, এখন এবং ভবিষ্যতেও। আমাকে নিজেকেই ভালো হতে হবে, কাউকে আদর্শ হিসেবে নিয়ে বা পরামর্শ নিয়ে নয়। আর এটাই আমাকে শেষে শক্তি জোগাবে।

আমি ছাড়া এই সব চিঠি কে আর পড়বে? নিজের কাছে ছাড়া আর কার কাছেই বা সান্ত্বনা মিলবে? আমার প্রায়ই সান্ত্বনার প্রয়োজন হয়, আমি প্রায়ই দুর্বল বোধ করি, আর প্রায়ই প্রত্যাশা মেটাতে ব্যর্থ হই। আমি এটা জানি আর প্রতিদিন আরও ভালো করার চেষ্টা করি।

ওরা আমার সঙ্গে ঠিক এক রকম ব্যবহার করে না। একদিন শুনতে পাই আনে খুব বুঝদার মেয়ে, সে সব জানে, আরেক দিন শুনতে পাই আনে নির্বোধ, কিছুই জানে না এবং বই পড়ে পড়ে সবজান্তা হয়ে উঠেছে। আমি কচি খুকি নই অথবা আদরে বাঁদর হওয়াও নই যে আমার সব কাজই হাসির খোরাক হবে! আমার নিজের ভাবনা চিন্তা, মতামত আছে, সেটা আমি ওদের কাছে প্রকাশ করব না।

ভালো কথা। অনেক কিছুই আমার মাথার মধ্যে আসে রাতে যখন আমি একা হই অথবা দিনের বেলায় যখন আমি লোকজনের মধ্যে থাকি, যাদের আমি পছন্দ করি না বা যারা আমার উদ্দেশ্য বুঝতে না পেরে ভুল অর্থ করে। সেজন্যই আমি আবার ডায়েরির কাছে ফিরে আসি—সেখানেই আরম্ভ করি সেখানেই শেষ করি কারণ কিটি সব সময়েই শান্ত। আমি তার কাছে প্রতিজ্ঞা করেছি, সব কিছু সত্ত্বেও, আমি লিখে যাব, সেটাই হবে আমার পথ খোঁজা আর চোখের জল আমি মুছে নেব। আমি শুধু চাই কিছু ফলাফল আর যে আমাকে ভালোবাসে তার কাছ থেকে উৎসাহ, শুধু একবার।

আমাকে দোষ দিয়ো না, বরং আমাকে ভেবো এমন একজন যে কখনও কখনও ফেটে পড়তে পারে।

তোমার, আনে

সোমবার, নভেম্বর ৯, ১৯৪২

প্রিয়তমা কিটি,

গতকাল পেটারের ষোলোতম জন্মদিন ছিল। আমি আটটা পর্যন্ত ওপরে ছিলাম, পেটার আর আমি উপহারগুলো দেখছিলাম। ও পেয়েছে একটা মনোপলি গেম, একটা দাড়ি কামানোর ক্ষুর আর একটা সিগারেট লাইটার। ও যে খুব একটা সিগারেট খায় তা নয়, খায়ই না বলতে গেলে, তবে ওটা দেখতে ভারী সুন্দর।

সবচেয়ে বড়ো চমকটা এল মিস্টার ভ্যান ডানের কাছ থেকে। তিনি একটার সময় বললেন, ইংরেজরা টিউনিস, আলজিয়ার্স, কাসাব্লাঙ্কা আর ওরানে নেমেছে।

'এটাই হল শেষের শুরু,' সবাই বলছিল, কিন্তু ব্রিটিশ প্রধানমন্ত্রী চার্চিল এই একই কথা হয়তো ইংলন্ডে বলাবলি হচ্ছে শুনেছিলেন, তিনি ঘোষণা করলেন, 'এটা শেষ নয়।' তফাতটা বুঝতে পারছ? তবে আশাবাদী হবার কারণ আছে। রাশিয়ার শহর স্তালিনগ্রাদে তিন মাস ধরে আক্রমণ চলছে, কিন্তু এখনও তা জার্মানদের হাতে চলে যায়নি।

এইবার গোপন ডেরার আসল ব্যাপার বলি, আমাদের খাবার জিনিসের কথা তোমায় বলা দরকার। (আমাকে বলতেই হবে যে ওপর তলায় কয়েকজন অতিমাত্রায় পেটুক লোক আছে।)

আমাদের রুটি আসে মিস্টার ক্লাইমানের বন্ধু এক ভালো রুটিওয়ালার কাছ থেকে। তবে বাড়িতে যে পরিমাণ পেতাম ততটা নয়, তবে যথেষ্ট। আমরা র‍্যাশন বইও কালোবাজারে কিনি। তারও দর বাড়ছে; ইতিমধ্যেই তা ২৭ থেকে ৩৩ গিল্ডারে দাঁড়িয়েছে। ঐ কয়েকটা ছাপানো কাগজের এত দাম!

আমাদের নিজেদের পুষ্টির জন্য একশো টিন খাবার এখানে মজুত করেছি, তিনশো পাউন্স বিনস কিনেছি। শুধুমাত্র আমাদের জন্যই নয়, অফিস কর্মীদের জন্যও। আমাদের গোপন দরজার পেছনের গলি পথে বিনগুলো বস্তায় ভরে হুকে ঝুলিয়ে রাখা হয়েছে, কিন্তু কিছু বস্তার সেলাই ওজনের জন্য ফেঁসে গেছে। কাজেই সেগুলো চিলে কোঠায় সরিয়ে দেবার কথা হয়েছে, আর ভারী কাজ বলে পেটারকে দায়িত্ব দেওয়া হয়েছে। সে ছটার মধ্যে পাঁচটা বস্তা ঠিকঠাক তুলেছে এবং যখন শেষ বস্তাটা তুলছিল তখন বস্তাটা পুরো ফেঁসে গিয়ে বাদামি বিনগুলো বন্যার মতো নাকি শিলাবৃষ্টির মতো প্রবল বেগে সিঁড়ির ওপর ঝরে পড়তে লাগল। বস্তায় পঞ্চাশ পাউন্ডের মতো বিন ছিল, সেগুলো পড়ার এমন আওয়াজ হল যে মরা মানুষও জেগে উঠবে। নিচের তলায় লোকেরা ভেবেছিল তাদের মাথার ওপর বাড়িটা ভেঙে পড়বে। পেটার হতবুদ্ধি হয়ে গিয়েছিল, তারপর যখন দেখল আমি সিঁড়ির মাঝখানে বাদামি বিনের সমুদ্রের মাঝখানে দ্বীপের মতো দাঁড়িয়ে আছি, আর আমার গোড়ালি অবধি বিনের ঢেউ খেলছে তখন ও হাসিতে ফেটে পড়ল। আমরা তাড়াতাড়ি কুড়োতে লেগে গেলাম, কিন্তু বিনের দানা এত ছোটো আর পিছল যে সেগুলো গড়িয়ে গড়িয়ে অসম্ভব সব কোণে আর গর্তে গিয়ে ঢুকেছিল। এখন আমরা যখনই কেউ ওপরে যাই হেঁট হয়ে বিন খুঁজি যাতে মিসেস ভ্যান ডানকে একমুঠো বিন উপহার দিতে পারি।

আমি বলতে ভুলে যাচ্ছিলাম যে বাবা অসুস্থতা থেকে সেরে উঠেছেন।

তোমার, আনে

পুনশ্চ।। এই মাত্র রেডিয়োতে বলল আলজিয়ার্স-এর পতন হয়েছে। মরক্কো, কাসাব্লাঙ্কা আর ওরান বেশ কিছুদিন ধরে ব্রিটিশদের হাতে রয়েছে। আমরা এখন টিউনিসের অপেক্ষায় আছি।

মঙ্গলবার, নভেম্বর ১০, ১৯৪২

প্রিয়তমা কিটি,

বড়ো খবর! আমাদের এই গোপন ডেরায় আট নম্বর লোকটিকে আশ্রয় দিতে চলেছি!
হ্যাঁ, সত্যিই। আমরা সব সময়েই ভেবেছি আরেকজনকে আশ্রয় দেবার মতো
জায়গা আর খাবার আমাদের আছে। কিন্তু আমরা ভয় পাচ্ছিলাম মিস্টার কুগলার ও
মিস্টার ক্লাইমানের ওপর চাপ আরও বাড়বে। কিন্তু দিনের পর দিন ইহুদিদের ওপর
অত্যাচার বাড়ার খবর আসতে থাকায় বাবা সিদ্ধান্ত নিয়েছিলেন দুই ভদ্রলোককে
একবার বাজিয়ে দেখবেন আর তাঁরাও এটা একটা ভালো কাজ বলেই মনে করলেন।
তাঁরা সঠিক কথাই বললেন, 'সাতজন হোক আর আটজন হোক, ব্যাপারটা
একইরকম বিপজ্জনক।' কথা ঠিক হয়ে যাবার পর আমরা একসঙ্গে বসে ভাবতে
লাগলাম আমাদের বন্ধুদের মধ্যে কাকে নিলে আমাদের এই বড়ো পরিবারের সঙ্গে
মিলে মিশে যাবে। খুব একটা কঠিন হয়নি। ভ্যান ডানদের সব আত্মীয়দের বাবা
বাতিল করে দেবার পর আমরা অ্যালফ্রেড ডুসেল নামে এক দাঁতের ডাক্তারকে
বেছে নিলাম। বয়সে বেশ ছোটো এক সুন্দরী খ্রিষ্টান মহিলার সঙ্গে তিনি থাকেন।
ওঁরা বোধহয় বিবাহিত নন, তবে সেটা আলাদা বিষয়। চুপচাপ মার্জিত ধরনের মানুষ
হিসেবেই তিনি পরিচিত, আমরা ওপর ওপর যতটা জানি তাঁকে ভালো বলেই মনে
হয়। মিয়েপ তাঁকে ভালো করে জানেন, কাজেই তিনিই সব ব্যবস্থা করবেন। যদি
তিনি আসেন, মিস্টার ডুসেল আমার ঘরে মারগটের জায়গায় শোবেন, মারগটের
বিছানা হবে ফোল্ডিং খাটে।* আমরা ওঁকে বলব যেন উনি দাঁতের গর্ত বোজানোর
জিনিসপত্র নিয়ে আসেন।

তোমার, আনে

বৃহস্পতিবার, নভেম্বর ১২, ১৯৪২

প্রিয়তমা কিটি,

মিয়েপ এসে আমাদের বললেন, তিনি ড. ডুসেলের সঙ্গে দেখা করেছেন। তিনি
ঢুকতেই ডাক্তার জিজ্ঞেস করেছিলেন মিয়েপ কোনো গোপন ডেরার সন্ধান দিতে

---

* ডুসেল আসার পর মারগট বাবা মায়ের ঘরেই শুত।

৬৭

পারেন কিনা। যখন মিয়েপ বললেন, তিনি কিছু একটা ভেবেছেন, তখন ডাক্তারবাবু দারুণ খুশি হলেন। মিয়েপ ওঁকে যত তাড়াতাড়ি সম্ভব আসার জন্য বলেন। শনিবারে এলে ভালো হয়। ডাক্তারবাবু জানান সেটা প্রায় অসম্ভব কারণ তিনি তাঁর রেকর্ডগুলো ঠিক করতে চান, দেনা পাওনা মেটাতে চান আর দুজন রোগীকেও দেখতে হবে। আজ সকালে মিয়েপ এসে এই কথা জানালেন। আমাদের মনে হচ্ছিল এত দেরি করা ঠিক হবে না। ঐ সমস্ত গোছগাছ করলে গেলে লোককে জবাবদিহি করতে হবে, আমাদের মনে হয় সব কিছু গোপন রাখাটাই দরকার। মিয়েপ তাঁকে জিজ্ঞেস করতে গেছেন তিনি শনিবারে আসতে পারছেন কিনা, তিনি না বলেছেন, আর বলেছেন সোমবারে আসবেন।

আমাদের প্রস্তাবে লাফিয়ে চলে না আসাটাই আমার তো অদ্ভুত মনে হয়। ওঁকে যদি রাস্তা থেকেই তুলে নিয়ে চলে যায়, তাহলে রেকর্ড ঠিক করা বা রোগী দেখা— এসব কি করতে পারবেন? কেন দেরি করছেন? আমাকে যদি জিজ্ঞেস কর, বলব, ওঁর কথায় রাজি হওয়াটাই বাবার বোকামি হয়েছে।

এছাড়া, আর কোনো খবর নেই।

তোমার, আনে

মঙ্গলবার, নভেম্বর ১৭, ১৯৪২

প্রিয়তমা কিটি,

মিস্টার ডুসেল এসে পৌঁছেছেন। সব ভালোভাবেই হয়েছে। মিয়েপ তাঁকে বলেছিলেন বেলা ১১ টার সময় ডাকঘরের সামনে দাঁড়াতে, সেখানে একজন এসে ওঁর সঙ্গে দেখা করবে। ডুসেল একেবারে ঠিক সময়ে ঠিক জায়গায় এসে দাঁড়িয়েছিলেন। মিস্টার ক্লাইমান তাঁকে গিয়ে বলেন যে, যাঁর জন্য তিনি অপেক্ষা করছেন তিনি আসতে পারবেন না। ডুসেল যেন অফিস গিয়ে মিয়েপের সঙ্গে দেখা করেন। মিস্টার ক্লাইমান একটা ট্রাম ধরে অফিসে ফিরে আসেন আর মিস্টার ডুসেল হেঁটে আসেন।

এগারোটা কুড়ি মিনিটে মিস্টার ডুসেল আপিসের দরজায় টোকা দেন। মিয়েপ তাঁকে কোটটা খুলে ফেলতে বলেন, যাতে হলুদ তারা দেখা না যায়। তাঁকে খাস কামরায় নিয়ে যান। ঘর ঝাড়া মোছার মেয়েটি না যাওয়া পর্যন্ত মিস্টার ক্লাইমান তাঁকে একথা সে কথায় ব্যস্ত রাখেন। এই ঘরটা কোনো কাজের জন্য ছাড়তে হবে বলে মিয়েপ মিস্টার ডুসেলকে ওপরে নিয়ে আসেন, বইয়ের তাকটা খোলেন এবং ভেতরে পা বাড়ান। আর তাই দেখে মিস্টার ডুসেলের চোখ একেবারে ছানা বড়া।

ইতিমধ্যে আমরা সাতজন ডাইনিং টেবিলে কফি আর কনিয়াক নিয়ে বসে আমাদের পরিবারের নতুন সংযোজনের জন্য অপেক্ষা করছি। মিয়েপ তাঁকে নিয়ে গিয়ে ফ্রাঙ্ক পরিবারের ঘর দেখালেন। তিনি তক্ষুণি আমাদের আসবাবপত্র চিনতে পারলেন, কিন্তু আমরা যে ঠিক তাঁর মাথার ওপরে সে ব্যাপারে তাঁর কোনো ধারণা ছিল না। মিয়েপ যখন তাঁকে বললেন, তিনি এত বিস্মিত হলেন যে প্রায় মূর্চ্ছা যাবার উপক্রম। তবে তাঁকে আর অন্ধকারে না রেখে ওপর তলায় নিয়ে এলেন। মিস্টার ডুসেল একটা চেয়ারে ধপ করে বসে পড়ে আমাদের দিকে হতবাক হয়ে তাকিয়ে রইলেন যেন তিনি আমাদের মুখগুলো দেখে সত্যিটা বোঝার চেষ্টা করছেন। তারপর তুৎলে গিয়ে বললেন, 'কিন্তু...কিন্তু তোমরা বেলজিয়ামে যাওনি? অফিসার, অটো—এসব আসেনি। তোমরা পালাতে পারোনি?'

আমরা ওঁকে সব বুঝিয়ে বললাম, কীভাবে আমরা ইচ্ছে করেই অফিসার এবং গাড়ির গুজব ছড়িয়েছিলাম যাতে জার্মানরা বা অন্য আমাদের খোঁজে এলে ধোঁকা খেয়ে যায়। মিস্টার ডুসেল আমাদের কৌশল শুনে নির্বাক হয়ে গেলেন আর বিস্ময়ের চোখে আমাদের সুন্দর ও দারুণভাবে সাজিয়ে নেওয়া বাড়ির এই অংশটা দেখতে লাগলেন। আমরা একসঙ্গে দুপুরের খাওয়া খেলাম। তারপর উনি একটা ছোট্ট ঘুম দিয়ে উঠে আমাদের সঙ্গে চা খেলেন। ওঁর জিনিসপত্র গোছালেন, মিয়েপ যেগুলো আগেই নিয়ে এসেছিলেন, তারপর কিছুটা বাড়ির মতো ভাবতে শুরু করলেন। বিশেষভাবে তাঁর হাতে আমরা একটা টাইপ করা গোপন আস্তানার নিয়মকানুনের (ভ্যান ডানের তৈরি) কাগজ তুলে দিলাম:

গোপন আস্তানার বিবরণ ও নির্দেশিকা
ইহুদি ও অন্যান্য বাস্তুচ্যুত মানুষের জন্য
সাময়িক বসবাসের অভিনব ব্যবস্থা

বছরের বারো মাস খোলা: আমস্টারডামের কেন্দ্রস্থলে সুন্দর, শান্ত, গাছপালা ঘেরা জায়গা। আশে পাশের এলাকায় কোনো বসত বাড়ি নেই। ১৩ অথবা ১৭ নম্বর ট্রামে, গাড়িতে বা সাইকেলে আসা যায়। যাঁদের ক্ষেত্রে জার্মান কর্তৃপক্ষ কোনো যানবাহনে চড়া নিষিদ্ধ করেছে, তাঁরা পায়ে হেঁটে আসতে পারেন। আসবাবপত্রে সজ্জিত অথবা আসবাবহীন, আহারাদিসহ অথবা আহারাদি বিনা ঘর এবং অ্যাপার্টমেন্ট সব সময়ে পাওয়া যাবে।

ভাড়া: নেই।

খাদ্য: চর্বিমুক্ত।

জলের যোগান: পাওয়া যাবে বাথরুমে (দুঃখিত, স্নানের ব্যবস্থা নেই) ভেতরের এবং বাইরের দেওয়ালের গায়ে। গরম করার ছোটো স্টোভ।

প্রচুর মজুতের জায়গা আছে সব রকমের মালপত্রের। দুটো বড়ো আধুনিক আলমারি।

নিজস্ব রেডিয়ো: লন্ডন, নিউইয়র্ক, তেল আভিভ এবং আরও অনেক রেডিয়ো স্টেশনের সঙ্গে সরাসরি যোগাযোগ। সন্ধে ৬টার পর সব আবাসিকরা শুনতে পারবেন। কিছু ব্যতিক্রম ছাড়া নিষিদ্ধ সম্প্রচার শোনা যাবে না, যেমন উচ্চাঙ্গ সঙ্গীত শোনার জন্য জার্মান স্টেশন ধরা যাবে। জার্মান সংবাদ বুলেটিন শোনা (যেখান থেকেই সম্প্রচারিত হোক না কেন) এবং শোনানো সম্পূর্ণভাবে নিষিদ্ধ।

বিশ্রামের সময়: রাত ১০টা থেকে সকাল সাড়ে ৭টা; রবিবার শোয়া ১০টা। পরিস্থিতি অনুযায়ী কর্তৃপক্ষের নির্দেশানুসারে আবাসিকরা দিনের বেলাতেও বিশ্রাম নিতে পারেন। সকলের নিরাপত্তার জন্য বিশ্রামের সময়কাল কঠোর ভাবে মেনে চলতে হবে!!

খালি সময়ের ক্রিয়াকলাপ: পরবর্তী নোটিশ না আসা পর্যন্ত বাড়ির বাইরে যাবার অনুমতি নেই।

ভাষা ব্যবহার: সব সময় নিচু গলায় কথা বলা দরকার। সভ্য মানুষদের ভাষা ব্যবহার করা যাবে, অতএব জার্মান নয়।

পড়া এবং আরাম করা: ক্লাসিক এবং পাণ্ডিত্যপূর্ণ রচনা ছাড়া কোনো জার্মান বই পড়া যাবে না। অন্যান্য বই পড়া যেতে পারে।

শরীরচর্চা: প্রতিদিন।

গান: একদম নিচু গলায়, সন্ধে ৬টার পর।

চলচ্চিত্র: আগাম বন্দোবস্ত প্রয়োজন।

পাঠ: প্রতি সপ্তাহে একটি করে শর্টহ্যান্ড ক্লাস। দিনে বা রাতে যে কোনো সময়ে ইংরেজি, ফরাসি, অঙ্ক এবং ইতিহাসের ক্লাস। সম্মান দক্ষিণা দেওয়া হবে, ডাচ ভাষা শিখিয়ে।

আলাদা বিভাগ: ছোটোখাটো গৃহপালিত পোষ্যের জন্য (ইঁদুর, উকুন, মশামাছি বাদে, তাদের বিশেষ অনুমতি লাগবে)।

আহারের সময়:

প্রাতরাশ: প্রতিদিন সকাল ৯টা, সরকারি ছুটির দিন ও রবিবার ছাড়া; রবিবার ও সরকারি ছুটির দিনে বেলা সাড়ে ১১টা মোটামুটি ভাবে।

দুপুরের খাওয়া: হালকা খাবার, দুপুর ১:১৫ থেকে ১:৪৫-এর মধ্যে।

নৈশভোজ: ঠান্ডা অথবা গরম খাবার। খাবার সময় নির্ভর করবে সংবাদ সম্প্রচারের ওপর।

সরবরাহকারীদের প্রতি দায়বদ্ধতা: আবাসিকদের সব সময়েই অফিসের কাছে সাহায্য করার জন্য তৈরি থাকতে হবে।

স্নান: রবিবার সকাল ৯টা থেকে সব আবাসিকরা জলের টব পাবেন। নিচের তলার পায়খানা, রান্নাঘর, খাস কামরা অথবা সামনের অফিস—যে কোনো জায়গা ব্যবহার করতে পারেন।

সুরা: শুধুমাত্র ঔষধি হিসেবে ব্যবহারের জন্য।

সমাপ্ত।

তোমার, আনে

বৃহস্পতিবার, নভেম্বর ১৯, ১৯৪২

প্রিয়তমা কিটি,

মিস্টার ডুসেল একজন চমৎকার মানুষ, যেমন আমরা ভেবেছিলাম। আমার সঙ্গে একই ঘরে থাকতে উনি কিছু মনে করেননি; সত্যি কথা বলতে কী, একজন অচেনা মানুষ এসে আমার জিনিসপত্র ব্যবহার করবে এতে আমি খুব একটা খুশি ছিলাম না, কিন্তু ভালো কিছুর জন্য তো ত্যাগ স্বীকার করতেই হয়; আর আমিও ছোটো কিছু করে আনন্দ পেলাম। বাবা বলেন, 'আমরা যদি আমাদের কোনো বন্ধুকে বাঁচাতে পারি, তার কাছে বাকি সব তুচ্ছ,' তিনি একদম ঠিক কথা বলেছেন।

প্রথম যেদিন মিস্টার ডুসেল এসেছিলেন, তিনি আমাকে প্রচুর প্রশ্ন করেছিলেন, যেমন, কখন ঘর পরিষ্কারের মেয়েটি আসে, কীভাবে আমরা বাথরুম ব্যবহার করব, কখন পায়খানায় যাওয়া যাবে ইত্যাদি। তুমি হাসতে পারো, কিন্তু একটা লুকোনো ডেরায় এ ব্যাপারগুলো অত সহজ নয়। দিনের বেলায় আমরা এমন কোনো আওয়াজ করতে পারব না যা নিচের তলায় শোনা যায় আর যদি কোনো বাইরের লোক থাকে, যেমন ঘর পরিষ্কারের মেয়েটি, তাহলে বাড়তি সতর্ক হতে হবে। আমি এই সমস্ত মিস্টার ডুসেলকে ধৈর্য ধরে বোঝালাম, কিন্তু অবাক হয়ে দেখলাম, ভদ্রলোকের মাথায় কিছুই ঢুকল না। তিনি প্রত্যেকটি জিনিস দুবার করে জিজ্ঞেস করেন আর তার পরেও কী বলা হল তা মনে থাকে না।

হয়তো জায়গা বদল হয়েছে বলে তিনি একটু হতভম্ব হয়ে আছেন, ঠিক হয়ে যাবে। এছাড়া বাকি সব ঠিকই চলছে।

মিস্টার ডুসেল বাইরের জগৎ সম্পর্কে অনেক কিছু বললেন, যে জগতের সঙ্গে আমাদের অনেকদিন সম্পর্ক নেই। তিনি অনেক খারাপ খবরই দিলেন। অসংখ্য

বন্ধুবান্ধব আর পরিচিত মানুষ নিদারুণ দুর্ভাগ্যের শিকার হয়েছে। রাতের পর রাত সবুজ আর ধূসর মিলিটারি গাড়িগুলো রাস্তায় টহল দেয়। তারা প্রত্যেকটি বাড়িতে টোকা দিয়ে জিজ্ঞেস করে কোনো ইহুদি থাকে কিনা। যদি থাকে পুরো পরিবারকে তুলে নিয়ে যাওয়া হয়। না থাকলে পরের বাড়িতে যায়। অজ্ঞাতবাসে না গেলে তাদের হাত এড়ানো অসম্ভব। ওরা প্রায়ই তালিকা নিয়ে ঘোরে, হানা দেয় সেই সব বাড়িতেই যেখানে একটা বড়ো ঝাঁক পাওয়া যাবে। মাঝে মাঝে তারা টাকা নিয়ে ছেড়ে দেয়, মাথা পিছু অনেক টাকা। আগেকার দিনে দাস ব্যবসার মতো ব্যাপার। এসব মোটেই হালকা ব্যাপার নয়, অত্যন্ত মর্মান্তিক ঘটনা। সন্ধ্যায় যখন অন্ধকার নেমে আসে, আমি প্রায়ই দেখি হেঁটে চলেছে নিরীহ ভালো মানুষের দল, সঙ্গের ছেলেপিলেগুলো কাঁদছে, হাতে গোনা কয়েকটা লোক তাদের তাড়িয়ে নিয়ে যাচ্ছে, গালাগালি দিচ্ছে, রাস্তায় পড়ে না যাওয়া পর্যন্ত মারছে। কেউ পার পাচ্ছে না। রুগ্ন, বৃদ্ধ, কিশোর কিশোরী, শিশু, পোয়াতি—সকলেই তাদের মরণের দিকে দল বেঁধে চলেছে।

আমরা কত ভাগ্যবান, গণ্ডগোল থেকে দূরে রয়েছি। এইসব যন্ত্রণা নিয়ে আমরা হয়তো ভাবতাম না, যদি আমাদের সেইসব প্রিয়জনদের নিয়ে দুশ্চিন্তা না করতাম, যাদের আমরা আর সাহায্য করতে পারব না। যখন আমার প্রিয়তম বন্ধুরা ক্লান্তিতে পথে লুটিয়ে পড়ছে অথবা মেরে মাটিতে ফেলে দেওয়া হচ্ছে, তখন উষ্ণ বিছানায় শুয়ে আমার খুব কষ্ট হয়।

যখন আমি ভাবি আমার ঘনিষ্ঠ বন্ধুরা পৃথিবীর নিকৃষ্টতম পিশাচদের দয়ায় রয়েছে তখন আমি ভয়ে শিউরে উঠি।

আর এসবের কারণ, তারা ইহুদি।

তোমার, আনে

শুক্রবার, নভেম্বর ২০, ১৯৪২

প্রিয়তম কিটি,

আমরা সত্যিই জানি না কীভাবে প্রতিক্রিয়া জানাব। এতদিন পর্যন্ত ইহুদিদের সম্পর্কে খুব কম খবরই এসে পৌঁছত, আর আমরা ভাবতাম যতদূর সম্ভব আনন্দ করেই কাটিয়ে দেব। কিন্তু মিয়েপ যখন তখন এসে আমাদের কোন বন্ধুর কী হয়েছে বলেন তখন মা অথবা মিসেস ভ্যান ডান কেঁদে ফেলেন। সেইজন্য মিয়েপ ঠিক করেছেন এসব আর না বলাই ভালো। কিন্তু মিস্টার ডুসেলকে আমরা প্রশ্নবাণে বিদ্ধ করতে লাগলাম, আর তিনি এত নৃশংস আর ভয়ঙ্কর কাহিনি বললেন যে আমাদের মাথার

মধ্যে তা ঘুরতে লাগল। এই সব খবরের তীব্রতা সময়ের সঙ্গে যখন কমে আসবে তখন আমরা সম্ভবত আবার আমরা আমাদের স্বাভাবিক হাসি মজা, পেছনে লাগার মধ্যে ফিরে যাব। আমরা যদি এমন বিষণ্ণ হয়ে থাকি তাহলে নিজেদের এবং বাইরে যারা আছেন তাদের কারোরই কিছু ভালো হবে না। গোপন ডেরাকে বিষণ্ণ ডেরায় পরিণত করে কী লাভ হবে?

আমি কী করছি সেটা কথা নয়, কিন্তু যারা চলে গেছে তাদের কথা না ভেবে তো পারছি না। এই বিষাদ কেটে যাবে।

এই দুঃখ কষ্টের সঙ্গে যুক্ত হয়েছে আরও একটা সম্পূর্ণ ব্যক্তিগত বিষয়, তবে এই দুঃখ কষ্টের তুলনায় তা তেমন কিছু নয়। যেগুলো আমি তোমাকে বললাম। তবুও না বলে পারছি না যে ইদানীং আমার মনে হচ্ছে সবাই যেন আমায় ত্যাগ করেছে। এক বিশাল শূন্যতা যেন আমাকে ঘিরে ধরেছে। আমার মন যখন বন্ধুদের নিয়ে ভরে ছিল আর ভালো সময় কাটাচ্ছিলাম তখন এ ব্যাপারে কিছু ভাবিইনি। এখন আমি হয় দুঃখের কথা ভাবি অথবা নিজের কথা ভাবি। অনেক সময় লেগেছে, কিন্তু আমি শেষ পর্যন্ত বুঝতে পেরেছি, আমার বাবা যত দয়ালুই হোক না কেন, আমায় ফেলে আসা জগৎটার জায়গা নিতে পারবেন না। এসব যখন আমার ভাবনার মধ্যে আসে তখন মা আর মারগট কোনো হিসেবের মধ্যেই আসে না।

কিন্তু এই সব বোকা বোকা ব্যাপার নিয়ে তোমাকে আমি বিরক্ত করছি কেন? আমি খুবই অকৃতজ্ঞ, কিটি, আমি সেটা জানি। কিন্তু আমাকে যখন অসংখ্যবার বকুনি দেওয়া হয় এবং একই সঙ্গে এত রকম দুঃখ কষ্টের কথা ভাবতে হয় তখন আমার মাথা ঘুরতে থাকে!

তোমার, আনে

শনিবার, নভেম্বর ২৮, ১৯৪২

প্রিয়তমা কিটি,

আমরা আমাদের কোটার চেয়ে বেশি বিদ্যুৎ খরচ করে ফেলেছি। এর ফল: যতদূর সম্ভব খরচ কমানো এবং ইলেকট্রিকের লাইন কেটে দেবার সম্ভাবনা। পনেরো দিন আলো থাকবে না, ভারী মনোরম ভাবনা, তাই না? তবে কে জানে হয়তো অত দিন হবে না! চারটে সাড়ে চারটের পর অন্ধকার হয়ে আসে, তখন আর পড়া যায় না। তখন আমরা যতরকম উদ্ভট কাণ্ডকারখানা করে সময় কাটাই: ধাঁধা জিজ্ঞেস করা, অন্ধকারে ব্যায়াম করা, ইংরেজি বা ফরাসি বলা, বইয়ের আলোচনা করা—একটু পরে সবই

৭৩

ক্লান্তিকর লাগে। গতকাল আমি সময় কাটানোর ভালো উপায় আবিষ্কার করেছি: দূরবীনের মধ্যে দিয়ে প্রতিবেশীদের আলো জ্বলা ঘরগুলোর দিকে উঁকি দেওয়া। দিনের বেলা একচুল পর্দা সরানোর উপায় নেই, রাত্তির বেলায় অন্ধকারে সমস্যা নেই।

আমি কখনও জানতামই না পড়শিরা এত মজার হয়! আমাদের প্রতিবেশীরা ভারী মজার। কয়েকজনকে রাতের খাবার খেতে দেখলাম, একটা বাড়িতে দেখলাম সিনেমার শুটিং হচ্ছে আর আরেকজন দাঁতের ডাক্তার ভয়ে নীল হয়ে যাওয়া বুড়ি মহিলার দাঁত পরীক্ষা করছেন।

বলা হয়েছিল মিস্টার ডুসেল ছোটোদের সঙ্গে মিশতে পারেন এবং তাদের সবাইকে ভালোবাসেন। কিন্তু দেখা যাচ্ছে তিনি একজন পুরোনোপন্থী কঠোর নিয়মানুবর্তী লোক এবং আদব কায়দা নিয়ে লম্বা লম্বা উপদেশ দিতে থাকেন। আমি যেহেতু আমার নেহাতই ছোটো শোবার ঘর ঐ মহান ব্যক্তিটির সঙ্গে ভাগ করে থাকার আনন্দ (!) একাই উপভোগ করি এবং তিনজনের মধ্যে আমিই সবচেয়ে বেয়াড়া বলে সাধারণভাবে বিবেচনা করা হয় সেজন্য আমার মাথার ওপর দিয়ে যেসব খিচিমিচি ও বকাঝকা উড়ে যায় সেগুলো না শোনার ভান করি। এটাও খুব খারাপ হত না যদি মিস্টার ডুসেল কুচুকুরে না হতেন আর মাকে গিয়ে কান ভাঙানি না দিতেন। মিস্টার ডুসেল যদি শুধু একটু বকাঝকা করে ছেড়ে দেন, মা তারপর শুরু করেন আর তখন রীতিমতো বাছাবাছা বাক্যবাণ বর্ষণ করেন। আর আমার ভাগ্য যদি আরও ভালো হয়, তখন মিসেস ভ্যান ডান তার পাঁচ মিনিট পরে জবাবদিহির জন্য ডাকেন এবং ধুধ্বুড়ি নেড়ে ছেড়ে দেন। সত্যিই, একটা খুঁত খুঁজে বেড়ানো পরিবারের মনোযোগের কেন্দ্রে থেকে বিশ্রীভাবে বড়ো হয়ে ওঠাটা সহজ ব্যাপার নয়।

রাত্তিরে বিছানায় শুয়ে আমার হরেক অপরাধ আর বাড়িয়ে দেখানো দোষ ত্রুটির কথা যখন ভাবি তখন সবকিছু মিলিয়ে এমন গোলমাল হয়ে যায় যে হাসব না কাঁদব বুঝতে পারি না, নির্ভর করে কখন কেমন মেজাজ থাকে তার ওপর। তারপর, আমি আমার থেকে আলাদা হতে চাই অথবা যা আমি হতে চাই তার থেকে আলাদা অথবা হয়তো আমি যেমন তার থেকে অন্য রকম ব্যবহার করি বা করতে চাই—এমন সব বিচিত্র ভাবনা নিয়ে আমি ঘুমিয়ে পড়ি।

দেখ, আমি তোমাকেও গুলিয়ে দিচ্ছি। ক্ষমা কোরো, আমি লেখাটা কাটতে পারব না, এই অভাবের দিনে এক টুকরো কাগজ ফেলে দেওয়াটাও অন্যায়। কাজেই আমি তোমাকে এই পরামর্শ দেব যে ঐ অনুচ্ছেদটা আবার পোড়ো না, নিচে অবধি আসার চেষ্টাই কোর না কারণ তুমি কখনই তা থেকে কিছু উদ্ধার করতে পারবে না।

তোমার, আনে

সোমবার, ডিসেম্বর ৭, ১৯৪২

প্রিয়তমা কিটি,

হানুকা* এবং সেন্ট নিকোলাস ডে এবছর প্রায় একই সময়ে পড়েছে; মাত্র একদিন আগে পরে। হানুকা নিয়ে আমরা বিশেষ হইচই করিনি, শুধু কিছু উপহার বিনিময় করা হয়েছে আর মোমবাতি জ্বালানো হয়েছে। মোমবাতির যোগান কম থাকায় ওগুলো দশ মিনিট জ্বালানো হয়েছিল, কিন্তু যতক্ষণ আমরা গান গেয়েছি তাতে কিছু যায় আসেনি। মিস্টার ভ্যান ডান হানুকা উৎসবের জন্য কাঠের বিশেষ মোমবাতিদান তৈরি করেছেন, সেটা ব্যবহার করা হয়েছিল।

শনিবার সেন্ট নিকোলাস ডে-তে খুব মজা হয়েছিল। রাতের খাওয়ার সময় বেপ আর মিয়েপ বাবার কানে কানে ফিসফিস করতে এত ব্যস্ত ছিল যে আমাদের খুব কৌতূহল হয়েছিল, আন্দাজ করছিলাম কিছু একটা ব্যাপার হবে। ঠিক তাই, আটটার সময় ঘুটঘুটে অন্ধকারে (আমার ভয় ভয় করছিল, ভাবছিলাম নিরাপদে ওপরে ফিরে যেতে পারলে হয়) গলির ভেতর দিয়ে চোরকুঠুরিতে এসে আমরা জড়ো হলাম। ঘরটায় কোনো জানলা ছিল না, আমরা আলো জ্বালাতে পারি। আলো জ্বলে উঠতে বাবা বড়ো ক্যাবিনেটটা খুললেন।

আমরা চিৎকার করে উঠলাম, 'ওহ্ কী দারুণ!'

এক কোণে একটা রঙিন কাগজে সাজানো বড়ো ঝুড়িতে ব্ল্যাক পেটারের একটা মুখোশ সাজানো।

তাড়াতাড়ি ঝুড়িটা নিয়ে ওপর তলায় এলাম। ভেতরে সকলের জন্য ছোটো ছোটো উপহার ছিল, আর ছিল একটা করে কবিতা। তুমি যেহেতু জানো সেন্ট নিকোলাস ডে-তে একে অপরকে কী ধরনের কবিতা লিখে উপহার দেয়, সেজন্য আমি আর এখানে লিখলাম না।

আমি পেলাম একটা ডল পুতুল, বাবা পেলেন বইয়ের ঠেকনো, এবং অন্যরা আরও কিছু। যাই হোক এটা বেশ ভালো ভাবনা, আর আমরা আটজন কেউই এর আগে সেন্ট নিকোলাস ডে উদযাপন করিনি, তাই আমাদের শুরুটা ভালোই হল।

তোমার আনে

---

* হানুকা আট দিনের একটি ইহুদি উৎসব।

পুনশ্চ: নিচের তলার সকলের জন্যই উপহার ছিল, আমাদের সেই পুরোনো ভালো দিনের কিছু জিনিস; এছাড়া মিয়েপ আর বেপ সবসময়েই টাকা পেলেই খুশি থাকে।

আজ আমরা শুনলাম মিস্টার ভ্যান ডানের ছাইদানি, মিস্টার ডুসেলের ফটো ফ্রেম আর বাবার বইয়ের ঠেকনো মিস্টার ভোসকুইজ্ল-এর তৈরি। কী করে একজন মানুষ হাতের কাজে এত দড় হতে পারে এটা আমার কাছে রহস্য।

বৃহস্পতিবার, ডিসেম্বর ১০, ১৯৪২

প্রিয়তমা কিটি,

মিস্টার ভ্যান ডান ছিলেন মাংস, সসেজ আর মশলার ব্যবসায়ে। মশলার ব্যাপারে ওঁর জ্ঞান ছিল বলে বাবার ব্যবসায়ে ওঁকে নেওয়া হয়, আর এখন, সসেজ তৈরির ব্যাপারে ওঁর দক্ষতা খুব আনন্দের বিষয় হয়ে দাঁড়াল।

কঠিন সময়ের কথা ভেবে আমরা বেশ অনেকটা পরিমাণ মাংস কিনে রাখার (অবশ্যই ঘুষ দিয়ে) ব্যবস্থা করেছিলাম। মিস্টার ভ্যান ডান ঠিক করলেন ব্রাটহ্বুর্স্ট, সসেজ আর মেটহ্বুর্স্ট তৈরি করবেন। মাংসের টুকরোগুলো কিমা করার যন্ত্রের মধ্যে দিয়ে কীভাবে একবার, দুবার, তিনবার যায়, দেখতে খুব মজা লাগে। তারপর তিনি অন্যান্য মালমশলা মাংসের কিমার সঙ্গে মিশিয়ে সসেজের খোলের মধ্যে ভরার জন্য একটা লম্বা পাইপ ব্যবহার করলেন। আমরা দুপুরে ব্রাটহ্বুর্স্ট বাঁধাকপির আচার দিয়ে খেলাম। কিন্তু সসেজগুলো, যেগুলো রেখে দিতে হবে, সেগুলোকে শুকিয়ে নিতে হবে। সেজন্য ঘরের মটকা থেকে দড়ি দিয়ে একটা লাঠি বেঁধে তাতে সসেজগুলো আমরা টাঙিয়ে দিলাম। যে ঐ ঘরে আসছিল ঝুলন্ত সসেজগুলো দেখে হেসে গড়িয়ে পড়ছিল। দারুণ মজার দৃশ্য!

রান্নাঘরে তো একেবারে হুলস্থুল। মিস্টার ভ্যান ডান, স্ত্রীর অ্যাপ্রন পরে তাঁকে আরও মোটা দেখাচ্ছিল, মাংস কাটতে ব্যস্ত ছিলেন। রক্তমাখা হাত, লাল মুখ আর দাগ লাগা অ্যাপ্রন—সব মিলিয়ে তাঁকে সত্যিকারের কসাই মনে হচ্ছিল। মিসেস ভ্যান ডান একসঙ্গে অনেক কিছু করার চেষ্টা করছিলেন: একটা বই নিয়ে ডাচ ভাষা শেখা, হাতা দিয়ে সুপ নাড়া, সসেজ বানানোর দিকে লক্ষ রাখা, দীর্ঘশ্বাস ফেলা এবং ভাঙা পাঁজর নিয়ে কোঁকানো। যে সব বুড়ি (!) মহিলারা তাদের পেছনের মেদ ঝরবার জন্য বোকার মতো ব্যায়াম করেন তাদের ঐ রকমই অবস্থা হয়! ডুসেলের একটা চোখ ফুলেছে। তিনি উনুনের পাশে বসে ক্যামোমাইল চা দিয়ে চোখে সেঁক দিচ্ছিলেন।

জানলা দিয়ে আসা একফালি রোদ্দুর নেবার জন্য পিম চেয়ার নিয়ে এদিক সেদিক করছিলেন। নিশ্চয়ই ওঁর বাতের ব্যথাটা চাগড় দিয়েছিল কেননা উনি একটু ঝুঁকে বসেছিলেন আর চোখে মুখে একটা কাতর ভাব নিয়ে ভ্যান ডানের কাজ দেখছিলেন। তাঁকে দেখে দরিদ্র আশ্রমের থাকা একজন কুঁজো বুড়োর মতো মনে হচ্ছিল। পেটার তার মুশ্চি নামের বেড়াল নিয়ে খেলে বেড়াচ্ছিল। আর মা, মারগট আর আমি সেদ্ধ আলু ছাড়াচ্ছিলাম। যদি সোজা ভাষায় বলতে হয় তাহলে বলতে হবে আমরা কেউই আমাদের কাজ ঠিক মতো করছিলাম না কারণ আমরা মিস্টার ভ্যান ডানের কাজ দেখতেই ব্যস্ত ছিলাম।

ডুসেল তাঁর দাঁতের ডাক্তারি শুরু করেছেন। মজার ব্যাপার বলে আমি তাঁর প্রথম রোগীর বিষয়ে বলব।

মা ইস্ত্রি করছিলেন। মিসেস ভ্যান ডান, প্রথম শিকার, ঘরের মাঝখানে একটা চেয়ারে বসেছিলেন। ডুসেল ভীষণ গম্ভীর মুখে ব্যাগ খুলে জিনিসপত্র বার করছিলেন। ওডি কোলন চাইলেন জীবানুনাশক হিসেবে আর মোমের বদলে ভেজলিন চাইলেন। তিনি মিসেস ভ্যান ডানের মুখের মধ্যে তাকিয়ে দুটো দাঁতকে চিহ্নিত করলেন এবং সেগুলো যতবার ছুঁচ্ছিলেন ততবার ভ্যান ডান ভয়ানক চিৎকার করে উঠছিলেন। লম্বা সময় ধরে পরীক্ষার পর (মিসেস ভ্যান ডানের মতে লম্বা সময়, আসলে দু মিনিটের বেশি নয়) ডুসেল দাঁতের গর্তটা কুরতে লাগলেন। কিন্তু মিসেস ভ্যান ডানের তা করতে দেবার কোনো ইচ্ছেই ছিল না। তিনি এমন হাত পা ছুঁড়তে লাগলেন ডুসেলকে শেষ পর্যন্ত তাঁর কাজ ছেড়ে দিতে হল এবং...কুরুনিটা মিসেস ভ্যান ডানের মুখের মধ্যে থেকে গেল। মিসেস ভ্যান ডান সমস্ত দিকে হাত পা ছুঁড়তে লাগলেন, চিৎকার করতে লাগলেন (মুখে যন্ত্র নিয়ে যতটা চিৎকার করা যায়), যন্ত্রটা টেনে বার করতে চাইলেন, কিন্তু তাতে আরো ভেতরে ঢুকে গেল। মিস্টার ডুসেল হাত দুটো পিছনে রেখে শান্ত ভাবে দৃশ্যটি দেখছিলেন আর বাকি দর্শকেরা হেসে কুটোপাটি হচ্ছিল। অবশ্যই কাজটা ঠিক হয়নি। তবে আমার একার কথা বলতে পারি, আমার উচিত ছিল আরও জোরে হেসে ওঠা। অনেকবার শরীর মুচড়ে, পা ছুঁড়ে, কঁকিয়ে, চেঁচিয়ে শেষ পর্যন্ত মিসেস ভ্যান ডান যন্ত্রটা বার করতে পারলেন আর মিস্টার ডুসেল যেন কিছুই হয়নি এমন ভাব করে তাঁর কাজ চালিয়ে গেলেন। কাজটা তিনি এত তাড়াতাড়ি করে ফেললেন যে মিসেস ভ্যান ডান নতুন করে কোনো ট্যাঁ ফোঁ করার সুযোগ পেলেন না। তবে ডুসেল কখনও এমন সহায়তা পাননি: আমি এবং মিস্টার ভ্যান ডান তাঁর সাহায্যকারী ছিলাম, আমরা আমাদের কাজ খুব ভালো ভাবে করেছিলাম। পুরো দৃশ্যটা মধ্যযুগের কোনো এক খোদাই ছবির মতো দেখাচ্ছিল—'কর্মরত এক হাতুড়ে'। এদিকে রোগী অস্থির হয়ে উঠেছিলেন কারণ তাঁকে 'তাঁর সুপ', 'তাঁর খাবারের'

দিকেও নজর দিতে হবে। তবে একটা বিষয় নিশ্চিত যে মিসেস ভ্যান ডানের আরেকবার দাঁতের ডাক্তারের কাছে যাবার কোনো তাড়া থাকবে না।

তোমার, আনে

রবিবার, ডিসেম্বর ১৩, ১৯৪২

প্রিয়তমা কিটি,

সামনের অফিসে সুন্দর ভাবে আরাম করে বসে আছি, ভারী পর্দার ফাঁক দিয়ে বাইরের দিকে উঁকি দিচ্ছি। এখন অন্ধকার হয়ে গেছে কিন্তু লেখার মতো যথেষ্ট আলো আছে।

লোকেরা হেঁটে যাচ্ছে, এ দৃশ্যটা ভারী অদ্ভুত। তারা সব এত তাড়াতাড়ি হাঁটছে মনে হচ্ছে নিজেদের পায়ে জড়িয়েই হোঁচট খেয়ে পড়বে। বাইসাইকেলগুলো এত জোরে যাচ্ছে যে আমি বলতেই পারব না সাইকেলের ওপরে কে। এ পাড়ার লোকজনেরা তাকাবার মতো আকর্ষণীয় নয়। ছেলেপিলে গুলো বিশেষ করে এত নোংরা যে তাদের কাঠি দিয়েও ছুঁয়ে দেখতে ইচ্ছে করে না। নাক দিয়ে পোঁটা গড়ানো সত্যিকারের বস্তির বাচ্চা। ওদের একটা কথাও আমি বুঝতে পারব না।

গতকাল বিকেলে যখন আমি আর মারগট স্নান করছিলাম, তখন আমি বলছিলাম, 'বাচ্চাগুলো যখন হেঁটে যায় তখন মাছ ধরার ছিপ দিয়ে যদি একেকটাকে তুলে আনি, স্নান করিয়ে, জামা কাপড় কেচে রিফু করে দিই, আর তারপর...'

মারগট বলল, 'কালকেই দেখবি যে কে সেই নোংরা আর ছেঁড়াখোঁড়া জামা কাপড়ে ঘুরছে।'

কী সব বাজে বকছি! এখানে তো আরও অনেক কিছু দেখার আছে: গাড়ি, নৌকা আর বৃষ্টি। ট্রাম চলার ঘরঘর শব্দ, বাচ্চাদের কলকল শুনতে পাই, আমার বেশ লাগে।

আমাদের ভাবনাগুলোও আমাদের মতোই, বিশেষ কোনো বদল নেই। নাগরদোলার মতো ইহুদি থেকে খাবার, খাবার থেকে রাজনীতি সেই একই জায়গায় ঘুরছে। ইহুদিদের কথা বলতে গিয়ে মনে পড়ল আমি কাল যখন পর্দার ফাঁক দিয়ে উঁকি দিচ্ছিলাম তখন দুজনকে দেখেছি। মনে হয়েছিল যেন পৃথিবীর সপ্তম আশ্চর্যের একটা দেখছি। আমার একটা অদ্ভুত অনুভূতি হচ্ছিল যেন আমিই ওদের কর্তৃপক্ষের কাছে ফাঁসিয়ে দিয়ে তাদের দুর্ভাগ্যের দিকে লক্ষ্য রাখছি। আমাদের উলটো দিকে একটা হাউসবোট রয়েছে। স্ত্রী এবং ছেলেপিলে নিয়ে ক্যাপ্টেন সেখানে থাকে। তার একটা ছোটো ঘেউ ঘেউ করা কুকুর আছে। ছোট্ট কুকুরটাকে আমরা চিনি ওর ডাক শুনে আর ল্যাজ দেখে, যখন ও ডেকের ওপর ছুটোছুটি করে। ওহ্ কী কাণ্ড, এক্ষুণি বৃষ্টি

শুরু হল আর বেশির লোকই ছাতার তলায় লুকিয়ে পড়েছে। এখন আমি দেখতে পাচ্ছি বর্ষাতি আর টুপি পরা মাথার পেছনে দিকগুলো। আসলে আর আমার দেখার কিছু নেই। এখন আমি মেয়েদের একবার দেখলেই বুঝতেই পারি: আলু খেয়ে মোটা, লাল অথবা সবুজ কোট গায়ে আর হিল ক্ষয়ে যাওয়া জুতো, হাতে একটা করে ব্যাগ ঝুলছে, মুখগুলো হয় করুণ নয়তো উজ্জ্বল, নির্ভর করে স্বামীদের মেজাজের ওপর।

তোমার, আনে

মঙ্গলবার, ডিসেম্বর ২২, ১৯৪২

প্রিয়তমা কিটি,

গোপন ডেরা এটা শুনে খুবই উল্লসিত যে আমরা খ্রিষ্টমাসের জন্য আমরা প্রত্যেকে সিকি পাউন্ড করে বাড়তি মাখন পাব। খবরের কাগজ অনুযায়ী প্রত্যেকে আধ পাউন্ড করে পাবে, কিন্তু তা সেই সব ভাগ্যবানদের জন্য যারা সরকারের কাছ থেকে র‍্যাশন বই পায়, আমাদের মতো লুকিয়ে থাকা ইহুদিদের জন্য নয়, যারা আটটায় বদলে চারটে র‍্যাশন বই কালো বাজারে কিনতে পারে। আমরা প্রত্যেকেই মাখন দিয়ে কিছু বেক করব। আজ সকালে আমি দুটো কেক কিছু বিস্কুট বানিয়েছিলাম। ওপরে সবাই খুব ব্যস্ত। মা বলেছেন গেরস্থালির কাজ শেষ না করে আমি যেন পড়াশুনো করতে না যাই।

মিসেস ভ্যান ডান তাঁর কালশিরে পড়া পাঁজর নিয়ে শয্যাশায়ী। তিনি সারাদিন ঘ্যান ঘ্যান করছেন, ক্রমাগত তার ব্যান্ডেজ বদলে দিতে বলছেন আর সমস্ত কিছুর ওপর তিতিবিরক্ত হয়ে আছেন। যখন তিনি নিজের পায়ে দাঁড়াবেন এবং নিজেকে গুছিয়ে নেবেন তখন আমি সত্যিই খুশি হব কারণ আমাকে স্বীকার করতেই হবে তিনি অত্যন্ত পরিশ্রমী এবং পরিচ্ছন্ন, আর যতক্ষণ পর্যন্ত দেহে মনে সুস্থ থাকেন ততক্ষণ তিনি ভারী হাসিখুশি।

দিনের বেলায় বেশি আওয়াজ করার জন্য যেন আমায় 'চুপ চুপ' শুনতে হয় না, তাই আমার প্রিয় ঘর সঙ্গী ভদ্রলোক সারা রাত্তির আমায় 'চুপ চুপ' বলতে থাকেন। তার মতে আমার পাশ ফেরাও উচিত নয়। আমি ওঁকে কোনো রকম গুরুত্ব দিতে রাজি নই, এরপর উনি 'চুপ চুপ' বলতে এলে আমিই ওঁকে 'চুপ চুপ' বলে দেব।

যতদিন যাচ্ছে তাঁর অসহিষ্ণুতা আর স্বার্থপরতা বেড়েই যাচ্ছে। প্রথম সপ্তাহটা ছাড়া আর কখনও তিনি আমাকে এমনকি একটা বিস্কুট দেবার প্রতিশ্রুতিও দেন না। বিশেষ করে রবিবারগুলোতে আমি রেগে যাই কারণ ভোরের আলো ফোটার সঙ্গে সঙ্গেই দশ মিনিটের ব্যায়ামের জন্য তিনি আলো জ্বালিয়ে দেন।

মনে হয় ঐ যন্ত্রণা ঘণ্টার পর ঘণ্টা চলে কারণ আমার বিছানা লম্বা করার জন্য যে চেয়ারটা জোড়া দেওয়া হয় সেটা আমার ঘুমন্ত মাথার নিচে ক্রমাগত নড়তে থাকে। কয়েকবার প্রচণ্ড জোরে হাত ঘুরিয়ে পেশিকে নমনীয় করার ব্যায়াম সেরে মহাপ্রভু পোশাক পরা শুরু করেন। তার অন্তর্বাস ঝোলানো থাকে একটা হুকে, সুতরাং প্রথমে তিনি থপথপিয়ে সেটা নিতে যান তারপর থপথপিয়ে ফিরে আসেন আমার বিছানার পেছনে। কিন্তু তার টাই রয়েছে টেবিলে, সুতরাং আবার তিনি যাতায়াত করতে গিয়ে চেয়ারে ধাক্কা খান।

কিন্তু বিরক্তিকর বুড়ো লোককে নিয়ে ঘ্যানঘ্যান করে তোমার সময় আর নষ্ট করব না। ওতে কোনো লাভ নেই। আমার শোধ নেবার পরিকল্পনা, যেমন আলোর বাল্ব প্যাঁচ ঘুরিয়ে ডিসকানেক্ট করা, দরজা আটকে দেওয়া এবং জামাকাপড় লুকিয়ে রাখা, ইত্যাদি ত্যাগ করতে হয়েছে শান্তি রক্ষার স্বার্থে।

ওহ্, আমি কী রকম বুঝদার হয়ে গেছি! এখানে আমরা যা কিছু করি সে সব বিষয়ে আমাদের যুক্তি সঙ্গত হতে হবে: লেখাপড়া, কথা শোনা, মুখ বন্ধ করে রাখা, অন্যদের সাহায্য করা, দয়ালু হওয়া, মানিয়ে চলা—না জানি আরও কত কী! আমার ভয় হচ্ছে আমার সাধারণ বুদ্ধি-সুদ্ধি, যা একটু কমই ছিল, তা খুব তাড়াতাড়িই খরচ হয়ে যাবে এবং যুদ্ধ শেষ হবার সময় আর কিছুই থাকবে না।

তোমার, আনে

বুধবার, জানুয়ারি ১৩, ১৯৪৩

প্রিয়তমা কিটি,

আজ সকালে আমার কাজে খুব বাধা পড়েছে আর তার ফলে যেগুলো শুরু করেছিলাম একটাও শেষ করতে পারিনি।

আমাদের সময় কাটাবার একটা নতুন উপায় জুটেছে। সেটা হল প্যাকেটে একধরনের গুঁড়ো ভরা। গিজ অ্যান্ড কোং এটা তৈরি করে। মিস্টার কুগলার প্যাকেটে ভরার মতো কাউকে পাননি আর তাছাড়া আমরা কাজটা করলে সস্তা হয়। এই ধরনের কাজ জেলের কয়েদিরা করে। কাজটা অত্যন্ত ক্লান্তিকর আর মাথা ধরিয়ে দেয়।

বাইরে সাংঘাতিক ঘটনা ঘটেছে। দিনে রাতে যে কোনো সময়ে গরিব অসহায় লোকগুলোকে টেনে হিঁচড়ে ঘর থেকে বার করে নিয়ে যাওয়া হচ্ছে। একটা রুকস্যাক আর সামান্য কিছু নগদ সঙ্গে নিতে দিচ্ছে, আর তারপরেও, পথে সেটুকুও ছিনিয়ে নেওয়া হচ্ছে। পরিবারগুলোকে টুকরো টুকরো করে দেওয়া হচ্ছে; পুরুষ, মহিলা আর

শিশুদের আলাদা করে দেওয়া হচ্ছে। ইস্কুল থেকে ছেলেমেয়েরা বাড়ি ফিরে দেখছে মা-বাবা নেই। মহিলারা বাজার করে ফিরে দেখছে তাদের দরজায় তালা ঝোলানো, পরিবারের কেউ নেই। হল্যান্ডের খ্রিষ্টানরাও খুব ভয়ে ভয়ে আছে কারণ তাদের ছেলেমেয়েদের ধরে ধরে জার্মানিতে পাঠিয়ে দেওয়া হচ্ছে। প্রত্যেকের মনে ভয়। প্রত্যেক রাতে শয়ে শয়ে প্লেন জার্মানির মাটিতে বোমা ফেলতে হল্যান্ডের ওপর দিয়ে জার্মানির শহর গুলোর দিকে উড়ে যায়। প্রত্যেক ঘণ্টায় শয়ে শয়ে অথবা হাজারে হাজারে মানুষ রাশিয়া আর আফ্রিকায় খুন হচ্ছে। কেউই এই যুদ্ধের বাইরে থাকতে পারছে না, পৃথিবী জুড়ে যুদ্ধ চলছে, মিত্রপক্ষ যদিও ভালো অবস্থায়, যুদ্ধ যে কবে শেষ হবে কে জানে।

আমরা যথেষ্ট ভাগ্যবান। লক্ষ লক্ষ লোকের চেয়ে আমাদের ভাগ্য ভালো। আমরা গোপনে ও নিরাপদে আছি আর আমাদের টাকা দিয়ে খাবার কিনতে পারছি। আমরা এতটা স্বার্থপর যে আমরা 'যুদ্ধের পর' নিয়ে কথা বলি এবং নতুন জামা জুতোর কথা ভাবি, যখন প্রকৃতপক্ষে আমাদের প্রতিটি পাই পয়সা জমিয়ে যুদ্ধের পর মানুষজনকে এবং উদ্ধার কাজে সাহায্য করা উচিত।

প্রতিবেশীদের বাচ্চারা ছোটাছুটি করে একটা পাতলা জামা আর কাঠের জুতো পরে। তাদের কোট, টুপি, মোজা কিচ্ছু নেই, তাদের কেউ সাহায্য করে না। খিদের জ্বালা জুড়োতে গাজর চিবোয়, তাদের ঠান্ডা ঘরগুলো থেকে ঠান্ডা রাস্তা দিয়ে হেঁটে আরো ঠান্ডা ক্লাসরুমে পৌঁছয়। হল্যান্ডের অবস্থা এত খারাপ যে অসংখ্য ছেলেপিলে রাস্তায় হেঁটে যাওয়া মানুষদের কাছে এক টুকরো রুটির জন্য ভিক্ষা করে।

যুদ্ধ আমাদের যে দুঃখ দুর্দশা এনে দিয়েছে তার কথা আমি ঘণ্টার পর ঘণ্টা বলে যেতে পারি কিন্তু তার ফলে নিজেকেই দুর্বিষহ করে তুলব। যা আমরা করতে পারি তা হল যতদূর শান্তভাবে সম্ভব শেষের জন্য অপেক্ষা করা। ইহুদি আর খ্রিষ্টানরা অপেক্ষা করছে, সারা পৃথিবী অপেক্ষা করছে আর কিছু মানুষ মৃত্যুর জন্য অপেক্ষা করছে।

তোমার, আনে

শনিবার, জানুয়ারি ৩০, ১৯৪৩

প্রিয়তমা কিটি,

রাগে আমার ফেটে পড়তে ইচ্ছে করছে, কিন্তু আমি তা দেখাবো না। ইচ্ছে করছে চিৎকার করতে, পা দাবাতে, মাকে ধরে ঝাঁকাতে, কাঁদতে—জানি না আরও কী কী করতে—কারণ দিনের পর দিন নোংরা কথা, বাঁকা চাউনি আর গুচ্ছের অভিযোগ

তিনি আমার দিকে ছুঁড়ে দেন, সেগুলো টান করে বাঁধা ধনুক থেকে তীরের মতো আমার গায়ে বিঁধে যায়, সেগুলো শরীর থেকে তুলে ফেলাটা প্রায় অসম্ভব। আমার ইচ্ছে করে মা, মারগট, ডুসেল, ভ্যান ডানেদের ওপর চেঁচাই, বাবার ওপরেও: 'আমাকে একা থাকতে দাও, অন্তত একটা রাত, যাতে আমি না কেঁদে, চোখের জ্বলুনি ছাড়া, মাথার যন্ত্রণা ছাড়া ঘুমোতে পারি। আমাকে যেতে দাও, সব কিছু থেকে, এই পৃথিবী থেকে!' কিন্তু ও সব আমি করব না। আমার এই অবিশ্বাস অথবা যে ক্ষতগুলো ওরা তৈরি করে দিয়েছে তা ওদের বুঝতে দেব না। আমি ওদের সমবেদনা অথবা ভালো ভালো কথার উপহাস সহ্য করতে পারব না। আমার আরও জোরে কাঁদতে ইচ্ছে করবে।

আমি কথা বললে সবই মনে করে নিজেকে জাহির করছি। চুপ করে থাকলে মনে করে হাস্যকর, উত্তর দিলে মনে করে উদ্ধত, ভালো কোনো ভাবনা এলে বলে ধূর্ত, ক্লান্ত হয়ে পড়লে বলে কুঁড়ে, এক কামড় বেশি খেলে বলে স্বার্থপর, বলে নির্বোধ, ভিতু, সেয়ানা ইত্যাদি ইত্যাদি। সারা দিন আমাকে শুনতে হয় আমি অস্থির একটা মেয়ে। আমি যদিও এসব গায়ে মাখি না, উড়িয়ে দিই, মনে না করার ভান করি, কিন্তু মনে করি। আমার ইচ্ছে করে ভগবানকে বলি আমাকে আরেকটা ব্যক্তিত্ব দিতে, যে কাউকে বিরক্ত করবে না।

কিন্তু সেটা তো অসম্ভব। আমি যে চরিত্র নিয়ে জন্মেছি আমি তার মধ্যেই আটকে আছি এবং আমি নিশ্চিত যে আমি খারাপ মানুষ নই। সবাইকে খুশি রাখার জন্য আমি যথাসাধ্য করি যা ওরা দশ লক্ষ বছরেও ভাবতে পারব না। যখন আমি ওপর তলায় থাকি আমি সব হেসে উড়িয়ে দিতে চেষ্টা করি কারণ ওরা আমার সমস্যাগুলো বুঝে ফেলুক তা আমি চাই না।

একাধিকবার এমন হয়েছে, একগাদা অন্যায় রকম গালমন্দ খাওয়ার পর আমি ঝাঁঝিয়ে উঠে মাকে বলেছি, 'আমি তোমার কথায় কেয়ার করি না। আমাকে রেহাই দাও না কেন—আমার আর কিছু হবে না।' অবশ্যই আমাকে বলা হল চুপ করে থাকতে এবং কার্যত দুদিন আমাকে অবজ্ঞা করা হল। তারপর হঠাৎই সব ভুলে গিয়ে অন্যদের মতোই ব্যবহার করা হতে লাগল।

আজকে হাসি হাসি কালকেই গালাগাল, আমার পক্ষে মেনে নেওয়া অসম্ভব। আমি বরং বেছে নেব সোজা রাস্তাটাই, যেটা অবশ্য ততটা সোজা নয়, আমার ভাবনা চিন্তা নিজের মধ্যেই রাখব। হয়তো কখনও আমি ওদের একই রকম অবজ্ঞা করব, যেমন তারা করে থাকে। ওহ্ সত্যি যদি পারতাম!

তোমার, আনে

শুক্রবার, ফেব্রুয়ারি ৫, ১৯৪৩

প্রিয়তমা কিটি,

যদিও বহুকাল ধরে আমি তোমাকে আমাদের তুমুল ঝগড়ার বিষয়ে লিখে আসছি, তবে অবস্থার এখনও কোনো বদল হয়নি। প্রথম দিকে মিস্টার ডুসেল আমাদের দ্রুত-ভুলে যাওয়া ঝগড়া খুব গুরুতর ব্যাপার মনে করেছিলেন, কিন্তু এখন তিনি বুঝে গেছেন এবং আর মাথা ঘামান না। মারগট আর পেটারকে ঠিক 'বড়ো' বলা যাবে না; তারা দুজনেই গম্ভীর আর চুপচাপ। আর তাদের তুলনায় আমি অস্বাভাবিক। আমাকে সবসময়ে বলা হয়, 'মারগট আর পেটার তো অমন করে না, ওদের দেখে শেখো না কেন?' আমার অসহ্য লাগে।

আমি কবুল করছি যে আমার মারগটের মতো হওয়ার কোনো রকম ইচ্ছে নেই। সে অত্যন্ত দুর্বল মনের আর নিষ্ক্রিয় ধরনের; সব সময় অন্যের দ্বারা চালিত হয় এবং চাপের মুখে নতি স্বীকার করে। আমি সাহসী হতে চাই! আমি আমার ভাবনা চিন্তা গুলো নিজের মধ্যেই রাখি। আমার নিজের হয়ে এসব কথা তুললেই ওরা আমায় নিয়ে হাসাহাসি করবে।

খাবার সময়ে পরিবেশ খুব থমথমে হয়ে থাকে। সৌভাগ্য ক্রমে 'সুপ খাইয়ে' দের জন্য গণ্ডগোল হতে পারে না। 'সুপ খাইয়ে' বলতে অফিসের লোকেরা যারা দুপুরে ওপরে এসে এক কাপ করে সুপ খায়।

আজ বিকেলে মিস্টার ভ্যান ডান আবার মারগটের কম খাওয়ার প্রসঙ্গটা তুলেছিলেন। 'আমার মনে হয় তুমি রোগা থাকতে চাইছ,' একটু বিদ্রুপের স্বরে বললেন।

মা, যিনি সব সময়ে মারগটের পক্ষ নেন, উঁচু গলায় বললেন, 'আপনার এই সব বোকা কথা আমার একেবারেই সহ্য হয় না।'

মিসেস ভ্যান ডান বিটের মতো লাল হয়ে গেলেন। মিস্টার ভ্যান ডান নির্বাক হয়ে সোজা তাকিয়ে রইলেন।

তবুও আমরা নানা বিষয় নিয়ে হাসাহাসি করি। খুব বেশি দিন আগের কথা নয়, মিসেস ভ্যান ডান কিছু আলতু ফালতু কথা বলছিলেন। তিনি পুরোনো কথা পেড়েছিলেন, তার বাবার সঙ্গে তাঁর কী ভালো বোঝাপড়া ছিল, তিনি কী রকম ফষ্টিনষ্টি করতেন, এইসব। তিনি বলছিলেন, 'শোনো, আমার বাবা বলেছিলেন যদি কোনো ভদ্রলোক গায়ে পড়া ধরনের হয়, আমাকে বলতে হবে, ''মনে রাখবেন স্যার, আমি একজন ভদ্রমহিলা।'' তাহলেই তিনি বুঝতে পারবেন আমি কী বলতে চেয়েছি।' আমরা হো হো করে হাসলাম, যেন ভারী একটা মজার কথা বলেছেন।

এমনকি পেটার, যে সাধারণত চুপচাপ মাঝেমাঝে বেশ হাসির ব্যাপার করে ফেলে। তার একটা গোলমাল হল অর্থ না বুঝেই বিদেশি শব্দ ব্যবহার করা। এক বিকেলে আমরা কেউই পায়খানায় যেতে পারিনি কারণ অফিসে বাইরের লোক ছিল। বেগ ধরে না রাখতে পেয়ে ও পায়খানায় গিয়েছিল কিন্তু ফ্লাশ করেনি। দুগন্ধ থেকে আমাদের সতর্ক করার জন্য সে দরজায় একটা নোটিশ লাগিয়ে দিয়েছিল: 'আর এস ভি পি—গ্যাস!' সে বোঝাতে চেয়েছিল 'বিপদ-গ্যাস!' কিন্তু তার মনে হয়েছিল 'আর এস ভি পি' দেখতে বেশ অভিজাত হবে। তার বিন্দুমাত্র ধারণা ছিল না যে তার অর্থ 'দয়া করে উত্তর দেবেন'।

তোমার, আনে

শনিবার, ফেব্রুয়ারি ২৭, ১৯৪৩

প্রিয়তমা কিটি,

পিম আশা করছেন যে কোনো দিন আক্রমণ শুরু হবে। চার্চিলের নিউমোনিয়া হয়েছিল, কিন্তু ধীরে ধীরে সেরে উঠছেন। ভারতের স্বাধীনতার সমর্থক গান্ধী তাঁর অগণিত অনশন ধর্মঘটের একটায় রয়েছেন।

মিসেস ভ্যান ডান দাবি করেন তিনি নিয়তিবাদী। কিন্তু বন্দুক থেকে যখন গুলি ছোঁড়া হয় তখন কে সবচেয়ে বেশি ভয় পায়?

গির্জায় যাওয়া লোকেদের জন্য লেখা বিশপের চিঠির একটা কপি জান আমাদের পড়বার জন্য এনে দিলেন। চিঠিটা বড়ো ভালো এবং প্রেরণাদায়ক। 'নেদারল্যান্ডের মানুষ, উঠে দাঁড়াও সক্রিয় হও। আমাদের প্রত্যেককে আমাদের দেশের, আমাদের মানুষের এবং আমাদের ধর্মের স্বাধীনতার জন্য লড়াই করার জন্য নিজস্ব অস্ত্র বেছে নিতে হবে। তোমার সাহায্য এবং সহায়তা দাও। এখনই সক্রিয় হও!' এটাই তারা গির্জার বেদি থেকে বলছে। এতে কি ভালো কিছু হবে? আমাদের ইহুদিদের ক্ষেত্রে এতে কোনো কাজ হবে না।

আমাদের কী অবস্থা হয়েছে এখন অনুমান করতে পারো? এই বাড়ির মালিক, মিস্টার কুগলার আর মিস্টার ক্লাইমানকে না জানিয়েই বাড়িটা বিক্রি করে দিয়েছেন। নতুন মালিক একজন স্থপতিকে নিয়ে বাড়িটা দেখবার জন্য এক সকালে এসে হাজির। ঈশ্বরকে ধন্যবাদ মিস্টার ক্লাইমান অফিসে ছিলেন। তিনি ভদ্রলোককে গোপন ডেরা ছাড়া সব কিছু ঘুরিয়ে দেখালেন। ভাব দেখালেন যেন ওদিকে যাবার চাবিটা তাঁর বাড়িতে রয়ে গেছে আর নতুন মালিকও ও বিষয়ে কিছু প্রশ্ন করেননি। যতদিন না এই

অংশ দেখার জন্য ফিরে আসেন ততদিন ঠিক আছে। যদি আসেন তো আমরা বিরাট সমস্যায় পড়ব।

বাবা আমার আর মারগটের জন্য একটা কার্ড ইনডেক্স বাক্স খালি করে দিয়েছে আর তাতে একদিকে লেখা কার্ড ভরে দিয়েছে। এটাই আমাদের পড়ার ফাইল হবে, যেখানে মারগট আর আমি কী বই পড়লাম, তার নাম, লেখকের নাম, তারিখ লিখে রাখব। আমি দুটো নতুন শব্দ শিখেছি 'ব্রথেল' আর 'ককেট'। নতুন শব্দের জন্য একটা আলাদা নোটবই কিনেছি।

খাবার টেবিলে মাখন আর মার্জারিনের নতুন বরাদ্দ হয়েছে। প্রত্যেকে তার অংশ তার নিজের প্লেটে পাবে। কিন্তু ভাগাভাগি সঠিক হচ্ছে না। ভ্যান ডানেরা সব সময়ে সকলের জন্য প্রাতরাশ বানায়, তারা আমাদের চেয়ে দেড়গুণ বেশি নেয়। কিছু বললেই হুলুস্থুল বেঁধে যাবে এই ভয়ে আমার বাবা-মা কিছু বলেন না। এটা লজ্জার কথা, কারণ আমার মতে এই ধরনের লোকেদের যেমন কুকুর তেমন মুগুরই হওয়া উচিত।

তোমার, আনে

বৃহস্পতিবার, মার্চ ৪, ১৯৪৩

প্রিয়তমা কিটি,

মিসেস ভ্যান ডান-এর একটা নতুন দেওয়া হয়েছে—আমরা ওঁকে মিসেস বিভার ব্রুক বলে ডাকতে শুরু করেছি। অবশ্যই তোমার কাছে এর কোনো অর্থ নেই, সুতরাং আমাকে বলে দিতে হবে। কোনো এক মিস্টার বিভার ব্রুক প্রায়ই ইংলিশ রেডিয়োতে তাঁর বিবেচনায় জার্মানির খুবই ক্ষমাশীল বোমাবর্ষণের বিষয়ে কথা বলেন। মিসেস ভ্যান ডান, যিনি চার্চিল এবং খবরের রিপোর্টসহ সব সময় সকলের সঙ্গে বিরুদ্ধ মত পোষণ করেন, তিনিই মিস্টার বিভার ব্রুকের সঙ্গে সম্পূর্ণ একমত হয়ে গেলেন। সুতরাং আমরা ভাবলাম মিস্টার বিভার ব্রুকের সঙ্গে তাঁর বিয়ে দিয়ে দেওয়াটা একটা বেশ ভালো ভাবনা। যেহেতু তিনি একটা ভাবনার দ্বারা চালিত হয়ে আনন্দ পান তাই আমরা এখন থেকে তাঁকে মিসেস বিভার ব্রুক বলেই ডাকব।

গুদামে একজন নতুন কর্মী এসেছে, কারণ পুরোনো লোকটিকে জার্মানিতে পাঠানো হয়েছে। তার পক্ষে সেটা খারাপ কিন্তু আমাদের পক্ষে ভালো কারণ নতুন লোকটি বাড়িটার সঙ্গে পরিচিত নয়। আমরা এখনও গুদামে যারা কাজ করে তাদের ব্যাপারে ভয়ে ভয়ে থাকি।

গান্ধী আবার অনশন ভঙ্গ করে খেয়েছেন।

কালো বাজারের দারুণ রমরমা। আমাদের যদি ঐ রকম উদ্ভট দাম মেটানোর মতো অনেক টাকা থাকত আমরা অনেক ফালতু জিনিস দিয়ে ঘর ভরিয়ে ফেলতাম। আমাদের সবজিওয়ালা 'হ্বেরমাখট' থেকে আলু কেনে এবং বস্তায় করে খাস কামরায় নিয়ে আসে। সে সন্দেহ করে আমরা এখানে লুকিয়ে আছি, সেজন্য সে ঠিক করে নিয়েছে লাঞ্চ-এর সময়েই আসবে, যখন গুদামের কর্মীরা কেউ থাকে না।

এখন এত বেশি গোলমরিচ গুঁড়োনো হচ্ছে যে আমাদের প্রতিটি নিঃশ্বাসে প্রশ্বাসে হাঁচি কাশি হচ্ছে। যেই ওপরে আসছে আমাদের সম্ভাষণ করছে 'হ্যাঁচ্চো' দিয়ে। মিসেস ভ্যান ডান প্রতিজ্ঞা করেছেন তিনি নিচে যাবেন না; আরেক ঝলক গোলমরিচের গুঁড়ো এলেই তিনি অসুস্থ হয়ে পড়বেন।

আমার মনে হয় না বাবার ব্যবসা ভালো চলছে। পেকটিন আর গোলমরিচ ছাড়া তো আর কিছুই নেই। তুমি যখন খাবারের ব্যবসায়ে আছই তখন মিষ্টি তৈরি কর না কেন?

আজ সকালে আবার আমার ওপর যথার্থ অর্থে বজ্রবিদ্যুৎসহ ঝড় বৃষ্টি নেমে এসেছিল। বাতাস ঝলসে উঠেছিল, অনেক কর্কশ অভিব্যক্তিতে যা আমার কানে বাজছিল: 'আনের এইটা খারাপ' আর 'ভ্যান ডানদের ওইটা' ভালো এই সব বাক্য। আগুন আর গন্ধক!

তোমার, আনে

বুধবার, মার্চ ১০, ১৯৪৩

প্রিয়তমা কিটি,

গতরাতে শর্টসার্কিট হয়ে কারেন্ট চলে গিয়েছিল। আর তাছাড়া ভোর পর্যন্ত শোনা যাচ্ছিল গুলিগোলার আওয়াজ। গোলাগুলি আর প্লেন ওড়ার আওয়াজের ভয় আমি কাটিয়ে উঠতে পারিনি, সেজন্য প্রায় রোজই আমি ভয় কাটাতে হামাগুড়ি দিয়ে বাবার বিছানায় ঢুকে পড়ি। আমি জানি এটা ছেলেমানুষি, কিন্তু তোমার এমন ঘটলে তুমি বুঝবে! বিমান বিধ্বংসী কামান এত আওয়াজ করে যে নিজের গলাই শোনা যায় না। নিয়তবাদী মিসেস বিভার ব্রুক, দৃশ্যত কান্নায় ভেঙে পড়ে ক্ষীণ স্বরে বলেছেন, 'ওহ্ কী ভয়ানক, ওহ্ কামানের আওয়াজে কী জোর!'—যেটা 'আমি ভীষণ ভয় পাচ্ছি' বলার আরেকটা ধরন।

অন্ধকারে যতটা খারাপ লাগে, মোমবাতির আলোয় ততটা লাগে না। আমি কাঁপছিলাম যেন আমার জ্বর হয়েছে আর বাবাকে কাকুতি মিনতি করছিলাম মোমবাতি

আবার জ্বেলে দেবার জন্য। তিনি অনড়: আলো জ্বলানো হবে না। হঠাৎ আমরা মেশিন গানের আওয়াজ শুনলাম যা বিমান বিধ্বংসী কামানের চেয়ে দশগুণ বেশি। মা বিছানা থেকে লাফ দিয়ে উঠে, বাবার বিরক্তি সত্ত্বেও আলো জ্বেলে দিলেন। মা জোরের সঙ্গে বাবার অসন্তোষের জবাব দিলেন, 'আর যাই হোক, আনে একজন প্রাক্তন সৈনিক নয়।' আর সেটাই এই ব্যাপারের শেষ!

আমি কি তোমাকে মিসেস ভ্যান ডানের অন্যান্য ভয়ের কথা বলেছি? মনে হচ্ছে বলিনি। গোপন ডেরার সাম্প্রতিক অভিযান সম্পর্কে তোমাকে ওয়াকিবহাল রাখতে আমি তোমাকে এই ব্যাপারটাও বলব। একরাতে মিসেস ভ্যান ডানের মনে হল তিনি চিলে কোঠায় ভারী পায়ের শব্দ শুনেছেন আর তিনি চোরের ভয় পেয়ে স্বামীকে জাগালেন। আর তখনই চোরেরা পালিয়ে গেল, একমাত্র যে শব্দ মিস্টার ভ্যান ডান শুনতে পেলেন তা হল তাঁর নিয়তিবাদী স্ত্রী-এর বুকের ধুকধুক শব্দ। 'ওহ্ পুট্টি' বলে তিনি চেঁচিয়ে উঠলেন। (তাঁর স্বামীকে তিনি ঐ নামে ডাকেন) 'ওরা নিশ্চয়ই আমাদের সসেজ আর শুকনো বিনসগুলো নিয়ে গেল। আর পেটারের কী হল? ও ওখানে নিরাপদে আছে তো?'

'আমি নিশ্চিত যে পেটারকে ওরা চুরি করেনি। বোকার মতো কোর না, আর আমাকে ঘুমোতে দাও।'

অসম্ভব, মিসেস ভ্যান ডান আর ঘুমোতেই পারলেন না।

তার কয়েক রাত পরে ভ্যান ডানদের গোটা পরিবারের ঘুম ভেঙে যায় ভূতুড়ে শব্দ শুনে। পেটার টর্চ নিয়ে চিলে কোঠায় গেল এবং—দ্রুত ছুটে চলার শব্দ—তোমার কী মনে হয়, সে কী ছুটে যেতে দেখল? এক পাল ধেড়ে ইঁদুর!

চোর কারা, এটা একবার জেনে ফেলার পর আমরা মুশ্চিকে চিলে কোঠায় শুতে পাঠালাম, তারপর আর অনাহূত অতিথিরা ফিরে আসেনি...অন্তত রাত্তির বেলায় নয়।

কয়েক সন্ধ্যা আগে (তখন সাড়ে সাতটা এবং আলো ছিল) পেটার বাড়ির আড়াচে গিয়েছিল কিছু পুরোনো খবরের কাগজ নিয়ে আসার জন্য। মইয়ে ওঠার জন্য ওর শক্ত করে ঝুলন্ত দরজাটা চেপে বন্ধ করতে গিয়ে ব্যথা পেয়ে মই থেকে প্রায় পড়ে যাচ্ছিল। বুঝতে পারেনি তখন ওর হাত একটা ধেড়ে ইঁদুরের গায়ে পড়েছে, ইঁদুরটা তার হাতে কামড়ে দিয়েছে। যখন সে আমাদের কাছে এল, হাঁটুগুলো কাঁপছে, মুখ ফ্যাকাশে হয়ে গেছে, রক্ত তার পাজামাতেও লেগেছে। ভয় পাওয়াটাই স্বাভাবিক, ইঁদুরের গায়ে হাত দিয়ে ফেলাটা মজার কথা নয়, বিশেষত যেটা তোমার হাতে কামড়ে মাংস তুলে নিয়েছে।

তোমার, আনে

শুক্রবার, মার্চ ১২, ১৯৪৩

প্রিয়তমা কিটি,

আমি তোমাকে আলাপ করিয়ে দিই মা ফ্রাঙ্কের সঙ্গে, যিনি ছোটোদের উকিল! ছোটোদের জন্য বাড়তি মাখন, আজকের কম বয়সিদের সমস্যা—যাই বল, মা সব সময় কম বয়সিদের পক্ষে। ঝগড়াঝাটি করে তিনি সব সময়েই জিতে যান।

মাংসের আচারের একটা ডিব্বা হাওয়া, মুশ্চি আর বশের ভোজ হয়েছে।

বশের সঙ্গে তোমার দেখা হয়নি। আমরা এখানে লুকিয়ে থাকতে আসার আগে থেকেই ও ছিল। সে গুদাম আর অফিস ঘরের বেড়াল, যে গুদাম ঘরের ইঁদুর গুলোকে জব্দ করে রাখে। ওর এরকম অদ্ভুত রাজনৈতিক নামের সহজেই একটা ব্যাখ্যা দেওয়া যায়। কিছুদিন ধরে গিজ অ্যান্ড কোম্পানির দুটো বেড়াল ছিল: একটা গুদামের আর একটা চিলে কোঠার। তাদের মাঝে মাঝে দেখা হত এবং অবশ্যই মারামারি লাগত। গুদামের বেড়াল সব সময়েই আক্রমণকারী, কিন্তু কীভাবে যেন চিলে কোঠার বেড়াল জিতে যেত, যেমন রাজনীতিতে হয়। সুতরাং গুদামের বেড়ালের নাম হয়েছিল জার্মান অথবা 'বশে' আর চিলেকোঠার বেড়াল ইংরেজ অথবা 'টমি'। কিছুদিন পর টমি চলে গিয়েছিল, কিন্তু বশে আমরা নিচের তলায় গেলে অভ্যর্থনা করার জন্য হাজির থাকত।

আমরা এত ব্রাউন বিনস আর হ্যারিকট বিনস খেয়েছি যে ওগুলোর দিকে আর তাকাতেই পারতাম না। ওগুলোর কথা ভাবলেই আমার বমি পায়।

সন্ধ্যায় আমাদের পাউরুটি খাওয়া বন্ধ হল।

বাবা এক্ষুণি বললেন ওঁর মনমেজাজ ভালো নেই। চোখগুলো খুব দুঃখী দেখাচ্ছিল, বেচারি!

ইনা বাকার বোডিয়ের লেখা আ নক অ্যাট দ্য ডোর বইটা আমি আর ছাড়তেই পারছি না। পরিবারের কাহিনি অসাধারণ ভাবে লেখা, কিন্তু যে সব অংশে যুদ্ধ, লেখকের এবং স্ত্রী স্বাধীনতার কথা আছে সেগুলো তত ভালো নয়, সত্যি কথা বলতে কী, এই সব বিষয়ে আমার তত আগ্রহ নেই।

জার্মানির ওপর ভয়াবহ বোমা হামলা হয়েছে। মিস্টার ভ্যান ডানের মেজাজ খারাপ। কারণ: সিগারেটের যোগানে টান।

বিতর্ক হয়েছিল আমরা কী টিনের খাবার খাওয়া শুরু করব, না করব না নিয়ে। আমাদের পক্ষেই সিদ্ধান্ত হল।

আমার জুতোগুলো একটাও পরতে পারছি না, স্কিবুটগুলো ছাড়া, যেগুলো বাড়িতে পরার পক্ষে উপযুক্ত নয়। সাড়ে ছয় গিল্ডার দিয়ে কেনা একজোড়া বাড়িতে পরার

খড়ের চটি এক সপ্তাহের বেশি টিঁকল না। মিয়েপ হয়তো কালো বাজার থেকে কিছু একটা নিয়ে আসতে পারবেন।

বাবার চুল কাটার সময় হয়ে গেছে। পিম বলেছেন আমি নাকি এতই ভালো চুল ছাঁটছি যে যুদ্ধের পরে তিনি আর কোনো নাপিতের কাছে যাবেনই না। তাও যদি না আমি ওঁর কানে খোঁচা লাগিয়ে দিতাম!

তোমার, আনে

বৃহস্পতিবার, মার্চ ১৮, ১৯৪৩

প্রিয়তমা কিটি,

তুরস্ক যুদ্ধে যোগ দিয়েছে। দারুণ উত্তেজনা। রেডিয়োর খবরের জন্য অধীর আগ্রহে অপেক্ষা করে আছি।

তোমার, আনে

শুক্রবার, মার্চ ১৯, ১৯৪৩

প্রিয়তমা কিটি,

এক ঘণ্টাও গেল না আনন্দ হতাশায় পরিণত হল। তুরস্ক এখনও যুদ্ধে নামেনি। শুধু ওদের একজন ক্যাবিনেট মন্ত্রী তুরস্ক খুব শিগগিরই নিরপেক্ষতা পরিত্যাগ করবে এই বিষয়ে কথা বলেছেন। ড্যাম স্কোয়ারের খবরের কাগজ বিক্রেতা চিৎকার করছিল, 'তুরস্ক ইংলন্ডের পক্ষে!' আর লোকে প্রায় তার কাছে থেকে কাগজ ছিনিয়ে নিচ্ছিল। উৎসাহজনক গুজবটা এমনি করেই আমাদের কানে এল।

হাজার গিল্ডারের নোট বাতিল বলে ঘোষণা করা হল। কালোবাজারি এবং ঐ ধরনের লোকেদের পক্ষে এটা একটা ধাক্কা কিন্তু যারা লুকিয়ে আছে এবং কেউ যদি টাকা নিয়ে লুকিয়ে থাকে তাদের কাছেও এটা একটা বড়ো ধাক্কা। তুমি যদি হাজার গিল্ডারের নোট বের কর তাহলে জানতে হবে কীভাবে সেটা পেলে এবং প্রমাণ দিতে হবে। ট্যাক্স জমা দেবার জন্য ঐ নোট ব্যবহার করা যাবে তবে তা পরের সপ্তাহ অবধিই। একই সঙ্গে পাঁচশো ডলারের নোটও বাতিল হয়ে যাবে। গিজ অ্যান্ড কোং-এর কিছু হিসেবের বাইরের কিছু হাজার ডলারের নোট আছে, সেগুলো ওরা আগামী বছরের আগাম ট্যাক্স দেবার কাজে লাগাবে। সুতরাং সব কিছুই খোলাখুলি ভাবে হয়ে যাবে।

৮৯

ডুসেল পুরোনো আমলের পা দিয়ে চালানো দাঁতের ডাক্তারের ড্রিল পেয়েছেন। তার মানে আমাকেই সম্ভবত শিগগিরই ভালো রকম পরীক্ষা করা হবে।

ডুসেল বাড়ির নিয়নকানুন মেনে চলার ব্যাপারে খুবই ঢিলেঢালা, শুধু যে তার শালর্টেকেই যে তিনি চিঠি লেখেন তা নয়, অন্য অনেক লোকজনের সঙ্গে পত্রালাপ চালান। আমাদের গোপন ডেরার ডাচ শিক্ষক মারগট সে চিঠিগুলো আবার সংশোধন করে দেয়। বাবা ডুসেলকে চিঠিপত্র লিখতে নিষেধ করেছেন এবং মারগটও সংশোধন করা বন্ধ করে দিয়েছে, কিন্তু আমার মনে হয় কিছু দিন পরে তিনি আবার শুরু করবেন।

ফ্যুরার একজন আহত সৈনিকের সঙ্গে কথা বলছিল। আমরা রেডিয়োতে শুনছিলাম, খুবই করুণ। প্রশ্নোত্তর এইভাবে হচ্ছিল:

'আমার নাম হাইনরিশ শেপেল।'

'কোথায় জখম হয়েছ?'

'স্টালিনগ্রাদের কাছে।'

'কী ধরনের জখম?'

'দুটো পা তুষারক্ষতে নষ্ট হয়ে গেছে আর বাঁ হাতের হাড় ভেঙেছে।'

এটাই ছিল রেডিয়ো থেকে প্রচারিত হওয়া পুতুল নাচের সঠিক ছবি। মনে হচ্ছিল আহত তার ক্ষতের জন্য গর্বিত—আঘাত বেশি হলেই যেন ভালো। তার পাশে একজন ফ্যুরারের সঙ্গে হাত মেলানোর (অনুমান করছি তার অন্তত এখনও একটা আছে) চিন্তায় ভালো করে কথাই বলতে পারল না।

মেঝেতে ডুসেলের সাবান ফেলে দেবার খুঁজে পাওয়া যাচ্ছে না। আমি বাবাকে ক্ষতিপূরণ করে দেবার কথা বলেছি, কারণ ডুসেল মাসে একটাই যুদ্ধের সময়কার অখদ্দে সাবান পান।

তোমার, আনে

বৃহস্পতিবার, মার্চ ২৫, ১৯৪৩

প্রিয়তমা কিটি,

কাল রাতে মা, বাবা, মারগট আর আমি বেশ ফূর্তিতে বসে আছি তখন পেটার হঠাৎ এসে বাবার কানে কানে ফিসফিস করে কী যেন বলল। আমি যেন শুনলাম বলল, 'একটা পিপে গুদামে পড়ে গেছে' এবং 'কেউ একজন দরজায় আওয়াজ করছে'।

মারগটও শুনেছিল, কিন্তু ও আমাকে সামলাচ্ছিল, কারণ আমার মুখ খড়ির মতো সাদা হয়ে গিয়েছিল এবং ভীষণ নার্ভাস হয়ে পড়েছিলাম। আমরা তিনজন সেখানেই

থেকে গেলাম, আর বাবা পেটার নিচে গেল। এক বা দু মিনিট পরে মিসেস ভ্যান ডান যেখানে বসে রেডিয়ো শুনছিলেন সেখান থেকে এসে আমাদের বললেন, পিম তাঁকে রেডিয়ো বন্ধ করে দিতে বলেছেন এবং সবাইকে পা টিপে টিপে ওপরে চলে যেতে বলেছেন। কিন্তু তুমি জানো যে, তুমি যখন চুপচাপ কিছু করতে যাবে—তখন পুরোনো সিঁড়িগুলো দ্বিগুণ আওয়াজ করবে। পাঁচ মিনিট পরে পেটার এবং পিম ফ্যাকাশে মুখে উঠে এলেন এবং তাঁদের অভিজ্ঞতার কথা বললেন।

তাঁরা সিঁড়ির নিচে লুকিয়েছিলেন এবং অপেক্ষা করছিলেন। কিছুই ঘটেনি। তারপর হঠাৎ তাঁরা দরজার আওয়াজ পেলেন যেন বাড়ির মধ্যে দুটো দরজা বন্ধ করা হল। পিম ওপরে চলে এলেন আর পেটার গেল ডুসেলকে সতর্ক করতে, যিনি শেষ পর্যন্ত ওপরে এলেন হুড়োহুড়ি করে আওয়াজ করতে করতে। তারপরে আমরা মোজা পরা অবস্থায় পা টিপে টিপে ওপর তলায় ভ্যান ডানেদের ঘরে এলাম। মিস্টার ভ্যান ডানের খুব ঠান্ডা লেগেছিল, তিনি বিছানায় শুয়েছিলেন। আমরা সবাই সেখানে জড়ো হয়ে আমাদের সন্দেহের কথা ফিসফিস করে আলোচনা করছিলাম। বারে বারেই মিস্টার ভ্যান ডান জোরে কেশে উঠছিলেন, আর আমি আর মিসেস ভ্যান ডান ভয়ে প্রায় অজ্ঞান হয়ে যাচ্ছিলাম। তিনি কেশেই যাচ্ছিলেন, যতক্ষণ না কেউ তাঁকে কোডিন দেবার বুদ্ধি দিল। তাঁর কাশি কমে গেল।

আবার আমরা অপেক্ষা করতে লাগলাম, কিন্তু কিছু শোনা গেল না। তখন আমরা এই সিদ্ধান্তে এলাম যে একটা প্রায় সাড়াশব্দহীন বাড়িতে পায়ের আওয়াজ পেয়ে চোরেরা পালিয়েছে। সমস্যাটা ছিল যে খাস কামরায় চেয়ারগুলো রেডিয়োর চারপাশে রাখা ছিল এবং রেডিয়োতে ইংলন্ড ধরা ছিল। যদি চোরেরা দরজা ভেঙে ফেলত এবং বিমান হানার প্রহরীদের চোখে পড়ত এবং পুলিশকে খবর দিত তাহলে গুরুতর ব্যাপার হতে পারত। শেষে মিস্টার ভ্যান ডান উঠলেন, কোট প্যান্ট পরে টুপি চড়িয়ে খুব সতর্কভাবে বাবার পিছন পিছন নিচে চললেন আর পেটার (যদি দরকার লাগে হাতে একটা ভারী হাতুড়ি) রইল পিছনে। মেয়েরা (মারগট আর আমিসহ) ওপর তলায় প্রবল উৎকণ্ঠা নিয়ে অপেক্ষা করতে লাগল। মিনিট পাঁচেক পরেই সবাই ফিরে এসে জানালেন যে সারা বাড়িতে কোনো সাড়া শব্দ নেই। আমরা ঠিক করলাম আমরা জল ঢালব না এবং পায়খানায় ফ্লাশ করব না; কিন্তু উত্তেজনার চোটে প্রত্যেকেরই পেটে চাপ পড়েছিল, তুমি কল্পনা করতেই পারো সবাই একে একে ঘুরে আসার পর কী দুর্গন্ধই না ছড়িয়েছিল!

এরকম ঘটনা যখন ঘটে তার পিছনে পিছনে অন্যান্য ঝামেলাও এসে হাজির হয়, এখানেও তাই হল। এক নম্বর: ওয়েস্টারটোরেন ঘড়ির ঘণ্টা বাজা থেমে গেল, আমার সব সময়ে শুনতে খুব ভালো লাগত। দু নম্বর: মিস্টার ভোসকুইজ্‌ল গত সন্ধেয়

তাড়াতাড়ি চলে গিয়েছিলেন এবং আমরা নিশ্চিত ছিলাম না যে তিনি বেপকে চাবিটা দিয়ে গিয়েছিলেন কিনা এবং তিনি হয়তো দরজা বন্ধ করতে ভুলে গিয়েছিলেন।

এখন অবশ্য সে ব্যাপারটার গুরুত্ব নেই। কিন্তু সেই রাত শুরু হয়েছিল আর আমরা তখনও কিছু ঘটতে পারে এই সন্দেহে দুলছি। তবে আমরা কিছুটা আশ্বস্ত ছিলাম এই জন্য যে আটটা পনেরোয় যখন চোরেরা বাড়িতে ঢুকেছিল সেই সময় থেকে সাড়ে দশটা পর্যন্ত আমরা কোনো আওয়াজ শুনিনি। এটা নিয়ে আমরা অনেক বেশি ভেবেছিলাম, কিন্তু সন্ধের মুখে মুখে যখন রাস্তায় লোক চলাচল করছে তখন একটি চোর এসে দরজা ভেঙে ঢুকছে এ সম্ভাবনাটা খুবই কম ছিল। এছাড়া এটাও মনে হয়েছিল যে পাশের কেগ কোম্পানির গুদামের ম্যানেজার হয়তো তখনও কাজ করছিলেন। উত্তেজনার বশে এবং দেওয়ালগুলো পাতলা হওয়ার সহজেই ভুল হতে পারে। তাছাড়া বিপদের সময়ে কল্পনাশক্তিও তোমার সঙ্গে চালাকি করতে পারে।

আমরা সবাই শুতে চলে গিয়েছিলাম, যদিও ঘুমোইনি। মা, বাবা আর মিস্টার ডুসেল প্রায় সারা রাতই জেগে রইলেন। আমি কিন্তু বাড়িয়ে বলছি না আমি একটুও ঘুমোইনি বললেই হয়। সকালে উঠে বাড়ির পুরুষ সদস্যরা নিচে গিয়ে দেখে এলেন বাইরের দরজা বন্ধ কিনা। সব কিছু ঠিকঠাকই ছিল!

আমরা অফিসের কর্মীদের সবাইকে এই ঘটনার কথা বিশদে বললাম, যেটা মোটেই মজার ঘটনা ছিল না। ঘটনাগুলো ঘটে যাবার পর সেটা নিয়ে হাসিমজা করা সহজ। শুধুমাত্র বেপই আমাদের কথায় গুরুত্ব দিয়েছিলেন।

তোমার, আনে

পুনশ্চ।। আজ সকালে পায়খানা আটকে গিয়েছিল এবং বাবা একটা লম্বা কাঠের লাঠি দিয়ে খুঁচিয়ে প্রচুর মল আর স্ট্রবেরির কাগজ (যেগুলো আমরা টয়লেট পেপার হিসেবে ব্যবহার করি) বার করেছিলেন। পরে আমরা ঐ কাঠের লাঠিটা পুড়িয়ে দিয়েছিলাম।

তোমার, আনে

শনিবার, মার্চ ২৭, ১৯৪৩

প্রিয়তমা কিটি,

আমাদের শর্টহ্যান্ডের কোর্স শেষ হয়েছে এবং আমরা এখন আমাদের স্পিড বাড়ানোর চেষ্টা করছি। আমরা কি চালাক চতুর নই! আমি তোমাকে আমার 'সময় কাটানোর' কথা বলি (আমার কোর্সের আমি এই নাম দিয়েছি কারণ আমরা এখানে যা কিছু করছি তা দিনগুলো যত তাড়াতাড়ি সম্ভব পার করার জন্য, যাতে আমরা এখানকার মেয়াদ শেষ করার যত কাছাকাছি আসতে পারি)। আমি পুরাণ খুব ভালোবাসি, বিশেষ করে রোমান আর গ্রিক দেবদেবীদের। এখানকার প্রত্যেকে মনে করেন এ বুঝি আমার খেয়াল খুশি, কারণ আমার বয়সি কোনো নাবালিকা পুরাণ পছন্দ করে এ তাঁরা কোনোদিন শোনেননি। আচ্ছা বেশ, আমার অনুমান আমিই প্রথম!

মিস্টার ভ্যান ডানের ঠান্ডা লেগেছে। বরং বলা ভালো ওঁর গলায় ব্যথা গলা খুসখুস করছে, কিন্তু তিনি তা নিয়ে হুলস্থুল করছেন। তিনি ক্যামোমাইল চা দিয়ে গার্গল করছেন, এক রকমের গন্ধরসের আরক গলায় লাগাচ্ছেন এবং বুকে, নাকে, মাড়িতে এবং জিভে ভিক্স মালিশ করছেন। আর সবার ওপরে তার মেজাজ অত্যন্ত তিরিক্ষি!

য়োহান রাউটার, একজন জার্মান কর্তাব্যক্তি সম্প্রতি একটি বক্তৃতা দিয়েছেন। 'সমস্ত ইহুদিকে পয়লা জুলাই-এর মধ্যে জার্মান-অধিকৃত এলাকা ছেড়ে চলে যেতে হবে। উট্রেখ রাজ্যকে ইহুদি মুক্ত (যেন তারা আরশোলা) করে ফেলতে হবে পয়লা এপ্রিল থেকে পয়লা মে-র মধ্যে এবং উত্তর ও দক্ষিণ হল্যান্ড প্রদেশ পয়লা মে থেকে পয়লা জুনের মধ্যে।' এই হতভাগ্য মানুষদের অসুস্থ ও অবহেলিত গোরু ছাগলের পালের মতো নোংরা কসাইখানায় পাঠানো হচ্ছে। কিন্তু এই বিষয়ে আর কিছু বলব না। আমার নিজের ভাবনা আমার দুঃস্বপ্নে হানা দেয়!

একটাই ভালো খবর হল অন্তর্ঘাতমূলক কাজ করে শ্রমিক বিনিময়ের কেন্দ্রে আগুন ধরিয়ে দিয়েছে। কদিন পরে রেজিস্টার দপ্তরেও আগুন ধরানো দেওয়া হয়েছিল। জার্মান পুলিশের ছদ্মবেশ ধরে পাহারাদারদের মুখে কাপড় বেঁধে গুরুত্বপূর্ণ কাগজপত্র নষ্ট করে দিয়েছিল।

তোমার, আনে

বৃহস্পতিবার, এপ্রিল ১, ১৯৪৩

প্রিয়তমা কিটি,

আজ আমি একেবারেই মজা করার মুডেই নেই (তারিখটা দেখ)। বরং আজ আমি ঐ প্রবাদটাই বলতে পারি 'বিপদ কখনও একা আসে না'।

প্রথমত আমাদের মিস্টার ক্লাইমান আমাদের খুব পছন্দের মানুষ, তাঁর গতকাল গ্যাস্ট্রো-ইনটেস্টিনাল হ্যামারেজ হয়েছে এবং তাঁকে তিন সপ্তাহ অন্তত বিছানায় শুয়ে থাকতে হবে। আমার তোমাকে বলা দরকার যে ওঁর স্টমাকে কিছুদিন ধরেই সমস্যা হচ্ছে, সেরে ওঠার লক্ষণ নেই। দ্বিতীয়ত, বেপ-এর ফ্লু হয়েছে। তৃতীয়ত, মিস্টার ভোসকুইজ্‌ল-কে পরের সপ্তাহে হাসপাতালে যেতে হবে। তাঁর সম্ভবত আলসার হয়েছে এবং অপারেশন করতে হবে। চতুর্থত, নতুন ওপেকটার চালান নিয়ে আলোচনা করতে ফ্রাঙ্কফুর্ট থেকে পোমোসিন ইন্ডাস্ট্রির ম্যানেজাররা এসেছিলেন। বাবা মিস্টার ক্লাইমানের সঙ্গে জরুরি বিষয়গুলো আলোচনা করে রেখেছিলেন কারণ মিস্টার কুগলারের সঙ্গে আলোচনা করার মতো যথেষ্ট সময় ছিল না।

ভদ্রলোকের ফ্রাঙ্কফুর্ট থেকে এসে গিয়েছিলেন আর বাবা দুশ্চিন্তায় ছিলেন আলোচনা কেমন হবে এই ভেবে। খালি বলছিলেন, 'যদি আমি থাকতে পারতাম, একবার যদি একতলায় যেতে পারতাম!'

'মেঝেতে কান পেতে শুয়ে পড়। ওদের খাস কামরায় নিয়ে আসা হবে, আর তুমি শুনতে পাবে।'

বাবার মুখ উজ্জ্বল হয়ে উঠল এবং গতকাল সকাল সাড়ে দশটায় মারগট এবং পিম (একটার চেয়ে দুটো কান বেশি কাজের) মেঝের ওপর শুয়ে পড়ল। দুপুর পর্যন্ত কথাবার্তা শেষ হল না কিন্তু বাবার আর আড়ি পাতা অভিযানে থাকার মতো অবস্থা ছিল না। ঘণ্টার পর ঘণ্টা ঐ রকম অদ্ভুত অস্বস্তিকর অবস্থায় শুয়ে থাকার জন্য তাঁর শরীর খারাপ হয়ে গিয়েছিল। বেলা আড়াইটে নাগাদ যাতায়াতের রাস্তায় গলা পেলাম, এবং আমি তাঁর জায়গা নিলাম; মারগট তো ছিলই। কথাবার্তা এত লম্বা করে চলছিল আর এত ক্লান্তিকর যে আমি ঐ ঠান্ডা শক্ত লিনোলিয়ামের মেঝেতে হঠাৎই ঘুমিয়ে পড়েছিলাম। পাশে ওরা শুনে ফেলে সেই ভয়ে মারগট আমাকে জাগায়নি, কারণ জোরে ডাকার তো কথাই ওঠে না। বেশ দিব্যি আধঘণ্টা ঘুমোবার পর জেগে উঠে চমকে উঠলাম, অত গুরুত্বপূর্ণ আলোচনার কিছুই যে আমার মনে নেই। ভাগ্যিস মারগট বেশ মনোযোগ দিয়ে শুনেছিল!

তোমার, আনে

শুক্রবার, এপ্রিল ২, ১৯৪৩

প্রিয়তমা কিটি,

আমার অন্যায় কাজের তালিকায় আরেকটি যোগ হল। গতরাতে আমি বিছানায় শুয়ে বাবার জন্য অপেক্ষা করছিলাম কখন এসে আমাকে ভালো করে ঢাকাচাপা দিয়ে প্রার্থনা করে শুভরাত্রি বলবেন বলে। সেই সময় মা ঘরে এসে আমার বিছানার পাশে বসলেন এবং আমাকে খুব নরম গলায় বললেন, 'আনা, বাবার তো এখনও হয়নি, তুমি কি আমার সঙ্গে প্রার্থনা করবে?'

আমি উত্তর দিলাম, 'না, মা।'

মা উঠে পড়লেন, এক মুহূর্ত আমার বিছানার পাশে দাঁড়ালেন এবং ধীরে ধীরে দরজার দিকে হেঁটে গেলেন। হঠাৎই ঘুরলেন, মুখটা কষ্টে যেন বিকৃত হয়ে গিয়েছিল, বললেন, 'আমি তোমার ওপর রাগ করিনি। তুমি আমাকে ভালোবাসতে পারনি!' কয়েক ফোঁটা জল চোখ দিয়ে গড়িয়ে পড়ল, তিনি দরজা দিয়ে বেরিয়ে গেলেন।

আমি স্থির হয়ে শুয়ে রইলাম। ভাবছিলাম তাঁকে ঐ রকম নিষ্ঠুর ভাবে প্রত্যাখান করাটা কী নীচ কাজ হয়েছে কিন্তু এটাও জানতাম যে অন্য কোনো ভাবে তাঁকে উত্তর দেওয়াটাও আমার পক্ষে সম্ভব ছিল না। আমি ভণ্ড নই আর তাঁর সঙ্গে প্রার্থনা করতে আমার ইচ্ছে করেনি। ওটা হত না। আমার মায়ের জন্য কষ্ট হচ্ছিল—খুব, খুবই কষ্ট—কারণ আমার জীবনে এই প্রথম দেখলাম তিনি আমার নিস্পৃহতা দেখে অবজ্ঞা করেননি। আমি তাঁর মুখে কষ্ট ফুটে উঠতে দেখেছিলাম যখন তিনি ভালোবাসতে না পারার কথা বলছিলেন। সত্যিটা বলা কঠিন কিন্তু সত্যিটা হল তিনিই আমাকে কাছে আসতে দেননি; উনিই সেই ব্যক্তি যাঁর বাঁকা কথা আর নিষ্ঠুর ব্যঙ্গ আমার কখনও মজার মনে হয়নি আর সেগুলোই আমাকে তাঁকে ভালোবাসায় বিমুখ করেছে। তাঁর কড়াকড়া কথা শুনে আমি যেমন দুঃখ পাই প্রতিবার সেভাবেই তিনি দুঃখ পেলেন যখন তিনি বুঝতে পারলেন আমাদের দুজনের মধ্যে কোনো ভালোবাসা নেই।

অর্ধেক রাত পর্যন্ত তিনি কান্নাকাটি করেছেন এবং ঘুমোতে পারেননি। বাবা আমার দিকে তাকানোটা এড়িয়ে গেছেন, আমার চোখে যদি তাঁর চোখ পড়ত, আমি তাঁর না বলা কথা পড়তে পারতাম: 'কী করে তুমি এত নির্দয় হতে পারলে? কী করে তুমি তোমার মাকে এত দুঃখ দিলে?'

প্রত্যেকেই চাইছিল আমি যেন ক্ষমা চাই, কিন্তু সেটা বড়ো কোনো ব্যাপার নয়, কারণ আমি সত্যিটা বলেছিলাম, আজ হোক কাল হোক মাকে জানতেই হত। মায়ের চোখের জল এবং বাবার চাউনির ব্যাপারে আমি কোনো ঔৎসুক্যই দেখাচ্ছি না, সেটাই

করছি, কারণ দুজনে সেটাই অনুভব করছিল যা আমি সব সময় অনুভব করি। আমি শুধুমাত্র মায়ের জন্য দুঃখবোধ করতে পারি, তাঁকেই ভাবতে হবে তাঁর ব্যবহার কেমন হবে। আমার দিক থেকে আমি চুপচাপ এবং ছাড়া ছাড়া ভাবেই থাকব আর আমি সত্যিটাকে সরিয়ে রাখব না কারণ যত বেশি দেরি হবে ওঁদের পক্ষে সহ্য করা তত কঠিন হবে।

তোমার, আনে

মঙ্গলবার, এপ্রিল ২৭, ১৯৪৩

প্রিয়তমা কিটি,

ঝগড়ার পরের প্রভাবে গোটা বাড়ি যেন কাঁপছে। প্রত্যেকে প্রত্যেকের ওপর রেগে আছে: মা আর আমি, মিস্টার ভ্যান ডান আর বাবা, মা আর মিসেস ভ্যান ডান। চরম আবহাওয়া, তোমার কী মনে হয়?' আরো একবার আনের দোষ ত্রুটির প্রচলিত তালিকাটি ভালোভাবে রটিয়ে দেওয়া হয়েছে।

আমাদের জার্মান আগন্তুকরা গত শনিবার ফিরে গেছেন। তাঁরা ছটা পর্যন্ত ছিলেন। আমরা সবাই ওপর তলায় ছিলাম, এক ইঞ্চিও নড়াচড়া করতে সাহস পাইনি। যদি বাড়িতে অথবা পাশের এলাকায় কেউ কাজ না করে তাহলে খাস কামরায় প্রতিটি পায়ের শব্দ শুনতে পাওয়া যায়। অতক্ষণ এক ভাবে বসে থাকার জন্য আমাক প্যান্টে পিঁপড়ে ঢুকে গিয়েছিল।

মিস্টার ভোসকুইজ্‌লকে হাসপাতালে ভর্তি করতে হয়েছে, কিন্তু মিস্টার ক্লাইমান আবার অফিস করছেন। তাঁর পাকস্থলিতে রক্ত পড়া বন্ধ হতে যা সময় লাগে তার আগেই বন্ধ হয়েছে। তিনি আমাদের জানিয়েছেন রেজিস্টার অফিসের বেশি ক্ষতি হয়েছে কারণ দমকলকর্মীরা শুধুমাত্র আগুন নেবায়নি গোটা বাড়ি ভাসিয়ে দিয়েছে। আমি খুব খুশি হয়েছি।

কার্লটন হোটেল ধ্বংস হয়ে গেছে। জার্মান অফিসার্স ক্লাবের ওপর দুটো আগুনে বোমা ভরা দুটো ব্রিটিশ প্লেন ভেঙে পড়েছিল। ভিজৎসেলর্ষ্টাট আর জিঙ্গেল-এর একটা দিক সম্পূর্ণভাবে পুড়ে গেছে। জার্মান শহরগুলোর ওপর বিমান হামলা দিন দিন বাড়ছে। আমরা বহুকাল ধরে একটা রাতও ভালো করে ঘুমোতে পারিনি। না ঘুমিয়ে ঘুমিয়ে চোখের তলায় কালি পড়েছে, ফুলেছে।

আমাদের খাওয়াদাওয়ার হালও খুব খারাপ। প্রাতঃরাশে থাকে মাখন ছাড়া রুটি আর নিম্নমানের কফি। গত দুসপ্তাহ ধরে দুপুরে চলেছে পালং অথবা লেটুস, সেই সঙ্গে

পচা পচা মিষ্টি স্বাদের বিরাট আকারের আলু। তুমি যদি রোগা হতে চাও এটাই সেরা জায়গা! ওপর তলার লোকেরা খুবই অভিযোগ করছে, কিন্তু আমাদের তা খুব বড়ো ব্যাপার বলে মনে হচ্ছে না।

১৯৪০ সালে যারা লড়াই করেছিল অথবা লড়াইয়ের জন্য জড়ো করা হয়েছিল সেই সব ওলন্দাজদের যুদ্ধবন্দীদের শিবিরে কাজ করার জন্য ডাকা হয়েছে। আমি বাজি ধরতে পারি বাইরের আক্রমণ ঠেকাবার জন্য ওরা এই ব্যবস্থা নিয়েছে।

তোমার, আনে

শনিবার, মে ১, ১৯৪৩

প্রিয়তমা কিটি,

গতকাল ডুসেলের জন্মদিন ছিল। প্রথমে তিনি ভান করছিলেন যেন তিনি উদযাপন করতে চান না, কিন্তু যখন মিয়েপ একটা বাজারের ব্যাগ উপচে পড়া উপহার নিয়ে উপস্থিত হলেন, তিনি ছোটো শিশুর মতো উত্তেজিত হয়ে উঠলেন। তাঁর প্রেমিকা 'লোটজে' তাঁকে ডিম, মাখন, বিস্কুট, লেমোনেড, রুটি, কনিয়াক, কেক, ফুল, কমলালেবু, চকোলেট, বই আর লেখার কাগজ পাঠিয়েছেন। একটা টেবিলের ওপর সব উপহার গুলো সাজিয়ে রেখে তিনদিন ধরে প্রদর্শনী করলেন। উদ্ভট একটা বোকা বুড়ো!

তিনি উপোস করে আছেন কিনা এ ব্যাপারে তোমার কোনো ধারণা নেই। আমরা তাঁর কাপবোর্ডে রুটি, চিজ, জ্যাম আর ডিম দেখেছি। আর এটা অত্যন্ত লজ্জাজনক যে ডুসেল, যাকে আমরা এত দয়া দেখিয়েছি এবং যাকে ধ্বংসের মুখ থেকে তুলে এনেছি, তিনি আমাদের কিচ্ছু না দিয়ে সমস্ত কিছু লুকিয়ে ফেললেন। আমরা কিন্তু সব জিনিসের ভাগ তাঁকে দিতাম। আমাদের মতে যেটা সবচেয়ে খারাপ সেটা হল লোকটা মিস্টার ক্লাইমান, মিস্টার ভোসকুইজ্‌ল এবং বেপ-এর ব্যাপারেও এত কৃপণ যে, তাদেরও একটা কিচ্ছু দেয়নি। ক্লাইমানের দুর্বল পাকস্থলির জন্য কমলালেবুর খুব প্রয়োজন ছিল, আর ডুসেলের কথা হল তার পাকস্থলির জন্য সেগুলো আরো দরকারি।

আজ রাতে এত গোলাগুলির আওয়াজ হয়েছে যে আমি চারবার আমার জিনিসপত্র গুছিয়েছি। আজ আমি একটা সুটকেস গুছিয়ে রেখেছি যাতে দরকার পড়লেই পালাতে পারি। মা অবিশ্যি ঠিকই বলেছে, 'কোথায় যাবি তুই?'

শ্রমিকদের ধর্মঘটের জন্য গোটা হল্যান্ডকে শাস্তি দেওয়া হচ্ছে। সামরিক আইন জারি করা হয়েছে আর প্রত্যেকে একটা করে মাখনের কুপন কম পাবে।

আজ সন্ধ্যায় আমি মায়ের চুল ধুয়ে দিয়েছি, এখন এ কাজটা মোটেই সহজ কাজ নয়। আমাদের খুব চটচটে একটা তরল সাবান ব্যবহার করতে হয়েছিল কারণ শ্যাম্পু ছিল না। এছাড়া, মায়ের চুল আঁচড়াতেও বেশ সমস্যায় পড়তে হয়েছিল কারণ পারিবারিক চিরুনিতে মাত্র দশটা দাঁত অবশিষ্ট ছিল।

তোমার, আনে

রবিবার, মে ২, ১৯৪৩

যখন আমি আমরা এখানে আমাদের জীবনযাপন সম্পর্কে ভাবি, তখন আমি সাধারণত এই উপসংহারে আসি, যে সমস্ত ইহুদিরা লুকিয়ে নেই তাদের তুলনায় আমরা তো স্বর্গে বাস করছি। পরে, যখন আবার সব স্বাভাবিক অবস্থায় ফিরে আসবে, তখন আমার ভেবে অবাক লাগবে যে, যারা সব সময় একটা আরামদায়ক পরিবেশে বাস করত, তারা কতটা 'নিচু' স্বরে নেমে গিয়েছিল। আমি আচার ব্যবহারের কথাও বলতে চাইছি। যেমন, আমরা যখন থেকে এখানে এসেছি তখন থেকে আমাদের টেবিলে একটাই অয়েল ক্লথ পাতা আছে। এত ব্যবহারের ফলে সেটাতে আর দাগহীন বলতে পারবে না। আমি আপ্রাণ পরিষ্কার করার চেষ্টা করি, কিন্তু বাসন ধোয়ার কাপড়টা কেনা হয়েছিল আমরা এখানে আসার আগে, কাজেই এ কাজের কোনো প্রশংসা মেলে না। ভ্যান ডানেরা সারা শীতকাল একটাই ফ্লানেলের চাদরে শুয়েছেন, সেটা কাচাও যায় না কারণ সাবানগুঁড়ো র‍্যাশন করে দেওয়া হয়েছে, তাও নিয়মিত পাওয়া যায় না। তা ছাড়া জিনিসটা এত খারাপ মানের যে তা দিয়ে কাজও হয় না। বাবা জ্যালজ্যালে হয়ে যাওয়া প্যান্ট পরে ঘুরছেন, টাইয়ের অবস্থাও তথৈবচ। মায়ের করসেট ছিঁড়ে গেছে, রিপুও করা যাবে না। মা আর মারগট সারা শীতকাল তিনটে গেঞ্জি ভাগাভাগি করে পরেছে, আর আমারটা এত ছোটো যে পেট দেখা যায়। এই সব জিনিসগুলোকে পেরিয়ে আসা যায়, কিন্তু মাঝে মাঝে আমি ভাবি: আমার আন্ডার প্যান্ট থেকে বাবার দাড়ি কামানোর বুরুশ পর্যন্ত আমাদের সব কিছু এত পুরোনো আর জীর্ণ হয়ে গেছে, আমরা কী করে আবার যুদ্ধের আগেকার পরিস্থিতিতে ফিরে যাবার আশা করব?

রবিবার, মে ২, ১৯৪৩

গোপন ডেরার অধিবাসীদের যুদ্ধ সম্পর্কে দৃষ্টিভঙ্গি

মিস্টার ভ্যান ডান। আমাদের সকলের মতে এই সম্মানিত ভদ্রলোকটির রাজনীতির ব্যাপারে গভীর অন্তর্দৃষ্টি আছে। তা সত্ত্বেও তিনি ভবিষ্যদ্‌বানী করেছেন যে আমাদের

৪৩ সালের শেষ অবধি এখানে থাকতে হবে। ততদিন পর্যন্ত সহ্য করে যাওয়ার পক্ষে একটা লম্বা সময়। কিন্তু কে আমাদের আশ্বস্ত করবে, যে যুদ্ধ দুঃখ আর যন্ত্রণা ছাড়া আর কিছুরই কারণ নয়, তা কবে শেষ হবে? সেই সময়ের আগে আমাদের আর আমাদের সাহায্যকারীদের কি কিছু হবে না? কারোরই নয়! সেই কারণেই প্রতিটা দিন উদ্বেগে কাটে। প্রত্যাশা এবং আশা উদ্বেগ জাগিয়ে তোলে, আতঙ্ককেও—যেমন, যখন আমরা বাড়ির বাইরে অথবা ভিতরে শব্দ শুনি, যখন কামানের গোলা ছোটে অথবা আমরা যখন কাগজের নতুন 'ঘোষণা' শুনি, তখন আমরা ভয় পেয়ে যাই হয়তো কোনো সময়ে আমাদের সাহায্যকারীরা নিজেরাই লুকিয়ে পড়তে বাধ্য হবে। ইদানীং সবাই লুকিয়ে পড়ার কথা বলছে। আমরা জানি না আসলে কত মানুষ আত্মগোপন করে আছে; সাধারণ জনসংখ্যার তুলনায় সে সংখ্যা নিশ্চয়ই কম, কিন্তু পরে হল্যান্ডের কতজন ভালো মানুষ ইহুদি এবং খ্রিষ্টানদের অর্থ নিয়ে বা না নিয়ে তাদের বাড়িতে থাকতে দেবে সে ব্যাপারে সন্দেহ আছে। এখানে অবিশ্বাস্য সংখ্যক মানুষ ভূয়ো পরিচয়পত্র নিয়ে ঘুরছে।

মিসেস ভ্যান ডান। যখন এই সুন্দরী যুবতী (তাঁর নিজের ভাষায়) শুনলেন যে ইদানীং ভূয়ো পরিচয়পত্র যোগাড় করাটা সহজ, তিনি তৎক্ষণাৎ প্রস্তাব করলেন আমাদের প্রত্যেকের একটা করে থাকা দরকার। যেন ব্যাপারটা কিছুই নয়, যেন বাবা এবং মিস্টার ভ্যান ডান টাকার কুমীর।

মিসেস ভ্যান ডান সব সময়েই সবচেয়ে হাস্যকর জিনিসগুলো বলেন, এবং তার পুট্টির ধৈর্যচ্যুতি ঘটান। কিন্তু সেটা খুব বিস্ময়কর নয় কারণ একদিন কেরলি ঘোষণা করলেন, 'যখন এই সমস্ত কিছু শেষ হয়ে যাবে, আমি খ্রিষ্টধর্মে দীক্ষা নেব'; আবার পরে বললেন, 'যতদূর পর্যন্ত মনে করতে পারি, বলেছিলাম আমি জেরুজালেমে যেতে চাই। অন্য ইহুদিদের সঙ্গেই আমি স্বস্তিবোধ করি।'

পিম একজন বড়ো আশাবাদী মানুষ, কিন্তু তাঁর সব সময়েই নিজস্ব যুক্তি আছে।

মিস্টার ডুসেলের মনোমত হলে ঠিক আছে কিন্তু কেউ তার মতের বিরুদ্ধে গেলে তাকে দুবার ভাবতে হবে। আলফ্রেড ডুসেলের বাড়িতে তাঁর কথাই আইন কিন্তু আনে ফ্রাঙ্কের ক্ষেত্রে অন্তত তা মাপসই নয়।

গোপন ডেরার অন্য সদস্যরা যুদ্ধের ব্যাপার কী ভাবে সেটা গুরুত্বপূর্ণ নয়। যখন রাজনীতির কথা হয় তখন চারজনকেই ধরতে হবে। আসলে দুজনেই বলেন, কিন্তু ম্যাডাম ভ্যান ডান এবং ডুসেল নিজেদের মাথা গলিয়ে দেন।

মঙ্গলবার, মে ১৮, ১৯৪৩

প্রিয়তমা কিটি,

সম্প্রতি আমি জার্মান ও ইংরেজদের মধ্যে এক ভয়ঙ্কর বিমান যুদ্ধ প্রত্যক্ষ করলাম। দুর্ভাগ্যবশত মিত্র পক্ষের দুই বায়ুসেনাকে জ্বলন্ত বিমান থেকে ঝাঁপিয়ে পড়তে হয়েছিল। আমাদের দুধওয়ালা থাকেন হালফভেগে, তিনি চারজন কানাডীয় সৈন্যকে রাস্তায় বসে থাকতে দেখেছেন, তাদের মধ্যে একজন ঝরঝরে ডাচ ভাষা বলতে পারেন। দুধওয়ালার কাছে সিগারেটের চেয়েছিল সে আর বলেছিল তারা ছজন ছিল। পাইলট পুড়ে মরে গেছে আর একজন কোথাও একটা লুকিয়ে পড়েছে। জার্মান নিরাপত্তা পুলিশ এসে চারজনকে নিয়ে যায়, তারা কেউই আহত হয়নি। একটা জ্বলন্ত বিমান থেকে প্যারাশুটে করে নেমে কী করে ওরা ওরকম শান্ত ছিল কে জানে?

বেশ গরম পড়ে গেছে। আমাদের তরিতরকারি খোসা আর আবর্জনা পোড়াবার জন্য আমাদের একদিন অন্তর আগুন জ্বালতে হচ্ছে। জঞ্জালের টিনে আমরা তো কিছু ফেলতে পারি না কারণ গুদামের কর্মীরা দেখে ফেলতে পারে। অসাবধান হলেই আমরা ধরা পড়তে পারি!

সমস্ত বিশ্ববিদ্যালয়ের ছাত্রদের একটা সরকারি বিবৃতিতে সই করতে বলা হয়েছে যে তারা 'জার্মানদের সহমর্মী এবং নতুন নিয়মকে সমর্থন করে।' আশি শতাংশ তাদের বিবেকের ডাকে সাড়া দেবার সিদ্ধান্ত নিয়েছে, কিন্তু শাস্তি তো কঠোর। সই করতে অস্বীকার করা ছাত্রদের জার্মান শ্রমিক শিবিরে পাঠানো হবে। জার্মানিতে গিয়ে যদি তাদের কঠোর পরিশ্রম করতে হয় তাহলে আমাদের দেশের যুবকদের কী হাল হবে?

গতরাতে এত গোলাগুলির আওয়াজ হয়েছে যে মা জানলা বন্ধ করে দিয়েছিলেন; আমি পিমের বিছানায় শুয়েছিলাম। হঠাৎ মাথার ওপরেই শুনলাম মিসেস ভ্যান ডান লাফিয়ে উঠলেন যেন তাঁকে মুশ্চি কামড়ে দিয়েছে। তারপরই প্রচণ্ড আওয়াজ হল, মনে হল যেন একটা আগুনে বোমা আমার বিছানার পাশেই ফাটল। 'আলো! আলো!' আমি চিৎকার করলাম।

পিম বাতিটা জ্বেলে দিলেন। আমার মনে হচ্ছিল যে কোনো মুহূর্তে ঘরটায় দাউ দাউ করে আগুন জ্বলে উঠবে। কী হয়েছে দেখতে আমরা সকলে ছুটে ওপরে গেলাম। মিস্টার এবং মিসেস ভ্যান ডান জানলা দিয়ে একটা লাল আলোর আভা দেখেছিলেন, আর মিস্টার ভ্যান ডান মনে করেছিলেন কাছেই কোথাও আগুন লেগেছে, আর মহিলার ধারণা হয়েছিল আগুনটা আমাদের বাড়িতেই লেগেছে। মিসেস ভ্যান ডান তাঁর বিছানার পাশেই দাঁড়িয়েছিলেন, বোমা ফাটার আওয়াজ শুনেই তাঁর হাঁটু কাঁপছিল।

ডুসেল সিগারেট খেতে ওপরে গিয়েছিলেন আর আমরা বিছানায় ফিরে গেলাম। পনেরো মিনিটও হয়নি আবার গোলাগুলির আওয়াজ শুরু হল। মিসেস ভ্যান ডান বিছানা থেকে লাফিয়ে উঠে স্বামীর চেয়ে বেশি ভরসা দেবে ভেবে ডুসেলের ঘরে গিয়ে ঢুকলেন। আর ডুসেলও 'এসো বাছা, আমার বিছানায় এসো' বলে তাঁকে অভ্যর্থনা করলেন।

আমরা হাসিতে ফেটে পড়লাম, এবং কামানের গর্জন আমাদের আর বিচলিত করতে পারল না, কারণ আমাদের ভয় তখন উড়ে গেছে।

তোমার, আনা

রবিবার, জুন ১৩, ১৯৪৩

প্রিয় কিটি,

আমার জন্মদিন উপলক্ষে বাবা যে কবিতাটা লিখেছে সেটা এত সুন্দর যে সেটা আমার কাছেই রেখে দেব।

পিম জার্মান ভাষাতেই সাধারণত কবিতা লেখেন, মারগট নিজে থেকে সেটা ডাচ ভাষায় অনুবাদ করে দিয়েছে। এটা এক বছরের ঘটনার ছোটো বর্ণনার পর কবিতাটা শুরু হয়েছিল:

মোদের মাঝে নবীনতম, নেই ছোটো আর
জীবনসংগ্রামী তুমি, আর কঠিন যে ভার
মোদের এখন তোমাদের গুরু হয়ে ওঠার:
'অভিজ্ঞতার ভাঁড়ার মোদের! বিলিয়ে দিই খানিক!'
'করেছি এই, করেছি সেই, সবই ঠিক ঠিক।'
নিজ হাতে করেছি সব, সবজান্তা আমি।
চিরকালটা আমরাই সব চাইতে দামি।
আমাদের ছোট্ট ভুল তেমন নজরে আসে না কারও
তোমরা যদি কর ভুল, তবে বাজবে কিন্তু বারো
ভুল ধরা, তাতে তো সবাই সিদ্ধহস্ত মোরা,
পারে না তেমনটি বাবা-মায়েরা, যতই হোক না কড়া।
সবারে সমান চোখে দেখব, আছে তাতে যুক্তি,
কিন্তু পক্ষপাতদুষ্ট আমি, কেমনে পাই মুক্তি।

১০১

বয়োজ্যেষ্ঠ যদি থাকে তোমাদের ঘরে
দেখছ নিশ্চয়ই সারাদিন কেমন ঘ্যান ঘ্যান করে
ওষুধ তো খেতেই হবে, যতই হোক তেতো বিষ
এতেই তো সারবে অসুখ, তোরা এটুকু তো জানিস।
এত মাসের এত শত পাঠ আসবে ঠিক কাজে,
শুধু শুধু সময় নষ্ট তোদের কি আর সাজে!
সকাল থেকে সন্ধে, বইয়েতে মুখ গোঁজা
একঘেয়েমি করবে কাবু, এতই কি সোজা!
কঠিন যে প্রশ্ন এখন করছে কাবু আমায়
কোন সাজেতে এখন বেশি ভালো যে মানায়?
নেই যে বাহারি পোশাক, তবু সাজে চাই না কোনও খুঁত
পোশাক যা আছে, সেকেলে সব লাগবে যে কিম্ভূত!
পায়ে বা গলাই কোন জুতো, না লাগে যাতে বেমানান,
ওরে বাবা, কেমনে করি জটিল এতসব সমস্যার সমাধান।

খাবারের ব্যাপারে একটা অংশ ছিল। মারগট তা ছন্দে অনুবাদ করতে পারেনি বলে আর দিলাম না। সেটা ছাড়াও তোমার কি মনে হয় না যে এটা একটা দারুণ কবিতা?

বাকিটা হল আমাকে খুবই প্রশয় দেওয়া হয়েছে, প্রচুর উপহার পেয়েছি, সেই সঙ্গে পেয়েছি আমার প্রিয় বিষয় গ্রিক আর রোমান পুরাণের ওপর একটা বড়ো বই। মিষ্টির ব্যাপারেও আমার কিচ্ছু বলার নেই; প্রত্যেকেই তার শেষ সম্বলটুকু পর্যন্ত আমাকে দিয়েছে। গোপন ডেরার পরিবারের বেঞ্জামিন* হিসেবে আমার যা প্রাপ্য তার চেয়ে অনেক বেশি আমি পেয়েছি।

তোমার, আনা

মঙ্গলবার, জুন ১৫, ১৯৪৩

প্রিয় কিটি,

বহু কিছু ঘটেছে, কিন্তু আমার প্রায়ই মনে হয় আমার মন খারাপ করা বকবকানিতে তোমাকে ক্লান্ত করে দিই আর তুমি ভাবো কম চিঠি পেলেই ভালো। কাজেই খবরগুলো আমি ছোটো করেই দেব।

মিস্টার ভোসকুইজ্‌ল-এর আলসার অপারেশনটা হয়নি। ডাক্তাররা তাঁকে অপারেশন টেবিলে তুলে তাঁর পেট কেটেছিলেন, তাঁরা দেখেছিলেন তাঁর ক্যান্সার হয়েছে। আর তা এতটাই বাড়াবাড়ি পর্যায়ের যে অপারেশন অর্থহীন। সুতরাং তাঁরা সেলাই করে ভালো পথ্য দিয়ে তিন সপ্তাহ হাসপাতালে রেখে, বাড়ি পাঠিয়ে দেন। কিন্তু তাঁরা একটা ক্ষমার অযোগ্য ভুল করেন: তাঁরা ঐ হতভাগ্য মানুষটিকে বলে দেন ভবিষ্যতে তাঁর কী হতে চলেছে। তিনি আর কাজ করতে পারেন না, তাঁর আটজন ছেলেমেয়ের মধ্যে তিনি বাড়িতে শুধু বসেই থাকেন, আসন্ন মৃত্যুর কথা চিন্তা করেন। তাঁর জন্য আমার খুব দুঃখ হয়, যেতে পারি না বলে নিজেকে ধিক্কার দিই; না হলে আমি প্রায়ই ওঁর সঙ্গে দেখা করতে যেতাম আর মনটাকে ভালো রাখার চেষ্টা করতাম। এখন আর এই ভালো মানুষটি গুদামে ঘরে কী বলা বওয়া হচ্ছে কী ঘটছে, আমাদের পক্ষে কী বিপদজনক আর কখনওই বলতে আসবেন না। নিরাপত্তার দিক দিয়ে উনি আমাদের সবচেয়ে বড়ো সহায়ক ছিলেন। ওঁর অভাব আমরা অনুভব করব।

পরের মাসে আমাদের রেডিয়োটা কর্তৃপক্ষকে দিয়ে দেবার কথা। মিস্টার ক্লাইমানের বাড়িতে একটা ছোটো রেডিয়ো লুকোনো আছে সেটা আমাদের চমৎকার ফিলিপস্‌-এর বদলে দেবেন। খুবই দুঃখের কথা আমাদের বড়ো ফিলিপস্‌টা দিয়ে দিতে হবে, কেননা যেখানে তুমি লুকিয়ে আছ সেখানে এমন কিছু করতে পার না যাতে কর্তৃপক্ষের নজরে পড়ে। অবশ্যই আমরা ছোটো রেডিয়োটাকে ওপরে রাখব। যেখানে গুপ্ত ইহুদি, গুপ্ত অর্থ রয়েছে সেখানে একটা গুপ্ত রেডিয়ো কী এমন ব্যাপার!

গোটা দেশের লোকজন চেষ্টা করছে একটা করে পুরোনো রেডিয়ো যোগাড় করে বড়ো রেডিয়ো দিয়ে দিতে যাতে তাদের 'নৈতিক জোরের' জায়গাটা চলে না যায়। এটা সত্যি যে: বাইরে থেকে দিন দিন খারাপ থেকে আরো খারাপ খবর আসছে, তার মধ্যে এই রেডিয়োর বিস্ময়কর কণ্ঠস্বর আমাদের ভেঙে না পড়তে সাহায্য করছে এবং আমাদের বলছে, 'চাঙ্গা হয়ে ওঠ, মনোবলকে অটুট রাখ, ভালো দিন আসবেই।'

তোমার, আনে

রবিবার, জুলাই ১১, ১৯৪৩

প্রিয় কিটি,

ছেলেপিলে মানুষ করার বিষয়ে (অসংখ্যবারের জন্য) ফিরে গিয়ে আমি তোমাকে বলব সাহায্যকারী, বন্ধুত্বপূর্ণ এবং দয়ালু হবার জন্য আমি আপ্রাণ চেষ্টা করছি এবং বকাবকির তুমুল বর্ষণ যাতে ঝিরঝিরে বৃষ্টিতে পরিণত হয় তার জন্যও আমি সব রকম চেষ্টা করছি। যে সমস্ত লোকদের তুমি সহ্য করতে পার না তাদের কাছে আদর্শ বাচ্চা হবার চেষ্টা করাটা খুব সহজ নয়, বিশেষত তোমার কথা যখন তারা বোঝে না। কিন্তু এখন দেখছি আমি যা ভাবছি একেবারে সেটাই বলে দেবার পুরোনো পদ্ধতি ছেড়ে খানিক ভণ্ডামির আশ্রয় নিলে ফল ভালোই হয় (যদিও কেউ আমার মতামত নিত না অথবা গুরুত্ব দিত না)। অবশ্য আমি মাঝে মাঝেই আমার ভূমিকা ভুলে যেতাম এবং যখন তারা অন্যায় কিছু করত তখন রাগ চেপে রাখতে পারতাম না, আর তারা পরের সারা মাসটা ধরে আমি যে পৃথিবীর সবচেয়ে অশিষ্ট মেয়ে এটাই বলত। তোমার কি মনে হয় না যে কখনও কখনও আমাকেও অনুকম্পা করা হোক? এটা একটা ভালো কথা যে আমরা ঘ্যান ঘ্যান করি না কারণ তা হলে আমার মেজাজটা খারাপ হয় এবং রাগ হয়। আমি সাধারণত তাদের তিরস্কারের মজার দিকটাও দেখতে পাই, এটা আরো সহজ হয় যখন অন্য কাউকে বকাঝকা করা হয়।

এছাড়া আমি ঠিক করেছি (অনেক ভাবনা চিন্তার পর) শর্টহ্যান্ডটা এখন বন্ধ রাখব। প্রথমত, তার ফলে আমি অন্য বিষয়গুলোতে মনোযোগ দিতে পারব এবং দ্বিতীয়ত আমার চোখের জন্য। এটা একটা দুঃখের কথা। আমার চোখের দৃষ্টি ক্ষীণ আমার অনেক আগেই চশমা নেওয়া উচিত ছিল (আমাকে হাবার মতো দেখাবে!) কিন্তু তুমি তো জানো গা ঢাকা দিয়ে থাকা লোকেদের পক্ষে...

গতকাল প্রায় সকলেই আনের চোখ নিয়ে কথা বলেছে কারণ মা পরামর্শ দিয়েছে আমি যেন মিস্টার ক্লাইমানের সঙ্গে চোখের ডাক্তারের কাছে যাই। এটা শুনেই আমার হাঁটু কাঁপতে লেগেছে কারণ এটা কোনো ছোটো খাটো ব্যাপার নয়। বাইরে যাওয়া! ভেবে দেখ, রাস্তায় হাঁটা! আমি কল্পনাই পারছি না। প্রথমে শুনে কেমন হতভম্ব হয়ে গিয়েছিলাম তারপরে আনন্দ হল। তবে ব্যাপারটা অত সহজ নয়: যে সব মাথারা যারা এই পদক্ষেপকে অনুমোদন করবেন তাঁরা কোনো দ্রুত সিদ্ধান্তে পৌঁছতে পারলেন না। তাঁদের আগে সমস্ত রকম সমস্যা এবং ঝুঁকি খতিয়ে দেখতে হবে, যদিও মিয়েপ আমাকে নিয়ে যেতে এক পায়ে খাড়া। এদিকে আলমারি থেকে আমার একটা ছাই রঙের কোট বার করেছি, কিন্তু সেটা এত ছোটো হল যে মনে হচ্ছে আমার ছোটো

বোনের কোট। কিন্তু সেলাই খুলে দিলাম তবুও বোতাম লাগানো গেল না। ওরা কী সিদ্ধান্ত নেয় সেটা দেখার জন্য আমি খুবই কৌতুহলী হয়ে আছি। তবে ওরা কিছু করে উঠতে পারবে বলে মনে হয় না কারণ ব্রিটিশরা সিসিলিতে নেমে পড়েছে এবং বাবা ভাবছেন খুব তাড়াতাড়ি লড়াই শেষ হবে।

বেপ আমাকে আর মাকে অনেক অফিসের কাজ দিয়েছেন। এতে আমাদের বেশ গেরেমভারী ভাব এসেছে আর এতে বেপ-এর বেশ সুবিধা হয়েছে। যে কেউ-ই চিঠিপত্র ফাইলে রাখতে পারে এবং সেলস বইতে হিসেব লিখতে পারে কিন্তু আমরা অত্যন্ত নির্ভুলভাবে করি।

মিয়েপকে এত জিনিস বয়ে আনতে হয় যে ওকে ধোপার গাধার মতো লাগে। তিনি প্রায় প্রত্যেক দিন শাকসবজি আনতে যান এবং তারপর বড়ো বাজারের ব্যাগে ভরে সাইকেলে করে নিয়ে আসেন। তিনিই আবার প্রত্যেক শনিবারে পাঁচটা লাইব্রেরি থেকে পাঁচটা করে বই নিয়ে আসেন। আমরা শনিবারের জন্য অধীর আগ্রহে অপেক্ষা করি, কারণ আমাদের বই আসে। আমরা যেন একদল ছোটো বাচ্চা, উপহার পেয়ে খুশি। সাধারণ লোকে বুঝতেই পারবে না আমাদের মতো আটকে থাকা মানুষের কাছে বই কী! আমাদের একমাত্র বিনোদন হল পড়া, জানা আর রেডিয়ো শোনা।

তোমার, আনে

মঙ্গলবার, জুলাই ১৩, ১৯৪৩

শ্রেষ্ঠ ছোটো টেবিল

গতকাল বাবা আমাকে মিস্টার ডুসেলকে জিজ্ঞেস করার অনুমতি দিলেন যে সপ্তাহে দুটো বিকেলে চারটে থেকে সাড়ে পাঁচটা পর্যন্ত তিনি আমাকে আমাদের ঘরে তাঁর টেবিলটা ব্যবহার করতে সম্মতি দেবেন কিনা (দেখেছ কী ভদ্র আমি?)। আমি অবশ্য প্রত্যেক দিনই বেলা আড়াইটে থেকে চারটে পর্যন্ত বসি যখন উনি দিবানিদ্রা দেন, কিন্তু বাকি সময়টায় ঘর আর টেবিল আমার নাগালের বাইরে থাকে। পাশের ঘরে বিকেলবেলা পড়াশুনো করা অসম্ভব কারণ সেখানে খুব হই চই। তা ছাড়া, বাবা কখনও কখনও সেখানে বিকেলে ডেস্কে বসতে পছন্দ করেন।

এটা তো খুব যুক্তিসম্মত অনুরোধ বলেই মনে হয় এবং আমি খুব ভদ্রভাবেই ডুসেলকে বললাম। তোমার কী মনে হয় ঐ শিক্ষিত ভদ্রলোকের উত্তর কী ছিল? ‘না’, সোজাসাপটা ‘না’!

আমি রেগে গেলাম কিন্তু হাল ছেড়ে দিতে চাইলাম না। আমি তাঁর 'না'-এর কারণ জানতে চাইলাম, কিন্তু তাতে কোনো ইতিবাচক জায়গায় পৌঁছনো গেল না। তাঁর উত্তরের সারমর্ম হল: 'আমাকেও তো পড়তে হয়, আর দেখ, আমি যদি বিকেলে না পাড়ি তো আর কোনো সময়ই নেই। আমার নিজের কাজগুলো তো শেষ করতেই হবে। না হলে শুরু করারই তো কোনো মানে নেই। তা ছাড়া তোমার পড়াশুনোর ব্যাপারেও তো তুমি খুব একটা মনোযোগী নও। পুরাণ—সে আবার কী রকম পড়া? পড়া আর বোনা কোনোটাই কাজ নয়। আমি টেবিলটা ব্যবহার করি, সেটা বন্ধ করা সম্ভব নয়।'

আমি বললাম, 'মিস্টার ডুসেল, আমি আমার কাজ মন দিয়েই করি। আমি পাশের ঘরে বসে পড়াশুনো করতে পারছি না তাই আপনাকে বলছি, আমার অনুরোধ যদি আরেকবার ভেবে দেখেন।'

এই বলে অপমানিত আনে পিছন দিকে ঘুরে যায় এবং ভাব করে যেন কোনো শিক্ষিত ডাক্তার সেখানে নেই। আমার ভেতরটা রাগে ফুটছিল আর মনে হচ্ছিল মিস্টার ডুসেল অত্যন্ত অভদ্র (অবশ্যই তিনি তাই) আর আমি অত্যন্ত ভদ্র।

ঐ সন্ধ্যাতেই আমি পিমকে ধরতে পারলাম, আমি বললাম কী হয়েছে এবং আলোচনা করলাম এরপর আমি কী করব তা নিয়ে, কারণ আমার ছেড়ে দেবার কোনো ইচ্ছে ছিল না এবং আমার ইচ্ছে আমি নিজেই ব্যাপারটার শেষ দেখব। পিম আমাকে ডুসেলকে বলার ব্যাপারে একটা বুদ্ধি দিলেন এবং সাবধান করে দিলেন আজকেই যেন না যাই, কারণ আমার খুবই মাথা গরম হয়ে আছে। কিন্তু আমি তাঁর উপদেশ অগ্রাহ্য করে ধোয়া মোছা সেরে ডুসেলের জন্য অপেক্ষা করতে লাগলাম। পিম পাশের ঘরে বসে ছিলেন তাতে আমার মাথাটা কিঞ্চিত ঠান্ডা ছিল।

আমি শুরু করেছিলাম, 'মিস্টার ডুসেল, আপনি হয়তো মনে করবেন যে কথা বলে কোনো লাভ নেই, কিন্তু আমি আপনাকে আবার ভেবে দেখতে অনুরোধ করছি।'

ডুসেল তাঁর সবচেয়ে মধুর হাসিটি উপহার দিয়ে আমাকে বললেন, 'আমি সব সময় আলোচনা করতে তৈরি, যদিও ওটা ইতিমধ্যেই মিটে গেছে।'

আমি কথা বলে চললাম ডুসেলের ক্রমাগত ফোড়ন কাটার মধ্যেও। 'আপনি যখন প্রথম এসেছিলেন, আমরা ঠিক করেছিলাম ঘরটা দুজনে মিলে ব্যবহার করব। আমরা যদি সেটা ন্যায্য ভাবে ভাগ করি তাহলে সকালটা আপনার আর বিকেলটা আমার। তবে আমি অতটা চাইছি না, কিন্তু সপ্তাহে দুটো বিকেল আমার কাছে যুক্তিসঙ্গত মনে হয়।'

ডুসেল একথায় লাফ দিয়ে উঠলেন, যেন চেয়ারে সূচ ছিল। 'তোমার ঘরের অধিকার নিয়ে কথা বলার কোনো দরকার নেই। আমি কোথায় যাব? আমি হয়তো

মিস্টার ভ্যান ডানকে আমার জন্য চিলেকোঠায় একটা কুঠুরি বানিয়ে দিতে বলতে পারি। তুমিই একমাত্র নও যে কাজের জন্য একটা নিরিবিলি জায়গা পাও না। তুমি সব সময় ঝগড়ার ছুতো খুঁজে বেড়াও। যদি তোমার দিদি মারগট, যার তোমার চেয়ে বেশি কাজের জায়গা দরকার, সে যদি আমার কাছে একই অনুরোধ নিয়ে আসত, আমি কখনই তাকে ফিরিয়ে দেবার কথা ভাবতাম না, কিন্তু তুমি...'

আর আবার তিনি পুরাণ এবং বোনার কথা তুললেন, এবং আবার একবার আনে অপমানিত হল। যাই হোক আমি কোনো ভাবান্তর দেখালাম না এবং ডুসেলকে শেষ করতে দিলাম: 'কিন্তু না, তোমার সঙ্গে কথা বলা অসম্ভব। তুমি নিলর্জ্জভাবে আত্মকেন্দ্রিক। নিজের আখের গোছাতে কোনো কিছু করতেই তোমার বাধে না। আমি এরকম মেয়ে কখনও দেখিনি। কিন্তু সমস্ত কিছু সত্ত্বেও আমাকে বাধ্য হয়ে তোমার কথা মেনে নিতে হবে, কারণ আমি চাই না যে লোকে পরে বলুক মিস্টার ডুসেল তার টেবিল ব্যবহার করতে দেয়নি বলে আনে ফ্রাঙ্ক পরীক্ষায় ফেল মেরেছে।'

তিনি বকতে লাগলেন এবং এমন বন্যার মতো বাক্যবাণ বর্ষিত হচ্ছিল আমি তাল রাখতে পারছিলাম না। শুনতে শুনতে একবার মনে হয়েছিল, 'এই লোকটা আর তার মিথ্যে কথা! বোকা লোকটাকে এমন জোরে মারব যে দেওয়ালে গিয়ে ধাক্কা খাবে।' কিন্তু পরের মুহূর্তেই আমি ভাবলাম, 'শান্ত হও, গুরুত্ব দেবার দরকার নেই।'

শেষ অনেকটা পরে মিস্টার ডুসেলের রাগ মরল এবং তিনি মুখে রাগ আর জয়ের একটা মিশ্র ভাব ফুটিয়ে পকেটে খাবার ভরা কোট গায়ে ঘর থেকে বেরিয়ে গেলেন।

আমি দৌড়ে বাবার কাছে গিয়ে যে অংশগুলো উনি শোনেননি সেগুলো বলে গল্পটা পুরো করে দিলাম। পিম ঠিক করলেন ঐ সন্ধ্যাতেই কথা বলবেন ডুসেলের সঙ্গে এবং তাঁরা আধঘণ্টারও বেশি সময় কথা বললেন। প্রথমে তাঁরা আলোচনা করলেন আনা টেবিলটা ব্যবহার করবে কিনা, হ্যাঁ কিংবা না। বাবা বললেন এ ব্যাপারে তাঁর ও ডুসেলের সঙ্গে আগে একবার কথা হয়েছিল, সে সময় তিনি ডুসেলের সঙ্গে একমত হওয়ার ভাব করছিলেন কারণ ছোটোদের সামনে তাঁকে ছোটো করতে চাননি, তবে তিনি মনে করেন না যে কাজটা ঠিক হয়েছিল। ডুসেলের মনে হয়েছে তিনি বাইরে থেকে এসে সব কিছু নিজের বলে দাবি করছেন এ ভাবে আমার কথা বলার অধিকার নেই। বাবা অত্যন্ত কড়াভাবে প্রতিবাদ করলেন, কারণ তিনি শুনেছেন যে আমি এ ধরনের কোনো কথা বলিনি। এরপর কথা চলল দুপক্ষের, বাবা আমার 'স্বার্থপরতার' আর 'অর্থহীন কাজকর্মের' পক্ষ নেন এবং ডুসেল সমানে গজগজ করতে থাকেন।

ডুসেলকে শেষ পর্যন্ত হার মানতে হল এবং আমি সপ্তাহে দুটো বিকেলে অবাধে কাজ করার সুযোগ পেলাম। ডুসেল ঐ দুদিন আমার দিকে গোমড়ামুখে তাকান, আমার

সঙ্গে কথা বলেন না এবং পাঁচটা থেকে সাড়ে পাঁচটা টেবিলে গ্যাঁট হয়ে বসে থাকেন—খুবই ছেলেমানুষি ব্যাপার।

চুয়ান্ন বছর বয়সি লোকটা কুচুক্কুরে মন আর পণ্ডিতিভান নিয়েই জন্মেছে, ওই স্বভাব আর শোধরাবে না।

শুক্রবার, জুলাই ১৬, ১৯৪৩

প্রিয়তমা কিটি,

আবার কেউ ঢুকেছিল, কিন্তু এবারে সত্যি সত্যিই! পেটার রোজকার মতো নিচে গুদামে নেমেছিল আজ সকাল সাতটা নাগাদ এবং তক্ষুণি তার নজর পড়ে গুদামের দরজা আর রাস্তার দিকের দরজা খোলা। সে তক্ষুণি পিমকে জানায়। পিম খাস কামরায় গিয়ে রেডিয়োর কাঁটা জার্মানিতে দিয়ে তারপর দরজা বন্ধ করেন। তারপর দুজনে ওপরে আসেন। এই সব ক্ষেত্রে নির্দেশ হল, 'চান বন্ধ, জল ফেলা বন্ধ, চুপচাপ থাকতে হবে, আটটার মধ্যে পোশাকআশাক পরে ফেলতে হবে এবং পায়খানা বন্ধ।' আর আমরা অক্ষরে অক্ষরে মেনে চলি। আমরা খুব খুশি যে আমরা এত গভীর ঘুমিয়ে ছিলাম যে কিছুই শুনিনি। কিছুটা সময় আমরা ক্ষুব্ধ ছিলাম কারণ গোটা সকাল অফিস থেকে কেউ ওপরে আসেনি; বেলা সাড়ে এগারোটা পর্যন্ত মিস্টার ক্লাইমান আমাদের উদ্বেগে রেখেছিলেন। তিনি বললেন চোরেরা বাইরের দরজা ভেঙে ঢুকেছিল এবং গুদামের দরজা ভেঙেছিল একটা বাঁকানো লোহার শিক দিয়ে। কিন্তু সেখানে চুরি করার মতো কিছু না পেয়ে, তারা পরের তলায় ওঠে। সেখানে তারা ৪০ গিল্ডার সমেত দুটো ক্যাশবাক্স, চেকবই চুরি করে। সবচেয়ে খারাপ যেটা হল ৩৩০ পাউন্ড চিনির সবকটা কুপন নিয়ে গেছে। কালোবাজার থেকেও নতুন যোগাড় করাটা সহজ হবে না।

মিস্টার কুগলারের ধারণা ছয় সপ্তাহ আগে যে দলটা তিনটে দরজা (গুদামের এবং দুটো বাইরের দরজা) ভাঙার চেষ্টা করছিল এরা সেই দলেরই লোক।

এই চুরিতে বেশ শোরগোল পড়েছে, গোপন ডেরায় এই সব উত্তেজনায় বেশ চাঞ্চল্য জাগে। আমাদের জামাকাপড়ের আলমারিতে নগদ অর্থ এবং টাইপ রাইটার নিরাপদে আছে বলে আমরা খুশি।

তোমার, আনে

পুনশ্চ।। সিসিলিতে নেমেছে। একধাপ কাছাকাছি...!

সোমবার, জুলাই ১৯, ১৯৪৩

প্রিয়তমা কিটি,

উত্তর আমস্টারডামে রবিবার প্রচণ্ড বোমাবর্ষণ হয়েছে। খুবই ক্ষয়ক্ষতি হয়েছে বলে মনে হচ্ছে। সমস্ত রাস্তাগুলো ধ্বংসস্তুপে ভরে গেছে, মৃতদেহগুলো খুঁড়ে বার করতে অনেক সময় লাগবে। এখনও পর্যন্ত দুশোজন মারা গেছে, অসংখ্য মানুষ আহত হয়েছে, হাসপাতালে আর জায়গা নেই। শোনা গেছে ধিকিধিকি আগুন জ্বালা ধ্বংসস্তুপের মধ্যে বাচ্চারা নিঃসহায়ভাবে তাদের মৃত বাবা মাকে খুঁজে বেড়াচ্ছে। দূরে চাপা গুনগুন আওয়াজ পেলেই আমি কেঁপে উঠে ভাবি ঐ আমাদের আসন্ন ধ্বংসের সঙ্কেত।

শুক্রবার, জুলাই ২৩, ১৯৪৩

বেপ সম্প্রতি কিছু এক্সারসাইজ খাতা, বিশেষত জার্নাল এবং লেজার যোগাড় করতে পেরেছে, আমার বুক-কিপিং দিদির কাজে লাগবে! অন্যান্য ধরনেরও বিক্রি হয় কিন্তু জিজ্ঞেস কোর না সেগুলো কেমন বা কতদিন টিঁকবে। সেগুলোতে লেবেল লাগানো আছে 'কুপনের দরকার নেই'! রেশনস্ট্যাম্প ছাড়া কেনা জিনিসগুলো একেবারে বাজে। ওগুলোতে বারোটা করে ময়লা পাতা, লাইন টানা। মারগট ভাবছিল ক্যালিগ্রাফির একটা কোর্স করবে, আমি ওকে সেটা করার জন্য উৎসাহ দিলাম। মা আমাকে চোখের জন্য করতে দিলেন না, তবে আমার মনে হয় কারণটা তুচ্ছ। আমি ওটা করি কী অন্য কিছু করি ব্যাপারটা তো একই।

যেহেতু তুমি কখনও যুদ্ধের মধ্যে দিয়ে যাওনি কিটি, এবং আমার চিঠি ছাড়া তুমি লুকিয়ে থাকা জীবনের ব্যাপারে খুবই কম জানো সেজন্য নিছক মজার জন্যই বলব, আমরা যখন এখান থেকে বেরোব তখন প্রথমে কী করব।

মারগট আর মিস্টার ভ্যান ডানের ইচ্ছে সমস্ত কিছুর আগে গরম জলে চান করা এবং তাতে আধ ঘণ্টারও বেশি সময় গা ডুবিয়ে বসে থাকা। মিসেস ভ্যান ডান কেক খেতে চান, ডুসেল তাঁর শার্লটেকে দেখার কথা ছাড়া আর কিছু ভাবেন না এবং মা তো এক কাপ ভালো কফির জন্য মুখিয়ে আছেন। বাবা মিস্টার ভোসকুইজ্‌লকে দেখতে যেতে চান। পেটার শহরে ঘুরে বেড়াতে চায় আর আমি এত খুশি হব যে আমি জানি না কোথা থেকে শুরু করব।

সবচেয়ে বেশি আমি চাই আমাদের একটা বাড়ি হোক, যেখানে আমি ইচ্ছেমতো

ঘুরে বেড়াব এবং আবার আমার হোমওয়ার্কে সাহায্য করার কেউ থাকবে। অন্য ভাবে বলতে গেলে, স্কুলে ফিরে যাওয়া।

বেপ বলেছেন আমাদের জন্য কিছু ফলমূল যোগাড় করে আনবেন দরদাম করে: আঙুর ২.৫০ গিল্ডার প্রতি পাউন্ড, গুজবেরি পাউন্ড প্রতি ৭০ সেন্ট, একটা পিচ ৫০ সেন্ট, তরমুজ পাউন্ড প্রতি ৭৫ সেন্ট। কাগজগুলো প্রতি সন্ধ্যাতেই বড়ো মোটা অক্ষরে লেখে: 'ন্যায্য পথে চলো দাম কম রাখো!'

সোমবার, জুলাই ২৬, ১৯৪৩

প্রিয় কিটি,

গতকাল ছিল তুমুল গোলমালের দিন, আমরা এখনও বেশ উত্তেজিত হয়ে আছি। আসলে তুমি বলতেই পারো কিছু না কিছু উত্তেজনা ছাড়া কোন দিনটাই বা কাটে।

সকালে আমরা যখন প্রাতরাশ টেবিলে তখন প্রথম সতর্ক সাইরেন বাজে, আমরা খুব একটা গুরুত্ব দিইনি, কারণ তার মানে প্লেনগুলো উপকূল পার হয়ে চলে গেল। আমার ভয়ানক মাথা ধরেছিল, সেজন্য প্রাতরাশের পর আমি একঘণ্টা শুয়েছিলাম তারপর বেলা দুটো নাগাদ অফিসে গিয়েছিলাম। আড়াইটে নাগাদ মারগট তার অফিসের কাজ শেষ করে কাগজপত্র গুছিয়ে রাখছে তখন আবার সাইরেন বাজল। মারগট আর আমি ওপরে চলে গেলাম। অল্প পরেই, মনে হয় পাঁচ মিনিটেরও কম সময়ের মধ্যে কামানের গর্জন এত জোরে শুরু হল যে আমাদের যাতায়াতের গলিপথের মধ্যে আমরা দাঁড়িয়ে পড়লাম। বাড়িটা কাঁপতে লাগল, বোমার বৃষ্টি হতে লাগল। আমি আমার পালানোর জন্য গুছিয়ে রাখা সুটকেস নিয়ে বসে রইলাম, সেটা নিয়ে যে পালাব সেজন্য নয় আসলে আঁকড়ে ধরার মতো কোনো কিছু দরকার ছিল। আমি জানি আমরা এখান থেকে পালাতে পারব না, কিন্তু যদি যেতে হয়, আমাদের যদি রাস্তায় দেখা যায় তাহলে সেটা বিমান হানার মধ্যে পড়ার মতোই বিপজ্জনক হবে। আধঘণ্টা পরে বিমানের ইঞ্জিনের গুনগুন শব্দ থেমে গেল আর বাড়ির কাজকর্ম শুরু হল। পেটার চিলেকোঠায় তার নজরদারির খোপ থেকে বেরিয়ে এল, ডুসেন সামনের অফিসেই থেকে গেলেন, মিসেস ভ্যান ডান খাস কামরাতেই স্বচ্ছন্দবোধ করলেন, মিস্টার ভ্যান ডান ছাদের নিচের স্টোররুমের ঘুলঘুলি দিয়ে দেখছিলেন আর আমরা যারা ল্যান্ডিং-এ ছিলাম তারা সরে এলাম। দেখলাম বন্দর থেকে ধোঁয়ার কুণ্ডলী উঠছে। পোড়ার গন্ধ ছড়িয়ে গেল সব জায়গায়; আর বাইরে থেকে মনে হচ্ছিল শহরটা কুয়াশার একটা মোটা চাদরে ঢেকে গেছে।

এরকম একটা বড়ো অগ্নিকাণ্ড দেখাটা খুব আনন্দের ব্যাপার নয়, সৌভাগ্যক্রমে ঘটনাটা শেষ হয়ে গিয়েছিল আর আমরা নিজেদের কাজকর্মে ফিরে গিয়েছিলাম। আমাদের রাতের খাবারের সময় আবার বিমান হামলার সাইরেন বেজে উঠল। খাবার ভালোই ছিল কিন্তু সাইরেন শোনার সঙ্গে সঙ্গে আমার খিদের বোধটাই চলে গেল। কিছুই ঘটল না, তবে পঁয়তাল্লিশ মিনিট পরে বিপদ কেটে যাওয়ার সাইরেন বাজল। বাসনকোসন ধোয়ার পর, আবার বিমান-হানার সাইরেন, কামান গর্জন, অনেক প্লেনের আওয়াজ। 'ওরে ব্বাবা, এক দিনে দুবার' আমরা ভাবছি, 'দুবার খুবই বেশি'। মন্দের ভালো যেটা হল, অজস্র বোমা পড়ল ঠিকই তবে সেটা শহরের অন্য দিকে। ব্রিটিশদের খবর অনুযায়ী শিপল বিমানবন্দরের ওপর বোমা ফেলা হয়েছে। প্লেনগুলো ঝাঁপ দিয়ে নিচে নামছিল আবার উঠে যাচ্ছিল প্লেনের ইঞ্জিনের আওয়াজে বাতাস ভরে যাচ্ছিল। খুবই আতঙ্কিত হয়ে পড়েছিলাম, আর সব সময় ভাবছিলাম, 'ঐ আসছে, ঐ আসছে।'

আমি তোমাকে বলতে পারি যখন আমি রাত নটার সময় বিছানায় যাই তখন আমার পা কাঁপছিল। মাঝরাতে আবার জেগে উঠলাম; আরো প্লেন! ডুসেল তখন পোশাক বদল করছিলেন, সে সব খেয়াল না করেই গোলার প্রথম আওয়াজটা পেয়েই লাফ দিয়ে উঠে পড়লাম। ঘুমের তো কথাই নেই। বাবার বিছানায় থাকলাম একটা পর্যন্ত, তারপর নিজের বিছানায় দেড়টা পর্যন্ত এবং আবার বাবার কাছে গেলাম দুটোর সময়। কিন্তু প্লেনের আসার বিরাম নেই। শেষ পর্যন্ত বোমা পড়া বন্ধ হল এবং আমি নিজের বিছানায় শুতে পারলাম। আড়াইটে নাগাদ ঘুমোলাম।

সকাল সাতটা। আমি ধড়মড় করে ঘুম থেকে উঠে পড়লাম, বিছানায় বসে রইলাম। মিস্টার ভ্যান ডানের সঙ্গে বাবা। আমার প্রথম চিন্তাই এল: চোর। 'সব কিছু' মিস্টার ভ্যান ডান বললেন আমি শুনলাম, আর আমি ভাবলাম সব কিছুই চুরি হয়ে গেছে। কিন্তু না, এবারে একটা দারুণ খবর, এই ক মাসের মধ্যে সবচেয়ে ভালো খবর, হয়তো যুদ্ধ শুরুর পরে এত ভালো খবর আর আসেনি। মুসোলিনি পদত্যাগ করেছে এবং ইতালির রাজা সরকার হাতে নিয়েছে।

আমরা আনন্দে লাফিয়ে উঠলাম। গতকালের ভয়ঙ্কর ঘটনাগুলোর পর, শেষ পর্যন্ত ভালো কিছু ঘটল আর আমাদের জন্য আশা নিয়ে এল! যুদ্ধ শেষের আশা, শান্তির আশা।

মিস্টার কুগলার এসেছিলেন, বললেন ফকার বিমান কারখানা ভীষণভাবে ক্ষতিগ্রস্ত হয়েছে। এ দিকে আবার আজ সকালে বিমান হামলার সাইরেন, আবার প্লেনের উড়ে যাওয়া। এখানে এসে থেকে সাইরেনই শুনছি। ভালো করে ঘুমোতেই পারি না, আর সব চেয়ে বড়ো কথা আমি কাজ করতে চাই। কিন্তু এখন ইতালিকে

নিয়ে উত্তেজনা এবং বছরের শেষ নাগাদ যুদ্ধ শেষ হবে এই আশা আমাদের জাগিয়ে রাখবে...

তোমার, আনে

বৃহস্পতিবার, জুলাই ২৯, ১৯৪৩

প্রিয়তমা কিটি,

মিসেস ভ্যান ডান, ডুসেল আর আমি বাসন ধুচ্ছিলাম এবং আমি একদম চুপচাপ ছিলাম। এটা আমার পক্ষে খুবই অস্বাভাবিক যেটা ওঁরা লক্ষ করেছিলেন, সুতরাং কোনো রকম প্রশ্ন এড়াতে বুদ্ধি করে একটা নিরপেক্ষ বিষয়ের কথা ভাবলাম। আমার মনে হয়েছিল *হেনরি ফ্রম অ্যাক্রস দ্য স্ট্রিট* বইটা উপযোগী হবে, কিন্তু আমার ভুল হয়েছিল; যদিও বা মিসেস ভ্যান ডান আমার গলা না টিপে ধরেন, মিস্টার ডুসেল ধরবেন। পুরো ব্যাপারটা এই রকম দাঁড়াল: মিস্টার ডুসেল বইটা আমাকে আর মারগটকে পড়তে দিয়েছিলেন চমৎকার বইয়ের নমুনা হিসেবে। আমাদের তেমন কিছু মনে হয়নি। ছোটো বাচ্চাটার চরিত্রটা সুন্দর ভাবে আঁকা হয়েছিল কিন্তু বাকিটা...যত কম বলা যায় ততই ভালো। আমরা যখন বাসন ধুচ্ছিলাম তখন এই মর্মে কিছু বলেছিলাম, ব্যাস ডুসেলের বকুনি মেশানো বকাবকানি শুরু হয়ে গেল।

'তুমি কী করে একজন পুরুষের মনস্তত্ত্ব বুঝবে? বাচ্চারটা বোঝা শক্ত নয় (!)। কিন্তু এই ধরনের বই পড়ার পক্ষে তুমি বড়োই ছোটো। এমনকি একটা কুড়ি বছর বয়সি কারোরও ও বই বোঝার সাধ্য নেই।' (তবে উনি কেন আমাকে আর মারগটকে ঐ বইটা পড়তে বলেছিলেন?)

এবার ডুসেল আর মিসেস ভ্যান ডান দুজনে মিলে বক্তৃতা দিতে লাগলেন: 'তোমার যে বিষয়ে জানা উচিত নয় তুমি সেগুলোই বড্ড বেশি জানো। তুমি বেয়াড়াভাবে বেড়ে উঠছে। পরে যখন তুমি বড়ো হবে তুমি আর কিছুই উপভোগ করতে পারবে না। তখন তুমি বলবে, "ওহ্ আমি তো ওটা কুড়ি বছর আগে কোনো বইতে পড়েছিলাম।" তুমি যদি তোমার বর ধরতে চাও বা প্রেমে পড়তে চাও সেটাই তাড়াতাড়ি কর, নইলে সব কিছুই তোমার কাছে বিচ্ছিরি লাগতে শুরু করবে। তুমি ইতিমধ্যেই জানো যে বইয়ে সবই আছে, কিন্তু কাজের বেলায়? সেটা তো আরেকটা গল্প হবে!'

তুমি ভাবতে পারো আমার কেমন লেগেছিল? শান্ত ভাবে উত্তর দিতে গিয়ে নিজেই আশ্চর্য হয়ে গিয়েছিলাম। 'আপনারা মনে করতে পারেন যে আমি ঠিক ভাবে বড়ো হয়ে উঠিনি, কিন্তু অনেক লোকই সে ব্যাপারে একমত হবেন না!'

১১২

তাঁরা স্পষ্টতই মনে করেন যে আমার বাবা-মায়ের সঙ্গে ঝামেলা লাগিয়ে দেওয়াটাই ছেলেপিলেদের বড়ো করে তোলার ভালো পদ্ধতি, আর এটাই সব সময় তাঁরা করে থাকেন। আর আমার বয়সি একটি মেয়েকে বড়োদের বিষয়গুলির ব্যাপারে কিছু না বলাটাই ঠিক কাজ। আর এইভাবে বড়ো করে তুললে কী ফল হয় সে তো আমরা সকলেই দেখতে পাচ্ছি।

ঐ মুহূর্তে আমাকে অপমান করার জন্য আমি ওদের দুজনকেই একটা করে চড় কষিয়ে দিতে পারতাম। আমি খুবই রেগে গিয়েছিলাম। এদের সঙ্গ যে আমাকে কতদিন সহ্য করতে হবে! আমি তার দিন গুনছি।

মিসেস ভ্যান ডান কথাবার্তায় বেশ দড়! তিনি একটা উদাহরণ স্থাপন করেন— সেটা খুব খারাপ! তাঁকে সবাই জানে নিজের উন্নতির জন্য সদাই উদ্যোগী, অহংকারী, ধূর্ত, স্বার্থপর এবং সর্বদা অসন্তুষ্ট লোক হিসেবে। আর তার সঙ্গে দম্ভ এবং ছেনালিও যোগ করা যায়: তিনি একজন পুরোপুরি ঘৃণ্য লোক। আমি ঐ মহিলার বিষয়ে একটা গোটা বই-ই লিখে ফেলতে পারি, আর কে জানে, হয়তো কোনো দিন লিখেই ফেলব। কেউ চাইলে তার ওপর রঙ চড়াতে পারে। বাইরের কোনো লোক, বিশেষত পুরুষ মানুষ এলে, তিনি ভারী ভালো ব্যবহার করেন। তুমি তাকে যখন প্রথম দেখবে তখন সহজেই ভুল বুঝবে।

মা মনে করেন মিসেস ভ্যান ডান এতটাই নির্বোধ যে ওঁর সঙ্গে কথা বলাই বৃথা, মারগট ওঁকে ফালতু লোক মনে করে, পিম তাঁকে খুবই কুৎসিত (আক্ষরিক অর্থে এবং আলঙ্কারিক অর্থে) বলে ভাবেন এবং বহুদিন ধরে দেখে (গোড়াতে আমার একেবারেই কোনো পছন্দ-অপছন্দ ছিল না), আমি এই সিদ্ধান্ত এসেছি যে তাঁর ঐ গুণগুলি তো আছেই তার সঙ্গে আরো কিছু আছে। ওঁর মধ্যে এত রকমের বদগুণ যে একটার থেকে একটা আলাদা করাই অসম্ভব!

তোমার, আনে

পুনশ্চ।। লেখিকার রাগ ঠান্ডা হবার আগেই যে এই লেখাটা লেখা হয়েছিল সেটা পাঠকরা বিবেচনায় রাখবেন কি?

মঙ্গলবার, আগস্ট ৩, ১৯৪৩

প্রিয়তমা কিটি,

রাজনীতি ক্ষেত্রে সব ভালোই চলেছে। ইতালি ফ্যাসিস্ট পার্টিকে নিষিদ্ধ করেছে। বহু জায়গায় মানুষ ফ্যাসিস্টদের বিরুদ্ধে লড়াই করছে—এমনকি সেনাও এই যুদ্ধে শামিল হয়েছে। এমন একটা দেশ কীভাবে ইংলন্ডের বিরুদ্ধে লড়াই চালাতে পারে?

আমাদের চমৎকার রেডিয়োটি গত সপ্তাহে নিয়ে গিয়েছে। নির্দ্ধারিত দিনেই সেটা দিয়ে দেবার জন্য ডুসেল মিস্টার কুগলারের ওপর খুব রেগে গিয়েছিল। ডুসেল আমার হিসেবে নামতে নামতে এখন একেবারে শূন্যের নিচে। রাজনীতি, ইতিহাস, ভূগোল অথবা অন্য যে কোনো বিষয়ে উনি যা বলেন তা এত হাস্যকর যে উল্লেখ করতেই ইচ্ছে করে না: হিটলার ইতিহাস থেকে মিলিয়ে যাবে; রটারডামের বন্দর হামবুর্গের বন্দরের থেকে বড়ো; ইতালিকে বোমা মেরে টুকরো টুকরো করে দিচ্ছে না বলে ইংরেজরা নির্বোধ; ইত্যাদি, ইত্যাদি।

এক্ষুণি একটা বিমান হামলা হয়ে গেল, এই নিয়ে তৃতীয়বার। আমি দাঁতে দাঁত চিপে সাহসী হবার চেষ্টা করছিলাম।

মিসেস ভ্যান ডান, যিনি সব সময় বলেন, 'পড়তে দাও' এবং 'একেবারেই শেষ না হওয়ার চেয়ে বরং ভয়ানক ভাবে শেষ হওয়া ভালো'—তিনিই আমাদের মধ্যে সবচেয়ে বেশি ভিতু। আজ সকালে তিনি বাঁশপাতার মতো কাঁপছিলেন এবং এমনকি কাঁদছিলেনও। তাঁর স্বামী তাঁকে সান্ত্বনা দিচ্ছিলেন, যার সঙ্গে এক সপ্তাহ ঝগড়া করার পর সম্প্রতি মিটিয়ে নিয়েছিলেন; দৃশ্যটা দেখে আমি খুবই আবেগপ্রবণ হয়ে পড়েছিলাম।

মুশ্চি সন্দেহাতীত ভাবে প্রমাণ করে দিয়েছে যে বেড়াল পোষার সুফল ও কুফল দুই-ই আছে। ওদের গায়ের ছোটো মাছিতে বাড়ি একেবারে ভরে গেছে আর প্রতিদিনই বাড়ছে। মিস্টার ক্লাইমান আনাচে কানাচে হলুদ পাউডার ছড়িয়ে দিয়েছেন কিন্তু মাছিদের তাতে বিন্দুমাত্র যায় আসেনি। আমরা খুবই ঘাবড়ে যাচ্ছি; মনে হচ্ছে যেন হাতে পায়ে শরীরের নানা জায়গায় কামড় অনুভব করছি, আর লাফ দিয়ে উঠে ব্যায়াম করছি, যেন তা ঘাড় আর হাতের ভালো চেহারা দেবার একটা অছিলা। কিন্তু খুব কম শারীরিক ব্যায়াম করার মাশুল দিতে হচ্ছে এখন; ঘাড় এত শক্ত হয়ে গেছে যে ঘোরাতেই পারছি না। শরীরচর্চা তো বহু আগেই বন্ধ হয় গেছে।

তোমার, আনে

বুধবার, আগস্ট ৪, ১৯৪৩

প্রিয়তমা কিটি,

এক বছরেরও বেশি সময় ধরে আমরা গোপন ডেরায় রয়েছি, তুমি আমাদের জীবনযাপনের অনেকটাই জানো। তবুও, আমি সম্ভবত সবকিছু বলতে পারিনি কারণ তা সাধারণ সময় এবং সাধারণ মানুষের সঙ্গে তুলনা করলে অনেকটাই আলাদা। তা সত্ত্বেও আমাদের জীবনযাপনকে কাছ থেকে দেখার জন্য সময় ধরে আমাদের একটা সাধারণ দিনের বর্ণনা করব। আমি রাতের কথা দিয়ে শুরু করব।

রাত নটা। প্রচুর হুলুস্থুলের মধ্যে দিয়ে গোপন ডেরায় শুতে যাবার সময় শুরু হয়। চেয়ার সরানো, বিছানা টেনে বার করা, কম্বলের ভাঁজ খোলা—দিনের বেলায় কোনো জিনিসই জায়গায় থাকে না। আমি একটা পাঁচ ফুটি ডিভানে শুই। কাজেই লম্বা করার জন্য চেয়ার জুড়তে হয়। পালকের লেপ, চাদর, বালিশ, কম্বল: সব কিছু নিতে হয় ডুসেলের বিছানা থেকে কারণ দিনের বেলা সেগুলো ওখানেই থাকে।

পাশের ঘরে জোরালো ক্যাঁচ কোঁচ আওয়াজ হয়। মারগটের গোটানো খাটটা বের করে সেট করা হচ্ছে। কাঠের পাটাগুলো আরামপ্রদ করার জন্য আরো কম্বল আরো বালিশ। ওপর তলায় বজ্রপাতের মতো আওয়াজ হচ্ছে, তার কারণ মিসেস ভ্যান ডানের বিছানা জানলার পাশে টেনে নিয়ে যাওয়া হচ্ছে যাতে গোলাপি রাত পোশাক পরা মহারানি তাঁর কোমল নাকের ফুটো দিয়ে রাতের বাতাস টেনে নিতে পারেন।

পেটারের হয়ে যাবার পরে আমার বাথরুমে যাবার পালা। আমি মাথা থেকে পা পর্যন্ত ধোয়ামোছা করি আর প্রায়ই জলে মাছি ভাসতে দেখি (গরমের মাস, সপ্তাহ আর দিনগুলোতে)। দাঁত ব্রাশ করি, চুল কোঁকড়ানোর ক্লিপ লাগাই, নখে রঙ লাগাই, ঠোঁটের ওপরের কালো লোমগুলোকে ব্লিচ করার জন্য পারক্সাইড লাগাই—এই সব কিছু করতে আধ ঘণ্টার কম সময়ই লাগে।

সাড়ে-নটা। গায়ে রাত পোশাক চাপিয়ে নিই। এক হাতে সাবান আর অন্য হাতে প্রস্রাবের পাত্র, কোঁকড়ানোর ক্লিপ, ক্লিপ, ইজের এবং তুলো নিয়ে বাথরুম থেকে তাড়াহুড়ো করে বেরিয়ে আসি। পরের জন যে ঢোকে সে আমাকে বেসিনে ফেলে আসা আমার চুলের অলঙ্করণ সাফ করার জন্য ডাকে।

রাত দশটা। আলো নিবিয়ে দেবার এবং শুভরাত্রি বলার পালা। এরপর অন্তত পক্ষে পনেরো মিনিট খাটগুলোর ক্যাঁচোর কোঁচর, ভাঙা স্প্রিং-এর দীর্ঘশ্বাস আর তারপরে বাড়িটা চুপচাপ হয়ে যায়, যদি না আমাদের ওপর তলার প্রতিবেশী বিছানায় শুয়ে শুয়ে ঘরোয়া কোন্দল না শুরু করে।

রাত সাড়ে এগারোটা, বাথরুমের দরজায় ক্যাঁচ শব্দ। আলোর একটা সরু রেখা ঘরে এসে পড়ে। জুতোর মচমচ শব্দ, একটা বড়ো কোট, এমনকি তার ভেতরের মানুষটার চেয়েও...ডুসেল মিস্টার কুগলারের অফিস থেকে রাতের কাজ সেরে ফিরলেন। তারপর পুরো দশ মিনিট ধরে এদিক ওদিক হাঁটা চলার শব্দ, কাগজের মড়মড় শব্দ (তাঁর আলমারিতে যে খাবার দাবার সরিয়ে রাখেন তার থেকে) এবং বিছানা পাতার শব্দ। তারপর মূর্তিটি আবার অদৃশ্য হল এবং পায়খানা থেকে সন্দেহজনক শব্দ হতে লাগল।

প্রায় রাত তিনটে। আমাকে আমার বিছানার তলায় রাখা টিনের পাত্রটি ব্যবহার করার জন্য উঠতে হয়, যেটা, যদি লিক করে সেজন্য রবারের ম্যাটের ওপর বসানো আছে। যখন আমি করি তখন আমি দম বন্ধ করে থাকি কারণ তা টিনের ক্যানের মধ্যে এমন ছড়ছড় শব্দ করে পড়তে থাকে যেন পাহাড় থেকে ঝরনা নামছে। প্রস্রাবের পাত্রটি জায়গায় ফিরে যায় এবং সাদা রাত পোশাক পরা মূর্তিটি (প্রতি সন্ধ্যায় যেটি থেকে মারগট চেঁচায়, 'ওহ্ ঐ বিশ্রি নাইটিটা!) বিছানায় ঢুকে পড়ে। তারপর একজন প্রায় পনেরো মিনিট জেগে থেকে রাতের শব্দগুলো শুনতে থাকে। প্রথমত, নিচের তলায় কোনো চোর ঢুকেছে কিনা আর তারপর বিভিন্ন বিছানার শব্দ—ওপরে, পাশের ঘরে এবং আমার ঘরে—বলে দেয় অন্যরা ঘুমোচ্ছে না আধো ঘুমে। এই আধো ঘুমে থাকাটা খুব মজার ব্যাপার নয় বিশেষত যে পরিবারে মিস্টার ডুসেল নামে এক সদস্য আছেন। প্রথমে একটা মাছের খাবি খাওয়ার মতো আওয়াজ শোনা যায়, সেটা হয় নয় থেকে দশবার। তারপর জিভ দিয়ে ঠোঁট ভেজানো। ফাঁকে ফাঁকে চলে চুকচুক শব্দ, এরপর অনেকক্ষণ ধরে চলে বালিশগুলোকে এদিক ওদিক করা। পাঁচ মিনিট একদম নিস্তব্ধ থাকার পর ঐ একই ব্যাপার তিনবার ঘটে, এরপর সম্ভবত তিনি কিছুক্ষণের জন্য ঘুমিয়ে পড়েন।

কখনও কখনও রাত একটা থেকে চারটের মধ্যে গোলাগুলি বর্ষণ শুরু হয়। অভ্যাসবশে বিছানা থেকে লাফিয়ে না ওঠা পর্যন্ত আমি বুঝতে পারতাম না কী ঘটছে। কখনও কখনও গভীর স্বপ্নে (অনিয়মিত ফরাসি ক্রিয়াপদ কিংবা ওপরতলার ঝগড়ার) ডুবে থাকি এমন যে গোলাগুলির শব্দ শেষ হবার পর আমি বুঝতে পারি আর চুপচাপ ঘরেই থাকি। কিন্তু সাধারণত আমি জেগে যাই। তারপর একটা বালিশ একটা রুমাল হাতে গিয়ে ড্রেসিং গাউন আর চটি গলিয়ে দৌড়ে পাশের ঘরে বাবার কাছে, মারগট এটাই জন্মদিনের কবিতায় লিখেছিল:

গোলার শব্দে যখন আঁধার ভাঙে রাতে
দরজা খোলার শব্দ শুনে দেখবে চোখ পেতে
সাদা ছায়ার মতো ঢুকছি কেমন রুমাল, বালিশ হাতে...

বড়ো বিছানায় একবার একবার পৌঁছতে পারলে, বিপদ কেটে গেল। যদি গোলাগুলির আওয়াজ আরো না বেড়ে যায়।

পৌনে সাতটা। ব্রি র্ র্ র্ রিং...অ্যালার্ম ঘড়ি, যেটা তীক্ষ্ণ আওয়াজ বার করে দিনে রাতে যখন খুশি, তুমি চাও বা না চাও। ক্রিক...হোয়াম...মিসেস ভ্যান ডান সেটি বন্ধ করলেন। স্রিক...মিসেস ভ্যান ডান উঠলেন, জল ভরলেন এবং বাথরুমে দৌড়লেন।

সাতটা পনেরো। দরজায় আবার ক্যাঁচ শব্দ। ডুসেল এবার বাথরুমে যেতে পারেন। শেষ পর্যন্ত একদম একা, আমি আলো আড়াল করার পর্দাগুলো সরিয়ে দিই...গোপন ডেরায় একটা নতুন দিন শুরু হয়।

তোমার, আনে

বৃহস্পতিবার, আগস্ট ৫, ১৯৪৩

প্রিয়তমা কিটি,

আজ আমি দুপুরের খাওয়ার কথা বলব।

এখন সাড়ে বারোটা। পুরো দলটা স্বস্তির নিঃশ্বাস ফেলে: মিস্টার ভ্যান মারেন, যাঁর গোলমেলে অতীত, এবং মিস্টার ডিকক দুপুরের খাওয়ার জন্য বাড়ি যান।

ওপরে তুমি শুনতে পাবে ভ্যাকুয়াম ক্লিনার চালানোর শব্দ যেটি মিসেস ভ্যান ডান তাঁর চমৎকার এবং একমাত্র কার্পেটের ওপর চালাচ্ছেন। মারগট কয়েকটা বই বগলাদাবা করে চলল 'ধীর শিক্ষার্থীদের' ক্লাসে, মিস্টার ডুসেল যা। পিম তাঁর সব সময়ের সঙ্গী ডিকেন্সকে নিয়ে চুপচাপ শান্তির আশায় কোনো একটা কোণে গিয়ে বসছেন। ব্যস্ত গৃহকর্ত্রীটিকে সাহায্য করার জন্য মা তাড়াতাড়ি করে ওপরে যাচ্ছেন আর আমি একই সঙ্গে বাথরুম এবং নিজেকে সাফসুতরো করতে লেগেছি।

পৌনে একটা। একে একে তাঁরা আসছেন: প্রথমে মিস্টার গিজ এবং তারপর হয় মিস্টার ক্লাইমান অথবা মিস্টার কুগলার, এরপর বেপ এবং কখনও মিয়েপও।

একটা রেডিয়োকে ঘিরে বসে তারা সবাই বিবিসি শোনে। একমাত্র এই সময়টা গোপন ডেরার সদস্যরা একে অপরের কথার মধ্যে কথা বলে না, এমনকি মিস্টার ভ্যান ডানও বক্তার সঙ্গে তর্ক করতে পারেন না।

একটা পনেরো। খাবার বিতরণ। নিচের তলার লোকেরা পায় এক কাপ করে সুপ এবং পুডিং, যদি থাকে। পরিতৃপ্ত মিস্টার গিজ ডিভানে বসেন অথবা ডেস্কে হেলান দিয়ে খবরের কাগজ, কাপ এবং সাধারণত বেড়াল নিয়ে বসেন। যদি কোনো দিন এই তিনটের মধ্যে একটা না থাকে তো তিনি বিরক্ত হন। মিস্টার ক্লাইমান শহরের তাজা

খবরাখবর দেন, তাঁর এ ব্যাপারে চমৎকার যোগাযোগ আছে। মিস্টার কুগলার সিঁড়ি দিয়ে হড়বড় করে আসেন, দরজায় একটা শব্দ করেন তারপর ভেতরে ঢোকেন হাত মোচড়াতে মোচড়াতে অথবা আনন্দে হাত কচলাতে কচলাতে, এটা নির্ভর করে তিনি চুপচাপ এবং খারাপ মেজাজে অথবা কথা বলার এবং খোশ মেজাজে আছেন কিনা তার ওপর।

পৌনে দুটো। প্রত্যেকে টেবিল থেকে উঠে পড়েন এবং কাজে চলে যান। মারগট আর মা বাসন ধুতে শুরু করেন, মিস্টার এবং মিসেস ভ্যান ডান তাঁদের ডিভানে চলে যান, পেটার চিলেকোঠায়, বাবা তাঁর ডিভানে, ডুসেলও, আর আনে তার হোমওয়ার্ক করে।

এর পরেই আসে দিনের সব চেয়ে শান্তির সময়; যখন সবাই নিদ্রামগ্ন, তখন কোনো ঝামেলা নেই। মুখ দেখে বোঝা যায় ডুসেল খাবার দাবারের স্বপ্ন দেখছেন। কিন্তু আমি তাঁর দিকে বেশিক্ষণ তাকিয়ে থাকতে পারি না, কারণ সময় হুহু করে চলে যায় এবং তোমার বোঝবার আগেই চারটে বেজে যাবে এবং মহা পণ্ডিত ড. ডুসেল হাতে ঘড়ি নিয়ে অপেক্ষা করবেন কারণ আমার টেবিল ছাড়তে এক মিনিট যাতে দেরি না হয়।

তোমার, আনে

শনিবার, আগস্ট ৭, ১৯৪৩

প্রিয়তমা কিটি,

কয়েক সপ্তাহ আগে আমি একটা গল্প লিখতে শুরু করেছি, শুরু থেকে শেষ আমি বানিয়ে ফেলেছি, আর আমার কলম থেকে কিছু বেরিয়ে আসছে এতে আমার খুব ভালো লাগছে।

তোমার, আনে

সোমবার, আগস্ট ৯, ১৯৪৩

প্রিয়তমা কিটি,

আমাদের এই গুপ্ত ডেরায় যেমন চলে তেমনই চলছে। যেহেতু আমি দিনের খাওয়ার বর্ণনা দিয়েছি, এখন রাতের খাওয়ার বর্ণনা দেবার পালা।

মিস্টার ভ্যান ডান। তাঁকেই প্রথমে দেওয়া হয়, এবং যেটা তিনি পছন্দ করেন তার বড়ো অংশ তিনি নেন। সাধারণত কথাবার্তায় অংশ নেন, তাঁর মতামত জানাতে কখনও ভোলেন না। একবার তিনি বলে ফেললে, তাঁর কথাই শেষ কথা। যদি কেউ সাহস করে অন্য পরামর্শ দেয় তাহলে মিস্টার ভ্যান ডান ভালোরকম লড়ে যান। তিনি বেড়ালের মতো ফ্যাঁস ফ্যাঁস করতে থাকেন...আমি এড়িয়েই যাই। তুমি যদি একবার দেখ তাহলে তুমি আরেকবার দেখতে চাইবে না। তাঁর মতই শ্রেষ্ঠ, তিনি সব ব্যাপারেই সব চেয়ে বেশি জানেন। মেনে নেওয়া গেল লোকটির ঘাড়ের ওপর একটা ভালো মাথা আছে, কিন্তু তাঁর ভীষণ দেমাক।

ম্যাডাম। প্রকৃতপক্ষে কিছু না বলাটাই সবচেয়ে ভালো। কোনো কোনো দিন তাঁর মেজাজ খারাপ থাকলে তাঁর মুখ দেখে বোঝা ভার। তুমি যদি আলোচনা বিশ্লেষণ কর তাহলে দেখবে বিষয়টা তিনি নন, তিনিই সমস্যার মূলে। এ ব্যাপারটা সবাই এড়িয়ে যেতে চায়। তা সত্ত্বেও তুমি ওঁকে উসকানি দাতা বলতে পারো। সমস্যাকে খুঁচিয়ে তোলাকে মিসেস ভ্যান ডান মজা মনে করেন। যেমন মিসেস ফ্রাঙ্ক এবং আনের মধ্যে ঝগড়া বাঁধিয়ে দেওয়া। মারগট এবং মিসেস ফ্রাঙ্কের মধ্যে অবশ্য অতটা সহজে হয় না।

কিন্তু এবার আমরা টেবিলে ফিরে আসি। মিসেস ভ্যান ডান মনে করেন তিনি সব সময়ে যথেষ্ট পান না, কিন্তু ব্যাপারটা তা নয়। পছন্দসই আলু, স্বাদু খাবার, নরম বিট যাই থাকুক না কেন সেটা হস্তগত করাই মহাশয়ার লক্ষ্য। অন্যেরা তাদের ভাগের জন্য অপেক্ষা করুক, আমি তো সেরাটা নিয়ে নিই। (ঠিক এ ব্যাপারেই তিনি আনে ফ্রাঙ্ককে অভিযুক্ত করে থাকেন।) আর তাঁর দ্বিতীয় অভ্যাসটি হল: কথা বলে যাওয়া। তারা শুনছে কী শুনছে না, বা আগ্রহ আছে কিনা, তাতে তাঁর কিছু যায় আসে না। তিনি মনে করেন মিসেস ভ্যান ডান যা বলবে যা সবাই আগ্রহ নিয়ে শুনবে।

ছেনালিমার্কা হাসি, সবজান্তাভাব, প্রত্যেককে উপদেশ দেওয়া, তাদের প্রশংসা করা—এগুলো নিজের ভাবমূর্তি তৈরি করার জন্য করেন। কিন্তু ভালো করে দেখলে বুঝতে পারবে সবটাই মেকি। তবে প্রথমত, তিনি পরিশ্রমী; দ্বিতীয়ত, হাসিখুশি; তৃতীয়ত, ঢলানি—এবং কখনও কখনও সুন্দর দেখায়। এই হলেন পেট্রোনেলা ভ্যান ডান।

রাতের খাওয়ার তৃতীয় ব্যক্তি। খুব কম কথা বলে। ছোটো মিস্টার ভ্যান ডান চুপচাপ এবং নিজের উপস্থিত জানান দিতে চায় না। তবে তার খিদের কথা বলতে গেলে সে যেন ডানাইডিয়ান পাত্রের (গ্রিক পুরাণের) মতো, যা কখনও ভর্তি হয় না। এমনকি খুব ভালো রকম পেট পুরে খাওয়ার পরও শান্ত চোখে চেয়ে থাকবে এবং দাবি করবে এর দুগুণ সে খেতে পারে।

চতুর্থ জন—মারগট। পাখির মতো খায় এবং একেবারেই কথা বলে না। সে শুধুমাত্র সবজি আর ফল খায়। ভ্যান ডানদের মতে 'আদরে নষ্ট', আমাদের মতে 'কম শরীরচর্চা এবং তাজা হাওয়ার' অভাব।

এছাড়া—মা। ভালো খিদে হয়, আর যথেষ্ট কথা বলেন। মিসেস ভ্যান ডানের মতো, কারোরই মনে হয় না, ইনি একজন গৃহকর্ত্রী। দুজনের মধ্যে পার্থক্যটা কী? মিসেস ভ্যান ডান রান্না করেন এবং মা ধোয়াধুয়ি করেন এবং আসবাবপত্র ঝাড়ামোছা করেন।

ছয় এবং সাত নম্বর। বাবা এবং আমার সম্পর্কে বিশেষ কিছু বলব না। প্রথমজন টেবিলে সবচেয়ে ভদ্র মানুষ। তিনি সব সময় দেখেন অন্যদের আগে দেওয়া হল কিনা। তিনি নিজের জন্য কিছুই চান না; সেরা জিনিসগুলো ছোটোদের জন্য। তাঁর ভালোত্ব প্রকাশিত। আর তাঁর পাশে এই গোপন ডেরার বদমেজাজি।

ডুসেল। নিজেই নিয়ে নেন, খাবারের দিকেই চোখ থাকে এবং কথা বলেন না। যদি তোমার কোনো কথা বলার থাকে, সেটা যেন খাওয়ার কথাই হয়। এতে ঝগড়া হয় না, বড়াই করা হয়। তিনি বিপুল পরিমাণে খান এবং তার শব্দ ভাণ্ডারে 'না' শব্দটা নেই, সে খাবার ভালো হোক আর মন্দ হোক।

বুক অবধি টানা প্যান্ট, লাল জ্যাকেট, কালো চামড়ার চটি এবং শিঙের ফ্রেমের চশমা—যখন তিনি ছোটো টেবিলে কাজ করেন এটাই তাঁর চেহারা, সব সময় পড়ছেন কিন্তু এগোচ্ছেন না। এতে ছেদ পড়ে দিবা নিদ্রা, খাওয়া এবং তাঁর প্রিয় জায়গা পায়খানা যাবার সময়। দিনে তিনবার, চারবার অথবা পাঁচবার দরজার সামনে দাঁড়িয়ে থাকা, অস্থির হয়ে একবার এ পায়ে একবার ও পায়ে ভর করে, সামলানোর চেষ্টা করেও পারা যাচ্ছে না এমন ভাব। এতে কি তার অসুবিধে হয়? একেবারেই না। সোয়া সাতটা থেকে সাড়ে সাতটা, সাড়ে বারোটা থেকে একটা, দুটো থেকে সোয়া দুটো, চারটে থেকে সোয়া চারটে, ছটা থেকে সোয়া ছটা, সাড়ে এগারোটা থেকে বারোটা, তুমি ঘড়ি মিলিয়ে নিতে পারো, এগুলো হল তাঁর 'নিয়মিত অধিবেশনের' সময়। পায়খানার দরজার সামনে যদি কোনো অনুনয়ের স্বর শোনা যায়, বিপর্যয় ঘটার আগে দরজা খোলার জন্য মিনতি করে, তিনি কখনওই কর্ণপাত করেন না।

নয় নম্বর আমাদের গোপন ডেরার পরিবারের অংশ নন, তবুও তিনি আমাদের বাড়ির ও খাওয়ার টেবিলের সঙ্গী। বেপের খিদে ভালোই। তিনি নিজের প্লেট ধুয়ে দেন এবং খাবার ব্যাপারে বাছাবাছি নেই। বেপ অল্পেই খুশি হন, সে কারণে আমরাও খুশি হই। তাঁকে বলা যেতে পারে: হাসিখুশি, প্রফুল্ল, দয়ালু এবং ইচ্ছুক মহিলা।

তোমার, আনে

মঙ্গলবার, আগস্ট ১০, ১৯৪৩

প্রিয়তমা কিটি,

একটা নতুন কায়দা: খাবার সময় আমি নিজের সঙ্গে নিজেই কথা বলি, অন্যদের সঙ্গে বলি না, এর দুটো সুবিধা হয়েছে। প্রথমত তাঁদের আমার ক্রমাগত বকর বকর শুনতে হয় না তারা খুশি হন আর দ্বিতীয়ত তাঁদের মতামত শুনে আমাকে বিরক্ত হতে হয় না। আমি মনে করি না আমার মতামত বোকা বোকা, কিন্তু অন্যেরা তা মনে করে, সুতরাং এ ব্যাপারটা নিজের মধ্যে রাখাটাই ভালো। খুব অপছন্দের জিনিস খেতে হলে আমি একই কৌশল করি। প্লেটটা সামনে রেখে ভাব করি খাবারটা অতি লোভনীয় প্রায় না তাকিয়েই জিনিসটা কী বোঝবার আগেই তা হাওয়া হয়ে যায়। আরেক বিশ্রী ব্যাপার হল সকালে ওঠা। আমি যখন লাফ দিয়ে উঠি তখন মনে মনে নিজেকে বলি, 'খুব তাড়াতাড়ি তুমি লেপের তলায় ঢুকে ঘুমোবে।' জানলায় গিয়ে আলো আড়াল করা পর্দাগুলো সরাই, জানলার ফাঁকে নাক লাগিয়ে তাজা হাওয়া নাক দিয়ে টেনে নিই। আর তখন আমি ঠিকঠাক জেগে যাই। যত তাড়াতাড়ি সম্ভব বিছানা তুলে ফেলি, পাছে পাতা দেখলে শুতে ইচ্ছে হয়। এইসব ব্যাপারে মা কী বলে জানো? বেঁচে থাকার শিল্প। কথাটা অদ্ভুত না?

গত সপ্তাহে আমরা সবাই বিভ্রান্ত হয়ে পড়েছিলাম কারণ আমাদের প্রিয় ওয়েস্টারটোরেন ঘড়িটাকে কোথাও নিয়ে যাওয়া হয়েছে যুদ্ধের প্রয়োজনে গলিয়ে ফেলার জন্য। কাজেই দিনে রাতে আমাদের সময় সম্পর্কে আমাদের কোনো ধারণা থাকছিল না। আমার কিছুটা আশা আছে, ঐ ঘড়িটাকে মনে করিয়ে দেবার জন্য তার বদলে হয়তো একটা টিনের বা তামার ঘড়ি ওরা বসিয়ে দেবে।

যতবারই আমি ওপরে কিংবা নিচে যাই, ওরা সবাই সপ্রশংস দৃষ্টিতে আমার পায়ের দিকে তাকিয়ে থাকে কারণ আমার চরণদুটি ভূষিত হয়ে আছে একজোড়া অসম্ভব সুন্দর জুতোয় (এই সময়ের পক্ষে)। মিয়েপ ২৭.৫০ গিল্ডারে কিনে এনেছেন। গাঢ় লাল রঙের সুয়েড আর চামড়ার তৈরি হাইহিল জুতো। মনে হয় রণপায় চড়েছি, আমাকে খুবই লম্বা দেখায়।

গতকাল আমার খুব খারাপ দিন ছিল। একটা বড়ো সুঁচের ডগা আমার ডান বুড়ো আঙুলে ফুটে গিয়েছিল। তার ফলে মারগটকে আমার জন্য আলুর খোসা ছাড়িয়ে দিতে হয়েছিল (ভালো খারাপ মিশিয়ে ফেলেছিল), আর হাতের লেখাটা খারাপ হয়ে গিয়েছিল। তারপর কাপ-বোর্ডের দরজার সঙ্গে কপালে এত জোরে ধাক্কা খেয়েছিলাম যে প্রায় উলটে পড়ে যাচ্ছিলাম এবং ছোটাছুটি করার জন্য বকুনি

খেয়েছিলাম। ওরা আমার কপালে জলের ধারা নিতে দেয়নি, সুতরাং এখন আমি আমার ডান চোখের ওপরে একটা আলুর মতো বড়ো ফোলা নিয়ে ঘুরে বেড়াচ্ছি। আরো খারাপ ব্যাপার হল, আমার ডান পায়ের কড়ে আঙুলটা ভ্যাকুয়াম ক্লিনারের মধ্যে ঢুকে গিয়েছিল। লেগেছিল, রক্ত পড়ছিল, কিন্তু অন্যান্য অসুস্থতা এত বেশি যে এটাকে বেশি গুরুত্ব দিইনি, সেটাও অবশ্য আমার নির্বুদ্ধিতা, কারণ আঙুলে ব্যথা নিয়েই আমি হাঁটা চলা করছিলাম। মলম, গজ, টেপ লাগিয়েও সেই স্বর্গীয় জুতো ব্যবহার করতে পারিনি।

ডুসেল বারবার আমাদের জীবনে বিপদ ডেকে আনছেন। তিনি আসলে মিয়েপকে একটা মুসোলিনি বিরোধী বক্তব্য আছে এমন একটা বই আনতে বলেছিলেন, যেটা নিষিদ্ধ। আসার পথে এস এস-এর একটা মোটর সাইকেল তাকে ধাক্কা মারে আর তিনি 'বদমাইশ' বলে গাল দিয়ে নিজের পথে চলে যান। আমি তো ভাবতেই পারছি না যদি তাঁকে সদর দপ্তরে ধরে নিয়ে যাওয়া হত তাহলে কী হত।

তোমার, আনে

আমাদের ছোট্ট সংসারে দৈনন্দিন কাজ: আলুর খোসা ছাড়ানো!

একজন খবরের কাগজ আনতে যায়; আরেকজন ছুরি (নিজের জন্য অবশ্যই সবচেয়ে ভালোটা বেছে নেয়); তৃতীয়জন আলু; এবং চতুর্থজন জল। মিস্টার ডুসেল শুরু করেন। তিনি যে সব সময় ভালো খোসা ছাড়াতে পারেন তা নয় কিন্তু ডাইনে বাঁয়ে তাকাতে তাকাতে অনবরত ছাড়িয়ে যান, দেখেন ওঁর মতো কেউ পারছে কিনা। না, কেউ পারে না!

'দেখ আনা, আমি ছুরিটা হাতে এইভাবে ধরেছি আর এইভাবে ওপর থেকে নিচে অবধি এইভাবে ছাড়াচ্ছি। না ওভাবে নয়...এইভাবে!'

'মিস্টার ডুসেল আমার মনে হয় আমার পদ্ধতিটাই ভালো,' একটু অনিশ্চিত গলায় বললাম।

'এটাই সবচেয়ে ভালো উপায় আনে। তুমি আমার কাছ থেকে শিখে নিতে পারো। অবশ্য তুমি যে ভাবে চাও সেভাবেই করতে পারো, কোনো ব্যাপার নয়।'

আমরা খোসা ছাড়াতে থাকি। আমি চোখের কোণ দিয়ে ডুসেলের দিকে তাকাই। চিন্তামগ্ন হয়ে, তিনি মাথা নাড়ান (সন্দেহ নেই আমার দিকেই), কিন্তু কথা বলেন না।

আমি খোসা ছাড়িয়ে যাই। তারপর আমার উলটো দিকে আমি বাবার দিকে তাকাই। বাবার কাছে আলুর খোসা ছাড়ানোটা কোনো অপ্রিয় কাজ নয় বরং একটা সূক্ষ্ম কাজ।

যখন তিনি পড়েন তাঁর কপালে একটা গভীর ভাঁজ দেখা যায়। যখন তিনি আলু, বিন অথবা অন্য কোনো সবজি কাটেন তখনও সে কাজে সম্পূর্ণ মগ্ন হয়ে যান। তিনি আলুর খোসা ছাড়ানোর মুখোশটা পরে নেন আর যখন তিনি ঐ ভাবে তৈরি হয়ে যান তখন একটা সঠিক ভাবে ছাড়ানো আলু ছাড়া অন্য কিছুতে তাঁর মন ওঠে না।

আমি কাজ করে যাই। আমি এক সেকেন্ডের জন্য তাকাই। আর ঐটুকু সময়ই যথেষ্ট। মিসেস ভ্যান ডান ডুসেলের মনোযোগ আকর্ষণের চেষ্টা করে যাচ্ছেন। তিনি তাঁর দিকে তাকাতে থাকেন কিন্তু ডুসেল ভান করেন যেন তিনি দেখেননি। তিনি চোখ ঠারেন কিন্তু ডুসেল খোসা ছাড়িয়েই যান। তিনি হাসেন কিন্তু ডুসেল তখনও তাকান না। তখন মা-ও হাসতে থাকেন, কিন্তু তাতেও ডুসেল মনোযোগ দেন না। লক্ষ্যে পৌঁছতে ব্যর্থ হয়ে মিসেস ভ্যান ডান তাঁর কৌশল বদলাতে বাধ্য হন। কিছুক্ষণের নীরবতা। তারপর তিনি বলেন, 'পুট্টি তুমি একটা অ্যাপ্রন পরোনি কেন? আমাকে তো কাল সারাদিন ধরে তোমার জামাকাপড় থেকে দাগ তুলতে হবে।'

'আমি নোংরা করছি না।'

আরো কিছুক্ষণ নীরবতা। 'পুট্টি তুমি বসে কাজ করছ না কেন?'

'আমি ঠিক আছি। দাঁড়িয়ে থাকতেই ভালো লাগছে।'

নীরবতা।

'পুট্টি দেখ *ডু শিপ্‌টৎস শোন*।'*

'আমি জানি, মাম্মি, আমার খেয়াল আছে।'

এবার তিনি অন্য কথা পাড়েন। 'আচ্ছা পুট্টি, আজ ব্রিটিশরা কোনো বোমা হামলা চালায়নি কেন?'

'কারণ আবহাওয়া খুব খারাপ কেরলি!'

'কিন্তু গতকাল তো আবহাওয়া বেশ ভালো ছিল, তো কই ওদের প্লেন তো আসেনি।'

'ছাড়ো তো বিষয়টা।'

'কেন? এ ব্যাপারে কেন কেউ কথা বলতে পারবে না? মতামত দিতে পারবে না?'

'না!'

'বেশ, কিন্তু কেন?'

'ওহ্, থামো না *মাম্মিচেন!*'†

'মিস্টার ফ্রাঙ্ক কিন্তু সব সময় তাঁর স্ত্রীর কথার উত্তর দেন।'

---

* তুমি এবার ছড়াচ্ছ!

† মাম্মি (আদরের ডাক)

মিস্টার ভ্যান ডান নিজেকে সামলাতে চেষ্টা করেন। এই মন্তব্য তাঁকে সব সময় অন্যভাবে আঘাত দেয় কিন্তু মিসেস ভ্যান ডান ছাড়বার পাত্রী নন: 'ব্রিটিশরা কখনই আর সীমান্ত পেরিয়ে হামলা আর করে উঠতে পারবে না।'

মিস্টার ভ্যান ডান সাদা হয়ে গেলেন, যখন শ্রীমতী এটা লক্ষ্য করলেন, তিনিও লাল হয়ে গেলেন, আর তিনিও তো থেমে যাওয়ার লোক নন: 'ব্রিটিশরা কিছুই করছে না!'

বোমা ফাটল। 'একদম চুপ কর *ডনার হ্বেটার নখ মাল!**

মা আর হাসি চাপতে পারছেন না আর আমি সোজা তাকিয়ে আছি।

এই ধরনের দৃশ্য প্রায় রোজই অভিনীত হয়, তবে খুব জোরালো ঝগড়া হলে অবশ্য অন্য রকম হয়। সে ক্ষেত্রে ঝগড়ার পরে শ্রী এবং শ্রীমতী একটাও কথা বলেন না।

আমাকে এবার আরো আলু আনতে হবে। আমি চিলে কোঠায় গেলাম, দেখি পেটার বেড়ালের পোকা বাছছে। সে আমার দিকে তাকাল

আর বেড়ালটাও দেখল এবং হুস...পালাল। খোলা জানলা দিয়ে বৃষ্টির জল পড়ার নালা দিয়ে উধাও। পেটার গাল দিতে লাগল, আমি হেসে কেটে পড়লাম।

তোমার, আনে

গোপন ডেরার স্বাধীনতা

সাড়ে পাঁচটা। বেপ-এর আগমন হল আমাদের রাতের স্বাধীনতা শুরুর সঙ্কেত। কাজকর্ম ঠিকঠাক শুরু হয়। আমি বেপ-এর সঙ্গে ওপর তলায় যাই, তিনি সাধারণত তখন আমাদের সঙ্গে পুডিং খান। যে মুহূর্তে তিনি বসেন মিসেস ভ্যান ডান তাঁর বায়না শুরু করে দেন। তাঁর তালিকা এইভাবে শুরু হয়, 'শোনো বেপ, অন্য একটা কিছু...' বেপ আমাকে চোখ টেপেন। যে কেউ ওপরে আসুন না কেন মিসেস ভ্যান তাঁকে তার চাহিদার কথা বলতে ভোলেন না। ওঁদের কেউ যে ওপরে আসতে চান না এটা তার একটা কারণ।

পৌনে ছটা। বেপ চলে যান। আমি দুটো তলা নেমে গিয়ে একবার দেখে আসি: প্রথমে রান্নাঘর, তারপর ব্যক্তিগত অফিস আর তারপর কয়লা ঘরে মুশ্চির যাতায়াতের জন্য দরজা খুলে রাখা ইত্যাদি।

অনেকক্ষণ ধরে দেখভাল করে আমি মিস্টার কুগলারের অফিসে গেলাম। মিস্টার ভ্যান ডান আজকের চিঠিপত্রের জন্য সবকটা ড্রয়ার আর ফাইলপত্র ঘাঁটাঘাঁটি করছেন।

---

* আবার ঝড়বৃষ্টি শুরু হল!

পেটার বশেকে আর গুদামের চাবি নিল; পিম টাইপ রাইটার ওপরে টেনে তুলছেন; মারগট তার অফিসের কাজ করবে বলে নিরিবিলি জায়গা খুঁজছে। মিসেস ভ্যান ডান গ্যাস রিং-এর ওপর এক কেটলি জল চাপিয়ে দিলেন; মা এক গামলা আলু নিয়ে সিঁড়ি দিয়ে নেমে এলেন; আমরা সকলে যে যার কাজ জানি।

পেটার তাড়াতাড়িই গুদাম থেকে ফিরে এল। প্রথম প্রশ্ন সবাই তাকে যেটা জিজ্ঞেস করল সেটা হল রুটি। রান্নাঘরের আলমারিতে সবসময় রুটি রাখেন মহিলারা। কিন্তু সেখানে নেই। ভুলে গেছেন রাখতে! পেটার গুটিসুটি মেরে নিজের যতটা ছোটো করা যায় করে ফ্রন্ট অফিসের দরজার সামনে দিয়ে হামাগুড়ি দিয়ে স্টিল ক্যাবিনেট থেকে রুটিটা বের করে নিয়ে চলে আসতে চাইল। রুটি সেখানেই ছিল। কিন্তু সে যা করতে চাইছিল তার আগেই, মানে কিছু বুঝে ওঠার আগেই মুশ্চি এক লাফ মেরে তার ওপর দিয়ে গিয়ে ডেস্কের তলায় গিয়ে বসল।

পেটার তার চারপাশে দেখল। ঐ বেড়ালটা বসে আছে! সে আবার হামাগুড়ি দিয়ে অফিসে গিয়ে বেড়ালের ল্যাজটা পাকড়ে ধরল। মুশ্চি ফ্যাঁস করে উঠল, পেটার শ্বাস ফেলতে লাগল। তাতে কী হল? মুশ্চি এখন জানলায় বসে নিজেকে চাটছে, পেটারের হাত থেকে পালিয়ে এসে ভারী খুশি। তাকে রুটির টুকরো দিয়ে লোভ দেখানো ছাড়া পেটারের আর কোনো উপায় নেই। মুশ্চি টোপটা গিলল, পেটারকে অনুসরণ করে বাইরে গেল, দরজা বন্ধ হল।

আমি পুরো দৃশ্যটা দরজার ফাঁক দিয়ে দেখলাম।

মিস্টার ভ্যান ডান রেগে গিয়ে দড়াম করে দরজা বন্ধ করলেন। মারগট আমি চোখাচোখি করলাম এবং একই কথা ভাবলাম: মিস্টার কুগলারের কোনো ভুলভালের ব্যাপারে নিশ্চয়ই তিনি রেগে গেছেন এবং তিনি পাশে লাগোয়া কেগ কোম্পানির কথা ভুলে গেছেন।

করিডোরে আরেকটা পদশব্দ শোনা গেল। ডুসেল ভেতরে এলেন। বেশ একটা মালিকানার ভাব নিয়ে জানলার দিকে গেলেন, নাক দিয়ে সশব্দে শ্বাস নিলেন... কাশলেন, হাঁচলেন, গলা খাঁকারি দিলেন। তার দুর্ভাগ্য—নির্ঘাৎ গোল মরিচের গুঁড়ো। তিনি ফ্রন্ট অফিসের দিকে গেলেন। পর্দা খোলা রয়েছে, তার মানে তিনি লেখার কাগজ পাবেন না। ক্রুদ্ধ দৃষ্টিতে তাকিয়ে তিনি চলে গেলেন।

মারগট আর আমি আরেকবার দৃষ্টি বিনিময় করলাম। 'আগামী কাল তার প্রেমিকার জন্য একপাতা কম হল,' আমি মারগটের গলা শুনলাম। একমত হয়ে ঘাড় নাড়লাম।

সিঁড়িতে হাতির পায়ের শব্দ শোনা যেতে লাগল। ডুসেল তাঁর পছন্দসই জায়গায় সান্ত্বনা পেতে চললেন।

আমরা কাজ করতে লাগলাম। খুট, খুট, খুট... তিনটে টোকা মানে রাতের খাওয়ার সময়!

তোমার, আনে

সোমবার, আগস্ট ২৩, ১৯৪৩

*হ্বেন ডি উয়র হাল্ব নয়েল শ্লেগট**

মারগট আর মা সন্ত্রস্ত। 'শ্ শ্ শ্...বাবা, আস্তে, অটো, শ্ শ্ শ্...পিম! সাড়ে আটটা। বেরিয়ে এসো, আর জল ফেলো না। পা টিপে টিপে হাঁটো।' বাবা বাথরুমে থাকলে যা বলা হয় তার নমুনা। সাড়ে আটটা বাজলেই তাঁকে বসার ঘরে হাজির হতে হবে। জল ফেলা চলবে না, টয়লেটে ফ্ল্যাশ করা চলবে না, হাঁটা চলা চলবে না, কোনো আওয়াজ করা চলবে না। যতক্ষণ না অফিসের স্টাফ আসে ততক্ষণ শব্দেরা গুদাম ঘরে সহজেই ঘুরে বেড়ায়।

আটটা কুড়িতে ওপর তলার দরজা খুলে যায়, তারপরে মেঝেয় তিনটে মৃদু টোকা...আনের পরিজ। আমার কুকুর-খাওয়ার বাটি আনতে ওপরে যাই।

নিচে আসি, সব কিছু তাড়াতাড়ি খুব তাড়াতাড়ি করতে হবে: চুলে চিরুনি চালাই, টিনের কোটো সরিয়ে ফেলি, বিছানা গুটিয়ে ফেলি। চুপ। ঘড়ি সাড়ে আটটার কাঁটা ছুঁয়েছে! মিসেস ভ্যান ডান চপ্পল বদলাচ্ছেন; মিস্টার ভ্যান ডানও তাই করছেন—যথার্থ চার্লি চ্যাপলিন। সব চুপচাপ।

আদর্শ পারিবারিক চিত্র তখন তার শীর্ষে পৌঁছয় আমি পড়তে অথবা লিখতে চাই আর মারগটও তাই। বাবা মাও তাই। বাবা বসেন, মাঝখানে বসে যাওয়া ক্যাঁচক্যোঁচ করা খাটে, যাতে একটা ভদ্ররকমের গদিও নেই (ডিকেন্স এবং অবশ্যই অভিধান সহ)। তাতে দুটো বালিশ একটার ওপর একটা চাপিয়ে দেওয়া যেতে পারে। কিন্তু তিনি ভাবেন 'আমার ওগুলো দরকার নেই, ওগুলো ছাড়াই আমার চলে যাবে!'

তিনি একবার পড়তে শুরু করলে, মুখ তুলে তাকান না। মাঝে মাঝেই হাসেন আর মাকে গল্পটা পড়াতে চেষ্টা করেন। 'আমার এখন সময় নেই।'

তাঁকে একটু হতাশ দেখায়, কিন্তু তারপর পড়তে থাকেন। একটু পরে যখন আবার একটা সুন্দর জায়গা পান, তিনি আবার চেষ্টা করেন: 'মা, তোমার এই জায়গাটা পড়া উচিত!'

---

* যখন সাড়ে আটটা বাজে

মা একটা ভাঁজ করা যায় এমন খাটে বসে নিজের ইচ্ছে মতো পড়েন, বোনেন অথবা সেলাই করেন। কোনো একটা কিছু হঠাৎ তাঁর মনে পড়ে গেলে, পাছে ভুলে যান, সেজন্য তাড়াতাড়ি বলেন, 'আনা, মনে রাখিস...মারগট লিখে রাখ তো...'

একটু পরে আবার চুপচাপ। মারগট শব্দ করে বই বন্ধ করে; বাবার কপালে ভাঁজ দেখা যায়, তাঁর ভুরু জোড়া একটা মজার রেখা তৈরি করে, তিনি বইয়ের মধ্যে আবার ডুবে যান; মা, মারগটের সঙ্গে কথা বলতে থাকেন; আমিও কান খাড়া করে শুনি। পিমও সেই কথাবার্তায় ঢুকে যান...নটা বাজে। প্রাতঃরাশ!

শুক্রবার, সেপ্টেম্বর ১০, ১৯৪৩

প্রিয়তমা কিটি,

প্রত্যেকবার আমি যখন তোমাকে লিখি, বিশেষ কিছু না কিছু ঘটে, সাধারণত তা প্রীতিকরের চেয়ে অপ্রীতিকরই বেশি হয়।

৮ই সেপ্টেম্বর, বুধবার আমরা যখন সন্ধে ৭টার খবর শুনছিলাম তখন আমরা একটা ঘোষণা শুনেছিলাম: 'যুদ্ধের এখনও পর্যন্ত সেরা খবর শুনুন: ইতালি আত্মসমর্পণ করেছে।' ইতালি শর্তহীন ভাবে আত্মসমর্পণ করেছে! ইংলন্ড থেকে ওলন্দাজ ভাষায় খবর শুরু হল সোয়া আটটায়: 'শ্রোতাবন্ধুরা, এক ঘণ্টা পনেরো মিনিট আগে আজকের ঘটনাবলি লেখা যখন শেষ করেছি, তখন ইতালির আত্মসমর্পণের চমৎকার খবরটি আমরা পেলাম। আমি আপনাদের বলি, আজ আমার নোটগুলো ছিঁড়ে বাজে কাগজের ঝুড়িতে ফেলে দিতে এত আনন্দ কখনও পাইনি!'

আমেরিকার জাতীয় সঙ্গীত 'গড সেভ দ্য কিং' এবং রাশিয়ার 'ইন্টারন্যাশনাল' বাজানো হল। প্রতিবারের মতো খুব একটা উচ্চাকাঙ্ক্ষী না হলেও ডাচ অনুষ্ঠানটিও বেশ ভালো হল।

ব্রিটিশরা নেপলস-এ নেমেছে। উত্তর ইতালি জার্মানরা দখল করেছে। তেসরা সেপ্টেম্বর শুক্রবার, যেদিন ব্রিটিশরা ইতালিতে নেমেছিল, সেদিনই চুক্তি সই হয়েছিল। জার্মানরা বাদোগলিয়ো এবং ইতালির রাজার বিশ্বাসঘাতকতার ব্যাপারে সমস্ত খবরের কাগজে আবোল তাবোল লিখছিল।

এই সঙ্গে খারাপ খবরও আছে। মিস্টার ক্লাইমানের ব্যাপারে। তুমি তো জানো আমরা সবাই ওঁকে পছন্দ করি। উনি সবসময়েই ফুর্তিবাজ হাসিখুশি মানুষ, যদিও তিনি বেশ অসুস্থ, ব্যথায় কষ্ট পান এবং খুব একটা হাঁটাচলা করতে ও বেশি খেতে পারেন

না। মা বলেন এবং একদম ঠিক কথা বলেন, 'যখন মিস্টার ক্লাইমান ঘরে ঢোকেন, রোদ ঝলমল করে ওঠে।

পাকস্থলিতে একটা শক্ত অস্ত্রোপচারের জন্য তাঁকে হাসপাতালে যেতে হয়েছে, এবং তাঁকে অন্তত চার সপ্তাহ থাকতে হবে। তিনি যখন আমাদের কাছ থেকে বিদায় নিয়ে গেলেন তখন তোমার দেখা উচিত ছিল। তিনি এত স্বাভাবিক আচরণ করেছিলেন যেন তিনি একটু বেড়াতে যাচ্ছেন।

তোমার, আনে

বৃহস্পতিবার, সেপ্টেম্বর ১৬, ১৯৪৩

প্রিয়তমা কিটি,

গোপন ডেরায় সম্পর্কগুলো দিন দিন খারাপ হয়ে যাচ্ছে। আমরা খাবার সময়ে মুখ খুলতে (খাবারের গ্রাস মুখে নেওয়া ছাড়া) সাহস পাই না, কারণ যা-ই আমরা বলি না কেন, কেউ একজন ক্ষুব্ধ হয় অথবা ভুল বোঝে। মিস্টার ভোসকুইজ্‌ল মাঝে মাঝে আমাদের সঙ্গে দেখা করতে আসেন। দুর্ভাগ্যবশত, তিনিও ভালো নেই, তিনি তাঁর পরিবারকে চিন্তায় রাখেন, কারণ তাঁর মনোভাব হল, আমার আর কী করার আছে, আমি তো মারা যাবই! যখন আমি ভাবি এখানে সবাই এত অভিমানী তখন আমি কল্পনা করি, এ ব্যাপারটা ভোসকুইজ্‌ল-এর মতোই।

উদ্বেগ ও অবসাদ কাটাতে আমি প্রত্যেক দিন ভ্যালেরিয়ান ট্যাবলেট খাচ্ছি। কিন্তু তা পরের দিনের আরো খারাপ অবস্থা থেকে আমাকে বাঁচাতে পারছে না। একটা প্রাণখোলা হাসি দশটা ভ্যালেরিয়ান ট্যাবলেটের চেয়ে বেশি সাহায্য করত, কিন্তু আমরা হাসতে প্রায় ভুলেই গেছি। মাঝে মাঝে মনে হয় এই সব দুঃখে আমার মুখটা ঝুলে পড়বে আর গালদুটো ঝুলতে থাকবে। অন্যরাও খুব একটা ভালো অবস্থায় নেই। শীত নামক সেই ভয়ানক বিভীষিকার জন্য সবাই আতঙ্কগ্রস্ত।

আরেকটা বিষয় আমাদের দিনগুলোকে মলিন করে তুলছে সেটা হল, মিস্টার ভ্যান মারেন, যিনি গুদামে কাজ করেন, তিনি গোপন ডেরার ব্যাপারে সন্দিগ্ধ হয়ে উঠছেন। যে লোকের মাথায় সামান্যতম ঘিলুও আছে সে লক্ষ করবে যে মিয়েপ কখনও কখনও বলে যে ল্যাবে যাচ্ছে, বেপ ফাইল রুমে যাচ্ছে এবং মিস্টার ক্লাইমান ওপেকটা সাপ্লাইজে যাচ্ছে, অন্যদিকে মিস্টার কুগলার দাবি করেন যে এই বাড়িতে কোনো সম্প্রসারিত অংশ (গোপন ডেরা) নেই, অথচ তা একটা দরজার ওপারেই।

মিস্টার ভ্যান মারেনকে আমরা গ্রাহ্যই করতাম না যদি উনি বিশ্বস্ত হতেন এবং অতি কৌতুহল না থাকত। কোনো ঠুনকো অজুহাত দিয়ে নিবৃত্ত করার মতো লোক তিনি নন।

একদিন মিস্টার কুগলার অতিরিক্ত সাবধানী হয়ে বারোটা কুড়ি নাগাদ কোট চাপিয়ে পাড়ার মোড়ে ওষুধের দোকানে গেলেন। পাঁচ মিনিটেরও কম সময়ে তিনি ফিরে এলেন এবং চোরের মতো পা টিপে টিপে আমাদের সঙ্গে দেখা করতে এলেন। সোয়া একটা নাগাদ তিনি ফিরে যেতে চাইলেন কিন্তু বেপের সঙ্গে সিঁড়ির ল্যান্ডিং-এ দেখা হওয়ায়, বেপ সতর্ক করলেন যে ভ্যান মারেন অফিসে আছেন। মিস্টার কুগলার তক্ষুণি ঘুরে চলে এলেন এবং দেড়টা পর্যন্ত আমাদের সঙ্গে থাকলেন। তারপর তিনি জুতো খুলে (যথেষ্ট ঠান্ডা সত্ত্বেও) মোজা পরা অবস্থায় সামনের চিলেকোঠায় গিয়ে অন্য সিঁড়ি ধরলেন। ক্যাঁচকোঁচ এড়াতে একটা করে সিঁড়ি নামতে লাগলেন। ঐ ভাবে সিঁড়ি দিয়ে নামতে তাঁর প্রায় পনেরো মিনিট লাগল। কিন্তু তিনি বাইরে থেকে ঢুকে নির্বিঘ্নে অফিসে পৌঁছলেন।

এদিকে বেপ আবার ভ্যান মারেনকে কাটিয়ে গোপন ডেরা থেকে মিস্টার কুগলারকে নিতে এলেন। কিন্তু তিনি তো তখন চলে গেছেন এবং পা টিপে টিপে সিঁড়ি ভাঙছেন। পথ চলতি মানুষ কী ভাবল যখন তারা ম্যানেজার মশাইকে বাইরে দাঁড়িয়ে জুতো পরতে দেখল! আরে আপনি এখানে, মোজা পায়ে!

তোমার, আনে

বুধবার, সেপ্টেম্বর ২৯, ১৯৪৩

প্রিয়তমা কিটি,

আজ মিসেস ভ্যান ডানের জন্মদিন। চিজ, মাংস আর রুটির একটা করে রেশন স্ট্যাম্প ছাড়া আমাদের কাছ থেকে তিনি যা পেলেন তা হল এক বোয়েম জ্যাম। তাঁর স্বামী, ডুসেল এবং অফিস স্টাফদের কাছ থেকে শুধুমাত্র ফুল আর খাবার। কী সময়েই না আমরা বাস করছি!

বেপ গত সপ্তাহে বেশ উত্তেজিত হয়ে ছিলেন কারণ তাকে বহুবার বাইরে যেতে হয়েছিল। দিনে দশবার তাঁকে লোকে বাইরে পাঠাচ্ছিল কিছু না কিছুর জন্য, বলা হচ্ছিল তক্ষুণি যেতে অথবা তিনি ভুল কিছু একটা করে এসেছেন বলে। আর তুমি ভাবো তার অফিসের নিয়মিত কাজ রয়েছে, মিস্টার ক্লাইমান অসুস্থ, মিয়েপ সর্দিজ্বরে বাড়িতে আর বেপের মচকানো গোড়ালি, বয়ফ্রেন্ড সমস্যা আর একজন বদমেজাজি

১২৯

বাবা ইত্যাদি সমস্যা রয়েছে—কাজেই বেপ যে তাঁর সহ্যের শেষ সীমায় পৌঁছবেন এতে আর আশ্চর্য কী! আমরা তাঁকে সান্ত্বনা দিই আর পরামর্শ দিই যে এই ব্যাপারটা তিনি একবার বা দুবার কড়া হাতে সামলান এবং বলুন যে তাঁর সময় নেই, তাহলে বাজারের ফর্দ আপনিই কমে আসবে।

শনিবার একটা বড়ো নাটক হয়ে গেল, যেমনটা এর আগে কখনও হয়নি। ভ্যান মারেনকে নিয়ে আলোচনা দিয়ে শুরু হয়েছিল আর শেষ হল রীতিমতো ঝগড়া এবং চোখের জল দিয়ে। ডুসেল মায়ের কাছে নালিশ করেছেন, যে তাঁর সঙ্গে কুষ্ঠরোগীর মতো ব্যবহার করা হয়, কেউই তাঁর সঙ্গে বন্ধুর মতো আচরণ করে না, সর্বোপরি তিনি এমন কিছু করেননি যার জন্য তাঁর এমন ব্যবহার প্রাপ্য হবে। এরপরে মিষ্টি মিষ্টি কথা আসে, মা সৌভাগ্যবশত এবারে সে রাস্তায় হাঁটেননি। আমরা যে তাঁর ব্যাপারে একাধিক কারণে দুঃখিত এবং তিনি যে বড়ো রকমের বিরক্তির উৎস এটা তিনি বললেন। ডুসেল আচরণ শোধরানোর প্রতিশ্রুতি দিলেও আমরা কাজে তা দেখিনি।

আমি বলতে পারি, ভ্যান ডানেদের ব্যাপারে একটা গোলমাল পাকিয়ে উঠছে। বাবা রেগে আগুন হয়ে আছেন কারণ তাঁরা আমাদের ঠকাচ্ছেন: মাংস এবং অন্যান্য জিনিস তাঁরা লুকিয়ে রাখছেন। কী রকমের বোমা ফাটবে কে জানে? এই সব ঝামেলার মধ্যে আমি যদি না জড়াতাম! আমি যদি এখান থেকে বেরিয়ে যেতে পারতাম! ওরা আমাদের পাগল করে ছাড়বে!

তোমার, আনে

রবিবার, অক্টোবর ১৭, ১৯৪৩

প্রিয়তমা কিটি,

মিস্টার ক্লাইমান ফিরে এসেছেন, কী ভালো! ওঁকে একটু ফ্যাকাশে দেখালেও মিস্টার ভ্যান ডানের কিছু জামা কাপড় বিক্রি করে দেবার দায়িত্ব নিয়েছেন। একটা বাজে ব্যাপার হল মিস্টার ভ্যান ডানের খুব টানাটানি চলছে। গুদামে তিনি তাঁর শেষ একশো গিল্ডার হারিয়েছেন, যেটা আমাদের পক্ষে একটা সমস্যা তৈরি করেছে: বাড়ির পুরুষ সদস্যরা ভাবছেন এক সোমবার সকালে কী করে একশো গিল্ডার উধাও হয়ে যেতে পারে! সন্দেহ থাকছেই। তবে একশো গিল্ডার হারিয়েছে। কে চোর?

কিন্তু আমি অর্থের অভাবের কথা বলছিলাম। মিসেস ভ্যান ডানের গাদাগাদা পোশাক, কোট, জুতো আছে। তিনি মনে করেন কোনোটাকেই ছাড়া তাঁর চলবে না। মিস্টার ভ্যান ডানের স্যুট বিক্রি হওয়া কঠিন, এবং পেটারের সাইকেলটাও বিক্রির জন্য

দেওয়া হয়েছে, কিন্তু সেটা ফিরে এসেছে কারণ কেউ চায়নি। কিন্তু গল্পটা এখানে শেষ হয়নি। মিসেস ভ্যান ডানকে তাঁর ফার কোটটা ছাড়তে হবে। তাঁর মতে কোম্পানিই আমাদের দেখভাল করুক, কিন্তু সেটা উদ্ভট কথা। ওরা নিজেরা খুব ঝগড়া করেছেন আর এখন চলছে 'ও আমার মিষ্টি পুটি' এবং 'ডালিং কেরলি' বলে রাগ ভাঙানোর পালা।

গত মাসে এই সম্মাননীয় বাড়িটিতে যে চিৎকার চেঁচামেচি সহ্য করতে হয়েছে তাতে আমি শঙ্কিত হয়ে পড়েছিলাম। বাবা মুখ বন্ধ করে ঘুরে বেড়াচ্ছেন এবং যখনই তিনি তাঁর নাম শুনছেন, তখনই তিনি চমকে উঠে তাকাচ্ছেন এই বুঝি তাঁকে গিয়ে আবার একটা ঝগড়া মেটাতে হবে। উত্তেজনার বশে মায়ের গাল লাল হয়ে আছে, মারগটের মাথা ধরে আছে, ডুসেল ঘুমোতে পারছেন না, মিসেস ভ্যান ডান সারাদিন রাগে গজগজ করছেন আর আমার তো পাগল পাগল অবস্থা। সত্যি বলতে কী, মাঝে মাঝে আমি ভুলেই যাই কারা অসুবিধেয় আছে আর কারা নেই। এসব থেকে মনটাকে সরিয়ে রাখার একমাত্র উপায় হল পড়াশুনো করা, আর আমি এখন প্রচুর পড়াশুনো করছি।

তোমার, আনে

শুক্রবার, অক্টোবর ২৯, ১৯৪৩

প্রিয়তমা কিটি,

মিস্টার ক্লাইমান আবার অসুস্থ হয়ে পড়েছেন; তাঁর পাকস্থলি তাঁকে এক মুহূর্তও স্বস্তি দিচ্ছে না। তিনি জানেন না কখন রক্ত পড়া বন্ধ হবে। তিনি আমাদের বলতে এসেছিলেন তিনি ভালো বোধ করছেন না, আর এই প্রথমবার তাঁকে সত্যিই অসুস্থ দেখাচ্ছিল।

মিস্টার আর মিসেস ভ্যান ডানের মধ্যে তুমুল ঝগড়া হয়েছে। কারণটা সোজা: তাঁরা সর্বস্বান্ত। তাঁরা মিস্টার ভ্যান ডানের একটা স্যুট আর একটা ওভারকোট বিক্রি করতে চাইছেন; কিন্তু কোনো ক্রেতা পাচ্ছেন না। তাঁরা বড়ো বেশি দাম রেখেছেন।

কিছুদিন আগে মিস্টার ক্লাইমান বলেছিলেন তিনি একজন ফারের পোশাক বিক্রেতাকে চেনেন। যেজন্য মিস্টার ভ্যান ডানের মাথায় তাঁর স্ত্রীর ফার কোটটা বেচার কথাটা আসে। খরগোশের চামড়া দিয়ে তৈরি, এবং তিনি ওটা সতেরো বছর ধরে পরছেন। মিসেস ভ্যান ডান ওটা বেচে পেয়েছেন ৩২৫ গিল্ডার, অনেক অর্থ। তিনি ঐ অর্থটা যুদ্ধের পর জামাকাপড় কিনবেন বলে রাখতে চেয়েছিলেন, বেশ কিছুক্ষণ

ঝামেলা চলার পর মিস্টার ভ্যান ডান তাঁকে বোঝালেন সংসার খরচের জন্য ঐ অর্থ ভীষণই প্রয়োজন।

তুমি ভাবতেই পারবে না কী পরিমাণ চিৎকার চেঁচামেচি পা দাপানো গালাগালি চলেছিল। ভয়ঙ্কর ব্যাপার। আমাদের পরিবার সিঁড়ির কাছে দমবন্ধ করে দাঁড়িয়েছিল, যদি তাদের দুজনকে টেনে আলাদা করে দিতে হয়। এই সব ঝগড়াঝাঁটি, স্নায়ু যুদ্ধ আমাকে এত মানসিক চাপের মধ্যে ফেলে দেয় যে রাতে বিছানায় শুয়ে আমি কাঁদতে থাকি আর আমাকে আধঘণ্টা নিজস্ব সময় দেবার জন্য ভগবানকে ধন্যবাদ দিই।

আমি ঠিকই আছি, শুধু আমার খিদে হচ্ছে না। আমি শুনছি: 'তোমাকে অসুস্থ দেখাচ্ছে!' আমি মানছি ওঁরা আমাকে সুস্থ করার জন্য যথাসাধ্য করছেন: তাঁরা আমাকে ডেক্সট্রোজ, কড লিভার অয়েল, ব্রিউয়ার ইস্ট এবং ক্যালসিয়াম সবই দিচ্ছেন। আমি মাঝে মাঝেই অস্থির হয়ে পড়ি, বিশেষ করে রবিবারগুলোতে, আমার মনমেজাজ খারাপ হয়ে যায়। পরিবেশটা শ্বাসরোধকারী, মন্থর, সীসের মতো ভারী। বাইরে তুমি একটাও পাখির ডাক শুনতে পাবে না, আর মৃত্যুর মতো বুকচাপা নৈঃশব্দ সারা বাড়িতে ঝুলে থাকে, আমাকে যেন পাতালের গভীরতম প্রদেশে টেনে নিয়ে যেতে চায়। এই সব সময়ে বাবা, মা আর মারগট যেন আমার কেউই নয়। আমি এ ঘরে ও ঘরে ঘুরে বেড়াই, সিঁড়ি দিয়ে উঠি নামি, মনে হয় আমি যেন সেই গাইয়ে পাখি যার ডানাদুটো কেটে দেওয়া হয়েছে আর অন্ধকার খাঁচার শিকের পেছনে ছটফট করছে। আমার ভেতর থেকে কান্না উঠে আসছে, 'আমাকে বেরোতে দাও, যেখানে রয়েছে তাজা বাতাস আর হাসি খেলা!' আমার উত্তর দেবার ইচ্ছে হয় না, আমি ডিভানে গিয়ে শুয়ে পড়ি। ঘুম আমাকে চুপ করিয়ে দেয়, ভয়ানক ভয় দ্রুত চলে যায়, সময়কে বয়ে যেতে দেয়, কারণ সেগুলো সরিয়ে দেওয়া অসম্ভব।

তোমার, আনে

বুধবার, নভেম্বর ৩, ১৯৪৩

প্রিয়তমা কিটি,

আমাদের মনকে ঘোরাতে এবং সেই সঙ্গে তাকে চাঙ্গা করতে বাবা একটা পত্রযোগে শিক্ষার স্কুল থেকে ক্যাটালগ চেয়ে লিখেছিলেন। মারগট ঐ মোটা বইটা তিনবার পড়েও তাঁর সাধ বা সাধ্যের মধ্যে কিছু খুঁজে পায়নি। বাবা আগেই ঠিক করে রেখেছেন 'প্রাথমিক লাতিন'-এর একটা অনুশীলনী চেয়ে চিঠি লিখবেন। বলামাত্রই কাজ। অনুশীলনীটা এল, মারগট উৎসাহের সঙ্গে পড়তে লাগল এবং খরচ সত্ত্বেও

কোর্সটা করবে ঠিক করল। ওটা আমার পক্ষে বেশ শক্ত, যদিও আমি লাতিন শিখতে চাই।

আমাকে একটা নতুন কিছু দেবার জন্য বাবা মিস্টার ক্লাইমানকে একটা ছোটোদের বাইবেল আনতে বললেন যাতে আমি নিউ টেস্টামেন্ট থেকে কিছু শিখতে পারি।

মারগট খানিকটা উত্তেজিত হয়ে জিজ্ঞেস করল, 'হানুকার জন্য কি আনাকে বাইবেল দেবার পরিকল্পনা করছ?'

বাবা বললেন, 'হ্যাঁ...মানে, সেন্ট নিকোলাস ডে* তো ভালো।'

যিশু এবং হানুকা একসঙ্গে যায় না।

ভ্যাকুয়াম ক্লিনার ভেঙে গেছে বলে আমাকে প্রতি রাতে একটা পুরোনো ব্রাশ দিয়ে কম্বল ঝাড়তে হয়। জানলা বন্ধ, আলো জ্বলে, স্টোভ জ্বলে আর আমি কম্বল ঝাড়ি। 'এটা একটা বড়ো সমস্যা', আমি মনে মনে বলি। 'দুর্ভোগ হতে বাধ্য।' আমিই ঠিক: ঘরের মতো ঘূর্ণির মতো ঘুরে বেড়ানো মেঘ থেকে মায়ের মাথা ধরে যায়, মারগটের নতুন লাতিন অভিধানে ধুলোর স্তর পড়ে, পিম বিড়বিড়িয়ে বলেন যে মেঝেটা তেমন নোংরা হয়নি। কষ্ট করে কাজ করার জন্য ছোট্ট করে ধন্যবাদ জানান।

আমরা ঠিক করেছি এখন থেকে রবিবার সকালগুলোতে সাড়ে পাঁচটার বদলে সাড়ে সাতটায় স্টোভ জ্বালানো হবে। আমার মনে হয় ব্যাপারটা একটু ঝুঁকির। আমাদের ধোঁয়া বেরোনোর চিমনি দেখে প্রতিবেশীরা কী ভাববে?

পর্দার বেলাতেও তাই। যখন থেকে আমরা থাকতে এসেছি, সেগুলো জানলার সঙ্গে শক্ত করে আটকানো রয়েছে। কখনও কখনও কেউ কেউ বাইরে উঁকি মারার ইচ্ছে সংবরণ করতে পারে না। ফল: ভর্ৎসনা। উত্তর: 'ওহো, কেউ দেখতে পাবে না।' এভাবেই প্রতিটি অসতর্কতা শুরু হয় ও শেষ হয়। কেউ লক্ষ্য করবে না, কেউ কিছু শুনবে না, কেউ বিন্দুমাত্র মনোযোগ দেবে না। বলা তো সহজ, কিন্তু সেটা কি সত্যি?

এই মুহূর্তে, তুমুল ঝগড়া কিছুটা থিতিয়েছে; শুধু ডুসেল আর ভ্যান ডানদের মধ্যে ঝগড়া লেগে আছে। যখন ডুসেল মিসেস ভ্যান ডানের ব্যাপারে কথা বলেন তখন ব্যতিক্রমহীন ভাবে তাঁকে 'ঐ বুড়ি বাদুড়টা' অথবা 'ঐ মূর্খ ডাইনিটা' বলে উল্লেখ করেন, আর উলটো দিকে মিসেস ভ্যান ডান আমাদের অতি শিক্ষিত ভদ্রলোককে 'বুড়ি চাকরানি' অথবা 'পাগলাটে আইবুড়ো মাগি' বলে উল্লেখ করেন।

চালুনি বলে ছুঁচকে, তোর পেছনে কেমন ফুটো!

তোমার, আনে

সোমবার সন্ধে, নভেম্বর ৮, ১৯৪৩

প্রিয়তমা কিটি,

তুমি যদি আমার চিঠিগুলো একবারে পড়ে ফেলো তাহলে অবাক হয়ে দেখবে যে চিঠিগুলো সব বিভিন্ন মেজাজে লেখা। এই গোপন ডেরার মেজাজের ওপর আমরা এত নির্ভরশীল যে আমার বিরক্তিই লাগে, তবে আমি একা নই: আমরা সকলেই তাই। আমি যদি একটা বই পড়তে চাই, তাহলে অন্যদের সঙ্গে মেশার আগে আমার ভাবনাচিন্তাকে একটু সাজিয়ে নিতে হয়, নাহলে তারা ভাবে আমি একটা অদ্ভুত চরিত্র। তুমি লক্ষ করেছ, ইদানীং আমি একটা অবসাদের মধ্যে আছি। কী থেকে হল এটা বলতে পারব না, কিন্তু আমার মনে হয় এটা আমার ভিতু স্বভাব থেকেই হয়েছে, যার মুখোমুখি আমি প্রায়ই হই। আজ সন্ধ্যায় বেপ যখন ছিল তখন দোরঘণ্টি জোরে এবং অনেকক্ষণ ধরে বেজে উঠেছিল। আমি সঙ্গে সঙ্গে ফ্যাকাশে হয়ে গেলাম, পেটে পাক দিয়ে উঠল এবং আমার হৃদস্পন্দন বেড়ে গেল—আর এই সব কিছুই হল, ভয়ে।

রাত্রে বিছানায় শুয়ে আমি দেখি, বাবা মা নেই, মাটির তলায় অন্ধকার ঘরে আমি একা। অথবা আমি পথে পথে ঘুরে বেড়াচ্ছি, গোপন ডেরায় আগুন লেগেছে, অথবা মাঝরাতে ওরা আসছে আমাদের ধরে নিয়ে যেতে আর আমি ভয়ে হামাগুড়ি দিয়ে আমার বিছানার তলায় ঢুকে পড়েছি। আমি দেখি এমন ভাবে যেন ঘটনাগুলো ঘটছে। আর ভাবি এগুলো খুব শিগগিরই ঘটবে!

মিয়েপ প্রায়ই বলেন আমাদের এখানকার শান্ত চুপচাপ ভাব দেখে ওঁর হিংসে হয়। সেটা হয়তো সত্যি, কিন্তু তিনি আমাদের ভয়ের কথাটা ভাবেন না।

আমি সহজভাবে কল্পনাই করতে পারি না আমাদের পৃথিবীটা আবার কোনোদিন স্বাভাবিক হবে। আমরা বলি 'যুদ্ধের পর', কিন্তু সেটা যেন হাওয়ায় কেল্লা বানানোর মতো, যা কোনোদিন সত্যি হয়ে উঠবে না।

আমাদের এই গোপন ডেরায় আমরা আটজন যেন বিপজ্জনক কালো মেঘে ঘেরা এক টুকরো নীল আকাশ। একটা নিখুঁত গোল যার মধ্যে আমরা নিরাপদে দাঁড়িয়ে আছি, কিন্তু মেঘেরা আমাদের কাছে আসছে এবং আমাদের চারপাশের ঘের আসন্ন বিপদ বয়ে নিয়ে ছোটো হয়ে আসছে। অন্ধকার আর বিপদ আমাদের ঘিরে ধরেছে আর তা থেকে বেরোবার পথ খুঁজতে গিয়ে পরস্পরের সঙ্গে ধাক্কা খাচ্ছি। আমরা দেখছি নিচে মানুষ লড়াই করছে আর ওপরে দেখছি শান্ত সুন্দর। এর মধ্যে আমাদের আলাদা করে ফেলেছে কালো মেঘের দল, আমরা ওপরেও যেতে পারব না, নিচেও না। অচ্ছেদ্য প্রাচীরের মতো দাঁড়িয়ে আছে, আমাদের গুঁড়িয়ে দিতে চাইছে, কিন্তু

এখনও পেরে ওঠেনি। আমি কেবল চিৎকার করতে পারি, অনুনয় করতে পারি, 'ওহ্ ঘের, ঘের, খুলে যাও আমাদের বেরোতে দাও।'

তোমার, আনে

বৃহস্পতিবার, নভেম্বর ১১, ১৯৪৩

প্রিয়তমা কিটি,

এই পরিচ্ছেদের একটা ভালো শিরোনাম পেয়েছি।

আমার ঝরনা কলমের উদ্দেশ্যে

স্মৃতিচারণ

আমার ঝরনা কলম আমার কাছে সব সময়ই একটি বহুমূল্য সম্পদ; মোটা নিবের জন্য ওটা আমার ভীষণ পছন্দের, আর মোটা নিব দিয়েই আমি পরিচ্ছন্নভাবে লিখতে পারি। ওটা একটা লম্বা এবং আকর্ষণীয় ঝরনা-কলম জীবন যাপন করেছে, যেটা আমি নিচে সংক্ষেপে লিখছি।

যখন আমার বয়স নয়, আমার ঝরনা কলম (তুলো মোড়ানো অবস্থায়) বিনামূল্যের নমুনা হিসেবে সুদূর আখেন থেকে এসেছিল, যেখানে আমার দিদিমা (সহৃদয় দাতা) থাকতেন। আমি সর্দি জ্বরে কাবু হয়ে শয্যাগত, আর ফেব্রুয়ারির বাতাস আমাদের ফ্ল্যাটের চারপাশে গর্জন করে ফিরছে। এই চমৎকার ঝরনা কলমটি একটি খাপে করে এসেছিল, আর আমি প্রথম সুযোগেই আমার বান্ধবীকে দেখিয়েছিলাম। আমি, আনে ফ্রাঙ্ক একটা ঝরনা কলমের গর্বিত মালকিন।

আমার যখন দশ বছর বয়স তখন আমাকে স্কুলে কলম নিয়ে যাবার অনুমতি পেলাম, এবং আরো আশ্চর্যের কথা, শিক্ষিকা আমাকে তা দিয়ে লেখার অনুমতিও দিলেন। যখন আমার এগারো বছর বয়স তখন আমার সম্পদটি আবার সরিয়ে রাখতে হল কারণ আমার ষষ্ঠ শ্রেণির শিক্ষিকা স্কুলের দোয়াত কলম ছাড়া লিখতে দিতেন না। যখন আমার বয়স বারো, আমি ইহুদি লাইসিয়ামে ভর্তি হলাম এবং সেই ঘটনার সম্মানে আমার ঝরনা কলমকে একটা নতুন খাপ দেওয়া হল। তার মধ্যে শুধু যে একটা পেনসিল রাখারও জায়গা ছিল তা নয়, জিপার টেনে বন্ধ করা যেত দেখতে আরও সুন্দর হল। যখন আমার তেরো বছর বয়স ঝরনা কলমটি আমার সঙ্গে গোপন ডেরায় এসেছিল, আর আমরা দুজনে একসঙ্গে অসংখ্য ডায়েরি আর রচনার মধ্যে দিয়ে

ছুটেছি। আমি চোদ্দোয় পড়লাম আর আমার ঝরনা কলম তার জীবনের শেষ বছরটা আমার সঙ্গে কাটাচ্ছিল, যখন...

শুক্রবার বিকেল, তখন ঠিক পাঁচটা বেজেছে। আমি আমার ঘর থেকে বেরিয়ে লেখার জন্য বসতে যাচ্ছি তখন আমাকে একপাশে ঠেলে সরিয়ে মারগট বাবাকে নিয়ে বসল। লাতিন চর্চা করবে বলে। ঝরনা কলম এমনিই পড়ে রইল টেবিলে। আর তার মালকিন নেহাতই শ্বাস ফেলে টেবিলের কোণে বসে বিনগুলো ডলতে লাগল। এভাবেই আমরা বিনগুলো ডলে খোসা সরিয়ে চকচকে চেহারায় নিয়ে আসি। পৌনে ছটার সময় আমি মেঝে ঝাঁট দিয়ে পচা বিন সমেত খোসাগুলো একটা খবরের কাগজে জড়ো করলাম এবং উনুনে দিয়ে দিলাম। দাউ দাউ করে আগুন জ্বলে উঠল। আমি ভাবলাম বেশ চমৎকার হল কারণ যে উনুনটা শেষ নিঃশ্বাস নেবে বলে ধুঁকছিল, তার অলৌকিক পুনরুদ্ধার ঘটল।

আবার সব চুপচাপ। লাতিন পড়ুয়ারা চলে গেছে। আমি টেবিলে বসে যেখানে লেখা ছেড়েছিলাম সেখান থেকে শুরু করতে চাইলাম। কিন্তু ঝরনা কলমটাকে কোথাও দেখতে পেলাম না। আমি আবার দেখলাম। মারগট দেখল, মা দেখল, বাবা দেখল, ডুসেল দেখল। কিন্তু সেটা উধাও।

মারগট অনুমান করল, 'বিনের সঙ্গে হয়তো উনুনে পড়ে গেছে।'

আমি বললাম, 'না না, তা হতে পারে না।'

কিন্তু সেই সন্ধ্যায় যখন ঝরনা কলমটা আর পাওয়া গেল না তখন সবাই আমরা ধরেই নিয়েছি ওটা পুড়েই গেছে, কারণ সেলুলয়েড খুবই দাহ্য। আমাদের সব চেয়ে বেশি ভয়টাই সত্যি হল যখন পরের দিন বাবা উনুনটা খালি করতে গিয়ে ছাইয়ের মধ্যে কলমের পকেটে আটকানোর ক্লিপটা পেলেন। সোনার নিবটার কোনো চিহ্ন পাওয়া গেল না। বাবা অনুমান করলেন, 'ওটা আগুনে গলে গিয়েছে।'

আমি ছোটো হলেও একটা সান্ত্বনা পেলাম: আমার ঝরনা কলমের সৎকার হয়েছে, যেমন কোনো একদিন আমারও হবে!

তোমার, আনে

বুধবার, নভেম্বর ১৭, ১৯৪৩

প্রিয়তমা কিটি,

সাম্প্রতিক ঘটনাগুলোয় আমাদের বাড়ি ভিত থেকে কেঁপে উঠল। বেপের ডিপথিরিয়া হওয়ায় সে ছয় সপ্তাহ আমাদের সংস্পর্শে আসতে পারবে না। তাকে ছাড়া আমাদের

রান্না এবং বাজার করার ব্যাপারটা খুবই সমস্যার, আর তার সঙ্গ থেকে আমরা কতটা বঞ্চিত হব সেটা তো আর বলছি না। মিস্টার ক্লাইমান এখনও বিছানায় এবং তিন সপ্তাহ ধরে তরল খাবার খাচ্ছেন। মিস্টার কুগলার গলা পর্যন্ত কাজে ডুবে।

মারগট তার লাতিন অনুশীলনী একজন শিক্ষকের কাছে পাঠিয়ে দেয়, তিনি সংশোধন করে ফেরত দেন। শিক্ষকটি চমৎকার মানুষ এবং তাঁর রসবোধ আছে। আমি বলতে পারি অমন বুদ্ধিমতী ছাত্রী পেয়ে তিনি নিশ্চয়ই খুশি।

ডুসেল একটা গোলমালে আছেন, আমরা জানি না কেন। এটা শুরু হয়েছিল যখন তিনি ওপর তলায় থাকছিলেন তখন কোনো কথা বলছিলেন না; মিস্টার অথবা মিসেস ভ্যান ডানের সঙ্গে একেবারেই কথা বন্ধ। আমরা সকলেই লক্ষ্য করেছি। এটা কদিন ধরেই চলছিল। এরপর মা এই সুযোগটা নিয়ে মা তাঁকে সাবধান করে দিয়ে বলেন যে মিসেস ভ্যান ডান কিন্তু তাঁর জীবন দুর্বিষহ করে তুলবেন। ডুসেল বলেন মিসেস ভ্যান ডানই কথা বলা বন্ধ করেছেন আর সেটা চালু করার কোনো বাসনা ডুসেলের নেই। আমার ব্যাখ্যা করা দরকার যে গতকাল ছিল ১৬ই নভেম্বর, ডুসেলের গোপন ডেরায় আসার একবছর পূর্ণ হল। মা এই উপলক্ষে একটা গাছ উপহার পান। কিন্তু মিসেস ভ্যান ডান গত কয়েক সপ্তাহ ধরে পরোক্ষভাবে এই তারিখটার কথা উল্লেখ করে অত্যন্ত নিশ্চিত এবং নির্দিষ্টভাবে বলেছিলেন যে ডুসেলের উচিত আমাদের নৈশভোজে আপ্যায়িত করা। তিনি অবশ্য কোনো জবাব পাননি। ডুসেলকে নিঃস্বার্থ ভাবে আমাদের মধ্যে নেওয়ার জন্য এই প্রথমবার আমাদের ধন্যবাদ জানানোর সুযোগ নেওয়ার পরিবর্তে ডুসেল একটা শব্দও উচ্চারণ করলেন না। আর ষোলো তারিখ সকালে আমি যখন তাঁকে জিজ্ঞেস করলাম যে অভিনন্দন জানাব না শোক প্রকাশ করব, উত্তরে তিনি বললেন যে, কোনো একটা করলেই হবে। মা শান্তিরক্ষকের ভূমিকায় অবতীর্ণ হয়ে ব্যাপারটা মেটাতে চেয়েছিলেন কিন্তু সেটা এগোল না এবং পরিস্থিতি একই রয়ে গেল।

একটু বাড়িয়ে বলছি না যে ডুসেলের নির্ঘাৎ একটা স্ক্রু ঢিলে আছে। আমরা প্রায়ই হাসাহাসি করি যে লোকটার কোনো স্মৃতি নেই, কোনো স্থির সিদ্ধান্ত নেই, কোনো সাধারণ বুদ্ধি নেই। আমরা একাধিকবার মজা পেয়েছি তাঁর তক্ষুণি শোনা খবর শুনে, যেগুলো ব্যতিক্রমহীনভাবে ভুলভাল খবর। এ ছাড়াও প্রতিটি ভর্ৎসনা অথবা তাঁর বিরুদ্ধে অভিযোগের মোকাবিলা করেন অনেক ভালো ভালো প্রতিশ্রুতি দিয়ে, যেগুলো তিনি কখনওই রাখতে পারেন না।

তোমার, আনে

শনিবার, নভেম্বর ২৭, ১৯৪৩

প্রিয়তমা কিটি,

গতরাতে, যেই আমি ঘুমিয়ে পড়েছি, হানেলি হঠাৎ আমার সামনে এসে হাজির।

আমি তাকে দেখলাম, গায়ে কম্বল জড়ানো, জীর্ণ শীর্ণ মুখে দাঁড়িয়ে। সে তার বড়ো বড়ো চোখে বিষণ্ণতা আর ভর্ৎসনা নিয়ে তাকিয়ে আছে, সে ভাষা আমি পড়তে পারছি: 'ওহ্ আনা, তুমি কি আমাকে ত্যাগ করেছ? আমাকে বাঁচাও, আমাকে বাঁচাও, এই নরক থেকে আমাকে উদ্ধার কর!'

আমার তো তাকে বাঁচানোর ক্ষমতা নেই। আমি শুধু দেখতে পারি অন্য মানুষের কষ্ট আর মারা যাওয়া। আমি শুধু ঈশ্বরের কাছে প্রার্থনা করতে পারি তাকে যেন আমাদের কাছে এনে দেওয়া হয়। আমি হানেলিকে দেখেছি, আর কেউ নয়, আর আমি বুঝেছি কেন। আমি ওকে ভুল বুঝেছিলাম, আমি যথেষ্ট পরিণত হইনি বলে বুঝতে পারিনি সেটা তার পক্ষে কতটা কঠিন ছিল। সে তার আরেক বন্ধুর প্রতি নিবেদিত প্রাণ ছিল আর তার মনে হয়েছিল আমি তাকে সেই বন্ধুর কাছ থেকে সরিয়ে নিতে চাইছি। বেচারা, ওর খুব খারাপ লেগেছিল। আমি জানি কারণ নিজেকে দিয়ে এই অনুভূতিটা এখন আমি বুঝতে পারি। কখনও কখনও বোঝাবুঝির একটা ঝলক আসে, কিন্তু তারপরই স্বার্থপরের মতো আমার নিজস্ব সমস্যা আর স্বাচ্ছন্দ্যের মধ্যে ঢুকে পড়ি।

ওর সঙ্গে ঐ রকম ব্যবহার করাটা খুবই নিচ কাজ হয়েছে; আর ও এখন অসহায়ভাবে, তার ফ্যাকাশে মুখ আর সকাতর চোখ নিয়ে আমার দিকে তাকিয়ে আছে। আমি যদি তাকে সাহায্য করতে পারতাম! হা ঈশ্বর, আমরা তো সব পাই, যা ইচ্ছা করি, আর সে ভাগ্যের কী প্রাণান্তক থাবায় পড়েছে। সে তো আমার মতোই ধার্মিক, হয়তো আমার চেয়েও বেশি, আর সেও যা সঠিক তাই করতে চেয়েছিল। কিন্তু তাহলে কেন আমার বেঁচে থাকার ভাগ্য হল, আর ও হয়তো মরতে চলেছে। কেন আমাদের মধ্যে এই পার্থক্য? আর কেন আমরা পরস্পরের থেকে এত দূরে।

সত্যি কথা বলতে কী, তার কথা আমি অনেক মাস ভাবিনি—না, মাস নয়, এক বছর তো হবে। তাকে আমি পুরোপুরি ভুলে যাইনি। তবে ও কষ্ট পাচ্ছে এই ভাবনা ওকে চোখের সামনে দেখার আগে কখনও এমন করে মনে হয়নি।

ও হানেলি, যুদ্ধ শেষ হওয়া অবধি তুই যদি বেঁচে থাকিস আর আমাদের মধ্যে ফিরে আসিস, আমি তোকে বুকে টেনে নেব আর তোর প্রতি যে অন্যায় করেছি সে সব ভুলিয়ে দেব।

যদি আমার তাকে সাহায্য করার মতো পরিস্থিতি হয়ও তবে এখন যতটা দরকার তখন ততটা প্রয়োজনও হবে না। আমি ভাবি, সে কি আমার কথা ভাবে? কী আছে তার ভাবনায়?

করুণাময় ঈশ্বর, ওকে তুমি রক্ষা কর, অন্তত ও যেন একলা না হয়ে যায়। তুমি যদি ওকে বলে দাও আমি ভালোবাসা ও সমবেদনার সঙ্গে ওর কথা ভাবি তাহলে হয়তো ওর দিন গুজরান একটু ভালো হবে।

আমাকে এসব নিয়ে ভাবা বন্ধ করতে হবে। এগুলো আমাকে কোথাও নিয়ে যাবে না। ওর বড়ো বড়ো চোখগুলো আমি দেখতেই বাকি, সেগুলো আমাকে তাড়া করে ফেরে, হানেলি কি সত্যি সত্যিই ঈশ্বরে বিশ্বাস করে নাকি তার ওপরে ধর্মের প্রভাব খুবই আলগা রকমের? এমনকি আমিও তা জানি না। আমি কখনই জিজ্ঞেস করিনি।

হানেলি, হানেলি, আমি যদি তোকে নিয়ে আসতে পারতাম, আমি যদি সব কিছু তোর সঙ্গে ভাগ করে নিতে পারতাম! খুব দেরি হয়ে গেছে। আমি সাহায্য করতে পারব না অথবা ভুল শুধরে নিতেও পারব না। কিন্তু আমি কখনও তাঁকে ভুলব না, আমি সর্বক্ষণ তার জন্য প্রার্থনা করে যাব!

তোমার, আনে

সোমবার, ডিসেম্বর ৬, ১৯৪৩

প্রিয়তমা কিটি,

সেন্ট নিকোলাস ডে যত কাছে আসতে লাগল ততই আমাদের সুন্দর করে সাজানো ঝুড়িটার কথা মনে হতে লাগল। আমারই বেশি করে মনে হচ্ছিল এ বছর উৎসব না করাটা খুবই খারাপ হবে। অনেক ভাবনা চিন্তার পর আমার মাথায় একটা মজার মতলব এল। আমি পিমের সঙ্গে কথা বললাম আর এক সপ্তাহ আগে থেকে আমরা প্রত্যেকের জন্য একটা করে ছড়া লিখতে বসে গেলাম।

রবিবার রাত পৌনে আটটার সময় আমরা ময়লা কাপড় রাখার ঝুড়িটা নিয়ে ওপর তলায় জড়ো হলাম। ঝুড়িটা কাগজ কেটে মূর্তি বানিয়ে আর গোলাপি ও নীল কার্বন পেপার দিয়ে বো তৈরি করে সাজানো হয়েছিল। ওপরে একটা বড়ো বাদামি কাগজের ওপর একটা চিরকুট লাগানো ছিল। সকলে উপহারের চেহারা দেখে অবাক। আমি চিরকুটটা খুলে নিয়ে জোরে জোরে পড়তে লাগলাম।

এসেছে সেন্ট নিকোলাস ডে আবার
এসেছে এই ছোট্ট ঘরেতে আমার।
মনে হয় না এত আনন্দ হবে এবারে
যেমনটা হয়েছিল গত বছরে।
তবুও সবাই যে মনে মনে আশা পুষি
আমাদের চাওয়াই যেন হাসে শেষ হাসি।
তবে একে কেটে যায় বছরের দিন
আসবে শান্তি ও সুখ, সবে হব স্বাধীন।
আজ সেন্ট নিকোলাস ডে, ভুলো না যেন আর
যদিও দেবার মতো আছেই বা কী উপহার!
তবু একটা কিছু করতে হবেই, যাতে মন মানে,
সবাই মিলে চাও তো দেখি একবার জুতোর পানে।

ঝুড়ি থেকে যে যার জুতো বার করে নিতেই হাসির রোল উঠল। প্রত্যেকটি জুতোর মধ্যে মালিকের নামে কাগজের একটি করে ছোটো মোড়ক।

তোমার, আনে

বুধবার, ডিসেম্বর ২২, ১৯৪৩

প্রিয়তমা কিটি,

বিশ্রীরকমের সর্দিজ্বরে কাবু হয়ে পড়ায় তোমাকে আর লিখে উঠতে পারিনি। এখানে অসুস্থ হয়ে পড়াটা আতঙ্কের। প্রত্যেকটি কাশির সঙ্গে, আমাকে কম্বলের তলায় ঢুকে পড়তে হচ্ছে—একবার দুবার তিনবার—চেষ্টা করতে হচ্ছে যাতে আর না কাশতে হয়। বেশির ভাগ সময়ে গলা খুসখুস করতে থাকে, আর আমাকে চিনি বা মধু দিয়ে দুধ কিংবা কাশির লজেন্স খেতে হয়। যত রকমের চিকিৎসা আমার ওপর চলছে সেগুলো

ভেবেই আমার মাথা ঘুরতে থাকে: ঘামিয়ে জ্বর কমানো, ভাপ দেওয়া, জলপট্টি, শুকনো সেঁক, গরম পানীয়, গলায় পেন্ট লাগানো, চুপচাপ শুয়ে থাকা, হটপ্যাড, গরম জলের বোতল, লেমোনেড এবং প্রতি দুঘণ্টা অন্তর থার্মোমিটার। এই সমস্ত প্রতিষেধক সত্যিই কি তোমাকে সুস্থ করে তুলবে? সব চেয়ে খারাপ ব্যাপার হল যখন মিস্টার ডুসেল ডাক্তারের ভূমিকা নেন এবং আমার খোলা বুকের ওপর তাঁর ক্রিম লাগানো মাথা রেখে শব্দ শুনতে থাকেন। শুধু যে তাঁর চুলে আমার সুড়সুড়ি লাগে তা নয় আমার অস্বস্তিও হয় যদিও তিনি তিরিশ বছর আগে স্কুলে যেতেন এবং একধরনের ডাক্তারি ডিগ্রিও পেয়েছিলেন। কিন্তু কেন তিনি এসে আমার বুকের ওপর মাথা রাখবেন?

তিনি তো আর প্রেমিক নন! আর তা ছাড়া একটা অসুস্থ শরীর থেকে সুস্থ আওয়াজ কোনটা তা তো বলতেই পারবেন না। তাঁকে তো প্রথমে নিজের কান পরিষ্কার করাতে হবে, কারণ তিনি ভীষণ রকমই কম শুনছেন। আমার অসুখের কথা অনেক হল। আমি এখন সুস্থ। আমি আধ ইঞ্চি লম্বা হয়েছি, দু পাইন্ড ওজন বেড়েছে। চেহারাটা ফ্যাকাশে কিন্তু পড়াশুনোর ইচ্ছেটা খোঁচাচ্ছে।

আউসনামহ্বাইজে* (এখানে এই একটা শব্দই চলতে পারে), আমরা সবাই একসঙ্গে ঠিকঠাক আছি। কোনো ঝগড়াঝাটি নেই, যদিও সম্ভবত বেশি দিন এরকম থাকবে না। তবে অন্তত গত ছ-মাস ধরে বাড়িতে নীরবতা ও শান্তি বিরাজ করছে।

বেপ এখনও নিভৃতবাসে আছেন, কিন্তু যে কোনো দিন তাঁর বোনও সংক্রামিত হতে পারেন।

বড়োদিনের জন্য আমরা বাড়তি রান্নার তেল, মিষ্টি আর সিরাপ পেয়েছি। হানুকার জন্য মিস্টার ডুসেল মা আর মিসেস ভ্যান ডানকে একটা চমৎকার কেক দিয়েছেন যেটা উনি মিয়েপকে তৈরি করতে বলেছিলেন। মিয়েপকে সব কাজ সামলে এটা করতে হয়েছে! মারগট আর আমি একটা পেনি দিয়ে তৈরি ব্রোচ পেয়েছি, বেশ উজ্জ্বল ঝকঝকে। ভীষণ ভালো, ভাষায় বর্ণনা করতে পারব না। মিয়েপ আর বেপের জন্য আমি বড়োদিনের উপহার রেখেছি। এক মাস ধরে আমার পরিজে দেওয়া চিনি বাঁচিয়েছি আর মিস্টার ক্লাইমান সেটা হাওয়া মিঠাই করার জন্য ব্যবহার করেছেন।

গুঁড়ি গুঁড়ি বৃষ্টি পড়ছে, মেঘে ঢাকা আকাশ, উনুনের সোঁদা গন্ধ, খাবারগুলো আমাদের পেটে গজগজ করছে আর নানা রকমের গুড় গুড় আওয়াজ বেরোচ্ছে।

যুদ্ধ এক জায়গায় দাঁড়িয়ে আছে, মনোবল তলানিতে।

তোমার আনে

---

* ব্যতিক্রম

শুক্রবার, ডিসেম্বর ২৪, ১৯৪৩

প্রিয়তমা কিটি,

আমি তোমাকে বহুবার লিখেছি এখানে মেজাজের হেরফেরেই আমাদের ওপর প্রভাব পড়ে আর আমার ক্ষেত্রেই এটা বেশি হচ্ছে। *হিমেলহোখ ইয়াউখ্‌ৎসেন্ড জু টোডা বেটরুবট** আমার পক্ষেই প্রযোজ্য। 'দারুণ মহোল্লাসে' যখন ভাবি তখন মনে হয় অন্যান্য ইহুদি ছেলেমেয়েদের তুলনায় আমাদের কী অপরিসীম সৌভাগ্য আর হতাশার গভীরে যখন ভাবি তখন মনে হয় মিসেস ক্লাইমানের কথা, তিনি যখন এসে তাঁর জোপির হকি ক্লাব, নৌকো চড়া, স্কুলের খেলাধুলো আর বন্ধুদের সঙ্গে বিকেলের চা-পর্বের কথা বলেন।

আমি জোপিকে হিংসে করি না, আমি একবার ওর সঙ্গে খুব ভালো সময় কাটাতে চাই আর এত জোরে হাসতে চাই যেন পেটে ব্যথা ধরে যায়। আমরা কুষ্ঠরোগীদের মতো বাড়িতে বন্দী হয়ে আছি বিশেষত এই শীতকালে, খ্রিষ্টমাস আর নতুন বছরের ছুটিগুলোয়। আসলে এটা আমার লেখা উচিত নয়, আমাকে খুব অকৃতজ্ঞ মনে হবে, কিন্তু আমি নিজের মধ্যে সবকিছু চেপে রাখতে পারছি না, কাজেই আমি আবার বলছি যা আমি গোড়াতেই বলেছিলাম: 'মানুষের চেয়ে কাগজ অনেক বেশি ধৈর্যশীল।'

যখনই কেউ বাইরে থেকে আসে, তাদের জামাকাপড়ে বাতাস আর গালে হিম মেখে, আমার মনে হয় কম্বলের ভেতরে মাথা ঢুকিয়ে দিই আর যেন না ভাবি, 'কখন আবার বাইরের তাজা হাওয়ায় শ্বাস নেবার অনুমতি পাব?' আমি তা করতেই পারি—কিন্তু তার বদলে মাথা উঁচু করে থাকতে হবে, সব কিছুতে সাহসী মুখ দেখাতে হবে। কিন্তু চিন্তাগুলো তো আসতেই থাকবে। একবার নয় বার বার।

বিশ্বাস কর, তুমি যদি দেড় বছর কোথাও আটকে থাকো কখনও কখনও তা অসহ্য হয়ে ওঠে। কিন্তু অনুভূতিগুলো অন্যায় এবং অকৃতজ্ঞ মনে হলেও সেগুলোকে তো অবজ্ঞা করা যায় না। আমার তো ইচ্ছে করে সাইকেল চালাতে, নাচতে শিস দিতে, পৃথিবীটাকে দেখতে, নিজেকে কম বয়সি ভাবতে আর আমি স্বাধীন এটা জানতে, আর এটাই তো আমি প্রকাশ করতে পারছি না। কল্পনা কর আমরা এই আটজন নিজেদের নিয়ে দুঃখ পাই অথবা মুখে অতৃপ্তির ভাব নিয়ে ঘুরে বেড়াই তাহলে কী হবে? তা থেকে কী পাব? আমি মাঝে মাঝে ভাবি কেউ যদি কখনো বুঝত আমি কী বোঝাতে চাইছি, কেউ যদি আমার অকৃতজ্ঞতার দিকে নজর না দিয়ে এবং একজন ইহুদি হিসেবে না দেখে

---

* গ্যোয়েটের একটি বিখ্যাত লাইন: 'দারুণ মহোল্লাসে অথবা হতাশার গভীরে।'

একটা কম বয়সি মেয়ে বলে ভাবত, যার খুব হাসি মজা করার ভীষণ দরকার। আমি জানি না আর এটা নিয়ে আমি কারোর সঙ্গে কথাও বলতে পারব না, কারণ আমি জানি আমি কাঁদতে শুরু করব। কাঁদলে মনটা হালকা হয়ে যায় যতক্ষণ না তুমি একলা কাঁদছ। আমার সব রকম তত্ত্বকথা এবং চেষ্টা সত্ত্বেও—প্রতিদিন এবং দিনের প্রতিটি ঘণ্টা— আমাকে যে বুঝতে পারে সেই মাকে খুঁজি। সেজন্যই আমি যাই লিখি অথবা যাই ভাবি, আমি তেমন মায়ের কথাই ভাবি যা আমি আমার ছেলেমেয়েদের জন্য হয়ে উঠব। তেমন মা, যে লোকের কথায় গুরুত্ব না দিয়ে, *আমার* ব্যাপারে গুরুত্ব দেবে। আমি কী বোঝাতে সেটা বর্ণনা করা কঠিন, কিন্তু 'মা' শব্দটাই সব কিছু বলে দেয়। আমি কী করি জানো? মা-ডাকের অনুভূতিটা পাবার জন্য 'মা' শব্দের কাছাকাছি কিছু বলে ডাকি, আমি প্রায়ই তাঁকে 'মামণি' বলে ডাকি। কখনও ডাকি 'মাম মাম'; যেন অসম্পূর্ণ 'মা'। আমার ইচ্ছে করে এ সব বাদ দিয়ে শুধু 'মা' বলে ডেকেই তাকে সম্মানিত করি। তবে একটা ভালো কথা যে তিনি এসব বোঝেন না, বুঝলে তাঁর খারাপই লাগত।

যাই হোক, অনেক হয়েছে। আমার লেখা আমাকে 'হতাশার গভীর' থেকে অনেকটাই তুলে এনেছে।

তোমার, আনে

আজ বড়োদিনের পরের দিন, আর গত বছর পিম যে গল্পটা বলেছিলেন সেটার কথা না ভেবে পারছি না। তখন আমি তাঁর কথা বুঝতে পারিনি। যদি তিনি আবার সেকথা তোলেন, আমি হয়তো তাঁকে বোঝাতে পারব, তিনি যা বোঝাতে চেয়েছিলেন আমি তা বুঝেছি।

আমার মনে হয় পিম অনেকের গোপন কথা জানতেন বলেই আমাকে তাঁর নিজের অনুভূতির কথা অন্তত একবার বলার প্রয়োজন হয়ে পড়েছিল; পিম কখনও নিজের কথা বলেন না, আর তিনি কী ভাবছেন এ ব্যাপারে মারগট কোনো আভাস পায় বলে আমার মনে হয় না। বেচারা পিম, তিনি মেয়েটাকে ভুলে গেছেন এই বলে আমাকে বোকা বানাতে পারবেন না। কখনওই পারবেন না। সেটার জন্যই উনি সব কিছুর সঙ্গে খাপ খাইয়ে নিতে পারেন যেহেতু তিনি মায়ের ভুলগুলো সম্পর্কে অন্ধ নন। তাঁর মধ্যে কী আছে না আছে সে সব কিছুর কথা না ভেবে আমি তাঁকে কিছুটা পছন্দই করি।

আনে

সোমবার, ডিসেম্বর ২৭, ১৯৪৩

শুক্রবার সন্ধেবেলা, জীবনে এই প্রথম বড়োদিনের উপহার পেলাম। মিস্টার ক্লাইমান, মিস্টার কুগলার এবং মহিলারা মিলে আমাদের জন্য চমকের ব্যবস্থা করছিলেন। মিয়েপ একটা উপাদেয় খ্রিষ্টমাস কেক বানিয়েছিলেন, যার ওপরে লেখা ছিল 'শান্তি ১৯৪৪', বেপ আমাদের যুদ্ধের আগে যেমন পাওয়া যেত তেমন বিস্কুট দিয়েছিলেন। আমার পেটার আর মারগটের জন্য এক কাপ করে দই আর বড়োদের জন্য এক বোতল করে বিয়ার ছিল। আর প্রতিটা জিনিস খুব সুন্দর করে মোড়া ছিল, আর মোড়কের ওপর সুন্দর সব ছবি সাঁটা ছিল। ছুটির দিনগুলো কী তাড়াতাড়িই যে ফুরিয়ে গেল!

আনে

বুধবার, ডিসেম্বর ২৯, ১৯৪৩

প্রিয়তমা কিটি,

কাল সন্ধেবেলায় আমার মন খুব খারাপ হয়ে গিয়েছিল। দিদিমা আর হানেলি কাল আবার একবার আমার কাছে এসেছিল। দিদিমা আমার মিষ্টি দিদিমা। কতটা তিনি কষ্ট পেয়েছিলেন, সব সময় কত সদয় ব্যবহার করতেন এবং আমাদের সমস্ত কিছুর বিষয়ে কত আগ্রহ দেখাতেন তার কতটুকুই বা জানি আমরা। আর সারাক্ষণ তিনি তাঁর ভয়ঙ্কর গোপন কথাটা আড়াল করে রাখতেন।* দিদিমা ছিলেন খুব অনুগত এবং ভালো মানুষ। দিদিমা আমাদের কাউকে কখনও ছোটো করেননি। যাই ঘটুক না বেপ, আমি যতই দুর্ব্যবহার করে থাকি না কেন, তিনি সব সময় আমাদের পাশে থাকতেন। দিদিমা তুমি কি আমায় ভালোবাসতে, নাকি আমায় বুঝতে না? আমি জানি না। আমরা থাকা সত্ত্বেও দিদিমা খুব একলা ছিলেন। অনেক মানুষ ভালোবাসলেও তুমি একলা হয়ে যেতে পারো, কেন না তুমি তো কারোরই 'এক এবং একমাত্র' নও।

আর হানেলি? সে কি এখনও বেঁচে আছে? কী করছে সে? হে ভগবান ওকে দেখো, আমাদের কাছে ফিরিয়ে আনো। আমার ভাগ্যে যা ঘটতে পারত তুই যেন তারই ছবি। আমি তোর জায়গায় নিজেকে রেখে দেখি। তাহলে কেন এখানকার কাণ্ডকারখানা দেখে আমি অস্থির হয়ে যাই? আমি যখন হানেলি আর তার সঙ্গে যারা

---

* আনার দিদিমা এতটাই অসুস্থ ছিলেন যে তাঁর বাঁচার আশা ছিল না।

কষ্ট পাচ্ছে তাদের কথা ভাবি, সেই সময়টুকু ছাড়া কি আমার সুখী, তৃপ্ত আর আনন্দিত থাকা উচিত নয়? আমি আসলে স্বার্থপর আর ভিতু। কেন আমি সব সময় খুব বিশ্রী জিনিস ভাবি আর স্বপ্ন দেখি আর ভয়ে চিৎকার করে উঠি? কারণ সমস্ত কিছু সত্ত্বেও আমার ভগবানের ওপর যথেষ্ট বিশ্বাস নেই। তিনি আমাকে অনেক দিয়েছেন, আমার যা প্রাপ্য নয় তাও, তবুও প্রতিদিন আমি প্রচুর ভুল করি।

তোমার প্রিয়জনদের কষ্টের কথা ভাবলে তোমার চোখে জল আসবে; সারাদিন ধরেই কেঁদে যেতে হবে। একমাত্র তুমি যা করতে পার তা হল ভগবানের কাছে প্রার্থনা, যাতে একটা অলৌকিক কিছু হয় আর অন্তত কয়েক জনকে বাঁচানো যায়। আর আমার মনে হয় আমি তা যথেষ্টই করছি।

আনে

বৃহস্পতিবার, ডিসেম্বর ৩০, ১৯৪৩

প্রিয়তমা কিটি,

গেলবারের সেই ভয়ঙ্কর ঝগড়ার পর, ব্যাপারটা কিছুটা থিতিয়ে ছিল, শুধুমাত্র আমাদের মধ্যেই নয়, ডুসেল এবং 'ওপর তলা', আর মিস্টার এবং মিসেস ভ্যান ডানেদের মধ্যেও। তা সত্ত্বেও কিছু কালো মেঘ ভেসে আসে, আর সবেরই কারণ হল...খাবার। মিসেস ভ্যান ডান একটা হাস্যকর প্রস্তাব করেছেন যে সকালে কম আলু ভাজা হবে আর বাকিটা বাঁচিয়ে রাখা হবে পরে ভাজার জন্য। মা, ডুসেল আর আমরা বাকিরা তাঁর সঙ্গে একমত হইনি, সুতরাং আলু ভাগ করে নেওয়া হয়েছে। আর মনে হচ্ছে চর্বি আর তেল ঠিক মতো ভাগ করা হয়নি আর মা এই ব্যাপারটা নিয়ে কোনো কথাবার্তা চান না। যদি কিছু বলার মতো ঘটে তো জানাব। গত কয়েক মাস ধরে মাংস (ওদের চর্বিসহ, আমাদের চর্বিছাড়া), সুপ (ওরা খাচ্ছে, আমরা নয়), আলু (ওদের ছাড়ানো আমাদের নয়) আমরা আলাদা করে নিয়েছি, বাড়তি এবং ভাজা আলুও।

যদি আমরা সম্পূর্ণ আলাদা হয়ে যেতে পারতাম!

তোমার, আনে

পুনশ্চ: বেপ পুরো রাজ পরিবারের একটা পিকচার পোস্টকার্ড আমাকে দিয়েছে। জুলিয়ানাকে বেশ কম বয়স মনে হচ্ছে, রানিকেও। তিনটে ছোটো মেয়েকে দেখলেই ভালোবাসতে ইচ্ছে করে। বেপ ভীষণই ভালো, তাই না?

রবিবার, জানুয়ারি ২, ১৯৪৪

প্রিয়তমা কিটি,

আজ সকালে, আমার যখন কিছুই করার ছিল না, আমি আমার ডায়েরির পাতা ওলটাচ্ছিলাম আর 'মা' বিষয়ে লেখা চিঠিগুলো চোখে পড়ল। সেগুলোর এত কড়া শব্দে লেখা হয়েছে যে আমি চমকে গেলাম। আমি আমাকে বললাম, 'আনে এ কি সত্যিই তুমি যে ঘৃণার কথা বলছে? ওহ্ আনে তুমি কী করে পারলে?'

আমি খোলা পাতা সামনে নিয়ে বসে থাকলাম আর ভাবতে লাগলাম কী করে আমি এত রাগ আর ঘেন্নায় ভরে উঠলাম যে তোমাকে সব কথা লিখে ফেললাম। আমি গত বছরের আনেকে বুঝতে চেষ্টা করলাম এবং তার জন্য ক্ষমা চাইলাম, কারণ যতদিন পর্যন্ত এই অভিযোগগুলি থাকবে এবং কেন তা করা হয়েছিল তা ব্যাখ্যা করার চেষ্টা না করছি তত দিন পর্যন্ত আমার বিবেক শান্ত হবে না। আমি কষ্ট পেয়েছিলাম (এখনও পাচ্ছি) এমন যেন আমার মাথাটা জলের তলায় ডোবানো (আলঙ্কারিক অর্থে) ছিল এবং আর আমি সব কিছু দেখেছিলাম নিজের দৃষ্টিভঙ্গি থেকে, অন্যদের কোনো কিছু শান্তভাবে বিবেচনাই করিনি—আমি মেজাজ গরম করে তাদের আঘাত করেছি অথবা চটিয়ে দিয়েছি—তারপরে এমন ভাব করেছি, যেন তারাই সব কিছু করেছে।

আমি নিজের মধ্যে আত্মগোপন করেছি, আর ভেবেছি শুধুমাত্র আমিই শান্তভাবে আমার আনন্দ, শ্লেষ, দুঃখকে ডায়েরিতে লিখে গেছি। কারণ এই ডায়েরিটা আমার কাছে স্মৃতির টুকরো সেঁটে রাখার খাতা, আমার কাছে তার মূল্য অনেক, কিন্তু তার অনেক পাতাতেই আমি লিখতে পারি না যে 'মিটে গেছে'।

আমি মায়ের ওপর রেগে থাকতাম (এখনও অনেক সময়ে তাই)। এটা সত্যি যে তিনি আমাকে বুঝতেন না, কিন্তু আমিও তো তাঁকে বুঝতাম না। তিনি আমাকে ভালোবাসেন, তিনি নরম এবং আবেগপ্রবণ, কিন্তু আমি তাকে এমন কঠিন পরিস্থিতিতে ফেলে দিতাম আর যে সব দুঃখজনক অবস্থায় তাঁকে পড়তে হত সেজন্য তাঁর মেজাজ খুব খিচখিচে হয়ে থাকত, সুতরাং আমি বুঝতে পারি কেন তিনি প্রায়ই আমাকে বকুনি দিতেন।

আমি রেগে যেতাম, অনেক দূর পর্যন্ত যেতাম তাঁকে আঘাত করতে এবং উদ্ধত ও পশুর মতো ব্যবহার করতাম যার ফলে তিনি আরো রেগে যেতেন। আমরা অশান্তি আর দুঃখের একটা দুষ্টচক্রের মধ্যে পড়ে গিয়েছিলাম। আমাদের ক্ষেত্রে সেটা খুব একটা ভালো সময় ছিল না, তবে অন্তত পক্ষে এই পর্বটা শেষ হয়েছিল। আমি দেখতে যাইনি কী ঘটেছে, আর আমি নিজে খুব কষ্ট পেয়েছি, কিন্তু সেটা তো বোঝা যায়।

কাগজে কলমে যে রাগের যে ভয়ঙ্কর প্রকাশ ঘটেছে, স্বাভাবিক জীবনেও তো তাই হয়। কাজকর্ম ছেড়ে দিয়ে আমি নিজেকে ঘরে বন্ধ করে দিয়ে দুম দুম করে পা ঠুকি অথবা মায়ের নাম ধরে ডাকি।

মায়ের ব্যাপারে কান্নাকাটি করার পর্ব এখন শেষ হয় গেছে। আমার জ্ঞানগম্যিও বেড়েছে আর মায়ের মেজাজ মর্জিও কিছুটা ঠিক হয়েছে। বেশির ভাগ সময়েই আমি বিরক্ত হলে চুপ করে থাকি, এবং তিনিও; কাজেই ওপরে ওপরে আমরা অনেকটা ঠিকই আছি। কিন্তু একটা জিনিস আমি করতে পারি না সেটা হল একটা ছোটো বাচ্চার মতো আমি মাকে ভালোবাসতে পারি না।

আমি আমার বিবেককে এই বলে শান্ত করি যে এই সব কড়া কথাগুলো মায়ের বুকে লাগার চেয়ে কাগজে কলমে থেকে যাওয়াটা ভালো।

তোমার, আনে

বুধবার, জানুয়ারি ৫, ১৯৪৪

প্রিয়তমা কিটি,

আজ আমার দুটো জিনিস কবুল করার আছে। এতে অনেকটা সময় লাগবে, কিন্তু আমায় কাউকে বলতে হবে, আর তুমিই হচ্ছ সবচেয়ে পছন্দের লোক, কারণ আমি জানি যাই ঘটুক না কেন তুমি সব গোপন রাখবে।

প্রথমটা মাকে নিয়ে। তুমি তো জানো আমি প্রায়ই মায়ের ব্যাপারে রেগে যাই আর তারপর ভালো হবার খুব চেষ্টা করি। আমি হঠাৎ বুঝতে পেরেছি তাঁর সমস্যাটি কী। মা বলেছেন যে তিনি আমাদের মেয়ের চেয়ে বন্ধু হিসেবে বেশি দেখতে চান। সেটা অবশ্যই বেশ ভালো ব্যাপার, কিন্তু বন্ধু কখনও মায়ের জায়গা নিতে পারে না। আমি আমার মাকে একটা আদর্শ উদাহরণ হিসেবে চাই এবং এমন একজন মানুষ যাকে সম্মান করতে পারি, কিন্তু বেশিরভাগ ব্যাপারেই মা, যা করতে *নেই*-এর উদাহরণ। আমার মনে হয় এই সব ব্যাপারে মারগটের ভাবনা এতটা আলাদা যে, আমি এখনই তোমাকে যা বললাম সেগুলো কখনওই সে বুঝে উঠতে পারবে না। আর বাবা তো মায়ের ব্যাপারে সমস্ত রকম কথাবার্তাই এড়িয়ে যান।

আমার কল্পনায় মা হবেন এমন একজন মহিলা, যিনি প্রথমত এবং সর্বাগ্রে, বিশেষত তাঁর বয়ঃসন্ধিকালের ছেলেমেয়েদের ব্যাপারে একটা বিশেষ বিবেচনা থাকবে, এবং সেই মায়েদের মতো নয় যাঁরা আমি কাঁদলে তা নিয়ে মজা করবেন। শুধু আমি ব্যথায় কষ্ট পাচ্ছি বলে নয়, অন্য সব ব্যাপারেও।

খুব তুচ্ছ মনে হলেও একটা ঘটনার জন্য তাঁকে আমি কখনও ক্ষমা করতে পারব না। একদিন হয়েছিল কী, আমাকে দাঁতের ডাক্তারের কাছে যেতে হয়েছিল। মা আর মারগটও আমার সঙ্গে যাবে ঠিক করল এবং বলল যে আমি বাইসাইকেলটা সঙ্গে নিতে পারি। দাঁতের ডাক্তার যখন কাজ শেষ করলেন এবং আমরা বাইরে বেরিয়ে এলাম তখন মা আর মারগট খুব মিষ্টি করে বলল যে তারা কিছু কিনতে অথবা দেখতে শহরে যাচ্ছে। আমার মনে নেই ঠিক কী, কিন্তু আমি অবশ্যই যেতে চেয়েছিলাম। কিন্তু ওরা বলেছিল আমি যেতে পারব না কারণ আমার কাছে বাইক রয়েছে। রাগে আমার চোখ দিয়ে জল বেরিয়ে এসেছিল, আর মা আর মারগট তাই দেখে হাসতে শুরু করছিল। আমি এত রেগে গিয়েছিলাম যে ওদের আমি ভ্যাঙাতে লাগলাম, ঐ রাস্তার ওপরেই। একজন ছোটো খাটো চেহারার বৃদ্ধা পাশ দিয়ে যাচ্ছিলেন তিনি তো কাণ্ড দেখে স্তম্ভিত। আমি সাইকেল চালিয়ে বাড়ি এলাম এবং কয়েক ঘণ্টা ধরে কেঁদেছিলাম। আশ্চর্যের কথা, মা আমাকে হাজার বার আঘাত করেছে, কিন্তু যখনই আমি ভীষণ রেগে যাওয়ার কথা ভাবি তখনই এই বিশেষ আঘাতটা আমাকে কাঁটায় মতো বেঁধে।

দ্বিতীয় ব্যাপারটা তোমাকে বলা কঠিন কারণ এটা আমাকে নিয়েই। আমি যে খুব একটা শিষ্টাচার মেনে চলি তা নয়, কিন্তু প্রত্যেকবার ওরা টয়লেটে যাবার ব্যাপারটা পুঙ্খানুপুঙ্খ বর্ণনা করে, আর এটা প্রায়ই করে, আমার সমস্ত শরীর ঘেন্নায় রি রি করে।

গতকাল লজ্জায় লাল হওয়া বিষয়ে সিস হেস্টারের একটা লেখা পড়লাম। যেন তিনি সরাসরি আমাকে উদ্দেশ্য করেই লেখাটা লিখছেন। আমি যে খুব সহজেই লজ্জায় লাল হয়ে উঠি তা নয়, কিন্তু লেখাটার বাকি অংশ আমার পক্ষে প্রযোজ্য। তিনি বলছেন বয়ঃসন্ধির সময়ে মেয়েরা নিজেদের মধ্যে গুটিয়ে যায় এবং নিজের শরীরের বিস্ময়কর পরিবর্তনের কথা ভাবে। আমি অনুভব করছি আমারও তাই ঘটছে, সেজন্য মা, বাবা আর মারগটের ব্যাপারে কেমন একটা অস্বস্তিবোধ করছি। অন্য দিকে মারগট আমার চেয়ে লাজুক হওয়া সত্ত্বেও সে একেবারেই অস্বস্তিবোধ করছে না।

আমি ভাবছি আমার মধ্যে যা ঘটছে তা খুবই বিস্ময়কর, এবং আমার শরীরের বাইরেই যে পরিবর্তন ঘটছে আমি সেটাই শুধু বোঝাতে চাইছি না, বলতে চাইছি ভেতরের পরিবর্তনের কথাও। আমি আমার বিষয়ে অথবা এই সব বিষয়ের কোনো কিছু নিয়ে কারোর সঙ্গে আলোচনা করিনি, সে জন্যই এগুলো নিয়ে আমার নিজের সঙ্গেই আলোচনা করতে হবে। যখনই আমার মাসিক হয় (এখানো পর্যন্ত তিনবার হয়েছে), সমস্ত ব্যথা, বেদনা, অস্বস্তি সত্ত্বেও আমার মনে হয় একটা মধুর রহস্য বয়ে নিয়ে বেড়াচ্ছি। সুতরাং এটা একটা বিশ্রী ব্যাপার হলেও আমি সেই সময়টার জন্য অপেক্ষা করি যখন আরেকবার আমি আমার মধ্যে সেই রহস্যটা অনুভব করব।

সিস হেস্টার আরো লিখেছেন যে আমার বয়সি মেয়েদের মধ্যে নিরাপত্তাহীনতার বোধ কাজ করে আর তারা আবিষ্কার করতে শুরু করে নিজস্ব ধারণা, ভাবনা এবং অভ্যাস নিয়ে তারা ব্যক্তি মানুষ। যখন আমি এখানে এসেছিলাম আমি ছিলাম তেরো, তখন আমি ভাবতে শুরু করেছিলাম আমার নিজের সম্পর্কে এবং উপলব্ধি করেছিলাম বেশিরভাগ মেয়ের চেয়ে তাড়াতাড়ি আমি 'স্বাধীন মানুষ' হয়ে উঠব। যখন আমি রাত্রে বিছানায় শুয়ে থাকি কখনও কখনও আমার উদগ্র ইচ্ছে হয় আমার স্তনে হাত দিতে আর হৃৎপিণ্ডের শান্ত ধীর স্পন্দন অনুভব করতে।

এখানে আসার আগে আমার অবচেতনে আমার এই অনুভূতিগুলো আগেই এসেছিল। একবার যখন আমি জাক-এর সঙ্গে রাতে ছিলাম, আমি ওর শরীরের ব্যাপারে কৌতূহল দমন করতে পারছিলাম না, যা সে সময় আমার কাছ থেকে লুকিয়ে রাখত, যা আমি কখনও দেখিনি। আমি তাকে জিজ্ঞেস করেছিলাম আমাদের বন্ধুত্বের প্রমাণ স্বরূপ আমরা পরস্পরের স্তন স্পর্শ করতে পারি কিনা, কিন্তু সে রাজি হয়নি। আমার একটা ভয়ংকর ইচ্ছা হয়েছিল ওকে চুমু খাবার, আমি খেয়েও ছিলাম। যখনই আমি কোনো নগ্ন নারী দেখি, যেমন আমার শিল্প ইতিহাস বইতে ভেনিস, আমি পরমানন্দে ভেসে যাই। কোনো সময় আমার তা এত অপরূপ সুন্দর মনে হয় যে চোখের জল ধরে রাখাই কঠিন হয়ে পড়ে। আমার যদি একজন বান্ধবী থাকত!

তোমার, আনে

বৃহস্পতিবার, জানুয়ারি ৬, ১৯৪৪

প্রিয়তমা কিটি,

কারোর সঙ্গে কথা বলার ইচ্ছে আমার এত অসহ্য হয়ে উঠেছিল যে, কোনো ভাবে আমার মাথায় পেটারকে এই ভূমিকায় বেছে নেবার কথাটা এসে গিয়েছিল। কয়েকবার দিনের বেলায় যখন পেটারের ঘরে গিয়েছি, আমার সব সময়েই সুন্দর আর আরামদায়ক মনে হয়েছে। পেটার এত ভদ্র যে, কেউ বিরক্ত করলেও তাকে চলে যেতে বলে না, সেজন্য আমি কখনই সাহস করে বেশিক্ষণ থাকিনি। আমার সব সময়েই ভয় হত ও আমাকে হয়তো পোকামাকড় মনে করবে। আমি তার ঘরে বেশিক্ষণ থাকার ছুতো খুঁজছিলাম যাতেও নিজের থেকেই কথা বলে, আর গতকালই আমি সে সুযোগ পেয়েছিলাম। পেটারকে ইদানীং ক্রসওয়ার্ড পাজলের বাতিকে পেয়েছ, সারাদিন সে তাছাড়া আর কিছুই করে না। আমি ওকে সাহায্য করছিলাম, আর খুব তাড়াতাড়িই আমরা দুজনে মুখোমুখি ওর টেবিলে বসে গেলাম, পেটার চেয়ারে আর আমি ডিভানে।

আমার খুব ভালো লাগছিল যখন আমি ওর গাঢ় নীল চোখের দিকে তাকিয়ে থাকছিলাম আর আমার অপ্রত্যাশিত উপস্থিতি ওকে কেমন লাজুক করে তুলেছিল। আমি ওর ভেতরের ভাবনাগুলো ধরতে পারছিলাম, কেমন আচরণ করবে সে ব্যাপারে ওর মুখের অনিশ্চয়তা আর অসহায়তার ভাব ফুটে উঠছিল আর একই সঙ্গে ছিল পুরুষালি ভাবের একটা ঝলক। আমি ওর সলজ্জ ভাব দেখছিলাম আর গলে যাচ্ছিলাম। আমি বলতে চাইছিলাম, 'আমাকে তোমার কথা বল। আমার এই গায়ে পড়ে ভাব জমানোর বাইরেটার গভীরে গিয়ে দেখ।' কিন্তু আমি বুঝতে পারছিলাম কথাগুলো মুখে বলার চেয়ে ভাবাটাই সহজ।

সন্ধেটা কেটে গিয়েছিল, শুধু ঐ লজ্জায় লাল হওয়া লেখাটার কথা বলা ছাড়া কিছুই ঘটেনি। অবশ্যই যা আমি তোমাকে লিখেছি সে সব কিছুই নয়, শুধুমাত্র বলেছি বড়ো হওয়ার সঙ্গে সঙ্গে সে যেন আত্মবিশ্বাসী হয়।

ঐ রাতে বিছানায় শুয়ে কেঁদে কেঁদে আমার চোখ ফুলিয়ে ফেলেছিলাম, সব সময় লক্ষ রেখেছিলাম কেউ যেন শুনতে না পায়। আমাকে পেটারের কাছে অনুগ্রহ ভিক্ষা করতে হচ্ছে এই ভাবনাটা অসহ্য। কিন্তু মানুষ নিজের ইচ্ছা পূরণ করার জন্য অনেক কিছুই করে; যেমন আমি, মনে মনে ঠিক করেছিলাম ঘন ঘন পেটারের ওখানে যাব আর, কোনো না কোনো ভাবে ওকে দিয়ে কথা বলাব।

তুমি নিশ্চয়ই ভাবছ না আমি পেটারের প্রেমে পড়েছি, আমি তা পড়িনি। যদি ভ্যান ডানদের ছেলের বদলে মেয়ে থাকত, আমি তার সঙ্গেই বন্ধুত্ব করতে চাইতাম।

আজ সকালে সাতটার একটু আগে আমার ঘুম ভেঙেছিল আর সঙ্গে সঙ্গে আমার মনে পড়ে গেল আমি কী স্বপ্ন দেখছিলাম। আমি একটা চেয়ারে বসে আছি, আর আমার সামনে বসে আছে পেটার...পেটার শিফ। মারি বস-এর আঁকার একটা বই আমরা দেখছি। স্বপ্নটা এত স্পষ্ট যে আমি কয়েকটা ছবিও মনে করতে পারছি। কিন্তু সেটাই সব নয়—স্বপ্নটা আরও আছে। পেটারের চোখ হঠাৎই আমার চোখে মিলল, আমি অনেক্ষণ ওর ঐ মখমলের মতো বাদামি চোখের দিকে তাকিয়ে রইলাম। তারপর ও খুব নরম করে বলল, 'আমি যদি জানতাম, তাহলে অনেক আগেই তোমার কাছে আসতাম।' আমি আবেগে টলোমলো হয়ে ঝটিতি মুখ সরিয়ে নিলাম। আর তারপরেই অনুভব করলাম একটা নরম ঠান্ডা গাল এসে আমার গালে লাগল আমার এত ভালো লাগল, এত ভালো লাগল...

এই সময়ে আমার ঘুম ভেঙে গেল, তখনও যেন তার গালের ছোঁয়া লেগে আছে আর তার বাদামি চোখ আমার বুকের গভীরে চেয়ে আছে, এত গভীরে যেন সে পড়তে পারছে আমি তাকে কতটা ভালোবেসেছিলাম আর এখনও কত ভালোবাসি। আবার আমার চোখ জলে ভরে এল, আর আমার মনটা ভারী হয়ে গেল কারণ আমি

আরেকবার ওকে হারিয়ে ফেললাম, আবার একই সঙ্গে ভালোও লাগল কারণ আমি নিশ্চিত ভাবে জানতাম পেটার আমার জন্যে বিশেষ একজনই।

এটা খুবই মজার যে আমি প্রায়ই আমার স্বপ্নে সব পরিষ্কার ছবি দেখতে পাই। একরাতে আমি ঠাকুমাকে* এত স্পষ্ট দেখলাম যে আমি তাঁর নরম কোঁচকানো মখমলের মতো চামড়াও দেখতে পাচ্ছিলাম। আরেকবার আমার দিদিমাকে দেখলাম উপকারী দেবদূতের চেহারায়। তারপরে আসে হানেলি, যে আমার সব বান্ধবী সব ইহুদিদের কষ্টের প্রতীক। ওর জন্যে যখন আমি প্রার্থনা করি, তখন আমি সব ইহুদি সব পীড়িত মানুষের জন্য প্রার্থনা করি।

এখন পেটার, আমার প্রিয়তম পেটার। আমার মানসপটে কখনও তার এত পরিষ্কার ছবি ছিল না। আমার কোনো ফটোর দরকার নেই, আমি তাকে খুব সুন্দর ভাবে দেখতে পাই।

তোমার, আনে

শুক্রবার, জানুয়ারি ৭, ১৯৪৪

প্রিয়তমা কিটি,

আমি কী নির্বোধ! আমি আমার সত্যিকারের ভালোবাসার কথা বলতে তোমায় ভুলে গিয়েছি।

আমি যখন বেশ ছোটো ছিলাম, নার্সারি স্কুলে পড়তাম, আমার স্যালি কিমেলকে ভালো লাগত। ওর বাবা মারা গিয়েছিলেন; মায়ের সঙ্গে সে এক মাসির কাছে থাকত। স্যালির এক খুড়তুতো ভাই ছিল, বেশ ভালো দেখতে, ছিপছিপে চেহারা, কালো চুলের, নাম ছিল অ্যাপি। যে পরে একজন জনপ্রিয় অভিনেতার মতো দেখতে হয়েছিল এবং ছোটোখাটো, মজার, গোলগাল স্যালির চেয়ে তাকে নিয়ে অনেক বেশি আদিখ্যেতা করা হত। অনেক দিন পর্যন্ত আমরা সব জায়গায় একসঙ্গে যেতাম, কিন্তু তা ছাড়া, আমার ভালোবাসা প্রতিদানহীন ছিল যতদিন না পেটারকে পেলাম। আমার পেটারের প্রতি অসম্ভব ভালোবাসা ছিল। আমি এখনও দেখতে পাই আমরা হাত ধরাধরি করে পাড়ার মধ্যে ঘুরে বেড়াচ্ছি, পেটারের পরনে সাদা সুতির স্যুট আর আমার গ্রীষ্মের খাটো পোশাক। গ্রীষ্মের ছুটির পর এক ক্লাস উঁচুতে অন্য স্কুলে ভর্তি হল, আর আমি ষষ্ঠ শ্রেণিতে আগের স্কুলেই রইলাম। বাড়ি যাবার পথে ও আসত

---

* ঠাকুমা, বাবার মা আর দিদিমা, মায়ের মা।

আমাকে নিতে অথবা আমিও যেতাম। পেটার ছিল আদর্শ ছেলে: লম্বা, ছিপছিপে এবং ভালো দেখতে, আর চিন্তাশীল, শান্ত, বুদ্ধিদীপ্ত মুখ। কালো চুল, চমৎকার বাদামি চোখ, রক্তিম গাল এবং টিকোলো নাক। ওর হাসি আমাকে পাগল করে দিত—ওকে খুব ছেলেমানুষ আর দুষ্টু দুষ্টু দেখাত।

গরমের ছুটিতে আমি গ্রামে গিয়েছিলাম, যখন ফিরে এলাম, পেটার আর তার পুরোনো ঠিকানায় ছিল না; চলে গিয়েছিল আর সেখানে ছিল তার বেশ বড়ো একটি ছেলে। সে বোধহয় পেটারকে বুঝিয়ে ছিল আমি নেহাতই ছোটো, কারণ পেটার দেখা করা বন্ধ করে দেয়। আমি তাকে এতটাই ভালোবাসতাম যে আমি সত্যের মুখোমুখি হতে চাইনি। তবুও আমি তাকে আঁকড়ে ধরে রাখতে চেয়েছিলাম সেদিন পর্যন্ত, যেদিন আমি বুঝতে পারলাম এরপরেও যদি আমি তার পেছনে ছুটতে থাকি তাহলে লোকে আমাকে ছেলেধরা বলবে।

বছরগুলো ঘুরে গেল। পেটার তার বয়সি মেয়েদের নিয়ে ঘুরে বেড়ায়, আমাকে কেমন আছি জিজ্ঞেস করারও প্রয়োজন বোধ করে না। আমি ইহুদি স্কুলে পড়তে শুরু করলাম আর ক্লাসের বহু ছেলে আমার প্রেমে পড়ল। আমি উপভোগ করতাম, আর তাদের মনোযোগে নিজেকে বেশ কেউকেটা মনে হত, কিন্তু ঐ পর্যন্তই। পরে হেলো আমার প্রেমে হাবুডুবু খাচ্ছিল, কিন্তু আমি তোমাকে আগেই বলেছি, আমি আবার প্রেমে পড়িনি।

একটা প্রবাদ আছে, 'সময় সব ব্যথা ভুলিয়ে দেয়।' আমার ক্ষেত্রেও তাই হয়েছিল। আমি নিজেকে বলছিলাম আমি পেটারকে ভুলে গিয়েছি এবং তাকে একেবারেই পছন্দ করি না। কিন্তু তার স্মৃতি এত প্রবল ছিল যে আমাকে নিজের কাছেই স্বীকার করতে হবে যে তাকে অপছন্দ করার একমাত্র কারণ হল, আমি অন্য মেয়েগুলোকে হিংসে করতাম। আজ সকালে আমি বুঝতে পারলাম কিছুই বদলায়নি; বরং উলটে আমি বড়ো হয়ে গেছি, কিছুটা পরিপক্ক হয়েছি আর আমার ভালোবাসাও আমার সঙ্গে সঙ্গে বেড়েছে। আমি এখন বুঝতে পারি পেটার আমায় ছোটো মেয়ে ভাবত এবং এখনও সে আমায় সম্পূর্ণ ভুলে গেছে এটা ভাবতে আমার কষ্ট হয়। আমি তার মুখ স্পষ্ট দেখতে পাই; আমি নিশ্চিত জানি আর কেউ নয়, পেটার আমার মনের মধ্যে একভাবেই থেকে গেছে।

আমি আজ একটা বিশ্রী রকমের ধন্দের মধ্যে রয়েছি। যখন বাবা আমাকে সকালে চুমু খেল, তখন আমি চিৎকার করতে চাইছিলাম, 'ওহ্, তুমি যদি পেটার হতে!' আমি তার কথা কেবলই ভাবছিলাম, সারাদিন আমি নিজেকে, বারবার বলছিলাম, 'ও পেটার, ডার্লিং, ডার্লিং পেটার...'

কোথায় আমি সাহায্য পাই? আমি শুধু দিন গুজরান করি আর ভগবানের কাছে প্রর্থনা করি, আমরা যদি কখনও এখান থেকে বেরোতে পারি, পেটারের পথ আমার

পথের ওপর দিয়ে চলে যাবে আর সে আমার চোখের দিকে তাকাবে, তার মধ্যেকার ভালোবাসাকে পড়ে নেবে আর বলবে, 'ওহ্, আনে, আমি যদি জানতাম, আমি তোমার কাছে অনেক আগেই চলে আসতাম।' একবার যখন আমি আর বাবা সেক্স নিয়ে কথা বলছিলাম, তখন তিনি বলেছিলেন এধরনের ব্যাপার বোঝার পক্ষে আমি খুবই ছোটো। কিন্তু আমি ভেবেছিলাম আমি বুঝতে পারি, আর এখন আমি নিশ্চিত, আমি বুঝি। এখন আমার কাছে ডালিং পেটার ছাড়া আর কেউ প্রিয় নয়।

আমি আয়নায় নিজের মুখ দেখলাম, অন্য রকম দেখালো। চোখ দুটো স্বচ্ছ আর গভীর, গালগুলো গোলাপি, কয়েক সপ্তাহ এরকম ছিল না, আমার হাঁ-মুখটা আরো নরম। দেখাচ্ছে সুখী কিন্তু আমার মুখে একটা বিষণ্ণভাব, ঠোঁট থেকে হাসি মিলিয়ে গেছে। আমি সুখী নই তখন থেকে, যখন থেকে আমি জানি পেটার আমার কথা ভাবে না, আর আমি এখনও অনুভব করতে পারি তার সুন্দর চোখ আমার দিকে চেয়ে আছে আর তার ঠান্ডা, নরম গাল আমার গালের সঙ্গে...ওহ, পেটেল, পেটেল কী করে তোমার ছবি থেকে নিজেকে মুক্ত করব, তোমার জায়গা যে নেবে সেটা একটা বাজে বিকল্প হবে না? আমি তোমাকে ভালোবাসি, আর সে ভালোবাসা এত বিশাল যে সেটা শুধুমাত্র হৃদয়ের মধ্যেই থাকতে চায় না, তা প্রকাশিত হয়ে চতুর্দিকে বিস্তৃত হতে চায়।

এক সপ্তাহ আগে, এমনকি একদিন আগে, তুমি যদি আমাকে জিজ্ঞেস করতে, 'তোমার কোন বন্ধুকে তুমি মনে কর বিয়ে করার পক্ষে উপযুক্ত?' আমি হয়তো উত্তর দিতাম, 'স্যালি, কারণ ও আমাকে ভালো, শান্ত আর আগলে রাখার অনুভূতি উপহার দিয়েছিল।' কিন্তু এখন আমি চিৎকার করে বলব, 'পেটেল, আমার সমস্ত হৃদয় দিয়ে, আমার সমস্ত আত্মা দিয়ে আমি ওকে ভালোবেসেছি। আমি আমাকে সম্পূর্ণ সঁপে দিতে চাই!' তবে শুধু একটা জিনিস: সে আমার মুখ ছুঁতে পারে, কিন্তু তার বেশি নয়।

আজ সকালে আমি কল্পনা করছিলাম, সামনের চিলেকোঠায় আমি পেটেলের সঙ্গে বসে আছি, বসে আছি মেঝেয়, জানলার পাশে, কিছুক্ষণ কথা বলার পর আমরা দুজনেই কাঁদতে শুরু করেছি। মুহূর্ত পরে আমি তার মুখ এবং সুন্দর গাল স্পর্শ করেছি! ওহ্, পেটেল, আমার কাছে এসো। আমার কথা ভাবো, আমার প্রিয়তম পেটেল!

তোমার, আনে

বুধবার, জানুয়ারি ১২, ১৯৪৪

প্রিয়তমা কিটি,

বেপ পনেরো দিন পরে ফিরে এসেছেন, যদিও তাঁর বোন আগামী সপ্তাহ পর্যন্ত স্কুলে যাবার অনুমতি পাননি। বেপ নিজে ঠান্ডা লেগে দুদিন বিছানায় পড়েছিলেন। মিয়েপ আর জানও পেটের গোলমালের জন্য দুদিন আসেননি।

আমি এখন নাচ আর ব্যালে নিয়ে মেতে আছি এবং অধ্যবসায়ের সঙ্গে প্রত্যেক সন্ধেয় নাচের চর্চা করি। মায়ের একটা লেস দেওয়া ল্যাভেন্ডার রঙের সায়া দিয়ে অতি আধুনিক নাচের পোশাক বানিয়ে নিয়েছি। ওপরের দিকে একটা ফিতে সেলাই করে বুকের ঠিক ওপরে বেঁধে নিয়েছি। একটা পাকানো গোলাপি ফিতে দিয়ে ব্যাপারটা সম্পূর্ণ করা হয়েছে। আমি আমার জিমন্যাস্টিকের জুতোগুলোকে ব্যালের জুতো করতে চেয়েছিলাম, কিন্তু পারিনি। আমার শক্ত হয়ে যাওয়া হাত-পাগুলো বেশ নমনীয় হয়ে আসছে। একটা সাংঘাতিক ব্যায়াম হল মাটিতে বসে, দু-হাতে দু-পায়ের গোড়ালি ধরে শূন্যে উঁচু করে তোলা। একটা কুশনের ওপর বসে এটা করতে হয় নইলে আমার পেছনের অবস্থা খারাপ হয়ে যেত।

এখানে সবাই *আ ক্লাউডলেস মর্নিং* বইটা পড়ছে। মা ভাবছেন বইটা ভীষণ ভালো কারণ ওতে বেশ কিছু বয়ঃসন্ধির সমস্যার বর্ণনা আছে। আমি নিজের মনে ভাবছি, একটু বাঁকা ভাবে, 'কেন তুমি প্রথমে নিজের বয়ঃসন্ধি নিয়ে আরো আগ্রহ দেখাওনি?' আমার মনে হয় মা বিশ্বাস করে এই বিস্তৃত পৃথিবীর মধ্যে অন্য যে কারোর চেয়ে আমার আর মারগটের সঙ্গে বাবা-মায়ের সম্পর্কটাই সেরা, এবং তার মতো কোনো মা-ই তার ছেলেমেয়েদের জীবনের সঙ্গে এত জড়িয়ে নেই। তাঁর মনের মধ্যে নিশ্চয়ই দিদির ব্যাপারটাই আছে, আর আমি বিশ্বাস করি না যে মারগটেরও সমস্যা আর ভাবনা আমার মতো। আমার পক্ষে মাকে চোখে আঙুল দিয়ে দেখিয়ে দেওয়া সম্ভব নয় যে তাঁর একটি মেয়ে তাঁর কল্পনার সঙ্গে মেলে না। এটা জানলে তিনি সম্পূর্ণ বিভ্রান্ত হয়ে পড়বেন আর তাছাড়া তিনি কখনই নিজেকে বদলাতে পারবেন না; আমি তাঁকে দুঃখ দিতে পারব না, যেহেতু আমি জানি সব কিছুই একই থেকে যাবে। মা বুঝতে পারেন মারগট তাঁকে আমার চেয়ে বেশি ভালোবাসে কিন্তু এটাও মনে করেন যে আমি একটা পর্যায়ের মধ্য দিয়ে যাচ্ছি।

মারগট বেশ সুন্দরী হয়ে উঠেছে। তার যা হওয়ার কথা ছিল সে তুলনায় অনেকটা বদলে গেছে। এখন আর সে হিংসুটে নয়, ভালো বন্ধু হয়ে উঠেছে। ও এখন আমাকে ছোটো বাচ্চা, যাকে হিসেবেই রাখা চলে না, এরকম ভাবে না।

এটা একটু অদ্ভুত হলেও, আমি মাঝে মাঝে নিজেকে অন্যের চোখ দিয়ে দেখি। আমি অলস চোখে 'আনে ফ্রাঙ্ক' নামে ব্যক্তিকে দেখি আর একজন বাইরের লোক হিসেবে তার জীবনের পাতাগুলো উলটে যাই।

এখানে আসার আগে, আমি যখন সব জিনিস নিয়ে চিন্তা করতাম না, তখন মাঝে মাঝে আমার মনে হত আমি মা, পিম আর মারগটের কেউ নই, আমি যেন সবসময়েই একজন বাইরের লোক। কখনও কখনও একটানা ছ-মাস একরকম অনাথ ভাব করে থেকে গেছি। তারপর এ সবের জন্য নিজেকে শাস্তি দিতাম, আসলে তো আমি, সব সময়েই সৌভাগ্যবতী। এরপরে আমি কিছু সময়ের জন্য জোর করে সকলের সঙ্গে বন্ধুত্বপূর্ণ আচরণ করতে থাকি। প্রত্যেক সকালে যখন সিঁড়িতে পায়ের শব্দ শুনি, মনে করি মা আমাকে শুভ সকাল বলতে আসছে আমি তাঁর সঙ্গে ভালো ব্যবহার করতাম, সত্যিসত্যি তাঁর দিকে আবেগভরে তাকাতাম। কিন্তু তখন কোনো একটা কথা বা অন্য কোনো কারণে এমন একটা ব্যাঁকা কথা বললেন যে আমি সম্পূর্ণ বেজার হয়ে স্কুলে চলে গেলাম। আমি ফেরার পথে আমি ওঁর জন্যই অজুহাত তৈরি করতে লাগলাম, নিজেকে বলতে লাগলাম যে, সত্যিই তো ওঁর কত রকমের দুশ্চিন্তা। বাড়িতে ফিরতাম হাসি খুশির ভাব করে, অনর্গল কথা বলে যেতাম যতক্ষণ না সকালের ঘটনার পুনরাবৃত্তি হয়, আর তারপরই খুব একটা চিন্তামগ্ন মুখ করে স্কুলের ব্যাগ নিয়ে সেখান থেকে চলে যেতাম। কখনও কখনও আমি চাইতাম রেগে থাকতে, কিন্তু স্কুল থেকে ফিরে সব সময় আমার এত কথা বলার থাকত যে আমার সে সব ভাবভঙ্গি ভেসে যেত আর চাইতাম মা যেন কাজকর্ম ছেড়ে আমার কথাই শোনে। তখন সেই সময় আবার এল যখন আমি আর পায়ের শব্দ শুনতাম না, আর নিঃসঙ্গবোধ করতাম আর চোখের জলে বালিশ ভিজে যেত।

এখনও তো সব কিছুই বেশ খারাপ হয়ে গেল। সে সব তো তুমি ইতিমধ্যেই জানো। এখন ভগবান আমাকে সাহায্য করার জন্য একজনকে পাঠিয়েছেন: পেটার। আমি আমার লকেটটা মুঠোয় নিই, ঠোঁটে চেপে ধরি আর ভাবি, 'আমার কী যায় আসে? পেটার আমার, একথা কেউ জানে না!' এই কথাটা মনের মধ্যে নিয়ে আমি প্রত্যেকটা নোংরা মন্তব্যের উর্ধ্বে উঠে যাই একটা কমবয়সি মেয়ের মনের মধ্যে কত কী ওঠে পড়ে কে তার খোঁজ রাখে?

তোমার, আনে

শনিবার, জানুয়ারি ১৫, ১৯৪৪

আমার প্রিয়তমা কিটি,

আমাদের সমস্ত রকম ঝগড়াঝাটির বর্ণনা তোমাকে দেবার কোনো মানে হয় না। এটা বলাই যথেষ্ট যে আমরা মাংস, চর্বি এবং তেলের মতো অনেক জিনিসই ভাগ করে নিয়েছি এবং নিজেদের আলু নিজেরাই ভেজে নিচ্ছি। ইদানিং আমরা একটু বেশি রাইয়ের রুটি খেয়ে ফেলছি কারণ বিকেল চারটে নাগাদ রাতের খাবারের জন্য এত ক্ষুধার্ত হয়ে পড়ছি যে পেটের মোচড়কে আমরা সামলাতেই পারছি না।

মায়ের জন্মদিন দ্রুত এগিয়ে আসছে। মিস্টার কুগলারের কাছ থেকে কিছু বাড়তি চিনি মা পেয়েছেন, ফলত ভ্যান ডানদের ঈর্ষার উদ্রেক হয়েছে কারণ মিসেস ভ্যান ডান তাঁর জন্মদিনে পাননি। কিন্তু এনিয়ে আজেবাজে কথা বলে, অশান্তি করে, চোখের জল ফেলে কী হবে, যখন তুমি জানোই যে ওরা আমাদের বিরক্ত করে!

মা একটা ইচ্ছা প্রকাশ করেছেন, যেটা অবশ্য এক্ষুণি পূর্ণ হওয়া সম্ভব নয়: পুরো দুটো সপ্তাহ মিস্টার ভ্যান ডানের মুখ না দেখা। আমি ভাবি, অনেকে মিলে একটা বাড়িতে থাকলে তারা পরস্পরে কি ঝগড়াঝাটিই করবে? অথবা আমাদের কি মন্দ কপাল চলছে? খাবার সময়ে যখন ডুসেল আধাভর্তি ঝোলের বাটির অনেকটাই নিজের পাতে নিয়ে আমাদের জন্য বাকিটা রেখে যান, তখন আমার খিদে চলে যায়, মনে হয় লাফিয়ে উঠি, ঘুঁষি মেরে চেয়ার থেকে ফেলে দিই আর দরজা দিয়ে ছুঁড়ে ফেলে দিই।

বেশির মানুষই কি কৃপণ আর স্বার্থপর? এখানে আসার পর থেকে মানুষের স্বভাব সম্পর্কে আমার বেশ জ্ঞান লাভ হয়েছে, সেটা ভালো, কিন্তু এখানকার জন্য সেটা যথেষ্ট। পেটারও একই কথা বলে।

আমাদের ঝগড়া আর আমাদের তাজা বাতাস আর স্বাধীনতার আকাঙ্ক্ষা সত্ত্বেও যুদ্ধ চলেছে, সুতরাং আমাদের উচিত হল এখানে ভালো ভাবে থাকা।

আমি হয়তো বড়ো বড়ো কথা বলছি, কিন্তু আমি এটা বিশ্বাস করি আমি যদি এখানে অনেক দিন থাকি তাহলে মটরশুটির বোঁটার মতো হয়ে যাব। আর আমি তো একজন সৎ, সোজাসাপটা কিশোরীই হয়ে উঠতে চেয়েছিলাম।

তোমার, আনে

বুধবার সন্ধে, জানুয়ারি ১৯, ১৯৪৪

প্রিয়তমা কিটি,

আমি জানি না কী হয়েছে, কিন্তু আমার স্বপ্নের পর থেকে আমি লক্ষ করছি কীভাবে আমি বদলে যাচ্ছি। এই প্রসঙ্গ বলি, আবার গত রাতে আমি পেটারকে স্বপ্নে দেখেছি এবং আরো একবার অনুভব করেছি তার চোখ আমাকে বিদ্ধ করছে, কিন্তু এই স্বপ্নটা ততটা স্পষ্ট নয় এবং আগেরটার মতো অত সুন্দর নয়।

তুমি তো জানো, আমি সব সময়েই মারগটের সঙ্গে বাবার সম্পর্কের ব্যাপারে হিংসে করি। কিন্তু এখন আমার হিংসের কোনো চিহ্ন নেই; তবে আমি এখনও কষ্ট পাই বাবার মেজাজ যখন তাঁকে আমার ব্যাপারে অযৌক্তিক করে দেয়, কিন্তু তখন আমি ভাবি, 'তুমি যেমন, তার জন্য আমি তোমার নিন্দে করছি না। তুমি ছোটোদের মন আর বয়ঃসন্ধি নিয়ে অনেক কথা বল, কিন্তু তাদের ব্যাপারে প্রথম কথাটাই তুমি জানো না!' আমি বাবার আদরের চেয়ে আরো বেশি কিছু চাই, বাবার আলিঙ্গন আর চুমোর চেয়ে আরো বেশি কিছু চাই। আচ্ছা, আমার নিজেকে নিয়েই ব্যস্ত থাকাটা খুব বিশ্রী না? আমার কি যারা ভালো হতে চায়, দয়ালু হতে চায়, তাদের প্রথমে ক্ষমা করা উচিত নয়? আমি মাকেও ক্ষমা করব, কিন্তু সব সময়ই তিনি শ্লেষাত্মক মন্তব্য করেন অথবা আমাকে নিয়ে হাসেন, আর আমি যা পারি তা হল, নিজেকে নিয়ন্ত্রণ করতে পারি। আমি জানি, আমার যা হওয়া উচিত, তা থেকে আমি অনেক দূরে রয়েছি; কখনও কি তা হতে পারব?

আনে ফ্রাঙ্ক

পুনশ্চ।। বাবা বলছিলেন আমি তোমাকে কেকের কথা বলেছি কিনা। মায়ের জন্মদিনে তিনি যুদ্ধের আগেকার কোয়ালিটির একটা সত্যিকারের মোচা কেক পেয়েছিলেন, অফিসের লোকদের কাছ থেকে। সত্যিই দিনটা খুব সুন্দর ছিল! তবে এই মুহূর্তে আমার মাথায় এ সবের জন্য কোনো জায়গা নেই।

শনিবার, জানুয়ারি ২২, ১৯৪৪

প্রিয়তমা কিটি,

তুমি কি বলতে পারো, কেন লোকে নিজের প্রকৃত মনের ভাবকে ঢাকতে অনেক দূর পর্যন্ত যায়? অথবা আমি যখন অন্যদের সঙ্গে থাকি তখন সব সময়ে বেশ অন্যরকম

ব্যবহার করি? কেন মানুষ একে অপরকে এত কম বিশ্বাস করে? আমি জানি তার নিশ্চয়ই কোনো কারণ আছে, কিন্তু কখনও কখনও মনে হয় তুমি কাউকে কিছু বিশ্বাস করে বলতে পারছ না, এমনকি খুব কাছের লোক হলেও, এ ব্যাপারটা খুব খারাপ।

যে রাতে ঐ স্বপ্নটা দেখেছিলাম তারপর থেকে আমি অনেক বড়ো হয়ে গেছি, যেন আমি আরো স্বাধীন হয়ে গেছি। তুমি আশ্চর্য হবে শুনে যে এমনকি ভ্যান ডানদের প্রতি আমার মনোভাব পালটে গেছে। আমার পরিবারের পক্ষপাতদুষ্ট দৃষ্টিভঙ্গি থেকে সমস্ত আলোচনা এবং বিতর্ককে দেখা আমি বন্ধ করেছি। আমি কীভাবে এত বদলে গেলাম? দেখ, আমার হঠাৎ মনে হল আমার মা যদি অন্যরকম হত, যদি সে প্রকৃত মা হত, আমাদের সম্পর্ক খুব, খুব আলাদা হতে পারত। মিসেস ভ্যান ডানও কোনো অর্থেই একজন চমৎকার মানুষ নন, কিন্তু অর্ধেক ঝগড়াঝাটি এড়ানো যেত, যদি মা সব সময় কোনো না কোনো গোলমেলে বিষয়ে গোঁ ধরে না থাকবেন। মিসেস ভ্যান ডানের একটা ভালো দিক হল ওঁর সঙ্গে কথা বলা যায়। তিনি হয়তো স্বার্থপর, কিপটে এবং ধূর্ত, কিন্তু ওঁকে প্ররোচিত না করলে এবং অযৌক্তিক কিছু না বোঝালে ওঁকে মানিয়ে নেওয়া যায়। এই কৌশল অবশ্য সব সময় খাটে না, কিন্তু তুমি যদি ধৈর্য ধর এবং চেষ্টা করতে পারো কতটা এগোনো যায়।

আমাদের বেড়ে ওঠার সব রকম সমস্যা, ছেলেমেয়েদের প্রশ্রয় না দেওয়া, খাবারের ব্যাপারে—সব কিছুর ব্যাপারেই, সমস্ত কিছুর ব্যাপারেই—হয়তো অন্য রকম হতে পারত যদি আমরা খোলামনের হতাম, বন্ধুত্বপূর্ণ হতাম, যদি না সব সময় খারাপ জিনিসগুলিই দেখতাম।

আমি জানি কিটি, তুমি কী বলতে যাচ্ছে। 'কিন্তু, আনা এ সব কথা কী সত্যিই তোমার ঠোঁট থেকেই বেরিয়ে আসছে। তোমার কাছ থেকে, যে ওপরতলা থেকে অজস্র কুকথা শুনেছে? তোমার কাছ থেকে, যে সব অবিচারের কথা জানে?'

হ্যাঁ, এ গুলো আমার কাছ থেকেই আসছে। আমি নতুন করে দেখতে চাই এবং আমার দৃষ্টি ভঙ্গিতে, বাবা-মাকে নকল করে নয়, যেমন প্রবাদে বলে, 'আপেল কখনও গাছ থেকে দূরে গিয়ে পড়ে না।' আমি ভ্যান ডানেদের পরীক্ষা করে দেখতে চাই আর নিজের জন্য সিদ্ধান্ত নিতে চাই কোনটা সত্যি আর বানানো। যদি আমি সে ব্যাপারে হতাশ হই, তাহলে আমি মা-বাবার সঙ্গেই থাকব। যদি না হয়, তাহলে আমি তাদের ধ্যানধারণা বদলানোর চেষ্টা করব। তা যদি কাজ না করে, তাহলে আমি আমার নিজস্ব মতামত আর সিদ্ধান্তে স্থির থাকব। আমাদের বহু মত পার্থক্যের ব্যাপারে এবং ভয় না পেয়ে মিসেস ভ্যান ডানের সঙ্গে খোলাখুলি আলোচনার প্রতিটি সুযোগ আমি নেব—সব জান্তা হিসেবে

আমার দুর্নাম থাকা সত্ত্বেও—নিরপেক্ষ মতামত দেব। আমি আমার পরিবার সম্পর্কে কোনো নেতিবাচক কিছু বলব না, তার মানে এই নয় যে, কেউ যদি বলে তাহলে পরিবারের পক্ষে দাঁড়াব না, এবং আজ থেকে পরচর্চা অতীতের বিষয় হয়ে যাবে।

এ পর্যন্ত আমি পুরোপুরি ভাবে বিশ্বাস করতাম যে ঝগড়ার জন্য ভ্যান ডানেরাই সম্পূর্ণভাবে দায়ী, কিন্তু এখন আমি নিশ্চিত যে ভুলটা অনেকটা আমাদেরও। বিষয়বস্তুর দিক থেকে আমাদের বক্তব্য সঠিকই থাকত, কিন্তু বুদ্ধিমান লোকেদের (যেমন আমরা) অন্যদের সঙ্গে ব্যবহারের ক্ষেত্রে আরো বেশি অন্তর্দৃষ্টি থাকা উচিত।

আমি আশা করি ঐ অন্তর্দৃষ্টির কিছুটা পেয়েছি, এবং তা আমি সুষ্ঠুভাবে ব্যবহার করব।

তোমার, আনা

সোমবার, জানুয়ারি ২৪, ১৯৪৪

প্রিয়তমা কিটি,

আমরা সঙ্গে একটা অদ্ভুত ঘটনা ঘটেছে। (আসলে 'ঘটেছে'টা সঠিক শব্দ নয়।)

এখানে আসার আগে, বাড়িতে অথবা স্কুলে কেউ যখন যৌনতা বিষয়ে কথা বলত, হয় সেটা লুকোছাপা করে অথবা ঘিনঘিনে ভাবে বলত। যৌনতার ব্যাপারে যে কোনো কথা খুব ফিসফিস করে বলা হত, যারা জানত না তাদের নিয়ে হাসাহাসি করা হত। এ ব্যাপারটা আমার কাছে খুব অস্বাভাবিক মনে হত, আমি ভাবতাম এ বিষয়টা নিয়ে কথা বলার সময় কেন লোকেরা রহস্যময় অথবা নোংরা হয়ে যায়। কিন্তু আমি যেহেতু কিছুই বদলাতে পারব না তাই যতটা সম্ভব কম বলতাম অথবা আমার বান্ধবীদের কাছ থেকে তথ্য সংগ্রহ করতাম।

বেশ কিছুটা জানার পর মা একদিন আমাকে বলল, 'আনা তোমাকে কিছু পরামর্শ দিই। এগুলো কখনও ছেলেদের সঙ্গে আলোচনা কোরো না, যদি ওরা এসব কথা তোলেও, উত্তর দিয়ো না।'

আমার উত্তরটা এখনও মনে আছে, 'না, না কখনওই নয়, কল্পনাই করতে পারি না।' আর কিছু বলা হয়নি।

আমরা যখন গা ঢাকা দিতে এলাম, বাবা প্রায়ই এমন কিছু বলতেন যা মায়ের কাছ থেকে শুনতে পাওয়ারই কথা ছিল, আর বাকি যা জানতাম তা বই থেকে আর লোকেদের কথাবার্তা থেকে।

স্কুলের ছেলেদের মতো পেটার ভ্যান ডান কিন্তু এই বিষয়টা নিয়ে কখনও কোনো আপত্তিকর কথা বলেনি, অথবা একেবারে গোড়ার দিকে দু-একবার ছাড়া। যদিও ও আমাকে দিয়ে এ ব্যাপারে কথা বলানোর চেষ্টা করেনি। মিসেস ভ্যান ডান বলেছিলেন তিনি কখনওই এই ব্যাপারগুলো পেটারের সঙ্গে আলোচনা করেননি এবং তিনি যতদূর জানেন, তাঁর স্বামীও করেননি। বোঝা যায় যে পেটার কতটা কী জানে বা কোথা থেকে জানে এ ব্যাপারে তিনি কিছুই জানেন না।

গতকাল, যখন মারগট, পেটার এবং আমি আলু ছাড়াচ্ছিলাম তখন কথা প্রসঙ্গে বশে-র কথা উঠল। আমি বললাম, 'আমরা এখনও জানি না বশে মেনি না হুলো, তাই না?'

'হ্যাঁ, জানি,' পেটার বলল, 'বশে হুলো।'

আমি হাসতে লাগলাম, 'হুলো? ওর তো পেটে বাচ্চা।'

পেটার আর মারগটও হাসতে লাগল। দেখ, দুমাস আগেই পেটার আমাদের বলেছিল শিগগিরই বশে-র ছানা হবে, কারণ তার পেটটা মোটা লাগছিল। যাই হোক বশের মোটা পেটের কারণ চুরি করা হাড়। জন্মাবার জন্য কোনো ছানাই পেটের মধ্যে বাড়ছিল না।

আমার ধারণাকে ভুল প্রমাণিত করার জন্য পেটার আমাকে ওর সঙ্গে যেতে বলল। 'আমার সঙ্গে চল। তুমি নিজেই দেখে নেবে। আমি বেড়ালটার সঙ্গে একদিন খেলছিলাম, আমি নিশ্চিত যে ও ''হুলো''।'

কৌতূহল চাপতে না পেরে, ওর সঙ্গে গুদাম ঘরে গেলাম। বশে তখন দর্শনার্থীদের দেখা দেবার জন্য ত্রিসীমানায় ছিল না। কিছুক্ষণ অপেক্ষা করলাম, তারপর ঠান্ডা লাগতে ওপর তলায় চলে গেলাম।

পরে বিকেলের দিকে আমি শুনতে পেলাম পেটার দ্বিতীয়বারের জন্য নিচে যাচ্ছে। আমি সাহস সঞ্চয় করে নিস্তব্ধ বাড়িটায় পা টিপে টিপে গুদামঘরে পৌঁছে গেলাম। বশে প্যাকিং টেবিলে বসেছিল, পেটারের সঙ্গে খেলছিল, পেটার তখন তাকে ওজন নেবার জন্য দাঁড়ি পাল্লায় বসাচ্ছিল।

'এই যে তুমি কি দেখতে চাও?' কোনো ভূমিকার মধ্যে না গিয়ে সে বেড়ালটাকে তুলে চিৎ করে ফেলে মাথা আর পাগুলো চেপে ধরে বোঝাতে লাগল, 'এই হল পুরুষের লিঙ্গ, এখানে কিছু চুল রয়েছে, আর এই হল পাছা।'

বেড়ালটা এবার কাত হয়ে তার ছোটো ছোটো পায়ে উঠে দাঁড়াল।

যদি অন্য কোনো ছেলে আমাকে 'পুরুষের লিঙ্গ' দেখাত তাহলে আমি তো দ্বিতীয়বার তার মুখ দর্শন করতাম না। কিন্তু পেটার স্বাভাবিক গলায় অত্যন্ত অস্বাভাবিক একটা বিষয় নিয়ে কথা বলে যেতে লাগল। তার কোনো অভিসন্ধি ছিল না। যতক্ষণে

সে শেষ করল, আমি বেশ সহজ হয়ে স্বাভাবিক ব্যবহার করতে শুরু করলাম। আমরা বশে-র সঙ্গে খেললাম, নিজেরাও গল্প করলাম, এবং শেষ পর্যন্ত লম্বা করিডর ধরে হাঁটতে হাঁটতে ফিরে এলাম।

'মুশ্চির যখন অপারেশন হয় তুমি সেখানে ছিলে?'

'হ্যাঁ, নিশ্চয়। খুব একটা সময় লাগেনি। আর ওরা বেড়ালটাকে অ্যানাসথেসিয়া দিয়েছিল।'

'ওরা কি কিছু বার করেছিল?'

'না, ডাক্তার টিউবটা কেটে দিয়েছিল। বাইরে থেকে কিছু দেখা যাচ্ছিল না।'

প্রশ্ন করতে গিয়ে আমার স্নায়ুকে চাঙ্গা করে তুলছে হচ্ছিল কারণ ব্যাপারটা আমি যেমন ভেবেছিলাম ততটা 'স্বাভাবিক' ছিল না।

'পেটার, জার্মান শব্দ *গেশ্লেশ্টশ্টাইল* মানে ''যৌন অঙ্গ'', তাই না? তাহলে মেয়ে ও ছেলেদের আলাদা আলাদা নাম আছে।'

'আমি জানি।'

'মেয়েদেরটা যোনি বলে, সেটা আমি জানি, ছেলেদেরটা কী বলে আমি জানি না।'

'হুমম্।'

'দেখ, এই শব্দগুলো আমরা কী করে জানব? বেশির ভাগ সময়েই কোনো ঘটনা ঘটলেই আমাদের কানে আসে।'

'কেন? আমি বাবা-মাকে জিজ্ঞেস করব। তাঁরা আমাদের চেয়ে ভালো জানেন আর তাদের অভিজ্ঞতাও অনেক।'

আমরা ততক্ষণে সিঁড়িতে এসে গেছি, সুতরাং আর কিছু বলা হয়নি।

হ্যাঁ, এটা সত্যিই ঘটেছিল। আমি কখনই একটি মেয়ের সঙ্গে এত স্বাভাবিক গলায় আলোচনা করতে পারতাম না। আর আমি এ ব্যাপারেও নিশ্চিত যে মা আমাকে যে কারণে ছেলেদের ব্যাপারে সতর্ক করেছিলেন এটা তা নয়।

তবে বাকি দিনটা আমি ঠিক নিজের মধ্যে ছিলাম না। যখনই আমার কথাবার্তাগুলো মনে পড়ছিল, অস্বস্তি লাগছিল। কিন্তু আমি অন্তত একটা ব্যাপার জানলাম: কম বয়সি ছেলে আছে, যারা, ছেলে হলেও, অশ্লীল রসিকতা না করে খুব স্বাভাবিকভাবে এই সব জিনিস আলোচনা করতে পারে।

পেটার কি তার বাবা-মাকে এ বিষয়ে প্রশ্ন করে? গতকাল আমার সঙ্গে যেমন আচরণ করছিল সেই ভাবে?

ওহ্, আমি তা আর কী করে জানব?

তোমার, আনে

শুক্রবার, জানুয়ারি ২৮, ১৯৪৪

প্রিয়তমা কিটি,

এই সপ্তাহে আমার পারিবারিক বংশলতিকা এবং রাজ পরিবারের বংশবৃত্তান্ত নিয়ে নাড়াচাড়া করতে খুব ভালো লাগছে। আমি এই সিদ্ধান্তে এসেছি যে একবার তুমি খোঁজা শুরু করলে তুমি অতীতের গভীরে, আরো গভীরে খুঁড়তে থাকবে, যা তোমাকে আরো অনেক আকর্ষণীয় আবিষ্কারের দিকে নিয়ে যাবে।

স্কুলের পড়াশুনোর ব্যাপারে আমি খুবই পরিশ্রমী এবং রেডিয়োতে বিবিসি হোম সার্ভিস শুনে খুব ভালো ভাবে বুঝতে পারি, আমি এখনও আমার অনেকগুলো রবিবারে আমার সিনেমা স্টারের ছবি ঝাড়াই বাছাই করি, যে সংগ্রহ এখন বেশ বড়ো সড়ো হয়ে উঠেছে। মিস্টার কুগলার প্রতি সোমবারে আমার জন্য *সিনেমা অ্যান্ড থিয়েটার*-এর একটা করে কপি আনলে আমি ভারী খুশি হই। আমাদের বাড়ির যে সব সদস্যদের পার্থিব ব্যাপারে টান কম তাঁরা এই ক্ষুদ্র প্রশয়কে অর্থের অপচয় মনে করেন, কিন্তু আবার যখন এক বছর পরেও যে কোনো ছবির অভিনেতা অভিনেত্রীদের তালিকা বলে দিই তখন তাঁরা অবাক হয়ে যান। বেপ ছুটির দিনগুলোকে প্রায়ই তার ছেলে বন্ধুর সঙ্গে সিনেমা যান, শনিবারে তিনি বলেন সিনেমার নাম যেটা উনি দেখতে যাবেন, আর আমি গড়গড় করে অভিনেতা অভিনেত্রীদের নাম কী রিভিউ হয়েছে সব বলে দিই। মা সম্প্রতি মন্তব্য করেছেন যে, আমার আর সিনেমায় যাওয়ার কোনো দরকারই হবে না কারণ সমস্ত গল্পগুলো আমি জানি, তারকাদের নাম এবং সমালোচনা সবই তো আমার মুখস্থ।

যখনই আমি চুলে একটা নতুন কায়দা করি, আমি ওদের মুখে একটা বিরক্তি লক্ষ্য করি, আর আমি জানি কেউ না কেউ জিজ্ঞেস করবেই কোন ফিল্মস্টারকে আমি নকল করছি। ওটা আমার নিজের করা বললে কেউ বিশ্বাস করে না। আর ঐ চুলের কায়দাটা আধঘণ্টার বেশি থাকে না। কিন্তু তারই মধ্যে ওদের মন্তব্যে তিতিবিরক্ত ও ক্লান্ত হয়ে দৌড়ে বাথরুমে গিয়ে চুল যেমন থাকে তেমন করে দিই।

তোমার, আনে

শুক্রবার, জানুয়ারি ২৮, ১৯৪৪

প্রিয়তমা কিটি,

আজ সকালে আমি ভাবছিলাম তুমি কী নিজেকে গোরুর মতো ভাবো যাকে আমার দেওয়া বাসি খবরের জাবর কেটে যেতে হয়, যতক্ষণ না তুমি একঘেয়েমিতে বিরক্ত হয়ে হাই তুলে চুপিচুপি কামনা করো, আনা যেন কিছু নতুন খবর দেয়।

দুঃখিত, আমি জানি তোমার কাছে এ গুলো অতিমাত্রায় নীরস, তবে কল্পনা কর ঐ একই জিনিস শুনতে শুনতে আমি কতটা অসুস্থ আর ক্লান্ত। খাওয়ার সময় যদি রাজনীতি অথবা ভালো খাবারের বিষয়ে কথা না ওঠে তাহলে তখন মা অথবা মিসেস ভ্যান ডান তাঁদের ছোটোবেলার গল্প শুরু করেন যেগুলো হাজারবার শোনা, অথবা ডুসেল ঘ্যান ঘ্যান করে বলতে থাকেন, ঘোড়দৌড়ের সুন্দর ঘোড়া, তাঁর শার্লটের দামি পোশাকের আলমারি, দাঁড় টানা নৌকো, চার বছরের বালকের সাঁতার, পেশির ব্যথা আর ভিতু রোগীর গল্প। ব্যাপারটা এই রকম দাঁড়িয়েছে: যদি আমাদের আটজনের একজন যদি মুখ খোলে, তাহলে বাকি সাতজনই তার হয়ে গল্পটা শেষ করে দিতে পারে। প্রত্যেকটি রসিকতা আমাদের জানা, তাই যে বলে সে ছাড়া আর কেউ হাসে না। দুই প্রাক্তন গৃহকর্ত্রীর প্রতিটি গোয়ালা, মুদি আর কসাইদের প্রশংসা করে এতবার আকাশে তোলা হয়েছে কিংবা নিন্দে করে মাটিতে ফেলা হয়েছে যে আমাদের কল্পনায় তারা মেথুসেলার* মতো বৃদ্ধ; এখানে কোনো নতুন বা টাটকা বিষয় নিয়ে আলোচনার কোনো সুযোগই নেই।

তবুও, এ সবই কিছুটা সহনীয় হত যদি না বড়োদের পুনরাবৃত্তি করার অভ্যেসটা না থাকত, ক্লাইমান, জান, মিয়েপও বলতেন তাঁদের মতো করে কিছু মিলিয়ে মিশিয়ে, আর আমি প্রায়ই টেবিলের নিচে নিজের হাতে চিমটি কেটে গল্পবলিয়েদের সঠিক পথে আনবার ইচ্ছে দমন করতাম। বড়োরা যতই ভুলভাল বলুক না কেন বা কল্পনার ঘোড়া ছোটাক না কেন, আনের মতো ছোটোরা কখনই তাদের বড়োদের ভুল শুধরে দিতে পারবে না।

জান আর মিস্টার ক্লাইমান, যারা গুপ্ত আন্দোলন করছে অথবা অজ্ঞাতবাসে রয়েছে তাদের কথা বলতে ভালোবাসেন; তাঁরা জানেন আমাদের পরিস্থিতিতে থাকা অন্যদের কথা শুনতে আমরা শুনতে চাই এবং যাঁরা গ্রেফতার হয়েছে তাদের দুঃখে আমরা সত্যিই সমব্যথী হই আর সেই সঙ্গে মুক্তি পাওয়া বন্দীদের জন্য আমরা খুশি হই।

---

* বাইবেলে বর্ণিত একটি চরিত্র। সর্বাধিক ছিল জীবনকাল ৯৬৯ বছর।

গোপন ডেরায় কিংবা অজ্ঞাতবাসে যাওয়ার ব্যাপারটাতে আমরা অভ্যস্ত হয়ে গেছি যেমন আমরা আগে অভ্যস্ত ছিলাম বাবার শোবার ঘরের চটি ফায়ার প্লেসের সামনে রেখে দেওয়াতে। ফ্রি নেদারল্যান্ডস-এর মতো বেশ কিছু প্রতিবাদী গোষ্ঠী আছে যারা পরিচয়পত্র জাল করে, যারা অজ্ঞাতবাসে আছে তাদের আর্থিক সাহায্য দেয়, লুকিয়ে থাকার জায়গা খুঁজে দেয় এবং অজ্ঞাতবাসে যাওয়া খ্রিষ্টান তরুণদের কাজ খুঁজে দেয়। দেখে আশ্চর্য হতে হয় এই উদার এবং স্বার্থশূন্য মানুষগুলো অন্যদের বাঁচাতে এবং সাহায্য করতে নিজেদের জীবনের ঝুঁকি নিয়ে কীভাবে কাজ করে চলেছে।

তার শ্রেষ্ঠ উদাহরণ হল আমাদের সাহায্যকারীরা, যাঁরা এতদূর পর্যন্ত টেনে এনেছেন এবং আশা করি তীর অবধি নিয়ে যাবেন, নইলে যাদের তাঁরা রক্ষা করার চেষ্টা করছেন ওদের মতোই তাঁদের দশা হবে। আমরা যে ওঁদের কত বোঝা সে ব্যাপারে তারা একটা শব্দও উচ্চারণ করেননি, আমরা যে ওঁদের কত সমস্যা সে ব্যাপারে কখনও অভিযোগ করেননি। তাঁরা প্রত্যেকদিন ওপরে এসে পুরুষদের সঙ্গে ব্যবসা এবং রাজনীতি নিয়ে মহিলাদের সঙ্গে খাবারদাবার আর যুদ্ধকালীন সমস্যা নিয়ে এবং ছোটোদের সঙ্গে বই আর খবরের কাগজ নিয়ে কথা বলেন। তারা সব সময়ে হাসিখুশি মুখে থাকেন, জন্মদিন বা বিশেষ উপলক্ষ্যে তাঁরা ফুল এবং উপহার নিয়ে আসেন এবং সব সময়ে আমাদের জন্য কিছু করতে এক পায়ে খাড়া। এসব আমরা কোনোদিন ভুলব না; এক দিকে অন্যরা যুদ্ধক্ষেত্রে অথবা জার্মানদের বিরুদ্ধে বীরত্ব দেখাচ্ছে, আর অন্যদিকে আমাদের সাহায্যকারীরা প্রত্যেক দিন সদিচ্ছা আর ভালোবাসায় নিজেদের প্রমাণ করছেন।

অদ্ভুত সব গল্প বাজারে ঘুরছে, যদিও তার অনেকগুলোই সত্যি। যেমন, মিস্টার ক্লাইমান এই সপ্তাহে জানলেন যে গেল্ডারল্যান্ড প্রদেশে একটা ফুটবল ম্যাচ হয়েছে; একটা দলে ছিল অজ্ঞাতবাসে থাকা লোকজন আর অন্য দলে ছিল এগারোজন মিলিটারি পুলিশ। হিলভারসুমে নতুন রেজিস্ট্রেশন কার্ড দেওয়া হচ্ছে। যারা লুকিয়ে আছে তারা যাতে রেশন পেতে পারে (তোমার র্যাশন বই পাওয়ার জন্য এই কার্ডটা দেখাতে হবে অথবা একটা বইয়ের জন্য ৬০ গিল্ডার দিতে হবে), সেজন্য রেজিস্ট্রার জানিয়েছে ঐ জেলায় যারা লুকিয়ে আছে তারা একটা নির্দিষ্ট সময়ে এসে কার্ড নিতে পারে, নথিপত্র অন্য একটা টেবিলে সংগ্রহ করা হবে।

তবে, এ ধরনের দুঃসাহসী কাজের কথা যাতে জার্মানদের কানে না যায় সেজন্য সতর্ক থাকতে হবে।

তোমার, আনে

রবিবার, জানুয়ারি ৩০, ১৯৪৪

আমার প্রিয়তমা কিটি,

আরেকটা রবিবার গড়িয়ে গেল; গোড়ায় যেমন মনে হত এখন আর কিছু মনে হয় না, তবে দিনগুলো যথেষ্ট ক্লান্তিকর।

আমি এখনও পর্যন্ত গুদামঘরে যাইনি, হয়তো শিগগিরই যাব। কয়েক রাত আগে বাবার সঙ্গে আমি নিচের তলায় গিয়েছিলাম আর আজ রাতে আমি একাই নেমেছিলাম। আমি সিঁড়ির মাথায় দাঁড়িয়েছিলাম, জার্মান প্লেনগুলো এদিকে ওদিকে উড়ে যাচ্ছিল, আমি জানতাম আমি সম্পূর্ণ একা, কারোর সাহায্যের ওপর নির্ভরতা ছিল না। আমার ভয় উধাও হয়ে গিয়েছিল। আমি আকাশের দিকে তাকিয়েছিলাম আর ঈশ্বরের ওপর বিশ্বাস রেখেছিলাম।

একা থাকার একটা প্রবল প্রয়োজন বোধ করছি। বাবা লক্ষ্য করেছিলেন আমি ঠিক আমার মধ্যে নেই, কিন্তু আমি তাকে বলতে পারিনি আমার কী অস্বস্তি। যা আমি করতে চাইছিলাম, তা হল চিৎকার করে বলতে, 'আমাকে একা থাকতে দাও।'

কে জানে, হয়তো এমন একটা দিন আসবে তখন আমি যা চাই তার চেয়েও বেশি একলা থাকব।

তোমার, আনে

বৃহস্পতিবার, ফেব্রুয়ারি ৩, ১৯৪৪

প্রিয়তমা কিটি,

বাইরে থেকে আক্রমণের ব্যাপারে প্রতিদিন দেশজুড়ে উত্তেজনা বাড়ছে। তুমি যদি এখানে থাকতে, নানা প্রস্তুতির কথা শুনে আমার মতো তুমিও মুগ্ধ হতে, যদিও সন্দেহ নেই আমরা যেসব বাড়াবাড়ি করছি তা দেখে তুমি হাসতে। কে জানে, এসবই হয়তো অকারণে!

খবরের কাগজগুলো এই বহিরাক্রমণের খবরে ভর্তি আর সকলকে এই ধরনের বিবৃতি দিয়ে মাথা খারাপ করে দিচ্ছে: 'হল্যান্ডে ইংরেজ সৈন্য নামলে জার্মানরা দেশ বাঁচাতে যা করতে পারে তাই করবে, এমনকি প্রয়োজন হলে বন্যার জলে ভাসিয়ে দেবে।' তারা সম্ভাব্য বানভাসি এলাকা দেখিয়ে ম্যাপও ছাপিয়ে ফেলেছে। যেহেতু আমস্টারডামের বড়ো অংশ এর মধ্যে পড়ছে, সেহেতু আমাদের প্রথম প্রশ্ন হল রাস্তায়

জল যদি কোমরের ওপরে ওঠে তাহলে আমরা কী করব। এই দুরূহ প্রশ্নের অনেকরকম উত্তর এসেছিল:

'হাঁটা কিংবা সাইকেল চালানো অসম্ভব, সুতরাং আমাদের জল ঠেলে ঠেলে যেতে হবে।'

'ফালতু বকবেন না। আমাদের সাঁতার কাটার চেষ্টা করতে হবে। আমরা চানের পোশাক আর টুপি পরে যতটা পারা যায় ডুব সাঁতার দেব, যাতে কেউ ইহুদি বলে বুঝতে না পারে।'

'বাজে কথা! আমি কল্পনা করছি ইঁদুরে কামড়ালে মেয়েরা কেমন সাঁতার কাটবে।' (বলছে একজন পুরুষ; ইঁদুরে কামড়ালে কে বেশি চেঁচায় দেখব।)

'আমরা তো বাড়ি থেকে বেরোতেই পারব না। গুদামঘরটা এত নড়বড়ে যে বান এলে তো ধ্বসে পড়বে।'

'শুনুন, রসিকতা রাখুন, আমাদের একটা নৌকো জোগাড় করতে হবে।'

'সমস্যাটা কী? আমি একটা ভালো মতলব দিচ্ছি, চিলেকোঠা থেকে আমরা প্রত্যেকে একটা করে প্যাকিং বাক্স নেব আর দাঁড় বাইবার জন্য কাঠের হাতা।'

'আমি তো রণপায়ে যাব; কম বয়সে ওতে আমি ওস্তাদ ছিলাম।'

'জান গিজকে তা করতে হবে না। উনি ওঁর বউকে পিঠে নেবেন, তাহলেই মিয়েপ-এর রণপায়ে চড়া হয়ে যাবে।'

তাহলে এ থেকেই কী চলছে সে ব্যাপারে একটা ধারণা তুমি করতে পার, তাই না, কিটি? এই সব হালকা মন্তব্য শুনতে বেশ মজার, কিন্তু বাস্তবটা তো আলাদা। আর বহিরাক্রমণের ব্যাপারে দ্বিতীয় প্রশ্ন যেটা উঠছে তা হল: জার্মানরা আমস্টারডাম ছেড়ে চলে গেলে আমাদের কী করা উচিত।

'আমাদেরও শহর ছেড়ে চলে যেতে হবে, যে যতটা পারি ছদ্মবেশ ধরে।'

'যাই ঘটুক না কেন, বাইরে কেউ যাবে না! সব চেয়ে ভালো হল এখানেই কোনোরকমে থেকে যাওয়া। জার্মানরা হল্যান্ডের পুরো জনসংখ্যাকে তাড়িয়ে জার্মানিতে নিয়ে যেতে পারে, সেখানেই তারা সবাই মরে যাবে।'

'আমরা এখানেই থাকব। এটাই নিরাপদ জায়গা। আমরা ক্লাইমানের সঙ্গে কথা বলব যাতে তিনি তাঁর স্ত্রীকে নিয়ে আমাদের সঙ্গে থাকেন। কোনো ভাবে এক বস্তা কাঠের চোকলা যোগাড় করতে পারলে মেঝেতেও শুতে পারব। মিয়েপ আর ক্লাইমানকে বলতে হবে কিছু কম্বল নিয়ে আসার জন্য, যদি প্রয়োজন হয়। আমাদের যে পঁয়ষট্টি পাউন্ড ভুট্টা আছে তার ওপর কিছু বাড়তি আনাতে হবে। জান কিছু বাড়তি বিন আনার চেষ্টা করতে পারে। এই মুহূর্তে আমাদের পঁয়ষট্টি পাউন্ড বিন আর দশ পাউন্ডের মতো মটরশুঁটি আছে। ভুলো না আমাদের পঞ্চাশ টিন সবজিও আছে।'

'বাকি আর কী আছে? হিসেব করে বলবে মা!'

'দশ টিন মাছ, চল্লিশ টিন দুধ, পাউডার দুধ কুড়ি পাউন্ড, তিন বোতল তেল, চার পাত্র মাখন, চার বোয়েম মাংস, চার বোয়েম স্ট্রবেরি, দু বোয়েম র্যাস্পবেরি, কুড়ি বোয়েম টমেটো, দশ পাউন্ড ওটমিল, ন পাউন্ড চাল। ব্যাস।'

আমাদের যা মজুত আছে মোটামুটি ভালোই। তবে আমাদের অফিসের কর্মীদের খাওয়াতে হবে, তার মানে আমাদের মজুত প্রতি সপ্তাহে কমবে, কাজেই যতটা মনে হচ্ছে ততটা থাকবে না। আমাদের যথেষ্ট কয়লা, জ্বালানি কাঠ আর মোমবাতিও আছে।

'যদিও আমাদের এখান থেকে চলে যেতে হয়, তাহলে টাকাকড়ি নিয়ে যাবার জন্য চল আমরা ছোটো ছোটো টাকার থলি বানিয়ে নিই।'

'যদি আমাদের পালাতে হয় আমাদের প্রথমে কী কী নিতে হবে তার একটা তালিকা বানাতে হবে, আর আমাদের রুকস্যাকগুলো আগেই তৈরি রাখতে হবে।'

'যখন সেই সময় আসবে, আমরা দুজনকে নজর রাখার জন্য রাখব, একজনকে বাড়ির সামনে, আরেক জনকে পিছনে।'

'দাঁড়াও, দাঁড়াও, জল, গ্যাস অথবা ইলেকট্রিসিটি যদি না থাকে তাহলে এত খাবারদাবার দিয়ে কী হবে?'

'আমাদের স্টোভে রান্না করতে হবে। জল ফিল্টার করে ফুটিয়ে নেব। কিছু বড়ো জাগ পরিষ্কার করে জল ভরে রাখব। আমাদের জল রাখার বড়ো বড়ো তিনটে প্যান ভর্তি করে রাখব, এ ছাড়া বাথরুমের টিনেও।'

'এছাড়া, আমাদের মশলার গুদামঘরে দুশো তিরিশ পাউন্ড শীতের নতুন আলু আছে।'

সারা দিন ধরে আমি শুনতে থাকি। বহিরাক্রমণ, বহিরাক্রমণ, শুধু বহিরাক্রমণ। তর্ক চলতে থাকে খিদে, মরে যাওয়া, বোমা, আগুন নেভানো, স্লিপিং ব্যাগ, পরিচয়পত্র, বিষাক্ত গ্যাস, ইত্যাদি নিয়ে। কোনোটাই আনন্দদায়ক নয়।

এখানকার পুরুষদের স্পষ্ট সতর্ক বার্তার একটা ভালো উদাহরণ হল জান-এর সঙ্গে নিম্নলিখিত কথোপকথন:

গোপন ডেরা: আমাদের ভয় হচ্ছে জার্মানরা পশ্চাদপসরণ করলে ওরা এখানকার লোকেদের সবাইকে নিয়ে যাবে।

জান: সেটা অসম্ভব। ওদের অত ট্রেন নেই।

গোপন ডেরা: ট্রেন? আপনি কি মনে করেন ওরা অসামরিক লোকেদের ট্রেনে চাপিয়ে নিয়ে যাবে? একেবারেই না। প্রত্যেককে হেঁটেই যেতে হবে। (ডুসেল যেমন

সব সময় বলেন পুপ্যাডিস অ্যাপোস্তলারুম।)*

জান: আমি এটা বিশ্বাস করি না। তোমরা সব সময় অন্ধকার দিকটাই দেখ। কী কারণে ওরা সব অসামরিক লোকেদের একসঙ্গে করে নিয়ে যাবে?'

গোপন ডেরা: আপনার মনে নেই গোয়েবলস বলেছিল যে জার্মানদের যদি চলে যেতে হয় তাহলে তারা তাদের পেছনের দখল করা এলাকাগুলোর দরজা বন্ধ করে দিয়ে চলে যাবে।

জান: ওরা তো বহু কথাই বলেছে।

গোপন ডেরা: আপনি কি মনে করেন জার্মানরা খুব মহৎ এবং মানবিক? ওদের যুক্তি হল: আমাদের যদি নিচে নামতে হয় তাহলে আমরা সবাইকে আমাদের সঙ্গে টেনে নিয়ে যাব।

জান: আপনাদের যা ইচ্ছে বলতে পারেন, আমি বিশ্বাস করি না।

গোপন ডেরা: এটা তো সব সময়েই হয়ে থাকে। বিপদ ঘাড়ে এসে পড়ার আগে কেউ দেখতে পায় না।

জান: কিন্তু আপনারা নিশ্চিত করে কিছু জানেন না। আপনারা শুধুমাত্র অনুমান করছেন।

গোপন ডেরা: কারণ আমরা সবাই এসবের মধ্য দিয়ে গেছি, প্রথমে জার্মানিতে তারপরে এখানে। আপনার কী মনে হয় রাশিয়ায় কী ঘটছে?

জান: ইহুদিদের কথা ধরবেন না। আমার মনে হয় রাশিয়ায় কী ঘটবে কেউই জানে না। ব্রিটিশ আর রাশিয়ানরা সম্ভবত ফুলিয়ে ফাঁপিয়ে প্রচার করছে, জার্মানদের মতো।

গোপন ডেরা: একেবারেই না। বিবিসি সবসময় সত্যি কথা বলে। আর এমনকি খবর যদি কিছুটা অতিরিক্ত হয়ও, সত্যি সত্যি যা ঘটছে সেটা তো খুবই খারাপ। আপনি অস্বীকার করতে পারেন না যে পোলান্ডে আর রাশিয়ায় লক্ষ লক্ষ শান্তিকামী নাগরিককে ওরা খুন করেছে অথবা গ্যাস দিয়ে মেরেছে।

আমাদের কথাবার্তার বাকিটা আর বলছি না। আমি বেশ শান্ত থাকি আর এই সব হট্টগোলে মাথা ঘামাই না। আমি এমন একটা স্তরে পৌঁছেছি যে আমি বাঁচি বা মরি তাতে আমার কিছু যায় আসে না। আমাকে ছাড়াই পৃথিবী যেমন চলছে, চলবে, আর আমি কোনো কিছুই বদলাতে পারব না। আমি চাই সব কিছু যেমন চলছে চলুক, আমি পড়াশুনায় মন দিই আর আশা করি শেষে সব কিছু ঠিক হয়ে যাবে।

তোমার, আনে

---

* সুইডিশ ভাষায়: আমি হেঁটেই যাব।

মঙ্গলবার, ফেব্রুয়ারি ৮, ১৯৪৪

প্রিয় কিটি,

আমি তোমাকে বোঝাতে পারব না আমার কেমন অনুভূতি হচ্ছে। এক মিনিট আমি শান্তি এবং নীরবতার কথা ভাবছি আর পরের মিনিটেই ভাবছি একটু মজার কথা। আমরা ভুলে গেছি কী ভাবে হাসে—আমি বলতে চাইছি, খুব বেশি হাসলে তুমি থামতে পারবে না।

আজ সকালে আমি ফিকফিক করে হাসছিলাম, যেমন আমরা স্কুলে হাসতাম। মারগট আর আমি টিনএজারদের মতোই হাসছিলাম।

গত রাতে মায়ের সঙ্গে এক চোট হয়ে গেছে। মারগট তার উলের কম্বল নিজের চারপাশে গুঁজে নিচ্ছিল, তখন হঠাৎ সে লাফ দিয়ে বিছানা থেকে বেরিয়ে এল এবং সতর্কভাবে কম্বলটা পরীক্ষা করতে লাগল। কী মনে হয়, সে কী পেল? একটা সূচ! মা কম্বলে তালি দিয়েছিলেন আর ওটা বের করে নিতে ভুলে গিয়েছিলেন। বাবা খুব অর্থপূর্ণ ভাবে মাথা নাড়লেন এবং মা যে কী অসতর্ক এ ব্যাপারে একটা মন্তব্য করলেন। একটু পরেই মা বাথরুম থেকে এলেন, আমি একটু মশকরা করার জন্য বললাম, '*ডু বিস্ট ডখ আইনে এখটে রাবেনমুটার।*'*

তিনি আমাকে জিজ্ঞেস করলেন কেন আমি ওকথা বললাম, আর আমি বললাম ওঁর সূচ ভুলে যাওয়ার কথা। তিনি সঙ্গে সঙ্গে নিজমূর্তি ধরলেন এবং বললেন, 'বসে বসে দিব্যি বলা যায়! যখন তোরা সেলাই করিস তখন সারা মেঝেতে সূচ ছড়িয়ে থাকে। আর দেখ, ঐ ম্যানিকিয়োর সেটটা মেঝেতে পড়ে আছে। তোরা কখনও ঠিক জায়গায় রাখিস না!'

আমি বললাম আমি ব্যবহার করিনি আর মারগটও আমার হয়েই বলল, যদিও দোষ ওরই। মা বলেই চললেন আমি কত অগোছালো ইত্যাদি, যতক্ষণ না বিরক্ত হয়ে বললাম, 'আমিই একা নই যাকে তুমি আগোছালো বদনাম দাও। আমি সব সময় অন্য লোকের ভুলের জন্য বকুনি খাই!'

মা চুপ করে গেলেন, আর এক মিনিটের মধ্যেই তাকে শুভ রাত্রি বলে চুমো খেতে বাধ্য হলাম। এই ঘটনাটা হয়তো খুব গুরুত্বপূর্ণ নয়, কিন্তু আজকাল সব কিছুতেই আমার মেজাজ খারাপ হয়ে যায়।

আনে মারি ফ্রাঙ্ক

---

* তুমি সত্যিই একজন খারাপ মা।

শনিবার, ফেব্রুয়ারি ১২, ১৯৪৪

প্রিয়তমা কিটি,

রোদ ঝলমল করছে, আকাশ গভীর নীল, দারুণ হাওয়া দিচ্ছে এবং আমি আকাঙ্ক্ষা করছি—সব কিছুর জন্য: কথা বলা, স্বাধীনতা, বন্ধু, একা থাকা। আমার ইচ্ছে করছে... কাঁদতে! আমার মনে হচ্ছে আমি কান্নায় ভেঙে পড়ব। আমি জানি কাঁদলে মনটা ঠিক হয়, কিন্তু আমি কাঁদব না। আমার অস্থির লাগছে। আমি একঘর থেকে অন্য ঘরে যাচ্ছি, বন্ধ জানালার ফাঁকে নাক লাগিয়ে নিশ্বাস নিচ্ছি, আমার হৃদয় যেন তালে তালে বলছে, 'শেষ অবধি কী আমার আকাঙ্ক্ষা পূর্ণ হবে...'

আমার মনে হয় আমার মধ্যে বসন্ত এসেছে। বসন্তের জেগে ওঠা আমি অনুভব করছি। আমাকে স্বাভাবিক আচরণ করতে নিজেকে সংযত করতে হচ্ছে। আমি একটা ভীষণ বিভ্রান্তির মধ্যে আছি, আমি জানি না আমি কী পড়ব, কী লিখব, কী করব। আমি শুধু জানি আমি একটা কিছুর জন্য আকুল হয়ে আছি...'

তোমার আনে

সোমবার, ফেব্রুয়ারি ১৪, ১৯৪৪

প্রিয়তমা কিটি,

শনিবারের পর থেকে আমার অনেক কিছু বদল হয়েছে। যা হয়েছে তা হল: আমি একটা কিছু চাইছিলাম (এবং এখনও চাই), কিন্তু...একটা ছোটো, খুব ছোটো সমস্যার একটা অংশের সমাধান হয়েছে।

রবিবার সকালে দারুণ খুশি হয়ে লক্ষ করলাম (আমি তোমাকে সত্যিই বলছি) পেটার আমার দিকে তাকিয়ে আছে। ঠিক সাধারণ তাকিয়ে থাকা নয়। আমি জানি না ঠিক, আমি ব্যাখ্যাও করতে পারছি না তবে আমার হঠাৎ মনে হল, আমি যেমন ভাবতাম তা বোধহয় নয়, ও মারগটকে ভালোবাসে না। সারা দিন ধরেই আমি ওর দিকে না তাকাতে চেষ্টা করেছি, কিন্তু যখনই আমি তাকিয়েছি, দেখেছি ও আমার দিকে তাকিয়ে আছে আর তারপর—আমার ভেতরটা ভালো লাগায় ভরে যাচ্ছে, আর এই অনুভূতিটা তো প্রায়ই আসে না।

রবিবার আমি আর পিম ছাড়া সকলেই রেডিয়োটাকে ঘিরে ধরে বসেছিল 'জার্মান বরেণ্য শিল্পীদের অমর সঙ্গীত' শোনবার জন্য। ডুসেল কেবলই নবগুলো ঘোরাচ্ছিলেন,

যাতে পেটার এবং অন্যরা বিরক্ত হচ্ছিল। আধঘণ্টা সহ্য করে পেটার বিরক্ত ভাবেই জিজ্ঞেস করে উনি নব নাড়াচাড়া বন্ধ করবেন কিনা। ডুসেল উদ্ধতভাবে বললেন, 'ইশ মাখ ডাস শোন!'* পেটারও রেগে গিয়ে একটা উদ্ধত মন্তব্য করল। মিস্টার ভ্যান ডান তার পক্ষ নিলেন, আর ডুসেল নিরস্ত হলেন। এটাই ব্যাপার।

এই ঝামেলার কারণটা খুব আকর্ষণীয় ছিল না, কিন্তু পেটার এই ঘটনাকে খুব গুরুত্ব দিয়েছিল কারণ আজ সকালে যখন আমি চিলেকোঠায় বইয়ের স্তুপের মধ্য থেকে বইগুলো ওলোট পালোট করে দেখছিলাম, তখন পেটার ওপরে এসে কী ঘটেছিল সেটা বলতে শুরু করল। আমি এ ব্যাপারে কিছুই জানতাম না, কিন্তু পেটার একটু পরেই বুঝতে পারল সে একজন মনোযোগী শ্রোতা পেয়েছে, আর তখন সে ফলিয়ে বলতে লাগল।

'দেখ ব্যাপারটা এই রকম,' সে বলল। 'আমি সাধারণত বেশি কথা বলি না, কারণ আমি জানি বলতে গেলেই আমার জিভ জড়িয়ে যাবে। আমি তোতলাতে থাকব, লজ্জায় লাল হয়ে যাব, কথা এমন জড়িয়ে যাবে যে আমি শেষ পর্যন্ত থেমে যাব, কারণ আমি সঠিক শব্দ খুঁজে পাই না। সেটাই গতকাল হয়েছিল। আমি সম্পূর্ণ অন্য কিছু বলতে চেয়েছিলাম, কিন্তু যেই আমি শুরু করলাম, আমি সমস্ত গুলিয়ে ফেললাম। বিশ্রী ব্যাপার। আমার একটা বাজে অভ্যেস ছিল, মাঝে মাঝে মনে হয় সেটা থাকলে ঠিক হত: যখনই আমি কারোর ওপর রেগে যেতাম, আমি তর্কাতর্কির মধ্যে না গিয়ে দু-ঘা দিয়ে দিতাম। আমি জানি এই পদ্ধতিতে কিছু হয় না, আর সেজন্যই আমি তোমার প্রশংসা করি। কথা খুঁজে পাচ্ছ না, এরকম তোমার হয় না: এতটুকু লজ্জা না পেয়ে যেটা বলতে চাও সেটাই বলতে পার।'

'ওহ্, তুমি ভুল ভাবছ,' আমি বলি। 'বেশির ভাগ সময় আমি যা বলতে চাই তা অন্যরকম ভাবে আমার মুখ থেকে বেরিয়ে আসে। এছাড়া আমি প্রচুর কথা বলি আর অনেকক্ষণ ধরে বলি, সেটাও খুব খারাপ।'

'হতে পারে, তবে তোমার একটা সুবিধে হল তোমার অস্বস্তিটা কেউ টের পায় না। তুমি লজ্জায় লাল হও না কিংবা ভেঙে পড় না।'

আমি ওর কথায় ভেতরে ভেতরে বেশ মজা পেলাম। যাই হোক, যেহেতু আমি ওকে কথা বলতে দিতে চাইছিলাম তাই আমি হাসি লুকোলাম। মেঝেতে একটা কুশনের ওপর বসে দুহাঁটু জড়িয়ে আমি তার দিকে তন্ময় হয়ে তাকিয়ে রইলাম।

এটা শুনে আমি খুশি হলাম যে, এ বাড়িতে একজন আছে যে আমারই মতো রেগে আগুন হয়ে যায়। ভয় না পেয়ে ডুসেলকে আচ্ছা করে গালমন্দ করে পেটার যেন

* সেটা আমি বুঝব।

খানিকটা হালকা হল। আর আমি তো ভারী খুশি হলাম কারণ ওর সঙ্গে আমার মনের মিল আমি বুঝতে পারছিলাম, যেটা আমি শুধু আমার বান্ধবীদের সঙ্গেই বুঝতে পারতাম।

তোমার, আনে

মঙ্গলবার, ফেব্রুয়ারি ১৫, ১৯৪৪

ডুসেলের সঙ্গে ছোটো-খাটো গোলমালগুলোর নানা রকম প্রতিক্রিয়া হয় যার জন্য শুধুমাত্র তিনিই দায়ী। সোমবার সন্ধ্যায় তিনি মায়ের সঙ্গে দেখা করতে এলেন এবং বিজয়োল্লাসে বললেন যে আজ সকালে পেটার তাকে ভালো ঘুম হয়েছে কিনা জিজ্ঞেস করেছে এবং আরো বললেন রবিবার সন্ধ্যায় যা ঘটেছে তার জন্য পেটার অত্যন্ত দুঃখিত—সে যা বলেছে সে সত্যিই তা বলতে চায়নি। ডুসেল তাকে বলেছেন যে তিনি কিছু মনে করেননি। সব কিছুই ঠিকঠাক আছে। মা এই গল্পটা আমাকে বললেন, আর আমার খুবই মজা লাগল শুনে, যে পেটার ডুসেলের ওপর এত খাপ্পা ছিল সে তার সমস্ত রকম প্রতিজ্ঞা ভুলে এত নরম হয়ে গেল।

আমি এ ব্যাপারটা পেটারকে বাজিয়ে দেখার কৌতূহল দমন করতে পারলাম না, আর ও সঙ্গে সঙ্গে বলল যে ডুসেল মিথ্যে কথা বলছে। তুমি যদি তখন ওর মুখটা দেখতে! আমার একটা ক্যামেরা থাকা উচিত ছিল। ক্ষোভ, ক্রোধ, অস্থিরতা, উত্তেজনা ও আরো অনেক কিছু ওর মুখের ওপর পর্যায়ক্রমে খেলা করে যাচ্ছিল।

ঐ সন্ধ্যাতেই মিস্টার ভ্যান ডান এবং পেটার এটা নিয়ে ডুসেলের মুখোমুখি হয়েছিল, তবে ব্যাপারটা খুব গোলমালের দিকে গড়ায়নি, কারণ আজ পেটারের আরেক বার দাঁত দেখানোর কথা ছিল।

আসলে তারা দুজনেই একে অপরের সঙ্গে কথাই বলতে চায়নি।

বুধবার, ফেব্রুয়ারি ১৬, ১৯৪৪

পেটার আমি সারাদিন কথা বলিনি, দুএকটা অর্থহীন কথা ছাড়া। চিলে কোঠায় যাবার পক্ষে আজ খুব ঠান্ডা ছিল, তবে যাই হোক, আজ মারগটের জন্মদিন। সাড়ে বারোটা নাগাদ ও উপহারগুলো দেখতে এল এবং কথা বলতে বলতে প্রয়োজনের চেয়ে অনেক বেশি সময় থেকে গেল, যেটা সে কখনই করে না। তবে বিকেলবেলায় আমি সুযোগ পেয়ে গেলাম। আজ আমি মারগটকে তার জন্মদিনে একটু অতিরিক্ত প্রশ্রয় দিতে চাই তাই আমি প্রথমে কফি, তারপরে আলু আনতে গিয়েছিলাম। আমি যখন

পেটারের ঘরে গেলাম ও সঙ্গে সঙ্গে সিঁড়ি থেকে ওর কাগজপত্র গুলো সরিয়ে নিল। আমি জিজ্ঞেস করলাম চিলেকোঠার ঝুলন্ত দরজাটা বন্ধ করে দেব কিনা।

‘ঠিক আছে করে দাও, যখন নিচে আসবে, টোকা দিয়ো, আমি খুলে দেব।’

আমি ওকে ধন্যবাদ দিয়ে ওপরে গেলাম এবং দশ মিনিট ধরে জালার মধ্যে ছোটো ছোটো আলু খুঁজলাম। আমার কোমর কনকন করছিল আর ঠান্ডাও লাগছিল। স্বাভাবিক ভাবেই আমি আর টোকা না দিয়ে ঝুলন্ত দরজাটা খুলেছিলাম। ও সাহায্য করার জন্য এগিয়ে এসে আমার হাত থেকে প্যানটা নিল।

‘অনেক খুঁজলাম, কিন্তু আমি ছোটো আলু পেলাম না।’

‘তুমি কি বড়ো জালাটা দেখেছিলে?’

‘হ্যাঁ, দেখেছি সবই।’

ইতিমধ্যে আমি সিঁড়ির নিচে চলে এসেছি, আর ও হাতে ধরা প্যানের আলুগুলো নেড়ে চেড়ে দেখছিল। ‘ওহ্, এগুলো তো বেশ ভালো,’ ও বলল, আর যখন আমি ওর হাত থেকে প্যানটা নিচ্ছি তখন বলল, ‘দারুণ কাজ করেছ।’

এটা বলার সময় ওর চোখে এমন একটা উষ্ণ নরম চাহনি ফুটে উঠল যে, আমার ভেতরটা যেন জ্বল জ্বল করে উঠল। আমি বলছি না যে ও আমাকে খুশি করতে চেয়েছিল, কিন্তু ও একটা লম্বা গুণকীর্তন না করে ও চোখ দিয়েই সব কথা বলে দিয়েছিল। আমি ওকে খুব ভালো বুঝতে পেরেছিলাম, আর কৃতজ্ঞবোধ করছিলাম। এখনও আমার ঐ কথাগুলো আর চাউনিটা মনে করে খুব ভালো লাগে!

নিচে যেতে মা বললেন তাঁর আরো আলু লাগবে রাতের রান্নার জন্য। তো আমি আবার ওপরে গেলাম। যখন আমি পেটারের ঘরে ঢুকলাম, তখন ওকে আবার বিরক্ত করার জন্য ক্ষমা চাইলাম। যখন আমি ওপরে যাচ্ছিলাম, ও দাঁড়িয়ে উঠে সিঁড়ি আর দেওয়ালের মাঝে এসে আমার হাতটা ধরে আমাকে থামাল।

‘আমি যাচ্ছি, আমাকে একবার ওপরে যেতেও হবে।’

আমি বললাম দরকার নেই কারণ এখন আমাকে আর ছোটো আলু বাছতে হবে না। এটা বুঝে আমার হাত ছেড়ে দিল। ফেরার সময় ঝুলন্ত দরজাটা খুলে ধরল এবং আবার আমার হাত থেকে প্যানটা নিল। দরজায় দাঁড়িয়ে আমি জিজ্ঞেস করলাম, ‘কী করছ এখন?’

পেটার বলল, ‘ফরাসি।’

ওর পড়াগুলো দেখতে পারি কিনা জিজ্ঞেস করলাম। তারপর আমি হাত ধুয়ে ওর উলটো দিকের ডিভানে বসলাম।

ফরাসি ভাষায় কয়েকটা শব্দ বুঝিয়ে দেবার পর আমরা কথা বলতে লাগলাম। ও আমাকে বলল যুদ্ধের পরে ও ডাচ ওয়েস্ট ইন্ডিজে গিয়ে রাবার প্ল্যানটেশনে গিয়ে

থাকতে চায়। নিজের ঘরোয়া জীবন, কালোবাজার এই সব নিয়ে কথা বলার পর ও বলল, ওর নিজেকে হতাশ বলে মনে হয়। আমি বললাম ওর একটা হীনমন্যতাবোধ আছে। ও যুদ্ধের কথা তুলল, বলল রাশিয়া আর ইংল্যান্ড পরস্পরের সঙ্গে যুদ্ধ করবেই, ইহুদিদের কথাও তুলল। ও বলল, ও যদি খ্রিষ্টান হত জীবনটা অনেক সহজ হয়ে যেত আর যুদ্ধের পরে হয়েও যেতে পারে। আমি জিজ্ঞেস করলাম, ও যে খ্রিষ্টান ধর্মে দীক্ষিত হতে চাইছে, সেটা কী ও সত্যি সত্যিই চাইছে। ও বলল, ও কখনই খ্রিষ্টান হতে চায় না, কিন্তু যুদ্ধের পরে কেউই জানতে না যে ও ইহুদি কিনা। আমার একটু ধাক্কা লাগল। এটা লজ্জার ব্যাপার যে ওর মধ্যে একটু অসৎ ব্যাপার রয়েছে।

পেটার বলল, 'ইহুদিদেরই সব সময় বলির পাঁঠা করা হয়!'

আমি উত্তরে বললাম, 'তাই তো, তবে আশা করি ভালো কিছুর জন্যও তাদের বেছে নেওয়া হবে!'

তারপরে বেশ খোস মেজাজেই আড্ডা হল, বাবাকে নিয়ে, মানুষের চরিত্র নিয়ে, আর কী কী নিয়ে এখন আর মনে পড়ছে না।

আমি উঠলাম সোয়া পাঁচটা নাগাদ, কারণ বেপ এসে গিয়েছিল।

ঐ বিকেলে ও অন্য কিছু একটা বলেছিল সেটা আমার ভালো লেগেছিল। আমরা একজন চিত্র তারকার ছবি নিয়ে কথা বলছিলাম, যেটা আমি ওকে দিয়েছিলাম। যেটা ওর ঘরে দেড় বছর ধরে টাঙানো রয়েছে। ওর সেটা এত পছন্দ ছিল যে আমি ওকে আরও কয়েকটা দেব বলেছিলাম।

ও বলল, 'না, বরং এটা যেমন আছে থাকুক। আমি প্রতিদিন ওটা দেখি, ওর মধ্যেকার মানুষটা আমার বন্ধু হয়ে গেছে।'

এখন আমি বুঝতে পারি কেন ও মুশ্চিকে অত আদর করে। ও আসলে স্নেহের কাঙাল। ভুলে যাচ্ছিলাম, পেটারের অন্য একটা কথা বলতে। ও বলেছিল, 'না, আমার নিজের কোনো দোষ হলেই আমি একটু ভয় পেয়ে যাই, কিন্তু ওটা আমি কাটিয়ে উঠব।'

পেটারের খুবই হীনমন্যতাবোধ। যেমন, ও সব সময় ভাবে সে অপদার্থ আর আমরা চালাক চতুর। যখন আমি ওর ফরাসি পড়ায় সাহায্য করি ও হাজার বার আমাকে ধন্যবাদ দেয়। একদিন আমি ওকে বলব, 'ছাড়ো তো! ইংরেজি আর ভূগোলে তুমি বেশ ভালো!'

তোমার, আনে

বৃহস্পতিবার, ফেব্রুয়ারি ১৭, ১৯৪৪

প্রিয় কিটি,

আজ সকালে আমি ওপর তলায় গিয়েছিলাম কারণ আমি মিসেস ভ্যান ডানকে আমার কিছু গল্প পড়ে শোনাব কথা দিয়েছিলাম। আমি 'ইভার স্বপ্ন' দিয়ে শুরু করেছিলাম, সেটা তাঁর খুব পছন্দ হয়েছিল, আর তারপর 'গোপন ডেরা' নিয়ে কয়েকটা অনুচ্ছেদ পড়েছিলাম, উনি হাসতে হাসতে গড়িয়ে পড়েছিলেন। পেটারও কিছুক্ষণ (শেষ অংশটা) শুনেছিল আর আমাকে বলল কোনো এক সময়ে ওর ঘরে গিয়ে আরো কিছু যেন আমি পড়ি।

আমি ঠিক করলাম তক্ষুনি যাব। আমার লেখার খাতা নিয়ে গিয়ে ওকে পড়তে দিলাম, যেখানটা ক্যান্ডি আর হানস্ ঈশ্বর নিয়ে কথা বলছিল। ওর ঠিক কেমন লেগেছিল সেটা আমি বলতে পারব না। ও কিছু বলেছিল, আমার খুব ভালো মনে নেই, লেখাটা খুব ভালো এরকম কিছু নয়, হয়তো ভাবনার কথা। আমি ওকে বলেছিলাম যে আমি শুধুমাত্র মজার বিষয়ই লিখি না। ও মাথা নেড়েছিল, আমি ঘর থেকে বেরিয়ে এসেছিলাম, দেখি আর কিছু শুনতে পাই কিনা!

তোমার, আনে ফ্রাঙ্ক

শুক্রবার, ফেব্রুয়ারি ১৮, ১৯৪৪

প্রিয়া কিটি,

যখনই আমি ওপর তলায় যাই, সব সময় মনে হয় যেন 'ওকে' দেখতে পাই। এখন আমার একটা উদ্দেশ্য রয়েছে, এবং আমাকে আমার প্রতিদ্বন্দ্বীদের ব্যাপারে (অবিশ্যি মারগটকে ছাড়া) চিন্তা করতে হবে না। ভেবে নিয়ো না আমি প্রেমে পড়েছি, আমি তা পড়িনি। কিন্তু আমার মনে হয়েছে আমার আর পেটারের মধ্যে সুন্দর কিছু একটা গড়ে উঠেছে, এক ধরনের বন্ধুত্ব এবং একটা বিশ্বাস। কোনো একটা সুযোগ পেলেই ওর সঙ্গে দেখা করতে চলে যাই, আগে এরকম ছিল না, তখন তো জানতাই না কী বলতে হবে। এখন তো তার উলটো, আমি যখন দরজা দিয়ে বেরিয়ে যাচ্ছি, তখনও ও কথা বলে যায়। মা আমার ওপরে যাওয়া পছন্দ করেন না। তিনি সব সময় বলেন, আমি পেটারকে বিরক্ত করছি, আমি যেন ওকে একা থাকতে দিই। সত্যিই, আমার যে কিছু বুদ্ধি-সুদ্ধি আছে এটা কি উনি জানেন না? আমি যখন পেটারের ঘরে যাই তখন উনি বিশ্রীভাবে

তাকান। যখন নেমে আসি তখন জিজ্ঞেস করেন আমি কোথায় ছিলাম। খুব খারাপ লাগে, আমি ওকে ঘেন্না করতে শুরু করেছি!

তোমার, আনে এম ফ্রাঙ্ক

শনিবার, ফেব্রুয়ারি ১৯, ১৯৪৪

প্রিয়তমা কিটি,

আবার শনিবার আর সেটাই তোমাকে সব বলে দেবে। সকালটা সব চুপচাপ ছিল। আমি ওপরে গিয়ে এক ঘণ্টা কিমার বল তৈরি করেছিলাম, কিন্তু 'তার' সঙ্গে দুটো একটা কথাই হয়েছিল।

বেলা আড়াইটে নাগাদ সবাই যখন পড়তে অথবা ঘুমোতে গেছে, আমি কম্বল আর সব কিছু নিয়ে নিচের তলায় লেখাপড়া করতে গেলাম। খুব বেশিক্ষণ আমি নিজেকে ধরে রাখতে পারিনি। হাতের ওপর মাথা রেখে আমি কান্নায় ভেঙে পড়েছিলাম। অঝোর ধারায় চোখের জল পড়ছিল, তখন আমার যে কী বিশ্রী লাগছিল। ওহ্ 'সে' যদি আমাকে সান্ত্বনা দিতে আসত!

চারটের পরে আমি আবার ওপরে গেলাম। আবার একবার দেখা হবে ভেবে পাঁচটা নাগাদ গেলাম আলু আনতে। কিন্তু আমি যখন চানঘরে চুল ঠিক করছিলাম তখন ও বশ-এর খোঁজে নিচে গিয়েছিল।

আমি মিসেস ভ্যান ডানকে সাহায্য করার জন্য আমার বই আর সব কিছু নিয়ে ওপরে গিয়েছিলাম, কিন্তু হঠাৎ চোখ ফেটে জল এল। আমি দৌড়ে নিচে গিয়ে বাথরুমে ঢুকে গেলাম একটা আয়না সঙ্গে নিয়ে। সেখানেই জামাকাপড় সুদ্ধই বসে পড়লাম, অনেকক্ষণ বসে রইলাম, আমার চোখের জল পড়ে আমার লাল অ্যাপ্রনে কালো দাগ হয়ে গেল। আমার ভীষণ মন খারাপ হয়ে গিয়েছিল।

আমার মনের মধ্যে যা চলছিল তা এইরকম: ওহ্, আমি এ ভাবে কখনই পেটারের কাছে পৌঁছতে পারব না। কে জানে, ও হয়তো আমাকে পছন্দই করে না আর ওর মনের কথা বলবার মতো কাউকেই দরকার নেই। হয়তো আমার ব্যাপারটা ও খুব হালকা ভাবেই দেখে। আমাকে একলাই থাকতে হবে, মনের কথা বলার কেউ থাকবে না এবং পেটারকে ছাড়াই থাকতে হবে। নিরাশার মধ্যে, সান্ত্বনা দেবার মতো কেউ থাকবে না। ওহ্ আমি যদি ওর কাঁধে মাথা রাখতে পারতাম, তাহলে এত একলা আর হতাশ লাগত না! কে জানে ও আমার কথা চিন্তা করে কিনা, হয়তো সবার দিকেই ওমন নরম চোখে তাকায়। হয়তো আমি কল্পনা করি ও আমাকেই শুধু দেখে। ওহ্

পেটার তুমি যদি আমায় শুনতে পেতে দেখতে পেতে। সত্যি যদি তাই হয় তাহলে তো আমি সহ্য করতে পারব না।

একটু পরে আমায় প্রত্যাশা ফিরে এল, আবার আশায় ভরে উঠলাম, যদিও আমার চোখের জল বয়ে যাচ্ছিল—অন্তরে।

তোমার, আনে এম ফ্রাঙ্ক

রবিবার, ফেব্রুয়ারি ২০, ১৯৪৪

অন্য লোকেদের বাড়িতে সারা সপ্তাহ জুড়ে যা হয় আমাদের গোপন ডেরায় তা রবিবারে হয়। যখন অন্য লোকেরা তাদের সেরা পোশাকটি পরে রোদে পায়চারি করে তখন আমরা মেঝে ঘসি, ঘর ঝাঁট দিই এবং কাপড় কাচি।

আটটা। যদিও আমরা বেশিরভাগই শুয়ে থাকতে পছন্দ করি, কিন্তু ডুসেল ঠিক আটটায় ওঠেন। তিনি চানঘরে যান, তারপর নিচের তলায়, তারপরে আবার ওপরে তারপর আবার চানঘরে, সেখানে তিনি একটি ঘণ্টা নিজেকে ধোয়াধুয়ি করেন।

সাড়ে নটা। স্টোভ জ্বলছে, ব্ল্যাক-আউটের পর্দা সরানো হয়েছে, এবং মিস্টার ভ্যান ডান চানঘরে গেছেন। রবিবার সকালে আমার একটা সহিষ্ণুতার পরীক্ষা হল বিছানায় শুয়ে শুয়ে ডুসেলের পশ্চাদ্দেশ দেখা, কারণ তিনি তখন প্রার্থনা করেন। ডুসেলকে দেখাটাই একটা ভয়ঙ্কর ব্যাপার। এমন নয় যে তিনি কান্নাকাটি করেন বা আবেগপ্রবণ হয়ে পড়েন, একেবারেই নয়, কিন্তু তিনি সিকি ঘণ্টা—পুরো পনেরো মিনিট—পায়ের আঙুল এবং গোড়ালির ওপর ওঠানামা করে লাফাতে থাকেন। বারে বারে। বারে বারে। অনন্তকাল যেন চলতে থাকে, আর আমি যদি চোখ না বন্ধ করি, আমার মাথা ঘুরতে থাকে।

দশটা পনেরো। ভ্যান ডানদের হুইশিল বাজে; বাথরুম খালি। ফ্রাঙ্ক পরিবারের ঘুমন্ত মুখগুলো তাদের বালিশ থেকে মাথা তুলতে থাকে। তারপর সব কিছু ঘটতে থাকে দ্রুত, দ্রুত, দ্রুত। মারগট আর আমি পালা করে জামাকাপড় ধুয়ে নিই। নিচের তলায় বেশ ঠান্ডা, সেজন্য আমরা ট্রাউজার পরে থাকি আর স্কার্ফ বেঁধে রাখি। এদিকে, বাবা চানঘরে ব্যস্ত। এগারোটা নাগাদ আমি অথবা মারগট পালা করে চানঘরে যাবার সুযোগ পাই, তারপর আমরা পরিষ্কার হই।

সাড়ে এগারোটা। প্রাতরাশ। আমি এ ব্যাপারটা নিয়ে কিছু বলছি না কারণ সেখানে খাবার-দাবার নিয়ে প্রচুর কথা হয়, আমার তোলা কোনো বিষয় নিয়ে হয় না।

বারোটা পনেরো। আমরা যে যার কাজে চলে যাই। বাবা একটা ঢিলে পোশাকে নিজেকে মুড়ে হাঁটু গেড়ে বসে কম্বলে এমন বুরুশ চালান যে ঘর ধুলোর মেঘে ভরে

যায়। মিস্টার ডুসেল বিছানা গুছোন (অবশ্যই ভুল ভাবে) এবং কাজ করতে করতে ঐ একই বেঠোভেনের কনচের্তো শিস দিতে থাকেন। মাকে শোনা যায় চিলেকোঠায় হাঁটাহাঁটি করছেন কারণ তাঁকে জামাকাপড় শুকোতে দিতে হয়। মিস্টার ভ্যান ডান তাঁর টুপিটা রেখে নিচের তলায় উধাও হয়ে যান, সাধারণত পেটার এবং মুশ্চি তাঁকে অনুসরণ করে। মিসেস ভ্যান ডান লম্বা অ্যাপ্রন, কালো উলের জ্যাকেট এবং জুতোর ওপরে পরা রবারের জুতো পরে, মাথায় লাল উলের স্কার্ফ জড়িয়ে এক বান্ডিল ময়লা জামাকাপড় তুলে নেন পাকা ধোপানির মতো মাথা নাড়িয়ে এবং নিচের তলায় চলে যান। আমি আর মারগট বাসন ধুই, ঘর পরিষ্কার করি।

বুধবার, ফেব্রুয়ারি ২৩, ১৯৪৪

আমার প্রিয়তমা কিটি,

গতকাল থেকে আবহাওয়া ভারী সুন্দর, আমি ও বেপ চনমনে হয়ে উঠেছি। আমার সবচেয়ে পছন্দের কাজ, আমার লেখা বেশ চলেছে। আমি প্রায় প্রত্যেকদিন আমার ফুসফুস থেকে বাসি বাতাস বার করে দেবার জন্য চিলেকোঠায় যাই। আজ সকালে আমি যখন গিয়েছিলাম, পেটার ঘর পরিষ্কারে ব্যস্ত ছিল। ও দ্রুত কাজ সেরে আমার প্রিয় জায়গায় চলে আসে, আমরা দুজনে নীল আকাশ, শিশির ভেজা চকচকে পাতাহীন চেস্ট নাট গাছের দিকে চেয়ে থাকি। সিগাল আর অন্যান্য পাখিরা বাতাসে ভেসে ছোঁ মারলে তাদের রুপোলি ডানা ঝলসে ওঠে, আমরা মুগ্ধ অভিভূত হয়ে চুপ করে থাকি। ও একটা মোটা কড়িকাঠে মাথা ঠেকিয়ে দাঁড়িয়ে থাকে, আমি বসে থাকি। আমরা তাজা হাওয়ায় শ্বাস নিই, বাইরে তাকিয়ে থাকি আর দুজনেই অনুভব করি এই সময়টা যেন শব্দ দিয়ে ভেঙে না যায়। অনেকক্ষণ আমরা বসে রইলাম। তারপর যখন মটকায় উঠে ওকে কাঠ চ্যালা করতে যেতে হল, আমার মনে হল ও একজন চমৎকার ভালো ছেলে। ও মই বেয়ে মটকায় উঠল, আমিও গেলাম; পনেরো মিনিট ধরে ও কাঠ টুকরো করল, আমরা একটাও কথা বলিনি। আমি যেখানে দাঁড়িয়েছিলাম সেখান থেকে ওকে দেখছিলাম, দেখছিলাম সর্বশক্তি দিয়েই ও কাঠ কাটছে আর শরীরের শক্তিরও প্রকাশ হচ্ছে। আমি খোলা জানলা দিয়ে আমস্টারডামের বিস্তীর্ণ অঞ্চল দেখছিলাম, ছাদের পর ছাদ আর দিগন্তরেখা, এমনই ফিকে নীল যে প্রায় বোঝাই যায় না।

আমার মনে হল, 'যত দিন এর অস্তিত্ব আছে, এই রৌদ্রালোক এই মেঘমুক্ত আকাশ, যতদিন আমি উপভোগ করব ততদিন আমি কী করে দুঃখী হয়ে থাকব?'

যারা আতঙ্কিত, নিঃসঙ্গ অথবা অসুখী তাদের পক্ষে সবচেয়ে ভালো হল বাইরে

চলে যাওয়া, যেখানে তারা একলা হতে পারবে, আকাশের সঙ্গে, প্রকৃতির সঙ্গে, ঈশ্বরের সঙ্গে একলা। কারণ একমাত্র তখনই তুমি অনুভব করতে পারবে সব কিছুই যথাযথ এবং ঈশ্বর চান প্রকৃতির সৌন্দর্য আর সরলতার মধ্যে মানুষ সুখী থাকুক।

যতদিন এর অস্তিত্ব আছে, আর তা চিরদিনই থাকবে, যেমন পরিস্থিতি হোক, সব দুঃখেরই সান্ত্বনা মিলবে। আমি দৃঢ়ভাবে বিশ্বাস করি প্রকৃতি সকলের কষ্টের উপশম ঘটায়।

কে জানে, সেই দিন হয়তো খুব দূরে নেই যেদিন এই পরম আনন্দের অনুভূতি ভাগ করে নেব তার সঙ্গে, যার অনুভূতি আমারই মতো।

তোমার, আনে

পুনশ্চ।। ভাবনা: পেটারের প্রতি।

আমরা এখানে অনেক কিছুর অভাববোধ করি, অনেক কিছুর, অনেক দিন ধরে। আমি যেমন অভাববোধ করি তুমিও কর। আমি বাইরের জিনিসের ব্যাপারে কথা বলছি না, আমাদের সে সব কিছু আছে; আমি বলতে চাইছি ভেতরের জিনিসের কথা। তোমার মতো আমিও চাই স্বাধীনতা আর তাজা বাতাস, কিন্তু আমি মনে করি সেগুলোর অভাব আমাদের যথেষ্ট পুষিয়ে যায়। আমি বোঝাতে চেয়েছি ভেতরের কথা।

আজ সকালে, যখন আমি খোলা জানলার সামনে বসে ছিলাম আর প্রকৃতি আর ঈশ্বরের মধ্যে ডুব দিয়েছিলাম, আমি সুখী হয়েছিলাম, সত্যিই সুখী। পেটার, যতদিন পর্যন্ত মানুষ নিজেদের মধ্যে এই ধরনের সুখ, প্রকৃতির আনন্দ, স্বাস্থ্যোজ্জ্বলতা এবং আরো কিছু উপলব্ধি করবে, তারা সব সময়েই সুখকে ফিরিয়ে আনতে সমর্থ হবে।

ধন, মান সবই চলে যেতে পারে। কিন্তু তোমার হৃদয়ে সুখ মৃদু হয়ে থেকে যাবে; সব সময়ই থাকবে, যতদিন তুমি বেঁচে থাকবে, তোমাকে আবার সুখী করে তুলবে।

যখনই তোমার নিঃসঙ্গ কিংবা দুঃখী লাগবে, একটা সুন্দর দিনে চিলেকোঠায় গিয়ে বাইরের দিকে তাকিয়ে থেকো। বাড়ি আর ছাদগুলোর দিকে নয়, আকাশের দিকে। যতক্ষণ তুমি নির্ভয়ে আকাশের দিকে চেয়ে থাকবে তুমি জানবে তুমি অন্তর থেকে শুদ্ধ এবং আরো একবার সুখকে খুঁজে পাবে।

রবিবার, ফেব্রুয়ারি ২৭, ১৯৪৪

আমার প্রিয়তমা কিটি,

ভোর থেকে অনেক রাত পর্যন্ত আমি শুধু পেটারের কথাই ভাবি। ওর ছবি চোখের সামনে নিয়ে ঘুমিয়ে পড়ি, ওকেই স্বপ্ন দেখি আর যখন জেগে উঠি, দেখি ও আমার দিকে তাকিয়ে।

আমার একটা জোরালো অনুভব হল, বাইরে থেকে যতই আলাদা মনে হোক না কেন, আমাদের মধ্যে সত্যিই কোনো পার্থক্য নেই, আর কেন সেটা বলছি: আমার আর পেটারের মা থেকেও নেই। ওর মায়ের স্বভাব খুবই হালকা ধরনের, ছেনালি করতে ভালোবাসেন এবং ছেলে কী ভাবছে তা নিয়ে মাথাব্যাথা নেই। আমার মায়ের আমার ব্যাপারে যথেষ্ট মনোযোগ, কিন্তু বিচক্ষণতা, সংবেদনশীলতা আর মা-মা ভাবের অভাব।

পেটার আর আমি দুজনেই নিজেদের ভেতরের অনুভূতিগুলোর সঙ্গে লড়াই করি। আমরা দুজনেই নিজেদের সম্পর্কে অনিশ্চিত, খারাপ ব্যবহার করে আমাদের দুজনকে সহজেই মনে আঘাত দেওয়া যায়। যখনই তা ঘটে, আমি দৌড়ে বাইরে চলে যেতে চাই অথবা আমার অনুভূতিকে গোপন করতে চাই। তার বদলে আমি চেঁচামেচি করি, জল ছড়াই আর এমন সব করি যাতে লোকে আমাকে দূর করে দিতে চায়। পেটারের প্রতিক্রিয়া হল, নিজেকে ঘরে বন্ধ রাখা, কথা প্রায় না বলা, চুপ করে বসে থাকা আর দিবাস্বপ্ন দেখা, সব সময় নিজেকে আড়াল করে রাখা।

কিন্তু কীভাবে এবং কখন আমরা পরস্পরের কাছে পৌঁছব?

আমি জানি না কত দিন আমার এই আকাঙ্ক্ষাকে দমন করে রাখব।

তোমার, আনে এম ফ্রাঙ্ক

সোমবার, ফেব্রুয়ারি ২৮, ১৯৪৪

আমার প্রিয়তমা কিটি,

আমি জেগে ওঠার পরেও দুঃস্বপ্নের মতো যা আমাকে তাড়া করে। প্রায় সব সময়েই ওকে দেখি অথচ ওর কাছে যেতে পারি না। আমি অন্যদের চোখে পড়তে চাই না তাই ফুর্তিতে থাকার ভান করি, যদিও আমার ভেতরে খুব কষ্ট হয়।

পেটার শিফ আর পেটার ভ্যান ডান মিলেমিশে একটাই পেটার হয়ে গেছে, যে খুব ভালো এবং দয়ালু, যাকে আমি ভীষণ ভাবে চাইছি। মায়ের বিশ্রী স্বভাব, বাবার সুন্দর

স্বভাব, সেজন্যই তাকে যেন আরো ক্লান্তিকর মনে হয় আর মারগট আরো খারাপ ও আমার হাসিখুশি ভাবের সুযোগ নিতে চায়। আর আমি চাই আমাকে যেন একা থাকতে দেওয়া হয়।

পেটার চিলেকোঠায় আমার কাছে আসেনি, কিছু কাঠের কাজ করার জন্য মটকায় উঠেছিল। উখোর ঘ্যাস ঘ্যাস আর কাঠের ওপর হাতুড়ি ঠোকার আওয়াজের সঙ্গে সঙ্গে আমার খারাপ লাগতে শুরু করে। দূর থেকে ঘড়ির ঘণ্টা বাজে, 'হৃদয়ে শুদ্ধ হও, মনে শুদ্ধ হও!'*

আমি জানি, আমি আবেগ প্রবণ। আমি মনমরা, বোকা, আমি তাও জানি। ওহ্, আমাকে সাহায্য কর!

তোমার, আনে এম ফ্রাঙ্ক

বুধবার, মার্চ ১, ১৯৪৪

প্রিয়তমা কিটি,

আমার নিজের ব্যাপারগুলো এখন পেছনে চলে গেছে...একটা চুরির ঘটনায়। আমাদের চুরির ঘটনা বলে বলে তোমাকে ক্লান্ত করে ফেলেছি, কিন্তু চোরেরা যদি গিজ অ্যান্ড কোম্পানিতে তাদের পদধূলি দিয়ে সম্মানিত করে আনন্দ পায়, তাহলে আমি কী করতে পারি? গত জুলাইয়ের ঘটনার চেয়ে এটা অনেক বেশি জটিল।

গত রাতে সাড়ে সাতটা নাগাদ মিস্টার ভ্যান ডান যথারীতি মিস্টার কুগলারের অফিসে যাচ্ছিলেন, তখন তিনি দেখেন কাচের দরজা আর অফিসের দরজা খোলা। তিনি একটু বিস্মিত হলেন কিন্তু এগিয়ে গিয়ে চমকে উঠে দেখলেন যে চোরা দরজাটাও খোলা আর অফিস ঘরে সমস্ত জিনিস ছড়ানো ছেটানো রয়েছে।

তাঁর মনে হল 'নির্ঘাত চুরি হয়েছে'। তবুও নিশ্চিত হতে তিনি নিচের তলায় সদর দরজায় গিয়ে তালাটা পরীক্ষা করলেন এবং দেখলেন সব বন্ধ আছে। মিস্টার ভ্যান ডান মনে করলেন, 'আজ সন্ধ্যায় বেপ আর পেটার দুজনেই বোধহয় অসতর্ক ছিল।' তিনি কিছুক্ষণ মিস্টার কুগলারের অফিসে ছিলেন, তারপর আলো নিবিয়ে ওপরে উঠে আসেন, খোলা দরজা আর লণ্ডভণ্ড অফিসের ব্যাপারটায় কোনো গুরুত্ব দেন না।

---

* পুরোনো ঘড়ি মিনারে গানের সুরে ঘণ্টা বাজত।

আজ খুব সকালে পেটার আমাদের দরজায় টোকা দিয়ে বলল যে সদর দরজা হাট করে খোলা এবং প্রজেক্টর আর মিস্টার কুগলারের নতুন ব্রিফকেস আলমারিতে নেই। পেটারকে দরজায় তালা দিয়ে দিতে বলা হল। মিস্টার ভ্যান ডান তখন গতকালের অভিজ্ঞতার কথা বললেন। আমরা শুনে তো আতঙ্কিত হয়ে পড়লাম।

একমাত্র ব্যাখ্যা হল চোরের কাছে নকল চাবি ছিল, কারণ তালা ভেঙে ঢোকার কোনো ঘটনা ঘটেনি। সে নিশ্চয়ই সন্ধের মুখে মুখে এসে সেঁধিয়েছিল, দরজা বন্ধ করে দিয়েছিল, মিস্টার ভ্যান ডান আসার শব্দ পেয়ে লুকিয়েছিল, মিস্টার ভ্যান ডান ওপর তলায় চলে যাওয়ার পর মালপত্র গুছিয়ে নেয়, আর তাড়াহুড়োয় সদর দরজা বন্ধ না করেই কেটে পড়ে।

কার কাছে চাবি থাকে? চোর গুদামঘরে গেল না কেন? আমাদের গুদামঘরের কোনো কর্মচারী কি? আমাদের কি দেখেছে? এখন তো সে ভ্যান ডানের উপস্থিতি টের পেল, হয়তো দেখেওছে!

ঘটনাটা আতঙ্কজনক। আমরা তো জানি না যে সেই চোর আবার হানা দেবার চেষ্টা করবে কিনা। নাকি এই বাড়িতে কাউকে ঘুরে বেড়াতে দেখে এত চমকে গেছে যে আর এদিক মাড়াবে না!

তোমার, আনে

পুনশ্চ।। আমরা ভারী খুশি হতাম তুমি যদি একজন ভালো গোয়েন্দা খুঁজে দিতে। অবশ্যই একটা শর্তে: তাকে যেন বিশ্বাস করা যায় যে সে আত্মগোপন করে থাকা মানুষগুলোর কথা কাউকে বলবে না।

বৃহস্পতিবার, মার্চ ২, ১৯৪৪

প্রিয়তমা কিটি,

মারগট আর আমি দুজনেই আজ চিলেকোঠায় উঠেছিলাম। পেটার সঙ্গে থাকলে যেমন ভালো লাগে, তেমন লাগেনি। আমি জানি মারগটেরও তাই মনে হয়েছে কারণ ও আমি যা করি তাই করে!

বাসন ধোয়ার সময় বেপ মা আর মিসেস ভ্যান ডানকে বলছিলেন তার মাঝে মাঝে খুব নিরুৎসাহিত লাগে। ওরা দুজন তাঁকে কী বললেন? আমার বোধবুদ্ধিহীন মা, তাঁর বিশেষ কাজ হল জিনিসগুলোকে খারাপ থেকে নিকৃষ্ট করে ফেলা। তুমি জান তাঁর কী

পরামর্শ ছিল? বেপের উচিত পৃথিবীর অন্যান্য নিপীড়িত মানুষের কথা ভাবা! যে নিজেই নিপীড়িত সে অন্য লোকের দুর্গতিতে সাহায্যের কথা ভাববে কী করে? আমি এইটুকুই বলেছিলাম আর ওদের উত্তর ছিল এই ধরনের কথাবার্তার মধ্যে আমার নাক না গলানোই উচিত।

বড়োরা এত নির্বোধ! যে পেটার, মারগট, বেপ আর আমার ভাবনা চিন্তা যেন একরকমের নয়। একমাত্র মায়ের এবং খুব কাছের বন্ধুর ভালোবাসাই আমাদের হৃদয়ের কাছাকাছি। কিন্তু এই দুই মা-ই আমাদের ব্যাপারে এই প্রথম জিনিসটাই বোঝেন না! হয়তো আমার মায়ের চেয়ে মিসেস ভ্যান ডান কিছুটা বেশি বোঝেন। আমার ইচ্ছে করছিল বেপ বেচারাকে যদি কিছু বলতে পারতাম। আমার অভিজ্ঞতা থেকে কিছু, হয়তো কিছুটা সাহায্য হত। কিন্তু বাবা আমাদের মধ্যে এসে পড়লেন। কড়া কথা বলে আমাকে সরিয়ে দিলেন। সত্যি এরা এত আহাম্মক!

আমি মারগটের সঙ্গেও বাবা মায়ের বিষয়ে কথা বলেছিলাম, ওরা যদি সব ব্যাপারে বাড়াবাড়ি না করতেন কী ভালোই না হত। আমরা সন্ধ্যাগুলোতে একটা নির্দিষ্ট বিষয় নিয়ে আলোচনার আয়োজন করতে পারতাম যেখানে সবাই অংশ নিত। কিন্তু আমরা ইতিমধ্যেই এ সবের মধ্যে দিয়ে গিয়েছি। সেখানে কথা বলা আমার পক্ষে অসম্ভব! মিস্টার ভ্যান ডান অশোভন আচরণ করেন, মা শ্লেষাত্মক হয়ে যান এবং *কোনো কিছুই* স্বাভাবিক স্বরে বলতে পারেন না, বাবা অংশ নিতে আগ্রহ বোধ করেন না, মিস্টার ডুসেলও তাই, আর মিসেস ভ্যান ডান প্রায়শই আক্রমণ করেন, তিনি রেগে লাল হয়ে বসে থাকেন যেন তিনি আর ঝগড়া করার সুযোগ পাবেন না। আর আমাদের কী হাল? আমাদের মতামত দেবার কোনো অধিকার নেই! আমরা কি প্রগতিশীল নই! কোনো মতামত নেই! লোকে বলতেই পারে চুপ করে থাকো, কিন্তু ওরা তোমাকে মতামত দেওয়া থেকে দাবিয়ে রাখতে পারে না। যত কমবয়সিই হোক না কেন, মতামত দেওয়া থেকে তুমি কাউকে আটকে রাখতে পারো না! বেপ, মারগট, পেটার আর আমাকে একমাত্র সাহায্য করতে পারে ভালোবাসা আর অনুরক্তি, যা আমরা এখানে পাই না। কেউ না, এখানকার নির্বোধ জ্ঞানীদের মধ্যে কেউ-ই আমাদের বুঝতে পারে না যে আমরা ওদের থেকে অনেক বেশি সংবেদনশীল এবং চিন্তার দিক থেকে অনেক বেশি এগিয়ে।

ভালোবাসা, ভালোবাসা কী? আমার মনে হয় না তুমি তা শব্দে প্রকাশ করতে পারো। ভালোবাসা হল কাউকে বোঝা, তার প্রতি যত্নশীল হওয়া, আনন্দ আর দুঃখ ভাগ করে নেওয়া। এর মধ্যে ঘটনাক্রমে শারীরিক প্রেমও এসে যায়। তুমি কিছুর ভাগ দিলে, কিছু দিয়ে দিলে এবং বদলে কিছু পেলে তা সে তুমি বিবাহিতই হও বা তোমার সন্তান থাকুক। তোমার কিছু গুণ খোয়া গেলেও ক্ষতি নেই যতক্ষণ তুমি জানো যে তুমি

যতদিন বাঁচবে, তোমার পাশে কেউ আছে, যে তোমাকে বোঝে, এবং যাকে কারোর সঙ্গে ভাগ করে নিতে হবে না।

তোমার, আনে এম ফ্রাঙ্ক

ইদানীং মা আমার ব্যাপারে গজগজ করছেন; কারণ আজকাল আমি মায়ের চেয়ে মিসেস ভ্যান ডানের সঙ্গে বেশি কথাবার্তা বলছি সেজন্য উনি স্পষ্টতই ঈর্ষাকাতর। আমার কিছু যায় আসে না!

আজ বিকেল বেলায় আমি পেটারকে ধরতে পেরেছিলাম, আমরা অন্তত পঁয়তাল্লিশ মিনিট কথা বললাম। ও আমাকে নিজের সম্পর্কে বলতে চেয়েছিল, কিন্তু সেটা সহজে হয়নি। শেষ পর্যন্ত পেরেছিল যদিও অনেক সময় লেগেছিল। আমি সত্যিই বুঝতে পারছিলাম না আমি থাকব না চলে যাব, কোনটা ভালো হবে। কিন্তু আমি খুব চাইছিলাম ওকে সাহায্য করতে! আমি ওকে বেপের ব্যাপারে বললাম এবং আমাদের মায়েরা কীরকম বোধবুদ্ধিহীন। ও বলল ওর বাবা সব সময় ঝগড়া করে, রাজনীতি, সিগারেট, কোনো না কোনো জিনিস নিয়ে। আমি আগেই বলেছি পেটার বেশ লাজুক, তবে এটা স্বীকার করার ব্যাপারে ও এত লাজুক নয় যে একবছর বা দুবছর বাবা-মাকে দেখতে না হলে সে খুব খুশি হবে। 'আমার বাবাকে যতটা সুন্দর দেখতে, স্বভাবে তিনি তা নন। কিন্তু সিগারেটের ব্যাপারে মা একদম ঠিক।'

আমিও আমার মা সম্পর্কে বললাম। কিন্তু ও আমার বাবার পক্ষেই বলল। ও মনে করে তিনি একজন 'দারুণ মানুষ'।

আজ রাতে আমার অ্যাপ্রনটা কেচে যখন শুকোতে দিতে যাচ্ছিলাম, ও আমাকে ডাকল। বলল যে ওর বাবা-মা যে ঝগড়া করে এবং ওদের মধ্যে যে কথাবার্তাও বন্ধ—এটা যেন নিচের তলায় না বলি। আমি প্রতিজ্ঞা করলাম বটে, তবে আমি তো ইতিমধ্যেই মারগটকে বলেছি। কিন্তু আমি নিশ্চিত মারগট এটা বলাবলি করবে না।

'আরে না পেটার, আমাকে নিয়ে তোমার কোনো চিন্তা নেই। আমি জানি সব কথা ফাঁস করতে নেই। তুমি যা বলেছ তা আমি উচ্চারণও করব না।'

এটা শুনে ও খুব খুশি হল। আমি ওকে আরও বললাম আমাদের ওখানে কী ভয়ানক পর চর্চা চলে, বললাম, 'মারগট ঠিকই, যখন ও বলে আমি সৎ নই কারণ আমি পরচর্চা বন্ধ করতে চাই, আবার সেই সঙ্গে মিস্টার ডুসেলকে নিয়ে আলোচনা করতেও আমি খুব ভালোবাসি।'

'তুমি যে এটা স্বীকার করছ এটা খুব ভালো ব্যাপার।' এটা বলতে গিয়ে পেটার একটু লাল হয়ে গেল, আর ওর আন্তরিক প্রশংসা শুনে আমারও একটু অস্বস্তি হল।

তারপর আমাদের 'ওপরতলা' 'নিচেরতলা' নিয়ে কিছু কথা হল। আমরা ওর

বাবা-মাকে পছন্দ করি না শুনে ও খুবই আশ্চর্য হয়ে গেল। আমি বললাম, 'পেটার, তুমি জানো আমি সব সময় সত্যি কথা বলি, সুতরাং এটা কেন আমি তোমাকে বলব না? আমরা ওদের ভুলগুলোও দেখতে পাই।'

আমি আরো বললাম, 'পেটার আমি তোমাকে সত্যিই সাহায্য করতে চাই। করতে পারি তো? তুমি একটা অস্বস্তিকর পরিস্থিতির মধ্যে পড়েছ, আর আমি জানি তুমি একটু বিচলিত হয়ে আছ, যদিও তুমি কিছুই বলনি।'

'ওহ্, তুমি সাহায্য করলে খুব ভালো লাগবে।'

'আমার বাবার সঙ্গে কথা বললে হয়তো তোমার ভালোই হবে। তুমি ওঁকে সব কিছুই বলতে পারো, উনি কাউকে বলবেন না।'

'হ্যাঁ, উনি বন্ধুর মতো।'

'তুমি ওঁকে খুব ভালোবাস, তাই না?'

পেটার মাথা নাড়ে। আমি বললাম, 'উনিও তোমাকে খুব ভালোবাসেন, তুমি তো জানো।' পেটার ঝট করে মাথা তুলল, ওর মুখে সলজ্জ লাল। এই সামান্য কটা কথায় ও যে কী খুশি হল এটা থেকে আমার খুব ভালো লাগল। পেটার বলল, 'তোমারও তাই মনে হয়, না?'

'হ্যাঁ, ওঁর ছোটো ছোটো কিছু ব্যাপার থেকেই এটা বোঝা যায়।'

এই সময় মিস্টার ভ্যান ডান কিছু বলতে এলেন। পেটার 'দারুণ মানুষ', ঠিক আমার বাবার মতো!

তোমার, আনে এম ফ্রাঙ্ক

শুক্রবার, মার্চ ৩, ১৯৪৪

আমার প্রিয়তমা কিটি

আজ যখন আমি মোমবাতির* আলোর দিকে তাকিয়ে ছিলাম আমার মনটা শান্ত হল, খুশি হয়ে উঠলাম। মনে হচ্ছিল মোমবাতির আলোর মধ্যে দিদিমা রয়েছেন, দিদিমা আমাকে দেখছেন, আমাকে রক্ষা করছেন, আমাকে তিনি আবার সুখী করছেন। কিন্তু...একজন রয়েছে যে আমার মনমরজিকে নিয়ন্ত্রণ করে সে হল...পেটার। আমি আজকে আলু আনতে গিয়েছিলাম, আমি যখন ভর্তি প্যান হাতে সিঁড়িতে দাঁড়িয়েছিলাম, তখন ও বলল, 'দুপুরের খাওয়ার পর তুমি কী কর?'

---

* সাব্বাথের ইহুদি বাড়িতে সন্ধ্যায় মোমবাতি জ্বালানো হয়।

আমি সিঁড়িতে বসে গেলাম, এবং কথা বলতে শুরু করলাম। সোয়া পাঁচটার আগে আলুগুলো রান্নাঘরে পৌঁছয়নি (সেগুলো সংগ্রহ করার এক ঘণ্টা পরে)। পেটার তার বাবা-মা সম্পর্কে কিছু বলেনি; আমরা শুধু বই আর আমাদের অতীত নিয়ে কথা বলছিলাম। ওহ্, চোখে একরাশ মুগ্ধতা নিয়ে ও আমার দিকে তাকাচ্ছিল। আমার মনে হয় না আমার প্রেমে পড়তে খুব বেশি সময় লাগবে।

সন্ধেবেলায় ও প্রসঙ্গটা তুলল। আলু ছাড়ানোর পরে আমি ওর ঘরে গিয়ে বললাম খুব গরম আজকে। 'তুমি আমাকে আর মারগটকে দেখেই তাপমাত্রা বলতে পারবে, কারণ ঠান্ডা লাগলে সাদা হয়ে যাই আর গরম লাগলে লাল।'

'প্রেমে পড়লে?'

'প্রেমে পড়তে যাব কেন?' অন্তত বোকা বোকা রকমের উত্তর হল (অথবা, প্রশ্ন)।

'কেন নয়?' এরপর আমাদের রাতের খাবারের সময় হয়ে গেল।

ও কী বলতে চাইল? আজ আমি শেষ পর্যন্ত ওকে জিজ্ঞেস করেছিলাম আমার বকবকানিতে ও বিরক্ত হয় কিনা। ও বলেছিল, 'আমার তো বেশ লাগেই।' আমি জানি না, ও লজ্জায় পড়ে বলেছিল কিনা।

কিটি, কেউ যখন প্রেমে পড়ে, তার প্রেমিকের কথা ছাড়া আর কিছুই বলে না, আমার কথাগুলোও সেই রকমই শোনাচ্ছে। আর পেটার তো অতি প্রিয়। আমি কি ওকে কখনও বলে উঠতে পারব? শুধু যদি ও আমার মতোই ভাবে তবেই, কিন্তু আমি হচ্ছি সেই ধরনের মানুষ যার সঙ্গে ভালো ব্যবহার করতে হয়।

ও একা থাকতে ভালোবাসে, কাজেই আমি জানি না ও আমাকে কতটা পছন্দ করে। যাই হোক আমরা পরস্পরকে কিছুটা তো জানছি। এ বিষয়ে বেশি কিছু বলতে আমি সাহস পাই না। কিন্তু কে জানে সেই দিনটা হয়তো তাড়াতাড়িই এসে পড়বে! দিনে একবার বা দুবার ও চোখে চেনা জানার ভাব নিয়ে তাকায়, আমি সে চাহনি ফিরিয়ে দিই, আমাদের দুজনেরই ভালো লাগে। ওর ভালো লাগার বিষয়ে কথা বলতে গিয়ে আমার কথা ফুরোয় না, আর ও যে আমার মতো করেই ভাবে এতে আমার অভিভূত হওয়ার মতো অনুভূতি হয়।

তোমার, আনে এম ফ্রাঙ্ক

শনিবার, মার্চ ৪, ১৯৪৪

প্রিয় কিটি,

বহুমাসের মধ্যে এটাই প্রথম শনিবার যেটা ক্লান্তিকর, বিরস আর একঘেয়ে লাগেনি। কারণ হল পেটার। আজ সকালে আমি যখন চিলে কোঠায় অ্যাপ্রন মেলে দিতে যাচ্ছিলাম, তখন বাবা বললেন আমি যেন একটু থাকি এবং ফরাসি চর্চা করি, আমি রাজি হলাম। আমরা কিছুক্ষণ ফরাসি ভাষায় কথা বললাম, পেটারকে কিছু বুঝিয়ে দিলাম, তারপর ইংরেজি পড়লাম। বাবা ডিকেন্স থেকে পড়ে শোনালেন, আর আমি বাবার চেয়ারে পেটারের কাছাকাছি বসেছিলাম, মনে হচ্ছিল একেবারে সপ্তম স্বর্গে আছি।

সোয়া এগারোটায় আমি নিচে গেলাম। সাড়ে এগারোটায় আমি উঠে এসে দেখি পেটার ইতিমধ্যেই সিঁড়িতে দাঁড়িয়ে আছে। আমরা পৌনে একটা অবধি গল্প করলাম। খাওয়ার পরে যখনই ঘর ছেড়ে যাই তখন পেটার সুযোগ পেলেই কেউ যেন শুনতে না পায় এমন গলায় বলে, 'আনে, পরে দেখা হবে।'

ওহ্, কী যে ভালো লাগল! ও কি শেষ পর্যন্ত আমার প্রেমে পড়তে চলেছে? যাই হোক, ও ভারী সুন্দর ছেলে, আর তোমার কোনো ধারণাই নেই ওর সঙ্গে কথা বলে কী ভালো লাগে।

মিসেস ভ্যান ডানের এমনিতে আমি পেটারের সঙ্গে কথা বলি সে ব্যাপারে কোনো সমস্যা নেই কিন্তু আজ আমাকে রাগিয়ে দেবার জন্য বললেন, 'তোমরা দুজনে যে ওপরে থাক, বিশ্বাস করা যায় তো?'

আমি প্রতিবাদ করে বললাম, 'নিশ্চয়ই, আমি কিন্তু কথাটা অপমান বলে মনে করছি।'

সকাল, দুপুর, সন্ধে পেটারের পথ চেয়ে থাকি।

তোমার, আনে এম ফ্রাঙ্ক

পুনশ্চ।। ভুলে যাবার আগে বলি গতরাতে তুষারপাতে সব ঢেকে গিয়েছিল। এখন সব গলে গেছে, কিছুই নেই।

সোমবার, মার্চ ৬, ১৯৪৪

প্রিয়তমা কিটি,

যখন থেকে পেটার আমাকে ওর বাবা-মায়ের কথা বলেছে, আমার ওর ব্যাপারে একটা দায়িত্ববোধের অনুভূতি হয়েছে—এটা কি আশ্চর্যের ব্যাপার মনে হয় তোমার? ওদের ঝগড়াঝাঁটির ব্যাপারটা নিয়ে আমি যতটা ভাবি, ও তো তাই ভাবে। কাজেই ঐ বিষয়টা আমি তুলিই না, কারণ ভয় হয় যে তাতে ওর অস্বস্তি হবে। পৃথিবীর সব ব্যাপারে আমি নাক গলাতে চাই না।

আমি পেটারের মুখ দেখে বলতে পারি ও আমার মতোই গভীরভাবে চিন্তা করে। গতরাতে আমার খুব বিরক্ত লেগেছিল যখন মিসেস ভ্যান ডান ওকে তাচ্ছিল্য করে 'ভাবুক' বললেন। পেটারের মুখ লাল গিয়েছিল, খুব অস্বস্তি হচ্ছিল, আর আমি প্রায় মেজাজ গরম করে কিছু একটা বলে ফেলতে যাচ্ছিলাম।

কেন যে এই লোকগুলো মুখ বুজে থাকতে পারে না?

দূরে একপাশে দাঁড়িয়ে দাঁড়িয়ে দেখাটা যে কী তুমি কল্পনাও করতে পারবে না—কিচ্ছু করতে না পেরে ও কতটা একা। আমি ভাবতে পারি, ওর জায়গায় নিজেকে রেখে, ঝগড়াঝাটির মধ্যে ও মাঝে মাঝে কী রকম মনমরা হয়ে যায়! আর ভালোবাসার ব্যাপারেও। বেচারা পেটার, ওকে ভালোবাসা খুব দরকার!

যখন ও বলেছিল ওর কোনো বন্ধুর দরকার নেই, কথাগুলো খুব বিষণ্ণ হয়ে বেজেছিল। কেন এমন ভুল কথা বলল! আমার মনে হয় না ও এটাই বোঝাতে চেয়েছে। পেটার ওর পুরুষালিভাব, নিঃসঙ্গতা এবং উদাসীনতার ভান আঁকড়ে ধরে থাকে, এইভাবে নিজের ভূমিকাটা বজায় রাখে, যাতে ওকে কখনওই নিজের অনুভূতিটা প্রকাশ করতে না হয়। বেচারা পেটার, কতদিন ও এরকম ভাবে চালিয়ে যাবে? এই অমানুষিক প্রয়াসের মধ্যে ওর কি বিস্ফোরণ ঘটবে না?

ওহ্ পেটার, আমি যদি তোমাকে সাহায্য করতে পারতাম, তুমি যদি আমাকে সাহায্য করতে দিতে? দুজনে মিলে আমরা আমাদের নিঃসঙ্গতা কাটিয়ে উঠতে পারব।

আমি অনেক কথা ভাবি, কিন্তু বেশি বলি না। ওকে দেখতে পেলে আমার ভালো লাগে এবং আরো ভালো লাগে যখন ঝকঝকে রোদে আমরা একসঙ্গে থাকি। গতকাল আমি আমার চুল ধুচ্ছিলাম, জানতাম ও পাশের ঘরেই আছে, আমার ভেতরটা উদ্বেল হয়ে উঠছিল। আমি পারছিলাম না; ভেতরে ভেতরে আমি কত শান্ত, গভীর আর বাইরেটায় আমি অশান্ত!

আমার বর্মের এই ফাটলটা কে প্রথম আবিষ্কার করবে?

এটা খুবই আনন্দের যে ভ্যান ডানদের কোনো ছেলে নেই। আমার মতো কোনো মেয়ে যদি থাকত তাহলে আমার এই পাওয়া এত কঠিন, এত মধুর, এত সুন্দর হয়ে উঠত না!

তোমার, আনে এম ফ্রাঙ্ক

পুনশ্চ।। তুমি জানো আমি তোমাকে সব কথা বলি, সুতরাং আমার তোমাকে বলা উচিত যে আরেকবার দেখা হওয়ার অপেক্ষায় আমি বেঁচে থাকি। আমি আশা করতে থাকি আমি আবিষ্কার করব যে, ও আমাকে দেখবে বলে মরে যাচ্ছে, আর আমি ওর ঐ সলজ্জ প্রচেষ্টা দেখে তূরীয় আনন্দ পাব। আমার মনে হয় ও আমার মতোই হেসে নিজেকে মেলে ধরতে চায়; আর আমার ওর ঐ অস্বস্তিটাই যে ভালো লাগে সেটা ও বুঝতে পারে না।

মঙ্গলবার, মার্চ ৭, ১৯৪৪

প্রিয়তমা কিটি,

আমি যখন ১৯৪২ সালের আমার জীবনের কথা ভাবি তখন কেমন অবাস্তব মনে হয়। যে আনা ফ্রাঙ্ক স্বর্গীয় আনন্দ উপভোগ করত সে এই চার দেওয়ালের মধ্যে আটকা পড়ে সম্পূর্ণ আলাদা হয়ে গেছে, অনেক বিজ্ঞ হয়ে উঠেছে। হ্যাঁ সে জীবন স্বর্গীয়ই ছিল। প্রত্যেক মোড়ে পাঁচজন করে অনুরাগী, কুড়ি জনেরও বেশি বন্ধু, আমার সবচেয়ে পছন্দের শিক্ষকরা, ঠোঙা ভর্তি লজেন্স আর পকেট ভর্তি হাত-খরচ। এর বেশি আর কী চাই?

তুমি সম্ভবত ভেবে অবাক হবে, কী করে আমি এত লোকের মন ভুলিয়েছিলাম। পেটার বলে আমি নাকি 'আকর্ষণীয়', কিন্তু সেটা সম্পূর্ণ ঠিক নয়। আমার চালাক-চতুর উত্তর, আমার মজার মন্তব্য, আমার হাসি হাসি মুখ এবং আমার সমালোচক মন—এ সব কিছুই শিক্ষকদের ভালো লাগত। ফস্টিনস্টি, প্রেমের ভান, মজা করা: এই সব নিয়েই তো আমি। আমার কিছু ভালো গুণ ছিল, যার জন্য সবাই আমাকে পছন্দ করত: আমি পরিশ্রমী, সৎ এবং উদার। আমার খাতা দেখে যারা নকল করতে চাইত তাদের কাউকে কখনও বারণ করিনি, লজেন্স চকোলেট অকাতরে বিলিয়ে দিতাম, আমি কোনো দিন দাম্ভিক ছিলাম না।

এই সমস্ত প্রশংসা কি আমাকে অতিরিক্ত আত্মবিশ্বাসী করে তুলেছিল? এটা একটা ভালো ব্যাপার যে আমি তুঙ্গে থাকতে থাকতেই বাস্তবের কঠিন মাটিতে আছড়ে

পড়ছিলাম। বাহবা কুড়োনোর পালা যে শেষ এবং তাতে অভ্যস্ত হতেই এক বছরের বেশি কেটে গেল।

ওরা সব আমাকে স্কুলে কেমন চেহারায় দেখত? একজন মজারু, গোল পাকানোয় ওস্তাদ, সব সময় মন খুশি, কখনওই ছিঁচকাদুনে নয়। সবাই যে আমাকে সাইকেলের রাস্তায় সঙ্গী হতে চাইবে বা আমায় কোনো না কোনো ভাবে আনন্দ দিতে চাইবে, এতে আর আশ্চর্যের কী আছে!

আমি পিছন ফিরে দেখি সেই আনে ফ্রাঙ্ককে, তার সঙ্গে এই আমির অনেক পার্থক্য। পেটার আমার ব্যাপারে কী বলে? 'যখন আমি তোমাকে দেখেছি, তোমাকে ঘিরে রয়েছে এক গাদা মেয়ে আর অন্তত দুটো ছেলে আর তুমি সকলের মনোযোগের কেন্দ্রবিন্দু।' ও ঠিকই বলেছে।

ঐ আনে ফ্রাঙ্কের আজ কী আছে? আমি কিন্তু ভুলে যাইনি হাসতে কিংবা কথার পিঠে কথা বলতে, লোকের পেছনে লাগতে, ফস্টিনস্টি করতে, মজা করতে, যদি আমি চাই...

কিন্তু সমস্যাও আছে। আমি চাই একটা সন্ধে, কিছু দিন, একটা সপ্তাহ ভারমুক্ত আনন্দের জীবন। ঐ সপ্তাহের শেষে আমি ক্লান্ত হয়ে পড়ব আর সেই মানুষটার কাছে কৃতজ্ঞ থাকব যে আমাকে অর্থপূর্ণ কিছু কথা বলবে। আমি বন্ধু চাই, অনুরাগী নয়। মানুষ আমাকে সম্মান করবে গুণের জন্য কাজের জন্য, আমার দুষ্টু হাসির জন্য নয়। আমার চারপাশের বৃত্তটা ছোটো হবে, তাতে কী-ই বা আসে যায়, যদি কয়েকজন আন্তরিক বন্ধু থাকে?

এ সব সত্ত্বেও আমি ১৯৪২ সালে সুখী ছিলাম না; প্রায়ই আমার নিজেকে নিঃসঙ্গ মনে হত, কিন্তু সারাদিন ধরে যেহেতু আমাকে চলতে হত, তাই ও নিয়ে ভাবতাম না। যতটা পারি হেসেখেলেই কাটিয়ে দিতাম, সচেতন ভাবে অথবা অসচেতন ভাবে চাইতাম শূন্যতাটা হাসি মজা দিয়ে ভরিয়ে রাখতে।

পেছনে তাকিয়ে দেখি, আমার জীবনের একটা পর্ব চিরকালের মতো শেষ হয়ে গেছে; আমার ভাবনামুক্ত জীবন, আমার বাধাবন্ধহীন স্কুল আর কখনও ফিরবে না। আমি এমনকি সেগুলো ফিরে পেতেও চাই না। আমি সেই স্তর পেরিয়ে এসেছি। আমি আর ছোটো শিশু নই, কারণ আমার গভীর ভাবনা চিন্তা সব সময় আমাকে ঘিরে থাকে।

যেন একটা আতস কাঁচের মধ্য দিয়ে দেখছি, এই ভাবে ১৯৪৪ সালের নতুন বছর পর্যন্ত আমি আমার জীবনটা দেখছি। আমি যখন বাড়িতে ছিলাম আমার জীবন ঝলমলে রোদে ভরে ছিল। তারপর ১৯৪২ সালের মাঝামাঝি রাতারাতি সব কিছু বদলে গেল। ঝগড়াঝাঁটি, অভিযোগ—এ সব আমি নিতে পারিনি। আমি এ সবের জন্য একেবারেই

তৈরি ছিলাম না, তাই নিজেকে বাঁচানোর জন্য যে পথ আমি নিয়েছিলাম তা হল মুখে মুখে কথা বলা।

১৯৪৩ সালের প্রথমার্ধ নিয়ে এল কান্নায় ভেঙে পড়া দিনগুলো, নিঃসঙ্গতা আর চোখে পড়তে লাগল আমার যত ভুল ত্রুটি, অজস্র, হয়তো তার চেয়েও বেশি। দিনগুলো কথা বলে ভরিয়ে রাখতে চাইতাম, পিমকে আমার কাছে টানতে চাইতাম, পারতাম না। নিজেই নিজেকে শোধরানোর কঠিন কাজটা আমাকে নিতে হত কাজেই তাদের গালাগাল আমি শুনতাম না কারণ সেগুলো আমাকে অত্যন্ত হতাশ করে তুলত।

বছরের দ্বিতীয় ভাগটা কিছুটা ভালো ছিল। আমি বয়ঃসন্ধিতে থাকলেও আমার সঙ্গে বড়োদের মতোই ব্যবহার করা হত। আমি চিন্তা করতে শুরু করলাম, গল্প লিখতে শুরু করলাম এবং শেষ পর্যন্ত এই সিদ্ধান্তে পৌঁছলাম যে অন্যদের আমাকে নিয়ে কিছু করার নেই। তাদের আমাকে নিয়ে ঘড়ির পেন্ডুলামের মতো এদিক ওদিক করানোর কোনো অধিকার নেই। আমি আমার মতো করে নিজেকে বদলাতে চেয়েছিলাম। আমি বুঝতে পেরেছিলাম, মাকে ছাড়াই আমাকে চলতে হবে, পুরোপুরিভাবে, আমার কষ্ট হয়েছিল, কিন্তু যেটা আমাকে বেশি কষ্ট দিয়েছিল তা হল আমি কখনওই বাবাকে মনের কথা খুলে বলতে পারব না। আমি নিজেকে ছাড়া আর কাউকে আর বিশ্বাস করি না।

নতুন বছরের শুরুতে আমার মধ্যে একটা বড়ো পরিবর্তন এল: আমার স্বপ্নে আমি আবিষ্কার করলাম আমার আকাঙ্ক্ষাকে...একটি ছেলে, বান্ধবী নয় একজন ছেলে বন্ধু। আমার এই ভাসাভাসা উৎফুল্ল বহিরঙ্গের নিচে আমি আবিষ্কার করলাম আমার অন্তর্নিহিত সুখ। ক্রমে আমি শান্ত হয়ে গেলাম। এখন আমি শুধু পেটারের জন্য বেঁচে থাকি কারণ ভবিষ্যতে আমার জীবনে যা ঘটবে তা অনেকটাই ওর ওপর নির্ভর করবে!

রাতে বিছানায় শুয়ে যখন 'ইশ ডাঙ্কে ডিয়র ফ্যুর অল দাস গুটে উন্ড লিবে উন্ড শ্যোন'* শব্দগুলো উচ্চারণ করি আমার মন আনন্দে ভরে যায়। আমি ভাবি আমাদের লুকিয়ে থাকার কথা, আমার স্বাস্থ্য, আমার সম্পূর্ণতাকে *দাস গুটে* বলে, পেটারের ভালোবাসা (যা এখনও নবীন এবং ভঙ্গুর এবং আমাদের মধ্যে কেউই যা জোরে বলতে পারিনি), ভবিষ্যৎ, সুখ, ভালোবাসাকে *দাস লিবে* বলে, পৃথিবী, প্রকৃতি এবং সব কিছুর অসামান্য সৌন্দর্য, সব মহিমাকে *দাস শ্যোন* বলে।

এই সব মুহূর্তে আমি দুঃখ কষ্টের কথা ভাবি না, ভাবি যে সৌন্দর্য রয়ে গেছে তার কথা। এইখানেই মায়ের সঙ্গে আমার পার্থক্য। কারোর দুঃখে মা সান্ত্বনা দেয়: 'পৃথিবীর

---

* ধন্যবাদ ঈশ্বর, যা কিছু ভালো, প্রিয় আর সুন্দরের জন্য।

সব দুঃখকষ্টের কথা ভাবো আর তুমি যে তার অংশ নও সেজন্য কৃতজ্ঞ থাকো।' আর আমার পরামর্শ: 'বাইরে যাও, গ্রামে যাও, উপভোগ কর প্রকৃতি আর রোদ; বাইরে যাও, নিজের মধ্যেকার সুখকে ফিরিয়ে আনতে চেষ্টা কর; নিজের মধ্যেকার সৌন্দর্যকে আর তোমার চারপাশের সব কিছুর কথা ভাব এবং সুখী হও।'

আমার মনে হয় না মায়ের উপদেশ সঠিক, কারণ তুমি যদি দুর্দশায় পড় তখন তুমি কী করবে? তুমি তো পুরোপুরি ডুবে যাবে। অন্যদিকে দুঃখ দুর্দশাতেও সৌন্দর্য তো থেকেই যায়। তুমি যদি তাকাও তুমি আরো আরো সুখ খুঁজে পাবে আর ফিরে পাবে তোমার মানসিক শান্তি। যে মানুষ সুখী সে অন্যদেরও সুখী করতে পারে; যে মানুষের সাহস আর বিশ্বাস আছে সে কখনই দুঃখ দুর্দশায় মারা যাবে না!

তোমার, আনে এম ফ্রাঙ্ক

বুধবার, মার্চ ৮, ১৯৪৪

মারগট আর আমি একে অন্যের জন্য লিখছি, অবশ্যই মজা করার জন্য।

আনে: এটা আশ্চর্যের ব্যাপার, কিন্তু আমি শুধু মনে করতে পারি দিনের শেষে রাতে কী ঘটেছিল। যেমন, আমার হঠাৎ মনে পড়ল গত রাতে মিস্টার ডুসেল প্রবল গর্জনে নাক ডাকছিলেন। (এখন বুধবার বিকেল পৌনে তিনটে এবং মিস্টার ডুসেল আবারও নাক ডাকাচ্ছেন, যে কারণে এটা আমার মনে এল।) যখন আমাকে মূত্রত্যাগের পাত্রটা ব্যবহার করতে হয় আমি তখন ইচ্ছে করে আরো জোরে শব্দ করি যাতে নাক ডাকা থেমে যায়।

মারগট: কোনটা ভালো, নাক ডাকা না বাতাসের জন্য হাঁকুপাঁকু করা?

আনা: নাক ডাকাটাই ভালো, কারণ ঐ লোকটাকে না জাগিয়ে আমি শব্দ করলে তা থেমে যায়।

যেটা আমি মারগটকে লিখিনি, কিন্তু আমি তোমার কাছে কবুল করব, প্রিয় কিটি, আমি যে পেটারকে নিয়ে স্বপ্ন দেখছি, সেটা একটা বড়ো ব্যাপার। গতরাতের আগের রাতে আমি স্বপ্ন দেখেছি আমি এই আমাদের বসার ঘরে অ্যাপোলো আইস স্কেটিং রিং-এর ছোটো ছেলেটাকে নিয়ে স্কেটিং করছি; ও ওর বোনের সঙ্গে ছিল সেখানে, সরু লম্বা পায়ের মেয়েটা যে সব সময় একই নীল রঙের পোশাক পরে। একটু দেখানেপনা করে নিজের পরিচয় দিয়েছিলাম, ওর নাম জিজ্ঞেস করেছিলাম। তার নাম ছিল পেটার। আমি অবাক হয়ে যাই আসলে আমি কতজন পেটারকে জানি!

তারপরে আমি স্বপ্ন দেখেছিলাম আমরা পেটারের ঘরে দাঁড়িয়ে আছি, সিঁড়ির পাশে একে অপরের দিকে মুখ করে। আমি তাকে কিছু বললাম; সে আমাকে চুমু খেল, কিন্তু

বলল সে আমাকে তত ভালোবাসে না আর আমার ফষ্টিনষ্টি করা উচিত নয়। সাহসী এবং জোরালো গলায় আমি বললাম, 'আমি ফষ্টিনষ্টি করি না পেটার!'

যখন আমি জেগে উঠলাম, আমি খুশি হয়েছিলাম যে পেটার আর কিছু বলেনি। গত রাতে আমি স্বপ্ন দেখেছিলাম আমরা পরস্পরকে চুমু খাচ্ছি, কিন্তু পেটারের গালগুলো ভালো নয়: যতটা দেখায় ততটা নরম নয়। গালগুলো যেন বাবার গালের মতো—বড়ো মানুষের দাড়ি কামানো গালের মতো।

শুক্রবার, মার্চ ১০, ১৯৪৪

আমার প্রিয়তমা কিটি,

'দুর্ভাগ্য কখনও একা আসে না' প্রবাদটা আজকের পক্ষে খুবই প্রযোজ্য। পেটার এক্ষুণি ঐ কথাটাই বলল। আমি তোমাকে বলব কী বিশ্রী ঘটনাগুলো ঘটেছে এবং সেগুলো আমাদের মাথার ওপরে এখনও ঝুলছে।

প্রথমত, গতকাল হেঙ্ক আর আগজের বিয়েতে যাবার ফলে মিয়েপ অসুস্থ হয়ে পড়েছে। যেখানে বিয়েটা হয়েছিল, সেই ওয়েস্টারকার্কে, তাঁর ঠান্ডা লেগেছে। দ্বিতীয়ত, সে বার মিস্টার ক্লাইমানের পাকস্থলিতে রক্তপাত হবার পর থেকে তিনি আর কাজে যোগ দেননি, সুতরাং একা বেপকেই সব সামলাতে হচ্ছে। তৃতীয়ত, পুলিশ একজনকে গ্রেফতার করেছে (তার নাম এখানে লিখব না)। সেটা যে তার পক্ষেই শুধু গুরুতর ব্যাপার তা নয়, আমাদের পক্ষেও, কারণ সে আমাদের আলু, মাখন আর জ্যাম সরবরাহ করে। মিস্টার এম-এর, এই নামেই ডাকব, তেরো বছরের নিচে পাঁচটা ছেলেমেয়ে, আরেকটি হব হব করছে।

গতরাতে আরেকটা ভয় পাওয়ার মতো ঘটনা ঘটেছিল। আমরা তখন রাতের খাওয়ার মাঝখানে, তখন পাশের ঘরের দেওয়ালে কে যেন টোকা দিল। বাকি সন্ধেটা আমাদের বেশ চিন্তায় চিন্তায় কাটল।

আর এখানে যা সব ঘটছে সে বিষয়ে লেখার ইচ্ছে একেবারেই হচ্ছে না। নিজের মধ্যেই আমি গুটিয়ে যাচ্ছি। আমাকে ভুল বুঝো না, গরীব, ভালো মানুষ মিস্টার এম-এর কী হয়েছে ভেবে আমি ভীষণ রকম ভেঙে পড়েছি। কিন্তু আমার ডায়েরিতে তাকে নিয়ে এত কিছু লেখারও জায়গা নেই।

মঙ্গল, বুধ আর বৃহস্পতিবার সাড়ে চারটে থেকে সোয়া পাঁচটা পর্যন্ত আমি পেটারের ঘরে ছিলাম। আমরা ফরাসি চর্চা করছিলাম আর এটা সেটা নিয়ে গল্প করছিলাম। আমি সত্যিই বিকেলে ঐ সময়টার জন্য অধীর হয়ে উঠেছিলাম, কিন্তু

সবচেয়ে ভালো ব্যাপার যেটা আমার মনে হয় সেটা হল পেটারও আমাকে দেখে আমার মতোই খুশি হয়েছে।

তোমার, আনে এম ফ্রাঙ্ক

শনিবার, মার্চ ১১, ১৯৪৪

প্রিয়তমা কিটি,

ইদানীং আমি যেন চুপ করে বসে থাকতে পারি না। আমি উদ্দেশ্যহীন ভাবে ওপরে যাচ্ছি আর ফিরে আসছি। আমার পেটারের সঙ্গে কথা বলতে ইচ্ছে করছিল, কিন্তু আমি ভয় পাচ্ছিলাম, বাজে ব্যাপার না হয়ে যায়। ও আমাকে পুরোনো দিনের কথা কিছু বলেছে, তার বাবা-মা আর নিজের সম্পর্কে কিছু বলেছে, কিন্তু সেটা যথেষ্ট নয়, আর প্রত্যেক পাঁচ মিনিট অন্তর ভেবে আকুল হচ্ছিলাম কেন আমি আরো শোনার জন্য এত অধীর হয়ে পড়ি। ও হয়তো ভেবে অভ্যস্ত যে আমি ওর সত্যিকারের মাথা ব্যথা আর এই অনুভূতিটা তো আমারও ছিল। আমি আমার মন বদলেছি কিন্তু কী করে জানব যে সেও বদলেছে? আমার মনে হয় বদলেছে, কিন্তু তার মানে এই নয় যে আমরা দারুণ বন্ধু হয়ে উঠেছি। তবে এই ব্যাপারটা আমাদের সময়টাকে আরো সহনীয় করে তুলবে। কিন্তু এটা নিয়ে আমার পাগলামো করলে চলবে না। আমি ওর ব্যাপারে ভেবে অনেক সময় ব্যয় করেছি কাজেই তোমাকে আর উত্তেজিত করতে চাই না, কারণ সোজা কথায় আমি একটা যাচ্ছে-তাই!

রবিবার, মার্চ ১২, ১৯৪৪

প্রিয়তমা কিটি,

যতদিন যাচ্ছে ব্যাপারগুলো যেন খ্যাপামোর দিকে যাচ্ছে।

গতকাল থেকে পেটার আমার দিকে তাকাচ্ছে না। এমন ব্যবহার করছে, মনে হচ্ছে যেন আমার ওপর রেগে আছে। আমি ওর পিছনে ধাওয়া করা এবং যতদূর সম্ভব কম কথা বলার প্রাণপণ চেষ্টা করে যাচ্ছি, কাজটা খুব সহজ নয়! কী জন্য ও কখনও এক মিনিট আমার এক হাতের দূরত্বে থাকছে, আবার কখনও আমার পাশে চলে আসছে—এসব কী হচ্ছে? হয়তো যেটা সত্যি, আমি তার চেয়ে বেশি ভেবে ফেলছি। হয়তো ও আমারই মতো খামখেয়ালি, আর কালই হয়তো সব ঠিকঠাক হয়ে যাবে!

১৯৪

আমি যখন সব চেয়ে দুঃখী ও শোচনীয় সময়ে থাকি তখন স্বাভাবিকতা বজায় রাখার চেষ্টাটা সব চেয়ে কঠিন সময়। আমাকে কথা বলতে হয়, ঘরের কাজে হাত লাগতে হয়, অন্যদের সঙ্গে বসতে হয় আর সর্বোপরি হাসি খুশির অভিনয় করতে হয়! আমি খুব মিস করি বাইরে যাওয়াটা আর সেই জায়গাটা যেখানে আমি যতক্ষণ চাই ততক্ষণ একা থাকতে পারি! আমার মনে হয় কিটি আমি সব কিছু গুলিয়ে ফেলেছি, তাছাড়া আমি একটা বিভ্রান্ত অবস্থায় আছি: একদিকে ওকে পাবার জন্য অর্ধ-উন্মাদ হয়ে আছি, এক ঘরে থাকলে ওর দিকে না তাকিয়ে পারি না; আর অন্য আমি ভাবি কেন ও আমার কাছে এত গুরুত্বপূর্ণ এবং কেন আমি শান্ত থাকতে পারি না!

দিনে রাতে, যখনই জেগে থাকি আমি নিজেকে প্রশ্ন করি, 'তুমি কি ওকে একা থাকার যথেষ্ট সুযোগ দিয়েছ? তুমি কি ওপরে খুব বেশি সময় কাটাও? যে সব গম্ভীর বিষয়ে ও কথা বলতে তত স্বচ্ছন্দ নয় তুমি কি সেই সব বিষয় নিয়েই বেশি কথা বল? হয়তো ও তোমাকে একেবারেই পছন্দ করে না। এগুলো কি সবই তোমার কল্পনা? কিন্তু তাহলে সে নিজের ব্যাপারে এত কথা বলল কেন? এর জন্য কি সে দুঃখিত? ইত্যাদি আরো অনেক কিছু।

শনিবার দুপুরের পর বাইরে থেকে আসা এত খারাপ খবর শুনেছিলাম যে বিধ্বস্ত হয়ে শুয়ে পড়েছিলাম। আমি চাইছিলাম ভাবনা চিন্তা না করে ঘুমিয়ে পড়তে। বেলা চারটে অবধি ঘুমিয়ে পাশের ঘরে যেতে হল। মায়ের যাবতীয় প্রশ্নের উত্তর দেওয়া ও বাবাকে আমার এই ঘুমিয়ে পড়ার অজুহাত দেওয়াটা সহজ কাজ ছিল না। মাথা ধরার কথা বললাম, সেটা মিথ্যে নয়, যন্ত্রণা তো ছিলই...তবে সেটা ভেতরকার।

সাধারণ মানুষ, সাধারণ মেয়ে যাদের বয়স কুড়ির নিচে, তারা ভাবে এই আত্ম-করুণা কিছুটা খেপাটে ব্যাপার। কিন্তু এটা তো তাই। আমি আমার হৃদয় তোমার কাছে ঢেলে দিয়েছি, আর বাকি সময়টা আমি যতদূর সম্ভব প্রগলভ, ফুর্তিবাজ আর আত্মবিশ্বাসী হয়ে থাকব যাতে প্রশ্ন এড়িয়ে যেতে পারি এবং কেউ যেন আমাকে ঘাঁটাতে না পারে।

মারগট খুবই ভালো এবং ও চায় ওকে যেন আমি বিশ্বাস করি, কিন্তু ওকে আমি সব কথা বলতে পারব না। ও আমাকে খুব গুরুত্ব দেয়, খুব বেশি গুরুত্ব দেয় এবং তার পাগলাটে বোনকে নিয়ে প্রচুর চিন্তা করে, যখনই আমি মুখ খুলি আমার দিকে তাকিয়ে থাকে খুব কাছ থেকে আর ভাবে, 'ও কি অভিনয় করছে নাকি সত্যিই বলছে?'

এটা হয় কারণ আমরা সব সময় এক সঙ্গে থাকি বলে। যে মানুষটাকে আমি বিশ্বাস করি আমি চাই না সে আমার সঙ্গে থাকুক সব সময়। কবে আমি আমার চিন্তার জট ছাড়াতে পারব? কবে আমি আবার মনের শান্তি ফিরে পাব?

তোমার, আনে

মঙ্গলবার, মার্চ ১৪, ১৯৪৪

প্রিয়তমা কিটি,

আজ আমরা কী খাব শুনলে হয়তো তোমার মজা (আমার পক্ষে নয়) লাগবে। নিচের তলায় কাজের মহিলা এসে ঘর ঝাড় পোঁছ করছেন। এখন আমি যুদ্ধের আগে কেনা সেন্ট একটা রুমালে ঢেলে নাক মুখ ঢেকে বসে আছি ভ্যান ডানেদের অয়েল ক্লথ ঢাকা টেবিলে। আমি যে কী বলছি সে ব্যাপারে সম্ভবত তোমার কোনো রকম ধারণা নেই কাজেই আমাকে শুরু থেকেই শুরু করতে হবে। যে সমস্ত লোকেরা আমাদের ফুড কুপন সরবরাহ করত, তারা সকলে গ্রেফতার হয়েছে। এখন আমাদের কাছে শুধুমাত্র পাঁচটা কালো বাজারে পাওয়া র্যাশন বই আছে—তেল চর্বির কোনো কুপন নেই। মিয়েপ আর মিস্টার ক্লাইমান আবার অসুস্থ, ফলে বেপ বাজার করে দিতে পারছে না। খাবারের অবস্থা শোচনীয়, আমাদেরও তেমনই। কাল থেকে এক বিন্দু চর্বি, মাখন অথবা মার্জারিন থাকবে না। প্রাতরাশে আমরা আলু ভাজা (যা আমরা রুটি বাঁচাতে খেয়ে থাকি) পাব না, তার বদলে আমাদের পরিজ খেতে হবে। মিসেস ভ্যান ডান মনে করেন আমরা উপোস করে আছি তাই খানিকটা দুধ আর ক্রিম আনা হয়েছে। দুপুরে ছিল আলু মাখা আর বাঁধাকপির আচার। এতে নিশ্চয়ই বোঝা গেল রুমালের প্রতিষেধক ব্যবস্থা কেন! কয়েক বছরের পুরোনো বাঁধাকপি যে কী দুর্গন্ধ ছাড়ে তুমি বিশ্বাস করতে পারবে না। রান্নাঘর থেকে পচা প্লাম, পচা ডিম আর সংরক্ষণের নোনা জলের মিশ্র কটু গন্ধ ছড়াচ্ছে। ঐ অখাদ্য জিনিসগুলো খেতে হবে ভাবলেই বমি উঠে আসছে! এ ছাড়া আমাদের আলুগুলোকে অদ্ভুত রোগে ধরেছে। দু ঝুড়ির মধ্যে এক ঝুড়িকে আগুনে ফেলে দিতে হয়েছে। আমরা নিজেদের মধ্যে মজা করি ওগুলোর কী রোগ হয়েছে ভেবে আর আমরা এই সিদ্ধান্তে পৌঁছই যে ওগুলোর ক্যান্সার, জল বসন্ত আর হাম হয়েছিল। সত্যি কথা বলতে কী যুদ্ধের চতুর্থ বছরে এই ভাবে লুকিয়ে থাকাটা তো আর চড়ুইভাতি নয়। এই জঘন্য ব্যাপারটা কবে যে শেষ হবে!

সত্যি কথা বলতে গেলে খাবার-দাবার আমার কাছে খুব একটা কিছু ব্যাপার নয়, যদি অন্য ভাবে এখানকার জীবন যাপনটা একটু ভালো হত। কিন্তু তা তো হবার নয়: এই বিরক্তিকর পরিস্থিতি আমাদের সকলের মেজাজ তিরিক্ষি করে দিয়েছে। বর্তমান পরিস্থিতির ওপর পাঁচজন বড়োর মতামত এখানে দেওয়া হল (ছোটোদের মতামত দেওয়ার অনুমতি নেই আর একবার অন্তত আমি এই নিয়মটা মেনে নিলাম):

মিসেস ভ্যান ডান: 'রান্নাঘরের রানি হবার ইচ্ছে আমার অনেক দিন আগেই চলে গেছে। কিন্তু কিচ্ছু না করে বসে থাকাটা অসহ্য, সুতরাং আমি আবার রান্নায় লেগে

গেলাম। তবুও না বলে পারছি না যে তেল ছাড়া রান্না করা অসম্ভব আর ঐ জঘন্য গন্ধে আমার বমি পায়। আর তাছাড়া আমার খাটনির বিনিময়ে আমি কী পাই? অকৃতজ্ঞতা আর নিন্দেমন্দ। আর আমি তো এ বাড়ির সব চেয়ে গোলমেলে লোক; সব কিছুতেই আমারই দোষ ধরা হয়। আর আমার মতে লড়াইয়ের বিশেষ কোনো অগ্রগতি হয়নি। জার্মানরাই শেষে জিতবে। আমি ভয় পাচ্ছি আমাদের না উপোস করতে হয়। আর আমার যখন মেজাজ খারাপ হয় তখন কাউকে ছেড়ে কথা বলি না।'

মিস্টার ভ্যান ডান: 'আমি সিগারেট খেয়ে যাব, খেয়ে যাব, খেয়ে যাব। তারপর খাবার, রাজনৈতিক পরিস্থিতি আর কেরলির মেজাজ তত কিছু খারাপ নয়। কেরলি আমার আদরের ধন। আমি যদি ধূমপান করার কিছু না পাই, আমি অসুস্থ হয়ে পড়ব, তাহলে আমাকে মাংস খেতে হবে, জীবনটা অসহ্য হয়ে যাচ্ছে, কিছুই ভালো নেই আর, মেজাজ খারাপ হতে বাধ্য। কেরলিটা একটা নির্বোধ।'

মিসেস ফ্রাঙ্ক: 'খাওয়াটা খুব জরুরি নয়, কিন্তু এক্ষুণি একটা রাইয়ের রুটি পেলে বেশ হয়, কারণ আমার ভীষণ খিদে পেয়েছে। আমি যদি মিসেস ভ্যান ডান হতাম তাহলে অনেক আগেই মিস্টার ভ্যান ডানের ধোঁয়া ছাড়া বন্ধ করে দিতাম। কিন্তু আমার যে এখন ভয়ানক সিগারেট তেষ্টা পাচ্ছে, কারণ আমার মাথাটা খুব ঘুরছে। ভ্যান ডানেরা বাজে লোক; ব্রিটিশরা হয়তো অনেক ভুল করছে, কিন্তু লড়াই এগোচ্ছে। আমার মুখ বন্ধ রাখা উচিত আর পোলান্ডে নেই বলে কৃতজ্ঞ থাকা উচিত।'

মিস্টার ফ্রাঙ্ক: 'সব ঠিক আছে, আমার কিছুই চাই না। শান্ত থাকো, আমাদের হাতে অনেক সময়। আমার ভাগের আলুগুলো পেলেই আমি চুপচাপ থাকব। বরং আমার র‍্যাশন থেকে বেপ-এর জন্য কিছু সরিয়ে রাখো। রাজনৈতিক পরিস্থিতির উন্নতি হচ্ছে, আমি খুবই আশাবাদী।'

মিস্টার ডুসেল: 'যে কাজ আমি করব বলে ঠিক করেছি আমাকে তা সম্পূর্ণ করতেই হবে, সব কিছু সময়ের মধ্যে শেষ করতে হবে। রাজনৈতিক পরিস্থিতি বেশ গম্ভীর, তবে আমাদের ধরা পড়াটা অসম্ভব ব্যাপার। আমি, আমি, আমি...!'

তোমার, আনে

বৃহস্পতিবার, মার্চ ১৬, ১৯৪৪

প্রিয়তমা কিটি,

ওফ্! এক মুহূর্তের জন্য খুব একটা দুঃখজনক পরিস্থিতি রেহাই পেয়েছি। আজ শুধু শুনছি: 'এটা কিংবা ওটা যদি ঘটে, তাহলে আমরা বিপদে পড়ে যাব, আর যদি ও কিংবা

সে অসুখে পড়ে তাহলে আমাদের নিজেদের দেখভাল নিজেদেরই করতে হবে, আর যদি...'

আর বাকিটা তুমি জানো, অথবা আমি ধরে নিতে পারি তুমি গোপন ডেরার অধিবাসীদের সঙ্গে যথেষ্ট পরিচিত হয়েছ, কাজেই তুমি বুঝতেই পারবে তারা কী নিয়ে কথা বলছিল।

এত রকম 'যদি'র কারণ হল সেনা বাহিনী থেকে মিস্টার কুগলারের ছদিনের কাজের অনুপুঙ্খ বিবরণ চাওয়া হয়েছে। বেপ সর্দিতে কাবু, সম্ভবত তাঁকে আগামীকাল বাড়িতেই থাকতে হবে। মিয়েপ এখনও ফ্লু থেকে সেরে ওঠেনি আর মিস্টার ক্লাইমানের পাকস্থলিতে এত রক্তপাত হয়ছে যে তিনি জ্ঞান হারিয়ে ফেলেছিলেন। কী যে সব দুঃখজনক ঘটনা!

আমাদের মনে হয় মেডিকেল সার্টিফিকেটের জন্য মিস্টার কুগলারের সরাসরি একজন ডাক্তারের কাছে যাওয়া উচিত, যেটা উনি হিলভারসামের সিটি হলে জমা দিতে পারবেন। গুদামের কর্মীদের আগামীকাল এক দিনের ছুটি দেওয়া হয়েছে, সুতরাং বেপকে একাই অফিসে থাকতে হবে। আবার যদি (আরেকটা যদি) বেপকে বাড়িতে থাকতে হয় তাহলে সদর দরজা বন্ধ থাকবে এবং আমাদের ইঁদুরের মতো নিঃশব্দে চলাফেরা করতে হবে যাতে পাশের কেগ কোম্পানি কিছু শুনতে না পায়। বেলা একটা নাগাদ জান পরিত্যক্ত লোকেদের দেখতে আসবেন চিড়িয়াখানার রক্ষকের মতো।

যেন কত যুগ পরে এই প্রথম আজ বিকেলে জান বাইরের জগতের কিছু খবর দিলেন। ঠাকুমাকে যে ভাবে ছোটোরা ঘিরে ধরে সেইভাবে আমরা বসেছিলাম, তুমি নিশ্চয়ই দেখেছ, ছবিতে এরা এরকম দেখা যায়।

তিনি তাঁর কৃতজ্ঞ শ্রোতাদের কী বলে পরিতৃপ্ত করলেন—তা হল খাওয়া-দাওয়া। মিয়েপ-এর এক বন্ধু মিসেস পি, তাঁর জন্য রান্না করেন। পরশুদিন জান খেয়েছেন কড়াইশুঁটি দিয়ে গাজর, গতকাল খেয়েছেন তার বেঁচে যাওয়া অংশ। আজ তিনি রাঁধছেন আরেক ধরনের মটর আর আগামীকাল তিনি পরিকল্পনা করছেন বেঁচে যাওয়া গাজরগুলো আলুর সঙ্গে মেখে দেবেন।

আমরা মিয়েপ-এর ডাক্তারের ব্যাপারে জিজ্ঞেস করলাম।

'ডাক্তার?' জান বললেন, 'কোন ডাক্তার? আজ সকালে ফোন করতে তাঁর অ্যাসিস্ট্যান্ট ধরলেন। আমি ফ্লু-এর ওষুধের প্রেসক্রিপশনের কথা বলতে আমাকে বলা হল আগামীকাল সকাল আটটা থেকে নটার মধ্যে যেন নিয়ে আসি। বিশ্রীরকমের ফ্লু হলে ডাক্তার নিজে এসে ফোন ধরেন আর বলেন, ''জিভটা বের করুন তো 'অ্যা'। হ্যাঁ শুনেছি আপনার গলায় ইনফেকশন। আমি প্রেসক্রিপশন লিখে দিচ্ছি আর আপনি

দোকান থেকে আনিয়ে দিন। গুড ডে।'' ব্যস হয়ে গেল। ভালো কাজ পেয়েছেন, টেলিফোনে ডাক্তারি। কিন্তু আমি ডাক্তারকে দোষ দেব না। যতই হোক একটা লোকের তো দুটোই হাত, আর আজকাল অনেক রোগী আর ডাক্তার তো মাত্র কয়েকজন।'

জান-এর ফোন কলের কথা শুনে আমরা খুব হাসলাম। আমি কল্পনা করতে পারি ডাক্তারের রোগী বসানোর ঘরের ছবি। ডাক্তাররা গরীব রোগীদের দিকে তাকায় না। কিন্তু ছোটোখাটো অসুখ যাদের, তাদের দিকে তাকিয়ে ভাবে, 'তুমি এখানে কী করছ? লাইনের পেছনে গিয়ে দাঁড়াও; সত্যিকারের রোগীদের আগে দেখা হবে।'

তোমার, আনে

বৃহস্পতিবার, মার্চ ১৬, ১৯৪৪

প্রিয়তমা কিটি,

দারুণ ঝলমলে আবহাওয়া, অবর্ণনীয় সুন্দর; আমি এক্ষুণি চিলেকোঠায় যাব।

আমি এখন জানি, আমি কেন পেটারের চেয়ে বেশি অশান্ত হয়ে আছি। ওর নিজের ঘর রয়েছে, যেখানে সে কাজ করে, স্বপ্ন দেখে, ভাবে, ঘুমোয়। এক কোণ থেকে আরেক কোণে আমাকে ছুটে বেড়াতে হয়। আমি চাইলেও কখনও একা থাকতে পারি না কারণ আমাকে ডুসেলের সঙ্গে এক ঘরে থাকতে হয়। সেটাও একটা কারণ, যে জন্য আমাকে চিলেকোঠায় আশ্রয় খুঁজতে যেতে হয়। যখন আমি ওখানে থাকি অথবা তোমার সঙ্গে থাকি, তখন অন্তত কিছুক্ষণের জন্য আমি নিজের সঙ্গে থাকি। আমি কোনো রকম চেঁচামেচি করতে চাই না। বরং উলটো, আমি সাহসী হতে চাই।

ঈশ্বরকে ধন্যবাদ যে অন্যরা আমার ভেতরকার অনুভূতিকে খেয়াল করে না। যদিও প্রতিদিন মায়ের ব্যাপারে ঠান্ডা এবং অবজ্ঞাপূর্ণ মনোভাব পোষণ করছি, বাবার প্রতি আবেগ কমে যাচ্ছে, মারগটের সঙ্গে একটা ভাবনাও বিনিময় করছি না; আমি একটা মুখঢাকা কোটোর মতো নিশ্চুপ হয়ে গেছি। সর্বোপরি, আমাকে আমার আত্মবিশ্বাস বজায় রাখতে হবে। কেউ যেন না বুঝতে পারে যে আমার হৃদয় এবং মন একে অন্যের সঙ্গে সর্বদা লড়াই করছে। এখনও পর্যন্ত লড়াইয়ে জিতছে যুক্তি, কিন্তু আমার আবেগ কি প্রাধান্য পাবে না? কখনও কখনও আমি ভয় পাই যে তারা পাবে, কিন্তু বেশির ভাগ সময়ই আমি আশা করি তারা তাই পাবে!

এই সব ব্যাপারে পেটারের সঙ্গে কথা না বলে থাকাটা ভয়ানক শক্ত, কিন্তু আমি জানি ওকেই শুরু করতে হবে; আমার স্বপ্নে আমি যা কিছু করেছি এবং বলেছি তা যে

কখনও ঘটেনি তা দিনের বেলায় ঘটানো খুবই কঠিন। কিটি আনে তো পাগলাটে, কিন্তু এই সময়টা তো পাগলাটে আর এমনকি পরিস্থিতিটাও আরো পাগলাটে।

সব চেয়ে ভালো যে আমি আমার চিন্তা আর অনুভূতিকে লিখে ফেলতে পারছি; নইলে আমার দমবন্ধ হয়ে যেত। আমি ভাবি পেটার কী ভাবে এই সব বিষয়ে? আমি ভাবি যে আমি একদিন এই সব বিষয়ে ওর সঙ্গে কথা বলতে পারব। ও হয়তো আমার ভেতরের আমির ব্যাপারে কিছু হয়তো অনুমান করতে পারে, যেহেতু সে এখনও পর্যন্ত চেনা এই বাইরের আনেকে সম্ভবত ভালোবাসে না। কী করে পেটারের মতো একজন যে শান্তি আর নীরবতা ভালোবাসে, সে আমার উত্তেজনা চেঁচামেচি সহ্য করবে? সেই কি একমাত্র এবং প্রথম মানুষটি হবে যে আমার গ্রানাইট মুখোশের তলায় কী আছে দেখবে? তা করতে কি ওর অনেক সময় লাগবে? কী একটা পুরোনো প্রবাদ আছে না যে ভালোবাসা আর করুণা একই? এটাই কী এখানে ঘটছে না? কারণ আমি আমাকে যতটা করুণা করি, ততটাই তো ওকে করি!

আমি সত্যিই জানি না কী করে শুরু করব, আমি সত্যিই জানি না, সুতরাং আমি কী করে জানব যে কথা বলাটা ওর পক্ষে কখন কঠিন হয়ে দাঁড়াবে? যদি আমি ওকে লিখি তাহলেই অন্তত ও জানবে আমি কী বলতে চাইছি, কারণ মুখে বলাটা যে খুবই কঠিন!

তোমার, আনে এম ফ্রাঙ্ক

শুক্রবার, মার্চ ১৭, ১৯৪৪

আমার প্রিয়তমা কিটি,

সব কিছু ঠিকঠাক হয়েছে শেষ পর্যন্ত; বেপ-এর শুধুমাত্র গলা ব্যথা, ফ্লু নয়, মিস্টার কুগলার কাজের বিস্তারিত বিবরণ দেওয়া থেকে রেহাই পেতে একটা মেডিকেল সার্টিফিকেট পেয়েছেন। গোপন ডেরা যেন স্বস্তির নিঃশ্বাস ফেলেছে। সব কিছু এখন ঠিকঠাক! শুধুমাত্র মারগট আর আমি বাবা-মাকে নিয়ে ক্লান্ত।

আমায় ভুল বুঝো না। আমি এখনও বাবাকে যেমন ভালো বাসতাম তেমনই ভালোবাসি আর মারগট বাবা মা দুজনকেই ভালোবাসে। কিন্তু যখন তুমি বড়ো হয়ে যাবে, তখন তুমি তাদের ছত্রছায়া থেকে বেরিয়ে এসে নিজের জন্য কিছু সিদ্ধান্ত নিতে চাইবে। যখনই আমি ওপরে যাই তারা জিজ্ঞেস করেন সেখানে কী করতে যাচ্ছি, তাঁরা আমাকে খেতে বসে নুন নিতে দেন না, মা প্রত্যেক সন্ধ্যা আটটা-পনেরোয় জিজ্ঞেস করেন আমি জামাকাপড় বদলে রাতের পোশাক পরব কিনা, এবং কী বই পড়ব সেটাও ওরা অনুমোদন করেন। আমাকে অবশ্যই স্বীকার করতে হবে যে তাঁরা যে খুব কড়া

তা নয়, প্রায় সব কিছুই আমাকে পড়তে দেওয়া হয়, কিন্তু মারগট আর আমি সারা দিন তাঁদের মন্তব্য আর প্রশ্ন শুনে তিতিবিরক্ত।

আরেকটা ব্যাপার ওঁদের খারাপ লাগছে: আমার আর সকাল, দুপুর, সন্ধেয় ঐ চুমু খেতে ভালো লাগছে না। ঐ সব আদরের ডাক নামগুলো আর বাবার বাতকর্ম আর পায়খানা যাওয়া নিয়ে কথা বলা একেবারে অসহ্য। সংক্ষেপে বলতে গেলে কিছু দিনের জন্য ওদের হাত থেকে নিস্তার পেতে চাই আর সেটা তাঁরা বোঝেন না। এমন নয় যে মারগট আর আমি কখনও ওদের কাছে এসব কথা বলিনি। কী লাভ? তারা এসব বোঝেননি।

মারগট গত রাতে বলছিল, 'যেটা আমার বিরক্ত লাগে, কখনও যদি মাথাটা হাতের ওপর রাখো অথবা এক-দুবার জোরে নিঃশ্বাস নাও, তাঁরা তক্ষুণি জিজ্ঞেস করেন তোমার কী মাথা ধরেছে বা শরীর খারাপ করছে?'

নিজেদের বাড়িতে যে ঘরোয়া আর ঐক্যবদ্ধ পরিবেশ ছিল তার যে প্রায় কিছুই নেই যখন বুঝতে পারলাম তখন একটা ধাক্কা লাগল! এটার বড়ো কারণ এখানে সব কিছুতেই ভারসাম্যের অভাব। আর যখন কোনো বাইরের ব্যাপার আসে তখন আমাদের ছোটো বলে বিবেচনা করা হয়। আসলে আমরা কিন্তু ভেতর থেকে আমাদের বয়সি মেয়েদের চেয়ে অনেক বেশি পরিণত। যদিও আমি নেহাতই চোদ্দো, আমি জানি আমি কী চাই, আমি জানি কে ভুল কে ঠিক, আমার নিজস্ব মতামত, ধারণা এবং নীতি আছে, যদিও এটা একজন বয়ঃসন্ধির বালিকার পক্ষে অদ্ভুত শোনায়—তবুও আমি অনুভব করি আমি অন্যদের চেয়ে সম্পূর্ণ আলাদা। আমি জানি তর্কে আমি দড় এবং মায়ের চেয়ে ভালো ভাবে আমি আলোচনা চালিয়ে যেতে পারি, আমি অনেক বেশি বাস্তবমুখী, আমি কোনো কিছু নিয়ে বাড়াবাড়ি করি না, আমি অনেক বেশি ছিমছাম, আর এই কারণেই (তুমি হয়তো হাসবে) নানা দিক থেকেই আমি নিজেকে মায়ের থেকে বড়ো মনে করি। কাউকে ভালোবাসতে হলে তাকে শ্রদ্ধা এবং সম্মান করতে হবে, কিন্তু আমি মায়ের প্রতি শ্রদ্ধা এবং সম্মান কোনোটাই অনুভব করি না!

সব কিছুই ঠিক হয়ে যেত যদি আমি পেটারকে পেতাম, কারণ অনেক দিক আমি ওর গুণগ্রাহী। ও খুব ভদ্র এবং চটপটে!

তোমার, আনে এম ফ্রাঙ্ক

শনিবার, মার্চ ১৮, ১৯৪৪

প্রিয়তমা কিটি,

আমি তোমাকে আমার এবং আমার অনুভূতির ব্যাপারে অনেক কিছু বলেছি, যা আমি কোনো ব্যক্তির কাছে বলিনি, তাহলে যৌনতার কথা কেন বাদ থাকবে?

বাবা-মা এবং অন্যরা যৌনতার কথা এলেই কেমন অদ্ভুত হয়ে যায়। তাদের বারো বছরের ছেলেমেয়েদের কিছু বলার বদলে, ঐ বিষয়টা উঠলেই তাদের ছেলেমেয়েদের ঘরের বাইরে বার করে দেয়। আর তাদের মতো করে ভেবে নেওয়ার সুযোগ দেওয়া হয়। পরে অভিভাবকরা জানতে পারেন তাঁদের ছেলেমেয়েরা কোনো না কোনো ভাবে তথ্য সংগ্রহ করে ভাবে যা সত্যি তার চেয়ে তারা অনেক বেশি (বা কম) জানে। সুতরাং কেন তারা নিজেদের মানসিকতা বদল করে কীসের থেকে কী হয় বলে দেন না কেন?

বড়োদের পক্ষে একটা মস্ত বাধা হল—যদিও আমার মতে তা একটা নুড়ি পাথরের বেশি নয়—তাঁরা ভয় পান তাঁদের ছেলেমেয়েরা আর বিয়েকে একটা পবিত্র ও বিশুদ্ধ বলে ভাববে না যদি তারা বুঝে যায় যে বেশির ভাগ ক্ষেত্রে ঐ বিশুদ্ধতা নির্বুদ্ধিতা ছাড়া আর কিছু নয়। আমার যতদূর মনে হয় একজন পুরুষের বিয়ের একটা ছোটোখাটো অভিজ্ঞতা থাকাটা খুব একটা ভুল নয়। আসলে তো তার সঙ্গে বিয়ের কোনো সম্পর্ক নেই, তাই না?

আমি এগারোয় পড়তেই ওরা আমাকে রজঃস্রাব বিষয়ে বলে দিয়েছিল। কিন্তু তা সত্ত্বেও রক্ত কোথা থেকে আসছে এবং কিসের জন্য সে বিষয়ে আমার কোনো ধারণা ছিল না। আমার যখন সাড়ে বারো বছর বয়স তখন আমি জাক-এর কাছ থেকে বেশ কিছু ব্যাপার জানলাম, সে অবশ্যই আমার মতো অবোধ ছিল না। আমার নিজস্ব জ্ঞানবুদ্ধি মতো আমি বুঝতাম একজন ছেলে আর একজন মেয়ে একসঙ্গে থাকলে কী করে; প্রথমে ব্যাপারটা একটু পাগলাটে মনে হয়েছিল, কিন্তু যখন জাক আমাকে নিশ্চিত করল তখন বুঝতে পাবার জন্য বেশ গর্ববোধ হল।

জাকই আমাকে বলেছিল বাচ্চারা মায়েদের পেট থেকে বেরিয়ে আসে না। সে-ই বলেছিল, 'কোথা দিয়ে বস্তুটা ঢোকে আর কোথা দিয়ে তৈরি হওয়া বস্তুটি বেরিয়ে আসে!' যৌন শিক্ষার একটা বই থেকে জাক আর আমি সতীচ্ছদ এবং অন্যান্য বিষয় জানতে পারি। আমি এটাও জানি যে বাচ্চা নেওয়াও তুমি আটকাতে পারো, কিন্তু কী ভাবে শরীরের মধ্যে ব্যাপারটা কাজ সেটা একটা রহস্য। যখন আমি এখানে এসেছিলাম তখন বাবা বেশ্যাদের সম্পর্কে বলেছিলেন, কিন্তু তবুও সেখানে অনেক উত্তর না দেওয়া প্রশ্ন ছিল।

যদি মায়েরা ছেলেমেয়েদের সব কিছু না বলেন, তারা টুকরো টুকরো শুনবে, আর সেগুলো সঠিক হবে না।

আজ শনিবার হওয়া সত্ত্বেও আমি একঘেয়েমিতে আক্রান্ত হইনি! কারণ আমি চিলেকোঠায় পেটারের সঙ্গে ছিলাম। আমি সেখানে চোখ বন্ধ করে স্বপ্ন দেখছিলাম, আর সেটা চমৎকার।

তোমার, আনে এম ফ্রাঙ্ক

রবিবার, মার্চ ১৯, ১৯৪৪

প্রিয়তমা কিটি,

গতকাল ছিল আমার জন্য একটা গুরুত্বপূর্ণ দিন। দুপুরের খাওয়ার পর সব ঠিকঠাকই ছিল। বিকেল পাঁচটার সময় আমি আলু নিয়েছিলাম আর মা আমাকে পেটারকে দেবার জন্য লাল সসেজ দিয়েছিলেন। প্রথমে আমি যেতে চাইনি কিন্তু শেষ পর্যন্ত গেলাম। ও সসেজগুলো নিল না আর আমার খুব মন খারাপ হয়ে গেল কারণ আমাদের অবিশ্বাস নিয়ে একটা তর্ক হয়েছিল। সেই মুহূর্তটা আমার খুব অসহ্য বোধ হচ্ছিল আর আমার চোখ জলে ভরে উঠেছিল। আর একটাও কথা না বলে মাকে পাত্রটা ফেরত দিয়ে বাথরুমে গিয়ে খুব কাঁদলাম। পরে আমি ঠিক করলাম যে পেটারের সঙ্গে কথা বলব। রাতের খাবারের আগে আমরা চারজন শব্দ ছকের সমাধান করছিলাম, তখন আমি কোনো কথা বলিনি। যখন আমরা খেতে বসলাম তখন ফিসফিস করে বললাম, 'আজ রাতে কি তুমি শর্টহ্যান্ড প্র্যাকটিশ করবে?'

'না'।

'আমি পরে তোমার সঙ্গে কথা বলব।'

ও রাজি হল।

বাসন-পত্র ধোয়া হয়ে গেলে, আমি ওর ঘরে গেলাম এবং জিজ্ঞাসা করলাম যে আগের বারের ঝগড়ার সূত্রেই কি ও সসেজগুলো ফিরিয়ে দিল। সৌভাগ্যবশত সেটা কারণ ছিল না; ওর মনে হয়েছিল সসেজের ব্যাপারে বেশি আগ্রহ দেখানোটা অভব্যতা হবে। নিচের তলায় এত গরম ছিল যে আমার মুখ একেবারে লাল হয়ে গিয়েছিল। মারগটের কাছ থেকে জল নিয়ে আমি একটু তাজা বাতাস পাওয়ার জন্য ওপরে গেলাম। পেটারের ঘরে যাবার আগে আমি প্রথমে গিয়ে ভ্যান ডানদের জানলার পাশে গিয়ে দাঁড়ালাম। ও দাঁড়িয়েছিল খোলা জানলার বাঁ পাশে, আমি দাঁড়ালাম ডান পাশে। ঝকঝকে দিনের আলোয় কথা বলার চেয়ে একটা খোলা জানলার সামনে আধো

২০৩

অন্ধকারে কথা বলাটা অনেক সহজ, আমার মনে হয় পেটারও তাই ভাবে। আমরা এত কথা বলেছি, এত কথা, যে তার পুনরাবৃত্তি করা অসম্ভব। কিন্তু খুব ভালো লেগেছিল; পেটারের সঙ্গে চিলেকোঠায় কাটানো সে এক চমৎকার সন্ধ্যা। আমরা যে সব বিষয়ে কথা বলেছিলাম তা সংক্ষেপে তোমায় বলব।

প্রথমে আমরা ঝগড়া এবং তা আমি কীভাবে অন্য চোখে দেখেছিলাম তা নিয়ে এবং বাবা-মায়ের সঙ্গে আমাদের মত পার্থক্য নিয়ে কথাবার্তা বলেছিলাম। একটা সময় সে বলল, 'তোমরা সব সময় শুতে যাবার সময় একে অন্যকে চুমু খাও, তাই না?'

'একটা? এক ডজন। তুমি খাও না?'

'না, আমি কাউকেই কখনও চুমু খাইনি।'

'জন্মদিনেও নয়?'

'হ্যাঁ, জন্মদিনে খেয়েছি।'

আমরা দুজনে নিজেদের বাবা-মাকে বিশ্বাস করি না কেন, ওর বাবা-মা পরস্পরকে যে ভালোবাসে সেটা একটা বড়ো ব্যাপার, ও ভাবে তা গোপন রাখবে কিন্তু তা পারে না—এই সব নিয়ে আমরা কথা বললাম। কীভাবে আমি বিছানায় শুয়ে আকুল হয়ে কাঁদি আর কী ভাবে ও চিলেকোঠায় গিয়ে প্রতিজ্ঞা করে নেয়। কীভাবে মারগট আর আমি পরস্পরকে কিছুটা জানছি আর তা সত্ত্বেও পরস্পরকে বলছি খুব কম যদিও আমরা সব সময় একসঙ্গে থাকি। যে সব জিনিস কল্পনা করা যায়, বিশ্বাস, অনুভূতি এবং নিজেদের নিয়ে আমরা কথা বলেছিলাম। কিটি, আমি যেমন ভেবেছিলাম ও ঠিক তাই।

তারপর ১৯৪২ সাল নিয়ে কথা হল, তখন আমরা কত অন্যরকমের ছিলাম; মনেই হয় না যে আমরা সেই লোক। তখন তো আমরা একে অপরকে পছন্দই করতাম না। ও ভাবত আমি একটা বেশি কথা বলা মেয়ে আর আমি ধরে নিয়েছিলাম ও নেহাতই সাধারণ। তখন বুঝতে পারতাম না ও কেন আমার সঙ্গে ফস্টিনস্টি করে না, কিন্তু এখন আমি খুশি। ও আরও বলল কীভাবে সে নিজেকে গুটিয়ে নেয়। আমি বললাম আমার হইচই আর ওর চুপ করে থাকা আসলে একই মুদ্রার দুটো পিঠ, এবং আমিও চুপচাপ থাকাটা পছন্দ করি আর আমার ডায়েরি ছাড়া নিজের বলতে কিছু নেই, আর মিস্টার ডুসেল থেকে সকলেই আমার খারাপ দিকটাই দেখে আর আমি সব সময় আমার বাবা-মায়ের সঙ্গে বসতে পছন্দ করি না। আমরা যে আমাদের বাবা-মায়ের সঙ্গে আছি সেজন্য ও খুশি আর ও এখানে আছি বলে আমি কত খুশি। আমি এখন বুঝতে পারলাম কেন ও চুপচাপ থাকে আর বাবা-মায়ের সঙ্গে ওর কী সম্পর্ক। তাঁরা যখন তর্ক করেন তখন ওকে সাহায্য করতে পারলে আমি খুশিই হই। এই সব নিয়েই আমাদের কথা হল।

'তুমি সব সময়েই আমাকে সাহায্য কর!' পেটার বলল।

'কী ভাবে?' অবাক হয়ে জিজ্ঞেস করলাম।

'সব সময় হাসিখুশি থেকে।'

সেটাই ছিল সেই সন্ধ্যায় বলা সব চেয়ে ভালো কথা। ও বলল আমি ওর ঘরে গেলে ও কিছু মনে করে না বরং পছন্দই করে। আমি ওকে আরও বলেছিলাম বাবা-মায়ের ঐ আদরের নামগুলো অর্থহীন এবং এখানে ওখানে চুমু খাওয়া মানে পরস্পরের প্রতি বিশ্বাস বেড়ে ওঠা নয়। এছাড়াও আমরা কথা বলেছিলাম আমাদের নিজস্ব ধরন, ডায়েরি, একাকীত্ব, প্রত্যেক মানুষের বাইরের এবং ভেতরের সত্ত্বা নিয়ে।

চমৎকার। ও নিশ্চয়ই আমাকে বন্ধু হিসেবে ভালোবাসতে পারছে আর এখানকার জন্য সেটাই যথেষ্ট। আমি কতটা কৃতজ্ঞ আর সুখী, আমি শব্দ খুঁজে পাচ্ছি না। আমি ক্ষমা চাইছি কিটি, আমার লেখার মান আজ অন্য দিনের মতো হচ্ছে না। আমার মাথায় যা আসছে তাই আমি লিখে ফেলছি!

আমার মনে হচ্ছে পেটার আর আমি একটা রহস্যকে ভাগ করে নিয়েছি। যখনই ও আমার দিকে হাস্যময় চোখের ইশারায় তাকাচ্ছিল তখন আমার মধ্যে একটা আলোর ঝলক চলে যাচ্ছিল। আমি আশা করি এ ব্যাপারটা এমনই থেকে যাবে আর আমরা অনেক অনেক দারুণ সময় কাটাব।

কৃতজ্ঞ এবং সুখী আনে

সোমবার, মার্চ ২০, ১৯৪৪

প্রিয়তমা কিটি,

আজ সকালে পেটার আমাকে জিজ্ঞেস করছিল আরেক সন্ধ্যাবেলা আমি আসব কিনা। ও হলফ করে বলল যে আমি গেলেও বিরক্ত হবে না, আরও বলল যে একজনের যদি জায়গা হয় তাহলে দুজনেরও জায়গা হবে। আমি বললাম যে রোজ সন্ধেয় আসতে পারব না, কারণ আমার বাবা-মা সেটা পছন্দ করবেন না। কিন্তু পেটারের মত হল সেটা নিয়ে আমি যেন বিচলিত না হই। সুতরাং আমি ওকে বললাম কোনো কোনো শনিবারে আসব, আর এটাও বললাম যে কবে ও চাঁদ দেখতে চায় সেটাও যেন আমাকে জানায়।

'নিশ্চয়ই', ও বলল, 'আমরা হয়তো নিচের তলায় গিয়ে সেখান থেকেও চাঁদ দেখতে পারি।' আমি রাজি হলাম; আমার সত্যিই চোরের ভয় নেই।

এদিকে আমার সুখে একটা ছায়া পড়েছে। অনেক দিন ধরেই আমার ধারণা ছিল মারগট পেটারকে পছন্দ করে। কিন্তু ঠিক কতটা আমি জানতাম না। কিন্তু এখন

পরিস্থিতিটা খুবই অপ্রীতিকর হয়ে দাঁড়িয়েছে। এখন যতবার আমি পেটারের সঙ্গে দেখা করতে চাই ওর খুব খারাপ লাগে। আর মজার ব্যাপার হল ও তা প্রকাশ করে না। আমি হলে তো খুবই হিংসে করতাম কিন্তু মারগট বলে তার জন্য দুঃখিত হবার দরকার নেই।

আমি বললাম, 'তুই বাদ থেকে গেলি এটা ভেবে আমার খারাপ লাগছে।'

কিছুটা তিক্তভাবে উত্তর দিল, 'আমি ওতে অভ্যস্ত।'

আমার পেটারকে একথা বলার সাহস নেই। হয়তো পরে বলব। কিন্তু তার আগে আমাদের নিজেদের অনেক কিছু নিয়ে কথা বলতে হবে।

গত রাতে মা আমাকে বকাবকি করেছেন, অবশ্য ওটা আমার পাওনা। ওঁর প্রতি আমার ঔদাসীন্য আর অবজ্ঞা দেখানোর ব্যাপারটা বন্ধ করা দরকার। সব কিছু সত্ত্বেও আমাকে আবার ভালো ব্যবহার করার চেষ্টা করতে হবে আর মুখ বন্ধ করে রাখতে হবে।

এমনকি পিমও আর আগের মতো ভালো নেই। তিনি আমার সঙ্গে ছোটোদের মতো ব্যবহার না করারই চেষ্টা করছেন, কিন্তু এখন ওর মধ্যে কেমন ঠান্ডা ভাব। দেখা যাক কী হয়! উনি আমাকে সতর্ক করে দিয়ে বলেছেন, আমি যদি অ্যালজেব্রা না করি তাহলে যুদ্ধের পরে আমাকে আর বাড়তি টিউশন দেওয়া হবে না। আমাকে অপেক্ষা করতে হবে দেখতে হবে কী ঘটে, কিন্তু যদি একটা নতুন বই পাই তাহলে আমি আবার শুরু করতে চাই।

এখনকার মতো এই পর্যন্ত। পেটারের দিকে চেয়ে থাকা ছাড়া আমার কিছু করার নেই, আর আমি কানায় কানায় পূর্ণ!

তোমার, আনে এম ফ্রাঙ্ক

মারগটের ভালোত্বর প্রামাণ। আজ এটা পেয়েছি, মার্চ ২০ ১৯৪৪:

আনে, গতকাল আমি যখন বলেছিলাম আমি তোকে ঈর্ষা করি না, তখন আমি পুরোপুরি সত্যি কথা বলিনি। পরিস্থিতিটা এরকম: আমি পেটার এবং তুই কাউকেই ঈর্ষা করি না। আমার তখনই খারাপ লাগে যখন আমি আমার ভাবনা আর অনুভূতির কথাগুলো বলার জন্য যখন কাউকে পাই না, আর অদূর ভবিষ্যতেও কাউকে পাব না। আর সেজন্যই আমি আমার হৃদয়ের গভীর থেকে চাই যে তোরা দুজনেই যেন দুজনকে বিশ্বাস করতে পারিস। তোরা তো এখানে অনেক কিছুই পাস না, অন্য লোকেরা যা না চাইতেই পেয়ে যায়।

অন্যদিকে আমি নিশ্চিত যে পেটারের সঙ্গে আমার সম্পর্ক কখনই বেশি দূর যেত না কারণ আমার মনে হয় আমার ভাবনা চিন্তাগুলো বলার আগে একজন মানুষকে

আমার খুব কাছের বলে অনুভব করতে পারা দরকার। এমনকি আমি অনেক কথা না বললেও সে আমার অনুভূতিগুলো সম্পূর্ণভাবে বুঝতে পারবে। আর সেই কারণেই আমার মনে হয় তাকে বুদ্ধিবৃত্তিতে আমার চেয়ে উচ্চস্তরের হতে হবে, যেটা পেটারের সঙ্গে যায় না। কিন্তু আমি বুঝতে পারি তোর অনুভূতিগুলো পেটারের অনেক কাছাকাছি।

কাজেই আমার প্রাপ্য কিছু থেকে আমাকে বঞ্চিত করছিস এমন ভাবনা থেকে নিজেকে ভর্ৎসনা করার কোনো প্রয়োজন নেই। সত্যের চেয়ে দূরে কিছুই হতে পারে না। তুই আর পেটার দুজনেই দুজনের বন্ধুত্ব থেকে লাভবান হবি।

আমার উত্তর:

প্রিয়তমা মারগট,

তোর চিঠিটা ভীষণ ভালো, কিন্তু আমি এ ব্যাপারে পুরোপুরি সুখী নই, আর মনে হয় না কখনও তা হতে পারব।

তুই যতটা ভেবেছিস, পেটার আর আমি পরস্পরকে এই মুহূর্তে ততটা বিশ্বাস করি না। এটা সেই গোধূলি আলোয় একটা খোলা জানালার পাশে দাঁড়িয়ে থাকার মতো, যখন উজ্জ্বল দিনের আলোর চেয়ে অনুভূতিগুলো ফিসফিসিয়ে বলা অনেক সহজতর। আমার মনে হচ্ছে তুই পেটারের ব্যাপারে একটা ভ্রাতৃস্নেহ অনুভব করতে শুরু করছিস আর ওকে সাহায্য করতে চাস যেমন আমিও চাই। হয়তো কোনো একদিন করতে চাইবি যদিও সেরকম কোনো বিশ্বাসের জায়গা আমাদের মধ্যে নেই। আমি বিশ্বাস করি ঐ ভরসার জায়গাটা গড়ে উঠতে হবে দুপক্ষ থেকেই। আমার এটাও মনে হয়, যে কারণে বাবার আর আমার মধ্যে সত্যিকারের ঘনিষ্ঠতা গড়ে ওঠেনি। কিন্তু এ ব্যাপারে আর কথা বাড়াব না। এ ব্যাপারে যদি বলতে চাই তা মুখোমুখি বলার চেয়ে লিখে জানানোটাই আমার কাছে সহজ। তুই জানিস আমি তোর কতটা অনুরাগী, আর একটাই আশা যে তোর ভালোত্ব আর বাবার ভালোত্বের কিছুটা যেন আমার মধ্যে আসে, কারণ সেই অর্থে তোরা দুজনে অনেকটাই একরকম।

তোর, আনে

বুধবার, মার্চ ২২, ১৯৪৪

প্রিয়তমা কিটি,

মারগটের কাছ থেকে গতরাতে এই চিঠিটা পেয়েছি।

প্রিয় আনে,

কাল তোর চিঠি পেয়ে আমার একটা বাজে অনুভূতি হল যে যখন তুই পেটারের কাছে গল্প বা কাজ করতে যাস তখন তোর বিবেক দংশন হয়; কিন্তু সত্যিই এটা হওয়ার কোনো কারণ নেই। আমি অন্তর থেকে জানি কেউ একজন আছে যে আমার বিশ্বাস অর্জন করতে পারে (আমিও তার), তার জায়গায় পেটারকে বসানো সম্ভব নয়।

যাই হোক, যেমন তুই লিখেছিস, আমি পেটারকে ভাই হিসেবেই দেখি...ছোটো ভাই; আমরা পরস্পরকে যাচাই করে নিয়েছি, কোনো এক সময় ভাই বোনের মতো সম্পর্ক গড়ে উঠতে পারে কিংবা নাও পারে, কিন্তু এখনও তা ঐ পর্যায়ে যায়নি। সুতরাং আমার জন্য দুঃখিত হবার কোনো প্রয়োজন নেই। তুই এখন সঙ্গ সুখ খুঁজে পেয়েছিস, যতটা পারিস উপভোগ কর।

এদিকে এখানে কিছু কিছু ব্যাপার ক্রমশ বিস্ময়কর হয়ে উঠেছে। কিটি, আমার মনে হচ্ছে গোপন ডেরায় সত্যিকারের ভালোবাসা বিকশিত হচ্ছে। এখানে যদি আরো অনেকদিন থাকি তাহলে পেটারকে বিয়ে করা নিয়ে রসিকতা গুলো যদিও ততটা তুচ্ছ মনে হবে না। এই নয় যে আমি পেটারকে বিয়ে করার কথা ভাবছি। আমি এমনকি জানিও না ও বড়ো হয়ে কী রকম হবে। অথবা আমরা পরস্পরকে বিয়ে করার মতো যথেষ্ট ভালোবেসে উঠতে পারব কিনা জানি না।

আমি এখন নিশ্চিত যে পেটার অবশ্যই আমাকে ভালোবাসে; কিন্তু আমি জানি না তার ধরনটা কী। আমি বুঝতে পারি না সে শুধুমাত্র একজন ভালো বন্ধু নাকি সে আমার ব্যাপারে আকর্ষণ বোধ করে একজন মেয়ে হিসেবে নাকি বোন হিসেবে! যখন সে বলে তার বাবা-মা যখন ঝগড়া করে তখন আমি ওকে সাহায্য করি—শুনে আমার দারুণ ভালো লাগে; তার বন্ধুত্বে বিশ্বাসের দিকে আমি এক পা এগিয়ে যাই। গতকাল আমি ওকে জিজ্ঞেস করেছিলাম যদি এক ডজন আনে থাকত আর সবাই যদি ওকে দেখার জন্য উঁকি দিত তাহলে কী হত? ওর উত্তর ছিল: 'যদি তাদের সবাইকে তোমার মতো দেখতে হত তাহলে মন্দ হত না।' আমি গেলে ও বেশ খাতির করে আর আমার ধারণা আমায় দেখলে ও খুশিই হয়। এখনও ফরাসি শেখার জন্য খুব খাটছে, এমনকি রাত শোয়া দশটা পর্যন্ত বিছানাতেও শুয়েও।

যখন আমি শনিবার সন্ধেটার কথা মনে করি, আমাদের কথা, আমাদের গলার স্বর ভেসে ওঠে, আমার খুব ভালো লেগেছিল সেই প্রথম বার; যা আমি বলতে চাই, সেই কথাই বলেছিলাম আর সাধারণত আমি যা করে থাকি তা না করে আমি তাই বলেছিলাম একটা কথাও বদলাইনি। পেটার হাসুক অথবা চুপচাপ বসে থাকুক সবেতেই ওকে সুন্দর দেখায়। ও কী যে মিষ্টি, ভালো আর সুন্দর! আমার মনে হয় আমার ব্যাপারে ওকে যেটা সবচেয়ে অবাক করেছিল তা হল যখন ও আবিষ্কার করছিল, আমাকে বাইরে থেকে যেমন দেখায় তেমন কৃত্রিম আর সাংসারিক নই, একজন স্বপ্নচারী, ওরই মতো, যার অনেক সমস্যাও আছে!

গত রাতে বাসন ধোয়ার পর ও আমাকে ওপরে যেতে বলবে এই ভেবে অপেক্ষা করছিলাম। কিন্তু কিছুই ঘটল না; আমি চলে গিয়েছিলাম। ও নিচে এসেছিল ডুসেলকে বলতে যে এটা রেডিয়ো চালানোর সময় আর তারপর বাথরুমের সামনে কিছুটা সময় দাঁড়িয়েছিল। কিন্তু ডুসেল যখন অনেকটা সময় পর্যন্ত বেরোলেন না তখন ও ওপরে ফিরে গেল। ওপরে গিয়ে কিছুটা আগেই শুতে চলে গিয়েছিল।

পুরো সন্ধেটা আমার খুব অস্থির লাগছিল, মুখে ঠান্ডা জলের ঝাপটা দেওয়ার জন্য বাথরুমে আসা-যাওয়া করছিলাম। পড়ার চেষ্টা করছিলাম, তার চেয়েও বেশি দিবাস্বপ্ন দেখছিলাম, ঘড়ির দিকে তাকাচ্ছিলাম, অপেক্ষা করছিলাম, ওর পায়ের শব্দ শোনার জন্য। আমি ক্লান্ত হয়ে বিছানায় চলে গিয়েছিলাম।

আজ রাতে আমি স্নান করব, আর কাল? আগামীকাল তো অনেক দূরে!

তোমার, আনে এম ফ্রাঙ্ক

আমার উত্তর:

প্রিয়তমা মারগট

আমার মনে হয় সবচেয়ে ভালো হল অপেক্ষা করা আর কী ঘটে তা দেখা। আমরা আবার আগের মতোই চলব নাকি অন্য কিছু করব এটা ঠিক করতে আমার আর পেটারের খুব বেশি দিন লাগবে না। সেটা কেমন হবে আমি জানি না; আমার নাকের ডগার বাইরে আমি আর দেখতে পাই না।

তবে একটা ব্যাপারে আমি নিশ্চিত: যদি পেটার আর আমি বন্ধুই থাকি আমি তাকে বলব যে তুইও ওকে খুব পছন্দ করিস আর ওর প্রয়োজনে তুই ওকে সাহায্য করতে রাজি। তুই হয়তো তা চাইবি না সেটা আমি জানি, কিন্তু আমি পরোয়া করি না; আমি জানি না পেটার তোর ব্যাপারে কী ভাবে, সময় এলে আমি ওকে জিজ্ঞেস করব। অবশ্যই খারাপ নয়—বরং উলটোটাই হবে! চিলেকোঠায় বা যেখানেই আমরা থাকি সেখানেই তুই স্বাগত। তুই থাকলে আমাদের কোনো অসুবিধে হবে না, কারণ

আমাদের মধ্যে একটা অকথিত চুক্তি আছে যে সন্ধের অন্ধকার নেমে এলেই আমরা কথা বলব।

মনোবল বজায় রাখিস! আমি তা চেষ্টা করি যদিও তা সব সময় সহজ নয়। তোর ভাবনার আগেই হয়তো তোর সময় এসে যাবে।

তোর, আনে

বৃহস্পতিবার, মার্চ ২৩, ১৯৪৪

প্রিয়তমা কিটি,

এখানে সব কিছু কম বেশি স্বাভাবিক। আমাদের কুপন দেবার মানুষগুলো জেল থেকে ছাড়া পেয়েছে, ভগবানকে ধন্যবাদ!

গতকাল থেকে মিয়েপ আসছেন, কিন্তু আজ তাঁর স্বামী বিছানা নিয়েছেন—জ্বর এবং কাঁপুনি, ফ্লু-এর লক্ষণ। বেপ ভালো আছেন, যদিও তাঁর কাশি আছে আর মিস্টার ক্লাইমানকে বেশ কিছু দিন বাড়িতেই থাকতে হবে।

গতকাল কাছাকাছি একটা প্লেন ভেঙে পড়েছিল। ক্রু-রা সময় মতো প্যারাশুটে করে নেমে পড়তে পেরেছিল। ওটা একটা স্কুলের ওপর ভেঙে পড়েছিল, কিন্তু সৌভাগ্যবশত ভেতরে কোনো বাচ্চা ছিল না। ছোটোখাটো একটা আগুন লেগেছিল, দুজন পুড়ে মারা যায়। বিমানকর্মীরা বেরিয়ে এলে জার্মানরা তাদের ওপর গুলি বর্ষণ করে। আমস্টারডামবাসীরা, যারা এটা দেখেছিল তারা এই কাপুরুষোচিত কাজ দেখে ক্ষোভে ফেটে পড়ে। আমরা—আমি মেয়েদের কথা বলছি—আমরা ভয়ে সিঁটিয়ে গিয়েছিলাম। গুলিগোলার শব্দ আমি ঘেন্না করি।

এখন আমার কথা।

গতকাল আমি পেটারের সঙ্গে ছিলাম আর কোনো ভাবে, সত্যিই আমি জানি না কীভাবে, আমরা সেক্সের কথায় এসে পড়েছিলাম। অনেক দিন আগে আমি ঠিক করে রেখেছিলাম ওকে কয়েকটা কথা জিজ্ঞেস করব। ও সব কিছু জানে; যখন আমি বলেছিলাম যে মারগট আর আমি অনেক কিছু জানি না তখন ও মজা পেয়েছিল। আমি ওকে আমার আর মারগটের এবং বাবা-মায়ের সম্পর্কে অনেক কথা বলেছিলাম এবং বলেছিলাম ইদানীং ওঁদের কিছু জিজ্ঞেস করতে সাহস পাই না। ও বলেছিল জানাবে, আমি কৃতজ্ঞ চিত্তে রাজি হয়েছিলাম: ও জন্মনিরোধক কী ভাবে কাজ করে তা বর্ণনা করেছিল আর আমি খুব সাহসী হয়ে জিজ্ঞেস করেছিলাম কীভাবে ছেলেরা বলে যে তারা বড়ো হয়েছে। ওকে এ ব্যাপারটা নিয়ে ভাবতে হয়েছিল; বলেছিল এটা আজ

রাতে বলবে। আমি বলেছিলাম জাকের কী হয়েছিল, আরো বলেছিলাম বলশালী ছেলেদের কাছে মেয়েরা অসহায়। ও বলেছিল, 'আমার ব্যাপারে তোমাকে ভয় পেতে হবে না।'

সন্ধ্যায় যখন ফিরে এলাম, ও আমাকে ছেলেদের ব্যাপারটা বলেছিল। কিছুটা অস্বস্তিকর, কিন্তু ওর সঙ্গে আলোচনাটা খুবই ভালো হয়েছিল। ও কিংবা আমি, আমরা কখনও ভাবতেই পারিনি এই সমস্ত বিষয়ে অন্তরঙ্গ বিষয়ে একটি ছেলে কিংবা একটি মেয়ে খোলাখুলি আলোচনা করবে। আমার মনে হচ্ছে আমি এখন সবই জেনে ফেলেছি। জার্মান ভাষায় যেটা ও ব্রাজেনটিফমিটেলন* বলল সে ব্যাপারে ও আমাকে সবই বলেছে।

সে রাতে বাথরুমে মারগট আর আমি, মারগটের দুই বন্ধু ব্রাম আর ট্রিজ-এর কথা বলাবলি করছিলাম।

আজ সকালে আমার জন্য একটা বিশ্রী বিস্ময় অপেক্ষা করছিল: প্রাতরাশের পর পেটার আমাকে ওপরে ডাকল। বলল, 'আমার সঙ্গে একটা নোংরা খেলা, খেলা হয়েছে। কাল রাতে তুমি আর মারগট বাথরুমে কী বলাবলি করছিলে আমি শুনেছি। আমার মনে হয় পেটার কতটা জানে এটা জেনে তারপর তোমরা আমায় নিয়ে হাসাহাসি করতে।'

আমি তো হতভম্ব! ঐ নিষিদ্ধ বিষয়টি নিয়ে কথা বলার জন্য যা করার আমি করেছি; তাতে ও কী মনে করেছে সেটাও বুঝতে পারি, কিন্তু এ ব্যাপারটা তো সত্যি নয়!

আমি বললাম, 'না পেটার। আমি কখনই এত নীচ নই। তুমি আমাকে যা বলেছ তার কোনো কথাই আমি বলিনি আর বলবও না। এই ধরনের একটা কাজ করা, তাও ইচ্ছে করে...না পেটার এ ধরনের রসিকতা করা আমার ধাতে নেই। এটা বাজে ব্যাপার। সত্যিই আমি কিছুই বলিনি। তুমি কি আমাকে বিশ্বাস কর না?' ও আমাকে আশ্বস্ত করে বলল যে বিশ্বাস করে, কিন্তু আমার মনে হয় আবার কোনো সময়ে এ ব্যাপারে আমাদের কথা বলা দরকার। সারা দিন আমি কিছুই করিনি কেবল এটা নিয়েই দুশ্চিন্তা করেছি। ঈশ্বরকে ধন্যবাদ ও মনের কথাটা সোজাসুজিই বলেছে। ও যদি ভাবতেই থাকত যে আমি ঐরকম নীচ, কী হত ভাবো! ও যে কী মিষ্টি ছেলে!

এখন থেকে ওকে আমায় সব কথা বলতে হবে।

তোমায়, আনে

---

* প্রোফাইল্যাকটিকস: প্রতিষধকমূলক ব্যবস্থা

শুক্রবার, মার্চ ২৪, ১৯৪৪

প্রিয়তমা কিটি,

সান্ধ্য আহার সেরে আমি আজকাল প্রায়ই সন্ধের তাজা হাওয়া খেতে পেটারের ঘরে যাই। সন্ধ্যা আঁধারে অনেক অর্থবহ কথা অনেক দ্রুত বলে ফেলা যায়, মুখে রোদ পড়লে তা বলা যায় না। পেটারের পাশে চেয়ারে বসে বাইরের দিকে তাকিয়ে থাকতে বেশ ফুরফুরে লাগে। আমি ওর ঘরে গেলেই ভ্যান ডানেরা আর ডুসেল বোকাটে মন্তব্য করেন। ওঁরা বলেন, 'আনেসৎসহ্বাইটে হাইমাট'* অথবা 'রাতে অন্ধকার ঘরে কোনো ভদ্রছেলের কোনো কমবয়সি মেয়েকে কি ডাকা উচিত?' এই সব তথাকথিত রসালো মন্তব্যের মুখোমুখি হওয়ার ব্যাপারে পেটারের একটা অসাধারণ মানসিক প্রস্তুতি আছে। ঘটনাচক্রে আমার মা-ও কৌতূহলে ফেটে পড়েন আর কী কথা আমরা বলাবলি করি তা জানবার জন্য মরে যান, তবে জিজ্ঞেস করতেও ভেতরে ভেতরে ভয় পান যদি আমি না বলি! পেটার বলে বড়োরা হিংসে করে কারণ আমাদের বয়স কম আর ওদের ঐ আজেবাজে মন্তব্যে পাত্তাই দেওয়া উচিত নয়।

মাঝে মাঝে পেটার নিচে আমাকে নিতে আসে, সেটাও একটু অস্বস্তিকর হয়, সমস্ত রকম সাবধানতা সত্ত্বেও তার মুখ উজ্জ্বল লাল হয়ে যায় আর ও প্রায় কোনো কথাই বলতে পারে না।

আমি খুশি যে আমি লজ্জায় লাল হই না, সেটা নিশ্চয়ই খুব বিশ্রী ব্যাপার।

এছাড়া আরেকটা ব্যাপার আমার খারাপ লাগে, সেটা হল আমি যখন ওপরে পেটারের সঙ্গ উপভোগ করি সেই পুরো সময়টা মারগট নিচে বসে থাকে। কিন্তু আমি আর কী করতে পারি? ও যদি আসে আমি কিছু মনে করব না কিন্তু ও তো একটা আলাদা মানুষ হয়ে ঢিপির মতো বসে থাকবে।

আমাদের এই আচমকা বন্ধুত্বের ব্যাপারে আমাকে অসংখ্য মন্তব্য শুনতে হয়। আমি তোমাকে বলতে পারব না যে খাবার সময়ে কতবার এই নিয়ে কথাবার্তা শুনতে হয়েছে যে যুদ্ধ যদি আরো পাঁচ বছর চলে তাহলে এই গোপন ডেরায় একটা বিয়ে হতে পারে। আমরা কি বাবা-মায়েদের এই সব বকবকানি পাত্তা দিই? দিই না, কারণ ওগুলো খুবই বোকা বোকা। ওঁরা কি ওঁদের কম বয়সের কথা ভুলে গেছেন? মনে তো হয় তাই। আমরা যখন গম্ভীর তখন ওঁরা হাসাহাসি করেন আর আমরা যখন হাসিঠাট্টা করি তখন ওঁরা ভারী গম্ভীর হয়ে যান।

---

* আনার আরেক বাড়ি

আমি জানি না এরপর কী ঘটবে নাকি কিছুই ঘটবে না। কিন্তু এই রকমই যদি চলে তাহলে আমরা একসঙ্গে থেকেও কথা না বলতে অভ্যস্ত হয়ে যাব। যদি ওর বাবা-মা অদ্ভুত ব্যবহার করা বন্ধ না করেন। এর কারণ সম্ভবত ওঁরা আমাকে এত ঘন ঘন দেখতে চান না; পেটার এবং আমি কী কথা বলাবলি করি তা অবশ্যই ওঁদের জানাই না। ভাবো, ওঁরা যদি জানতেন আমরা কী সব অন্তরঙ্গ বিষয় নিয়ে আলোচনা করি!

আমি পেটারকে জিজ্ঞেস করতে চাই মেয়েদের ঐ জায়গাটা কেমন দেখতে সেটা ও জানে কিনা। আমার মনে হয় না মেয়েদের মতো ছেলেরা এত জটিল। তুমি সহজেই বুঝতে পারবে পুরুষদের নগ্ন ফটোগ্রাফ অথবা ছবিতে কেমন দেখায়, কিন্তু মেয়েদের ব্যাপারটা আলাদা। মেয়েদের যৌনাঙ্গ বা যা ওরা বলে, সেটা তাদের দুপায়ের ফাঁকে লুকোনো থাকে। পেটার সম্ভবত কোনো মেয়েকে এত কাছ থেকে দেখেনি। সত্যি কথা বলতে কী আমিও দেখিনি। ছেলেরা অনেক সহজ। আমি কী করে মেয়েদের অঙ্গগুলোকে বর্ণনা করব? ও যা বলেছে তার থেকে আমি বলতে পারি কিন্তু ও সঠিক জানে না এগুলো সব কী করে একসঙ্গে থাকে। ও মুটারমুন্ড*-এর কথা বলেছিল, কিন্তু সেটা তো ভেতরে, তুমি দেখতে পাবে না। আমাদের মেয়েদের শরীরে সব কিছুই সুন্দরভাবে সাজানো আছে। এগারো/ বারো বছর বয়সের আগে পর্যন্ত জানতাম না যে যৌনাঙ্গের ভেতরে আরেকটা স্তর আছে, কারণ তুমি দেখতে পাও না। আরো মজার ব্যাপার হল আমি জানতাম ভগাঙ্কুরের মধ্যে থেকে প্রস্রাব বেরিয়ে আসে। আমি একবার মাকে জিজ্ঞেস করেছিলাম ঐ ছোট্ট উঁচু মতো ব্যাপারটা কী আর তিনি বলেছিলেন তিনি জানেন না। চাইলেই তিনি বেশ বোকা সেজে যান!

যাই হোক, বিষয়ে ফিরে আসি। কিন্তু মডেল ছাড়া আমি কী করে ব্যাখ্যা করব ওগুলো কেমন দেখতে?

আমি কী কোনোভাবে চেষ্টা করব? ঠিক আছে, করা যাক।

যখন তুমি দাঁড়িয়ে আছ, সামনে থেকে দেখা যাবে বড়ো বড়ো লোম। তোমার দুটো পায়ের সংযোগস্থলে দুটো নরম কুশনের মতো জিনিস, যেটা লোম দিয়ে ঢাকা, যেগুলো তুমি দাঁড়ালে একসঙ্গে লেগে যায়, সুতরাং তুমি দেখতে পাবে না ভেতরে কী আছে। তুমি বসলে সেগুলো আলাদা হয়ে যায় সেগুলোর ভেতরটা লালচে মাংসল। ওপরের দিকে যৌনাঙ্গের বাইরের দিকে চামড়ার একটা স্তর, দ্বিতীয়বার তাকালে এক ধরনের ফোড়ার মতো মনে হয়। সেটাই ভগাঙ্কুর, তারপর আসে যৌনাঙ্গের ভেতরের অংশ, সেগুলো একসঙ্গে চাপ দিয়ে একটা ভাঁজের মতো দেখায়। সেগুলো খুললে একটা

---

* গর্ভাশয়ের সংকীর্ণ অংশ

মাংসল ছোটো ঢিপির মতো আমার বুড়ো আঙুলের মাথার চেয়েও ছোটো। ওপরের দিকে কয়েকটা ছোটো ফুটো যার মধ্যে দিয়ে প্রস্রাব বেরিয়ে আসে।

নিচের অংশ চামড়ার মতোই দেখায়, আর সেটাই যোনি। তুমি দেখতেই পাবে না প্রায়, কারণ চামড়ার স্তর মুখটাকে ঢেকে দিয়েছে। ফুটোটা এত ছোটো যে আমি ভাবতেই পারি না একজন পুরুষ কী করে ওটা ঢোকায়, কী করে একটা বাচ্চা ওখান দিয়ে বেরিয়ে আসে। তোমার তর্জনীটা ওখানে ঢোকানোর চেষ্টা করাই বেশ কঠিন কাজ। এই হল ব্যাপার আর এটারই খুব বড়ো ভূমিকা!

তোমার, আনে এম ফ্রাঙ্ক

শনিবার, মার্চ ২৫, ১৯৪৪

প্রিয়তমা কিটি,

তুমি কখনও বুঝতেই পারোনি এটা ঘটার পর তুমি কতটা বদলে গেছো। আমি তো ভীষণভাবে বদলে গেছি, আমার সব কিছুই বদলে গেছে: আমার মতামত, ধারণা, সমালোচনার দৃষ্টিভঙ্গি। ভেতর থেকে বাইরে থেকে কিছুই এক নেই। আমি এটা বলতে পারি কারণ এটাই সত্য। আমি ভালোর জন্য বদলে গেছি। আমি একবার তোমাকে বলেছিলাম কয়েক বছর ধরে আদরে বড়ো হবার পর বড়োদের কঠিন বাস্তবে এবং তিরস্কারে নিজেকে মানিয়ে নেওয়াটা কঠিন ছিল। এসবের জন্য বাবা-মাকেই মূলত দোষ দিতে হবে। বাড়িতে তাঁরা আমাকে জীবন উপভোগ করতে দিয়েছেন, সেটা খুবই ভালো ছিল কিন্তু এখানে তাদের তালে তাল মিলিয়ে চালাতে চেয়েছেন আর দেখিয়েছেন তাদের যত কলহ আর পরচর্চার ছবি। অনেক দিন আগেই আমি আবিষ্কার করেছিলাম স্কোর পঞ্চাশ পঞ্চাশ। আমি এখন জানি এখানে অনেক গুরুতর ভুল বড়োরা ছোটোরা একই রকম ভাবে করেছে। বাবা এবং মায়ের সব চেয়ে বড়ো ভুল হল তাদের ভ্যান ডানদের সঙ্গে ব্যবহার, তাঁরা কখনই অকপট এবং বন্ধুত্বপূর্ণ ছিলেন না (প্রকাশ্যত, বন্ধুত্বের ভান করা হত)। সর্বোপরি আমি শান্তি বজায় রাখতে চাইতাম, ঝগড়া পরচর্চা কোনোটাই চাইতাম না। বাবা আর মারগটের ব্যাপারে কোনো সমস্যা ছিল না, কিন্তু মায়ের ব্যাপারে ছিল, তবে যে কারণে আমি খুশি হতাম যে তিনি মাঝে মাঝে আমাকে তিরস্কার করেন। মিস্টার ভ্যান ডানের পক্ষ নিয়ে তাঁর সঙ্গে একমত হয়ে, চুপচাপ শুনে, বেশি কথা না বলে আর বেশির ভাগ সময়...তাঁর মশকরায় দেঁতো হাসি হেসে আর মামুলি রসিকতার বদলে রসিকতা করে তাঁকে জয় করে নেওয়া যায়। খোলাখুলি কথা বলে এবং নিজের ভুল স্বীকার করে মিসেস ভ্যান

ডানকে জয় করা যায়। তিনি অকপটে নিজের ভুল স্বীকার করেন, যা তাঁর প্রচুরই। আমি খুব ভালো করেই জানি আমার ব্যাপারে গোড়ার দিকে তাঁর যতটা খারাপ মনোভাব ছিল এখন আর তেমন নেই। আর তার কারণ হল আমি সৎ এবং আমি যেটা ভাবি সেটা লোকের মুখের ওপর সরাসরি বলে দিই, এমনকি সেটা অপ্রীতিকর হলেও। আমি সৎ হতে চাই; আমার মনে হয় তা তোমাকে এগিয়ে নিয়ে যাবে এবং নিজের সম্পর্কে নিজের কাছে একটা ভালো অনুভূতি নিয়ে আসবে।

আমরা যে চাল মিস্টার ক্লাইমানকে দিই, সেটা নিয়ে গতকাল মিসেস ভ্যান ডান কথা বলছিলেন। আমরা কেবল দিয়েই যাচ্ছি, দিয়েই যাচ্ছি, দিয়েই যাচ্ছি। কিন্তু একটা সময়ে এসে তো মনে হয় যে যথেষ্ট হয়েছে। উনি যদি একটু কষ্ট করেন তাহলে তো নিজেদের চাল তো যোগাড় করতেই পারেন। আমাদের ভাঁড়ারের চাল থেকে আমরা কেন দিয়ে যাব? আমাদের প্রয়োজনটাও তো কম নয়।'

আমি বললাম, 'না, মিসেস ভ্যান ডান, আমি আপনার সঙ্গে একমত নই। মিস্টার ক্লাইমান হয়তো খুব সহজেই কিছুটা চাল যোগাড় করতে পারেন, কিন্তু উনি এটা নিয়ে দুশ্চিন্তা করতে চান না। যাঁরা আমাদের সাহায্য করছেন তাঁদের সমালোচনা করার জায়গায় আমরা নেই। আমাদের যদি সামান্য কিছু অতিরিক্ত থাকে সেটুকু তাঁদের দেওয়াই উচিত। এক সপ্তাহে এক প্লেট ভাত কম হলে খুব কিছু যাবে আসবে না; আমরা তো বিনস্ খেতেই পারি।'

মিসেস ভ্যান ডান একমত হলেন না কিন্তু তিনি বললেন যে তিনি একমত না হয়েও মেনে নিচ্ছেন। আর অবশ্যই এটা একটা আলাদা ব্যাপার ছিল।

যথেষ্টই বলে ফেললাম। কখনও কখনও আমি জানি আমার জায়গাটা ঠিক কোথায়, আবার আবার কখনও কখনও সন্দেহ হয় কিন্তু শেষ পর্যন্ত আমি যেখানে পৌঁছতে চাই সেখানে পৌঁছব কিনা! আমি জানি আমি পারব! বিশেষত এখন তো আমাকে সাহায্য করার কেউ আছে, প্রতিকুলতার অনেক চড়াই উতরাইয়ের মধ্য দিয়েই পেটার আমাকে সাহায্য করে!

আমি সত্যিই জানি না ও আমাকে কতটা ভালোবাসে আর আমরা একটা চুম্বন পর্যন্ত পৌঁছতে পারব কিনা; তবে যাই হোক এ ব্যাপারে আমি জোর করতে চাই না! আমি বাবাকে বলেছি আমি প্রায়ই পেটারের সঙ্গে দেখা করতে যাই; এ ব্যাপারে তাঁর সায় আছে তো? তিনি সায় দিয়েছেন!

যে সব কথা আমি সাধারণভাবে নিজের মধ্যে রাখতাম সে সব কথা পেটারকে বলা এখন সহজ হয়ে গেছে; যেমন আমি ওকে বলেছি আমি পরে লিখতে চাই, আর আমি যদি একজন লেখিকা নাও হয়ে উঠতে পারি, আমার কাজের পাশাপাশি আমি লিখে যাব।

আমার অর্থ কিংবা পার্থিব কোনো বস্তু নেই, আমি সুন্দরী, বুদ্ধিমতী অথবা চালাক নই, কিন্তু আমি সুখী, আর আমি তেমনই থাকতে চাই! আমি তো জন্মসুখী, আমি মানুষ ভালোবাসি, আমার বিশ্বাসী স্বভাব আর আমি চাই প্রত্যেকেই সুখী হোক।

তোমার অনুগত বন্ধু, আনে এম ফ্রাঙ্ক

একটা শূন্য দিন, যদিও উজ্জ্বল এবং পরিষ্কার
ঠিক যেন অন্ধকার, রাতের আঁধার।

(এটা আমি কয়েক সপ্তাহ আগে লিখেছিলাম, এটা এখন আর সত্যি নয়, কিন্তু এটা রেখে দিলাম কারণ আমার কবিতা খুবই কম, মাত্রই কয়েকটা।)

সোমবার, মার্চ ২৭, ১৯৪৪

প্রিয়তমা কিটি,

আমাদের এই লুকিয়ে থাকা জীবনের একটা বড়ো পরিচ্ছেদ রাজনীতি নিয়ে হওয়া উচিত কিন্তু এ ব্যাপারে আমার আগ্রহ খুবই কম বলে বিষয়টা আমি এড়িয়ে যাই। আজ আমি একটা গোটা চিঠিই রাজনীতি নিয়েই লিখব।

এ বিষয় নিয়ে অবশ্যই নানা রকম মতামত আছে, আর এ বিষয়ে যুদ্ধের সময়ে প্রচুর আলোচনা হওয়াটাও খুব আশ্চর্য নয়, কিন্তু...রাজনীতি নিয়ে তর্কবিতর্ক করাটা খুবই নির্বুদ্ধিতা! ওরা হাসাহাসি করুক, দিব্যি দিক, বাজি ফেলুক, গজগজ করুক যতক্ষণ খুশি যা খুশি করুক যতক্ষণ না নিজের পারে নিজে কুড়ুল না মারছে। কিন্তু ঝগড়াঝাঁটি করতে দেওয়া যাবে না, কারণ তাতে ব্যাপারটা আরো খারাপ হয়ে যাবে। বাইরে থেকে যারা আসে তারা অনেক খবর নিয়ে আসে, সেগুলো পরে দেখা যায় সত্যি নয়; যাই হোক এখনও পর্যন্ত রেডিয়ো মিথ্যে বলেনি। জান, মিয়েপ, মিস্টার ক্লাইমান, বেপ এবং মিস্টার কুগলার তাঁদের রাজনৈতিক মতামত নিয়ে উতোর চাপান করেছেন, তবে জান সবচেয়ে কম।

এখানে এই গোপন ডেরার মেজাজ কখনও বদলায় না। বহিরাক্রমণ, বিমান হানা, বক্তৃতা ইত্যাদি ইত্যাদির ওপর অন্তহীন বিতর্ক আর তার সঙ্গে থাকে অসংখ্য বিস্ময়, যেমন, *এম্পাসিবল, উমগটেসহিবিলেন**। যদি ওরা এখন শুরু করে তাহলে কতদিন ধরে চলবে! দারুণ চলছে *গুট*, খাসা!

আশাবাদী আর নৈরাশ্যবাদী-বাস্তববাদীদের কথা নাই বা বললাম—অফুরন্ত উৎসাহে তারা মতামত দিয়ে যায় অন্য সব কিছুর মতোই আর তারা মনে করে সত্যের ওপর তাদের একচ্ছত্র অধিকার। কোনো মহিলা হয়তো তাঁর কর্তার অচলা ব্রিটিশ ভক্তি দেখে বিরক্ত হন অথবা কোনো কর্তা তাঁর নিজের প্রিয় স্বজাতি সম্পর্কে গিন্নির কুমন্তব্যে রেগে গিয়ে বকাবকি করেন!

আর এটা চলতে থাকে সকাল থেকে অনেকটা রাত পর্যন্ত; মজার ব্যাপার হল ওরা কখনও ক্লান্ত হয় না। আমি একটা কৌশল আবিষ্কার করেছি, ফল দারুণ। একজনকে একটা পিন দিয়ে খোঁচানো, তারপর তাকে লাফাতে দেখা। এটা এইভাবে কাজ করে: আমি রাজনীতি নিয়ে কথা শুরু করি। একটা ছোটো প্রশ্ন, একটা শব্দ অথবা একটা বাক্য লাগে, আর তোমার বোঝার আগেই পুরো পরিবার ঝাঁপিয়ে পড়ে।

জার্মান 'হ্বেরমাখট নিউজ' আর ইংরেজি বিবিসি সংবাদ যথেষ্ট নয়, ওরা আবার এর সঙ্গে যোগ করেছে বিশেষ বিমান হানার ঘোষণা। এককথায় ফাটাফাটি। কিন্তু অন্যদিকে আবার ব্রিটিশ বিমান বাহিনী সারা দিনরাত বিমান হানা চালিয়ে যাচ্ছে। জার্মান প্রচার যন্ত্রের মতো নয়, যা যান্ত্রিকভাবে চব্বিশ ঘণ্টা মিথ্যে বলে যাচ্ছে।

সুতরাং প্রতিদিন সকাল আটটায় (কখনও আগেও) রেডিয়ো চালু হয় এবং শোনা হয় প্রত্যেক ঘণ্টায়, রাত নটা, দশটা এমনকি এগারোটা পর্যন্ত। বড়োদের কী অসীম ধৈর্য এটা তার একটা প্রকৃষ্ট উদাহরণ আর সেইসঙ্গে তাদের মস্তিষ্কগুলো থকথকে হয়ে গেছে (কয়েকজনের কথাই বলতে চাইছি, আমি বিশেষ কাউকে অপমান করতে চাইছি না)। একটা সংবাদ বুলেটিন কী খুব বেশি হলে দুটো, ব্যাস, সারাদিনের পক্ষে তাই যথেষ্ট। কিন্তু না, ঐ বুড়ো হাঁদারামগুলো ...যাক গে, আমি যা বলার ইতিমধ্যেই বলে দিয়েছি। ইংলন্ড থেকে ডাচ সম্প্রচার 'মিউজিক হোয়াইল ইউ ওয়ার্ক', ফ্রাঙ্ক ফিলিপস্ অথবা কুইন হ্বিলহেলমিনা-এদের প্রত্যেকেরই পালা আসে কেউ না কেউ মনোযোগ দিয়ে শোনে। যদি বড়োদের খাওয়া ঘুমোনোর কাজ না থাকে তাহলে তারা রেডিয়োর চারপাশে বসে খাওয়া, ঘুমোনো আর রাজনীতি নিয়ে কথা বলতে থাকে। এত বিরক্তিকর, আর নিজেকে একটা বিষণ্ণ বুড়িতে পরিণত হওয়া থেকে বাঁচাতে কী করি! যদিও আমার চারপাশের বুড়োবুড়িদের মধ্যে সেটা একটা খারাপ আইডিয়া নয়।

এখানে একটা উজ্জ্বল উদাহরণ দিই, আমাদের প্রিয় উইনস্টন চার্চিলের একটা বক্তৃতা।

রাত নটা, রবিবার। টেবিলের ওপর টি-কোজি ঢাকা চায়ের কেটলি, অতিথিরা ঘরে ঢুকছেন। ডুসেল রেডিয়োর বাঁ দিকে বসে আছেন, মিস্টার ভ্যান ডান সামনে আর পেটার তার পাশে। তাদের পিছনে মা এবং মিসেস ভ্যান ডান। মারগট আর আমি শেষ

সারিতে, পিম টেবিলে। আমার মনে হচ্ছে আমাদের বসার ব্যবস্থাটার ভালো বর্ণনা দিতে পারলাম না, তবে তাতে কিছু আসে যায় না। পুরুষেরা ধূমপান করছেন, শোনবার চেষ্টায় পেটারের চোখ বন্ধ। মায়ের পরণে লম্বা গাঢ় রঙের ঢিলেঢালা আটপৌরে পোশাক, মিসেস ভ্যান ডান প্লেনের ভয়ে কাঁপছেন, সেগুলো বক্তৃতাকে পাত্তা না দিয়ে আনন্দে এসেনের দিকে উড়ে যাচ্ছে, বাবা চায়ে চুমুক দিচ্ছেন, মারগট আর আমি বেশ বোন-বোন ভাব করে একসঙ্গে বসে আছি ঘুমন্ত মুশ্চিতে নিয়ে, যে আমাদের দুজনের হাঁটুরই দখল নিয়েছে। মারগটের চুলে কোঁকড়ানোর ক্লিপ আঁটা আর আমার রাত-পোশাকটি বেশ ছোটো, আঁটো এবং খাটো। সব মিলিয়ে বেশ অন্তরঙ্গ, ঘনিষ্ঠ, শান্তিপূর্ণ পরিস্থিতি, যেন একবারের জন্য হলেও সত্যি। যদিও আমি আতঙ্কিত হয়ে বক্তৃতা শেষ হবার জন্য অপেক্ষা করছি। ওরা অধৈর্য হয়ে ছিলা টানটান করে অপেক্ষা করছে আরেকটা তর্কাতর্কি শুরু করার জন্য! যেন একটা বেড়াল একটা ইঁদুরকে গর্ত থেকে বেরিয়ে আসার জন্য লোভ দেখাচ্ছে, তারপর তারা পরস্পরকে তাড়া করে তুমুল ঝগড়ায় মাতবে।

তোমার, আনে

মঙ্গলবার, মার্চ ২৮, ১৯৪৪

আমার প্রিয়তমা কিটি,

রাজনীতি নিয়ে আমি আরো লিখতে পারি, আমার আজ অন্য অনেক খবর দেবার আছে। প্রথমত, মা আমাকে ওপর তলায় পেটারের কাছে যেতে একরকম বারণই করে দিয়েছেন কারণ তাঁর মতে মিসেস ভ্যান ডানের তাতে হিংসে হয়। দ্বিতীয়ত, পেটার মারগটকে বলেছে আমরা যখন ওপরতলায় থাকব তখন যেন সে আসে। এটা সে ভদ্রতা করে বলেছে নাকি, সত্যিসত্যিই বলেছে তা আমি জানি না। তৃতীয়ত, আমি বাবাকে জিজ্ঞেস করেছিলাম মিসেস ভ্যান ডানের হিংসুটেপনাকে কি পাত্তা দেওয়া উচিত? তিনি বলেছেন, তার দরকার নেই।

এখন আমি কী করব? মা খেপে আছে, আমাকে ওপরে যেতে দিতে চান না, তিনি চান আমি ডুসেলের সঙ্গে যে ঘরে থাকি সে ঘরে বসে পড়াশুনো করি। মারও বোধহয় হিংসে হচ্ছে। বাবা আমাদের এই কয়েক ঘণ্টার মেলামেশাতে কিছু মনে করেন না বরং আমাদের মধ্যে যে সম্পর্ক সেটা উনি ভালো বলেই মনে করেন। মারগটও পেটারকে পছন্দ করে কিন্তু মনে করে দুজনে একটা বিষয়ে যেভাবে কথা বলতে পারে, তিনজনে তা হয় না।

এছাড়াও মা মনে করেন পেটার আমার প্রেমে পড়েছে। সত্যি কথা বলি তোমাকে, আমিও তাই চাই। তাহলেই ব্যাপারটা সমান সমান হয়ে যেত আর আমাদের পরস্পরকে চেনাটা সহজ হত। তিনি এটাও বলেন যে পেটার নাকি সব সময় আমার দিকে তাকিয়ে থাকে। হ্যাঁ, আমরা মাঝে মাঝে পরস্পরকে চোখে চোখে ইশারা করি। তবে ও যদি আমার গালের টোলের দিকে তাকিয়ে থাকে আমার কী করার আছে?

আমি খুব মুশকিলে পড়েছি। মা আমার বিরুদ্ধে আর আমি মায়ের বিরুদ্ধে। মা আর আমার এই নিঃশব্দ লড়াইয়ের ব্যাপারে বাবা চোখ বুঁজে থাকেন। মায়ের কষ্ট হয় কারণ উনি আমাকে সত্যিই ভালোবাসেন, কিন্তু আমার কষ্ট হয় না কারণ আমার কাছে ওঁর এখন আর কোনো গুরুত্ব নেই।

আর পেটার...আমি ওকে ছেড়ে দিতে চাই না। ও খুব মিষ্টি, আমি ওকে খুব পছন্দ করি। আমাদের মধ্যে সত্যিই একটা সুন্দর সম্পর্ক গড়ে উঠতে পারে, কেন যে বুড়োগুলো বারে বারে আমাদের ব্যাপারে নাক গলায়? ভাগ্যিস আমি আমার মনের ভাব গোপন করতে পারি, সেজন্য আমি যে পেটারের ব্যাপারে পাগল সেটা আড়ালেই রাখতে পারি। ও কি কখনও কিছু বলবে? আমি কি আমার গালের ওপর ওর গাল ঠেকানোর অনুভূতি পাব, যেভাবে স্বপ্নে আমি পেটেলের গালের পরশ অনুভব করি? পেটার আর পেটেল তোমরা তো এক, অভিন্ন! ওরা আমাদের বোঝে না; ওরা কখনই বুঝবে না আমরা একটাও কথা না বলে পাশাপাশি বসে থেকেও পরিতৃপ্ত হই। ওদের কোনো ধারণাই নেই কী টানে আমরা কাছাকাছি এসেছি। ইস্, কবে যে এই সমস্যা থেকে মুক্তি পাব? আর আমাদের এই সমস্যা কাটিয়ে উঠতে হবে তাহলেই শেষটা সুন্দর হবে। যখন ও হাতের ওপর মাথা রেখে চোখ বন্ধ করে, ঠিক মনে হয় যেন শিশু; যখন ও মুশ্চির সঙ্গে খেলা করে অথবা ওর ব্যাপারে কথা বলে, তখন ও স্নেহশীল; যখন ও আলু কিংবা অন্য ভারী জিনিস বয়ে আনে, তখনও শক্তিমান; যখনও গোলাগুলি চলা লক্ষ করে অথবা অন্ধকার ঘরে চোর ধরতে যায়, তখনও সাহসী; আর যখন ও বিব্রত আর আনাড়ি, তখন ওকে ভীষণ রকম ভালো লাগে। আমি যখন ওকে কিছু শেখাই তার চেয়ে অনেক ভালো লাগে ও যখন আমাকে কিছু একটা ব্যাখ্যা করে বোঝায়। প্রায় সব কিছুতেই ও আমার ওপরে থাকুক এটাই আমি চাই!

আমাদের দুই মা-কে নিয়ে কী সমস্যা? ও যদি অন্তত কিছু বলত।

বাবা সব সময় বলেন আমি নাকি আত্মভিমানী, কিন্তু আমি তা নই, আমি একেবারেই দেমাকী নই। বহুলোক আমাকে দেখে সুন্দরী বলে না, কেবল মাত্র স্কুলে একটি ছেলে বলেছিল আমি যখন হাসি তখন আমাকে খুব সুন্দর দেখায়। গতকাল পেটার আমায় প্রশংসা করেছে, আর মজা করার জন্যই আমাদের কথাবার্তার মোটামুটি একটা ধারণা দিচ্ছি।

পেটার প্রায়ই বলে, 'হাসো!' আমার একটু অদ্ভুত লাগে, তো আমি কালকে জিজ্ঞেস করলাম, 'তুমি আমাকে সব সময় হাসতে বল কেন?'

'কারণ তোমার গালে টোল পড়ে। কী করে ওটা কর?'

'আমি ওগুলো নিয়েই জন্মেছি। আমার থুতনিতেও একটা পড়ে। সৌন্দর্যের ঐটুকু চিহ্নটুকুই তো আমার আছে।'

'না, না, সেটা ঠিক নয়!'

'হ্যাঁ তাই। আমি জানি আমি সুন্দরী নই। আমি কখনও তা ছিলাম না আর কখনও তা হবও না।'

'আমি তা মানি না। আমার মতে তুমি সুন্দরী।'

'না, আমি নই।'

'আমি বলছি তুমি সুন্দরী, আর আমার কথা তো তোমায় মানতে হবে।'

সুতরাং আমিও ওর ব্যাপারে একই কথা বললাম।

তোমার, আনে এম ফ্রাঙ্ক

বুধবার, মার্চ ২৯, ১৯৪৪

প্রিয়তমা কিটি,

লন্ডন থেকে ডাচ সম্প্রচারে ক্যাবিনেট মন্ত্রী মিস্টার বোলকেস্টাইন বলেছেন যে যুদ্ধের পরে যুদ্ধ বিষয়ক ডায়েরি এবং চিঠিপত্রের একটা সংকলন তৈরি করা হবে। কাজেই সকলেই আমার ডায়েরির ওপর ঝাঁপিয়ে পড়েছে। কল্পনা কর আমি যদি গোপন ডেরা বিষয়ে একটা উপন্যাস প্রকাশ করি সেটা কী দারুণ ব্যাপার হবে। বইয়ের নাম দেখেই লোকেরা মনে করবে ওটা গোয়েন্দা গল্প।

যুদ্ধের দশ বছর পরে যখন মানুষ পড়বে আত্মগোপন করে থাকা ইহুদিদের কথা, আমরা কী ভাবে বেঁচে ছিলাম, আমরা কী খেতাম, আমরা কী কথা বলতাম, তখন তারা মজা পাবে। যদিও আমি আমাদের জীবনের অনেক কথা তোমায় বলেছি, তবুও তুমি আমাদের সম্পর্কে খুব কমই জানো। বিমান হানার সময় মহিলারা যে কী ভয় পান; যেমন গত রবিবারে যখন ৩৫০টা ব্রিটিশ প্লেন আইমুইডেন-এর ওপর ৫৫০ টন বোমা ফেলল, তখন বাড়িগুলো হাওয়ার ভেতর ঘাসের ডগার মতো কাঁপছিল। অথবা এখানে কত মহামারীর প্রদুর্ভাব হয়েছে কে জানে।

এই সব ব্যাপারের তুমি কিছুই জানো না, আর তোমাকে বিশদে সব খুলে বলতে হলে আমাকে সারা দিন ধরে লিখে যেতে হবে। সবজি এবং অন্যান্য জিনিসপত্র কেনার

জন্য মানুষকে লাইন দিয়ে দাঁড়াতে হয়; ডাক্তাররা রোগী দেখতে যান না কারণ তাঁরা পিছন ফিরলেই তাদের গাড়ি অথবা বাইক চুরি হয়ে যায়; চুরি-চামারি এত বেড়ে গেছে যে তুমি নিজেকেই জিজ্ঞেস করবে যে কী এমন ঘটল যে ওলন্দাজরা সব চোর বনে গেল। আট থেকে এগারো বছরের ছোটো ছেলেপিলেরা লোকদের জানলা ভেঙে ঢুকে যা পাচ্ছে চুরি করে নিয়ে যাচ্ছে। লোকে এমনকি পাঁচ মিনিটের জন্যও বাড়ি ছেড়ে যেতে ভয় পাচ্ছে, গেলে ফিরে এসে দেখবে হয়তো যাবতীয় জিনিসপত্র হাওয়া হয়ে গেছে। খবরের কাগজে প্রত্যেক দিন চুরি যাওয়া টাইপ রাইটার, পার্সিয়ান কার্পেট, ইলেকট্রিক ঘড়ি, কাপড়-চোপড় ইত্যাদি ফিরে পেলে পুরস্কার দেওয়া হবে এই রকম বিজ্ঞাপন থাকে। রাস্তার কোণের ইলেকট্রিক ঘড়িগুলো খুলে নিয়ে গেছে, পাবলিক টেলিফোনগুলো তার সমেত উপড়ে নিয়ে গেছে।

ডাচদের মনোবল দুর্বল হয়ে পড়ছে। প্রত্যেকেই ক্ষুধার্ত; এরসাট্‌জ কফি ছাড়া, এক সপ্তাহের র‍্যাশন দুদিনেই শেষ। বহিরাক্রমণের সম্ভাবনা তো শোনা যাচ্ছে, এদিকে লোকজনদের জার্মানিতে পাঠিয়ে দেওয়া হচ্ছে। ছেলেপিলেরা অসুখে অথবা পুষ্টিহীনতায় ভুগছে, প্রায় সকলের গায়েই ছেঁড়া জামাকাপড় জীর্ণ জুতো। কালোবাজারে একটা নতুন সোলের দাম সাড়ে সাত গিল্ডার। এদিকে খুব কম মুচিই সারাইয়ের কাজ নিচ্ছে, অথবা যদি বা নেয়ও, তোমাকে চার মাস অপেক্ষা করতে হবে, তার মধ্যে জুতো জোড়া গায়েবও হয়ে যেতে পারে।

এর মধ্যে একটা ভালো জিনিস হয়েছে: খাদ্যবস্তু যত নিকৃষ্ট হচ্ছে এবং দমননীতি যত জোরালো হচ্ছে, কর্তৃপক্ষের বিরুদ্ধে অন্তর্ঘাত তত বাড়ছে। খাদ্য দপ্তর, পুলিশ, সরকারি কর্মচারীরা—তারা হয় নাগরিকদের সাহায্য করছে নয়তো মিথ্যে অভিযোগ দায়ের করে জেলে পাঠাচ্ছে। সৌভাগ্যের বিষয়, ওলন্দাজ জনগণের খুব ছোটো অংশই বিপথে গেছে।

তোমার, আনে

শুক্রবার, মার্চ ৩১, ১৯৪৪

প্রিয়তমা কিটি,

ভাবো একবার, এখন মোটামুটি শীত, আর বেশির ভাগ লোকের ঘরেই প্রায় মাসখানেক কয়লা নেই। খুব খারাপ শোনাচ্ছে, তাই না? রুশ রণাঙ্গনের ব্যাপারে সাধারণভাবে মানুষের মনে আশা জেগে উঠেছে, সেখানে দারুণ কিছু ঘটছে! আমি রাজনীতির ব্যাপারে বিশেষ কিছু লিখি না, কিন্তু আমি তোমাকে বলব এই মুহূর্তে রাশিয়ানরা

কোথায় রয়েছে। ওরা পোল্যান্ডের সীমান্তে এসে গেছে এবং রোমানিয়ার প্রাট নদীর কাছে এসে গেছে। ওডেসার খুব কাছাকাছি আর টেরনোপোলকে ঘিরে ফেলেছে। প্রতি রাতেই আমরা স্তালিনের কাছ থেকে বিজ্ঞপ্তি আশা করছি।

জয়ের খবর এলে মস্কোয় তোপ দাগা হয়, শহরটা নিশ্চয়ই সারা দিন ধরে কাঁপছে। ওরা হয়তো ভাবছে যুদ্ধ কাছাকাছি হচ্ছে অথবা ওদের আনন্দ প্রকাশের অন্য কোনো উপায় জানা নেই—ঠিক কোনটা আমার জানা নেই!

জার্মান সৈন্যরা হাঙ্গেরি দখল করে নিয়েছে। ওখানে এখনও দশ লক্ষ ইহুদি থাকে; ওদের সর্বনাশ ঘনিয়ে এল।

এখানে বিশেষ কিছুই ঘটছে না। আজ মিস্টার ভ্যান ডানের জন্মদিন। তিনি পেয়েছেন দু-প্যাকেট তামাক, একটা কফি, যা তাঁর স্ত্রী বাঁচিয়ে রেখেছিলেন, মিস্টার কুগলারের কাছ থেকে লেবুর সরবত, মিয়েপের কাছ থেকে সার্ডিন, আমাদের কাছ থেকে ওডিকোলোন, লাইলাক, টিউলিপ আর শেষে র্যাসপবেরি পুর ভরা একটি কেক, একটু আঠালো ভাব ময়দার খারাপ কোয়ালিটি এবং মাখনের অভাবে, কিন্তু খেতে খাসা হয়েছিল।

আমার আর পেটারের ব্যাপারে কথাবার্তা এখন কম। আজ রাতে ও আমাকে ডাকতে এসেছিল। বেশ ভালো ব্যাপার, কী মনে হয়, তবে এটা ও পছন্দ করে না। আমরা খুব ভালো বন্ধু। আমরা একসঙ্গে অনেক সময় কাটাই, যাবতীয় বিষয় নিয়ে কথা হয়। আমরা যখন কোনো অস্বস্তিকর বিষয়ে এসে পড়ি তখন কথাবার্তায় রাশ টানার প্রয়োজন হয় না, যেটা অন্য ছেলেদের বেলায় হত। এটা খুবই ভালো ব্যাপার। যেমন আমরা কথা বলছিলাম রক্ত নিয়ে এবং কোনো ভাবে ঋতুস্রাব ইত্যাদির কথায় এসে গেলাম। ও মনে করে এই রক্তক্ষরণের ব্যাপারে মেয়েদের সহ্যশক্তি বেশি আর আমার তো বেশিই। কিন্তু আমি ভাবি কেন?

আমি এখন ভালো আছি, যথেষ্ট ভালো আছি। ঈশ্বর আমাকে ত্যাগ করেননি, তিনি কখনও করবেনও না।

তোমার, আনে এম ফ্রাঙ্ক

শনিবার, এপ্রিল ১, ১৯৪৪

আমার প্রিয়তমা কিটি,

এখনও সব কিছু বেশ মুশকিলের। তুমি কি বুঝতে পারছ আমি কি বলছি, পারছ কি? আমি ওর একটা চুমোর জন্য অপেক্ষা করে আছি, কিন্তু সেই চুমো তো অনেক সময়

নিয়ে নিচ্ছে। ও কি এখনও আমাকে বন্ধুই মনে করে? আমি কি তার চেয়ে বেশি কিছু নই?

তুমি আর আমি দুজনেই জানি আমি শক্তিময়ী, আমি একাই আমার দায় বহন করতে পারি। আমি আমার কোনো কষ্টের কথা কাউকে বলি না, মায়ের সঙ্গেও লেপটে থাকি না, কিন্তু ওর কাঁধে মাথা রেখে চুপচাপ বসে থাকতে ভালোবাসি।

আমি পারি না, সত্যিই ভুলতে পারি না পেটারের গালে গাল রাখার সেই স্বপ্ন, তখন সবই খুব ভালো লেগেছিল! সেও কি সেই প্রতীক্ষায় রয়েছে? ও কি আমাকে ভালোবাসে এ কথা বলতে খুব লজ্জা পাচ্ছে? কেন ও আমাকে বারে বারে কাছে পেতে চায়? ও কেন কিছু বলে না?

আমাকে থামতে হবে, আমাকে শান্ত থাকতে হবে। আমাকে আবার শক্ত হতে হবে, আর আমি যদি ধৈর্য ধরি তাহলে বাকি সব হয়ে যাবে। কিন্তু—এটাই তো সবচেয়ে খারাপ অংশ—মনে হচ্ছে যেন আমি ওর পেছনে ধাওয়া করেছি। আমিই তো ওপরে ওর কাছে যাই; ও তো কখনও আমার কাছে আসে না, কিন্তু সেটা তো ঘরের কারণে, আমার আপত্তিটা ও নিশ্চয়ই বোঝে। আমি নিশ্চিত আমি যা ভাবি তার চেয়ে ও বেশিই বুঝবে।

তোমার, আনে এম ফ্রাঙ্ক

সোমবার, এপ্রিল ৩, ১৯৪৪

আমার প্রিয়তমা কিটি,

সাধারণত যা করি তার উলটোটা আজ করব, আমি আমাদের খাদ্যবস্তুর পরিস্থিতিটা বিশদে লিখব, কারণ এটা শুধুমাত্র এই গোপন ডেরার সংকট এবং গুরুত্বের বিষয় নয়, গোটা হল্যান্ড, ইউরোপ এমনকি তার বাইরেরও।

যে একুশ মাস আমরা এখানে রয়েছি, আমাদের কয়েকটা 'খাদ্য শৃঙ্খলের' মধ্য দিয়ে যেতে হয়েছে—তার মানে কী তুমি এক্ষুণি বুঝে যাবে। একটা 'খাদ্য শৃঙ্খল' হচ্ছে সেই সময়টা যখন আমরা একটাই মাত্র পদ অথবা সবজি খাই। বেশ কিছুদিন ধরে আমাদের লেটুস পাতা ছাড়া কিছু জোটেনি। বালিসহ লেটুস, বালি ছাড়া লেটুস, লেটুস দিয়ে আলুভাতে এবং লেটুস এবং আলুমাখা। এরপরে পালা করে এল পালং শাক, ওলকপি, ভোজ্য মূল, শসা, টোমাটো, টক বাঁধাকপি ইত্যাদি ইত্যাদি। প্রত্যেক দিন এবেলা ওবেলা টক বাঁধাকপি খাওয়াটা সহজ ব্যাপার নয়, কিন্তু তুমি যদি ভয়ানক ক্ষুধার্ত থাকো, অনেক কিছুই করে ফেলতে পারো। আর এখন তো আমাদের দারুণ সময় চলছে কারণ কোনো তাজা সবজিই পাওয়া যাচ্ছে না।

দুপুর বেলায় আমাদের এক সপ্তাহের খাবারের তালিকা হল, বাদামি বিনস, ভাঙা মুসুর ডালের সুপ, আলু আর ময়দার পিঠে, আলু সেঁকা, ঈশ্বরের কৃপায় শালগমের মাথা অথবা পচা গাজর, তারপর আবার ফিরে আসে বাদামি বিনস। রুটি অমিল হওয়ার কারণে প্রাতরাশ থেকে শুরু করে খেতে বসলেই আমরা আলু খাই। একটু ভেজে নেওয়াও হয়। আমরা সুপ বানাই বরবটির, বাদামি বিনের, আলুর, এছাড়া প্যাকেটের ভেজিটেবিল সুপ, প্যাকেটের চিকেন সুপ এবং প্যাকেটের বিনের সুপও চলে। আর বাদামি বিনস তো সর্বত্র এমনকি রুটিতেও। রাতের খাওয়ার পাতে সব সময় আলু আর ঝোল—আর ঈশ্বরকে ধন্যবাদ আমরা এখনও পাচ্ছি—বিটের স্যালাড। তোমাকে পিঠেগুলোর ব্যাপারে বলা দরকার। ওগুলো আমরা বানাই ইস্ট, জল আর সরকারি ময়দা দিয়ে। সেগুলো এত আঠালো আর শক্ত যে মনে হয় পেটে পাথর পড়ল।

আমাদের সাপ্তাহিক বড়ো আকর্ষণ হল মেটের সসেজ আর মাখন ছাড়া জ্যাম মাখানো রুটি। কিন্তু আমরা এখনও বেঁচে আছি আর বেশির ভাগ সময়েই খেতে ভালোও লাগে!

তোমার, আনে এম ফ্রাঙ্ক

বুধবার, এপ্রিল ৫, ১৯৪৪

আমার প্রিয়তমা কিটি,

বেশ কিছু দিন ধরে আমার মনে হচ্ছে আমি জানি না কেন আমি স্কুলের কাজের জন্য খাটছি। যুদ্ধের শেষ যেন মনে হচ্ছে বহু দূরে, এত অবাস্তব, যেন রূপকথা। সেপ্টেম্বরের মধ্যে যুদ্ধ শেষ না হলে আমি স্কুলে যেতে পারব না। আমি দুবছর পিছিয়ে পড়তে চাই না।

পেটার আমার দিনগুলো ভরে রাখে, শুধুই পেটার আমার স্বপ্নে আমার ভাবনায় শনিবার অবধি, তারপরই আমার খারাপ লাগা শুরু হয়; কী যে বিশ্রী। পেটারের সঙ্গে যখন ছিলাম চোখের জল আটকে রেখেছিলাম। ভ্যান ডানদের সঙ্গে লেবুজল খেতে খেতে হই হই করে হাসি মজা করে মনটা ভালো হল, কিন্তু যে মুহূর্তে একা হলাম আমি জানি আমার কান্না বেরিয়ে আসবে। রাত পোশাক পরা অবস্থাতেই মেঝেতে বসে ঐকান্তিকভাবে আমার প্রার্থনা সেরে নিলাম। তারপর হাঁটু দুটো জড় করে, হাতের ওপর মাথা রেখে কাঁদলাম। একটা জোরালো ফোঁপানি আমাকে বাস্তবে ফিরিয়ে আনল, আমি কান্না সামলালাম, কারণ আমি চাই না পাশের ঘরের কেউ শুনতে পাক। তারপর

নিজেকে নিজের মধ্যে ফিরিয়ে আনার চেষ্টা করলাম বারবার এই কথা বলে, 'আমি পারব, আমি পারব, আমি পারব...।' অস্বাভাবিক ভাবে বসে থাকার দরুণ শরীরটা শক্ত হয়ে বিছানার পাশে পড়ল, তারপর চেষ্টা করতে করতে সাড়ে দশটা নাগাদ বিছানায় উঠলাম। তখন নিজেকে সামলে নিয়েছি!

এখন আমি ও ব্যাপারটা থেকে বেরিয়ে এসেছি। আমি শেষ পর্যন্ত বুঝেছি মূর্খ হয়ে না থাকতে চাইলে আমাকে স্কুলের পড়া করতে হবে, সাংবাদিক হতে হবে কারণ সেটাই আমি চাই। আমি জানি আমি লিখতে পারি। আমার কয়েকটা গল্প ভালো, আমার লেখা গোপন ডেরার বর্ণনা মজাদার, আমার লেখা ডায়েরির বেশির ভাগই স্পষ্ট এবং জীবন্ত, কিন্তু...আমার সত্যিই প্রতিভা আছে কিনা সেটা অবশ্য পরে জানা যাবে।

আমার সব চেয়ে ভালো লাগা রূপকথা হল 'ইভাস ড্রিম'। সবচেয়ে অদ্ভুত ব্যাপার হল কোথা থেকে ভাবানাটা এল সে ব্যাপারে আমার কোনো ধারণা নেই। 'ক্যাডিস লাইফ'-এর অংশ বিশেষত বেশ ভালো, সব মিলিয়ে তেমন কিছু নয়। আমি আমার নিজের লেখার সবচেয়ে ভালো আর সবচেয়ে কঠোর সমালোচক। আমি জানি কোনটা ভালো কোনটা নয়। তুমি যদি নিজে না লেখো তাহলে বুঝতেই পারবে না লেখাটা কী চমৎকার ব্যাপার; আগে আমি সব সময়েই মনমরা হয়ে থাকতাম আমি আঁকতে পারি না বলে, কিন্তু এখন আমি খুব খুশি যে আমি এখন অন্তত লিখতে পারি। আর যদি আমার বই বা খবরের কাগজে নিবন্ধ লেখার মতো প্রতিভা না থাকে আমি সব সময়েই আমার নিজের জন্যই লিখতে পারি। কিন্তু আমি কিছু বেশি সাফল্য অর্জন করতে চাই। মা, মিসেস ভ্যান ডান এবং আর সব মহিলারা যাঁরা কাজ করেন এবং বিস্মৃতির অতলে তলিয়ে যান, তাঁদের মতো করে বাঁচার কথা আমি ভাবতেই পারি না। স্বামী এবং বাচ্চা ছাড়াও আমার জীবনে এমন কিছু থাকা দরকার যেখানে আমি নিজেকে নিবেদন করতে পারি। আমি বেশির ভাগ লোকের মতো অযথা জীবনযাপন করতে চাই না। আমি প্রয়োজনীয় হয়ে উঠতে চাই অথবা সব মানুষকে আনন্দ দিতে চাই, এমনকি যাদের সঙ্গে কখনও দেখা হয়নি, তাদেরও। আমি আমার মৃত্যুর পরেও বেঁচে থাকতে চাই। ঈশ্বরের কাছে আমি কৃতজ্ঞ আমাকে এই উপহার দেবার জন্য, যা দিয়ে আমি নিজেকে গড়ে তুলতে পারি আর আমার ভেতরের সব কিছুকে প্রকাশ করতে পারি।

যখন আমি লিখি তখন আমি সমস্ত দ্বিধা ঝেড়ে ফেলতে পারি। আমার দুঃখ উধাও হয়ে যায়, আমার মনের জোর ফিরে আসে! কিন্তু, এটাই বড়ো প্রশ্ন যে, আমি কি কখনও মহৎ কিছু লিখতে পারব, আমি কি কখনও সাংবাদিক বা লেখক হয়ে উঠতে পারব?

আমার আশা, আমার খুব আশা যে আমি পারব কারণ লেখা আমার সব কিছুকে নথিভুক্ত করতে দেয়, আমার চিন্তা, আদর্শ এবং কল্পনাকে।

'ক্যাডিস লাইফ' নিয়ে অনেকদিন লিখিনি। মনে মনে ভেবে রেখেছিলাম তারপরে কী হবে কিন্তু মনে হচ্ছিল গল্পটা তেমন দাঁড়ায়নি। আমি হয়তো কখনই শেষ করব না, হয়তো বাজে কাগজের ঝুড়িতে কিংবা আগুনেই চলে যাবে। এটা একটা বিশ্রী ভাবনা, কিন্তু তারপর আমি নিজেকে বলি, 'চোদ্দো বছর বয়সে এত কম অভিজ্ঞতা নিয়ে, তুমি দর্শনের কথা লিখতে পারো না।'

কাজেই নতুন করে মনোবল সঞ্চয় করি। সবই ঠিক হয়ে যাবে কারণ আমি দৃঢ় সংকল্প আমি লিখব!

তোমার, আনে এম ফ্রাঙ্ক

বৃহস্পতিবার, এপ্রিল ৬, ১৯৪৪

প্রিয়তমা কিটি,

তুমি আমাকে জিজ্ঞেস করেছ আমার শখ কী আর আগ্রহ কীসে। আমি তার উত্তর দেব কিন্তু আমি তোমাকে বলে রাখি, আমার শখ আর আগ্রহ এত বেশি যে শুনে তুমি অবাক হয়ে যেয়ো না।

সবচেয়ে আগে লেখালেখি, কিন্তু সেটা আমি তো সত্যিই শখ বলে ভাবি না।

দু নম্বর: বংশতালিকা। আমি খবরের কাগজ, বই এবং কোনো পুস্তিকা পেলে ফরাসি, জার্মানি, স্পেনীয়, ইংরেজ, অস্ট্রীয়, রুশ, নরওয়েজীয় এবং ওলন্দাজ রাজবংশের বংশতালিকা খুঁজি। অনেকের ক্ষেত্রেই আমি অনেকটাই এগিয়েছি, কারণ অনেক দিন ধরে জীবনী এবং ইতিহাসের পড়তে পড়তে এ বিষয়টা টুকে রাখছি। এমনকি ইতিহাসের অনেক অনুচ্ছেদ টুকেও রাখি।

আর আমার তৃতীয় শখ হল ইতিহাস, আর আমার বাবা আমাকে অনেক বই কিনে দিয়েছেন। আমি সেই দিনের জন্য অধীর আগ্রহে অপেক্ষা করে আছি যেদিন আমি পাবলিক লাইব্রেরিতে যাব আর আমার দরকারি তথ্য খুঁজে বার করব।

চার নম্বর হল গ্রিস আর রোমের পুরাণ। এ বিষয়েও আমার অনেক বই আছে। আমি নয় জন জিউসকন্যার নাম এবং গ্রিক দেবতাপতি জিউসের সাতজন পত্নীর নাম জানি। আমি জানি হারকিউলিসের পত্নীদের নাম ইত্যাদি ইত্যাদি। সব বলতে পারি।

আমার অন্য সব শখের মধ্যে হল চিত্রতারকা আর পরিবারের লোকেদের ফটো জমানো। বই পড়াও আমার ভীষণ শখের ব্যাপার। আমার খুব ভালো লাগে শিল্পের

২২৬

ইতিহাস পড়তে, বিশেষত লেখক, কবি আর চিত্রশিল্পীদের কথা আগে; সঙ্গীতজ্ঞরা পরে। অ্যালজেব্রা, জ্যামিতি আর পাটিগণিত আমার ভীষণ অপছন্দ। অন্য সব বিষয় আমার পছন্দ, তবে সবচেয়ে বেশি পছন্দ ইতিহাস।

তোমার, আনে

মঙ্গলবার, এপ্রিল ১১, ১৯৪৪

আমার প্রিয়তমা কিটি,

আমার মাথা ঘুরছে, আমি সত্যিই জানি না কোথা থেকে শুরু করব। বৃহস্পতিবার (শেষ যেদিন লিখেছিলাম) সবই ঠিকঠাক ছিল। শুক্রবার (গুড ফ্রাই ডে) বিকেলে আমরা মনোপলি খেলেছিলাম; শনিবার বিকেলেও। দিনগুলো খুব দ্রুত কেটে গেল। শনিবার দুপুর দুটো নাগাদ ভারী রকমের গুলিবর্ষণ শুরু হল—বড়োদের মতে মেশিন গান। এরপরে সব চুপচাপ।

রবিবার বিকেলে সাড়ে চারটে নাগাদ আমার ডাকে পেটার দেখা করতে এল। সোয়া পাঁচটা নাগাদ আমরা চিলেকোঠার সামনের দিকে গেলাম, সেখানে ছটা অবধি ছিলাম। রেডিয়োতে মোৎসার্টের খুব সুন্দর কনসার্ট ছিল ছটা থেকে সোয়া সাতটা অবধি; আমি বিশেষ করে উপভোগ করেছিলাম *ক্লাইনে নাখট্‌মুজিক*। আমি রান্নাঘরের আওয়াজ শুনতে পাইনি কারণ ভালো বাজনা শুনলে আমার প্রাণের ভেতর থেকে সাড়া জাগে। রবিবার সন্ধ্যায় পেটার স্নান করতে পারেনি কারণ টাবটা নোংরা জামাকাপড় ভর্তি অবস্থায় অফিসের রান্নাঘরে ছিল। আমরা দুজনে সামনের চিলেকোঠায় গিয়েছিলাম। আরাম করে বসবার জন্য আমার ঘরের একমাত্র কুশনটা নিয়ে গিয়েছিলাম। আমরা একটা প্যাকিং বাক্সের ওপর বসেছিলাম। বাক্স এবং কুশন দুটোই যথেষ্ট চওড়া না হওয়ায় আমরা দুজনে খুব কাছাকাছি বসেছিলাম দুটো অন্য প্যাকিং বাক্সে হেলান দিয়ে; মুশ্চি আমাদের সঙ্গে ছিল কাজেই আমরা অভিভাবকহীন ছিলাম না। হঠাৎ পৌনে নটা নাগাদ মিস্টার ভ্যান ডান শিস দিয়ে ডেকে জিজ্ঞেস করলেন আমরা মিস্টার ডুসেলের কুশন নিয়েছি কিনা। আমরা লাফ দিয়ে উঠে কুশন, ভ্যান ডান আর বেড়াল সমেত নিচে গেলাম। কুশনটি অনেক গোলমালের কারণ হল। ডুসেল রেগে গিয়েছিলেন কারণ আমি যেটা নিয়ে গিয়েছিলাম সেটি তিনি বালিশ হিসেবে ব্যবহার করেন, আর তিনি ভয় পেয়েছিলেন হয়তো ওর মধ্যে পোকামাকড় ঢুকে গেছে; এই একটি কুশন নিয়ে তিনি বাড়ি মাথায় করলেন। প্রতিশোধ নেবার জন্য

আমি আর পেটার দুটো শক্ত বুরুশ ওর বিছানায় ফেলে রেখেছিলাম কিন্তু সেগুলো আবার সরিয়ে নিতে হয়েছিল যখন ডুসেল অপ্রত্যাশিতভাবে ঘরে এসে বসে থাকার সিদ্ধান্ত নিলেন, এই ছোট্ট ঘটনার জন্য আমরা খুব হেসেছিলাম।

কিন্তু আমাদের হাসি মজা বেশিক্ষণ স্থায়ী হয়নি। রাত সাড়ে নটা নাগাদ পেটার দরজায় আস্তে করে টোকা দিয়ে বাবাকে একটা কঠিন ইংরেজি বাক্যের অর্থ বলে দেবার জন্য ডাকল।

'ব্যাপারটা গোলমেলে', আমি মারগটকে বললাম। 'এটা অবশ্যই একটা অছিলা। যে ভাবে ওরা কথা বলল তাতে মনে হচ্ছে চোর ঢুকেছে!' আমিই ঠিক। ঐ সময়েই গুদামে কেউ জোর করে ঢোকার চেষ্টা করছিল। বাবা, মিস্টার ভ্যান ডান আর আমি রয়ে গেলাম। চারজন ভীত মেয়েকে তো কথা বলতে হয়, আমরা তাই করছিলাম যতক্ষণ নিচে থেকে একটা দড়াম করে আওয়াজ শোনা গেল। তারপর সব চুপচাপ। ঘড়িতে তখন পৌনে দশটা। আমাদের মুখ থেকে রক্ত সরে গেছে, কিন্তু আমরা চুপ করে আছি, যদিও আমরা খুব ভয় পেয়ে গেছি। আমাদের লোকগুলো কোথায়? কিসের আওয়াজ? ওরা কি চোরেদের সঙ্গে লড়াই করছে? আমরা তো ভাবতেই ভয় পাচ্ছি; আমরা যা করতে পারি তা হল, অপেক্ষা।

দশটা বাজে, সিঁড়িতে পায়ের আওয়াজ। বাবা ঘরে ঢুকলেন, নার্ভাস, মুখ ফ্যাকাশে পেছনে মিস্টার ভ্যান ডান। 'আলো বন্ধ, পা টিপে টিপে ওপরে যাও, পুলিশ আসতে পারে!' ভয় পাওয়ার মতো সময়ও ছিল না। আলো সব নিবিয়ে দেওয়া হল, আমি একটা জ্যাকেট নিলাম, ওপর তলায় গিয়ে বসলাম।

'কী হয়েছে? ঝটপট বল!'

আমাদের কথার উত্তর দেবার মতো কেউ ছিল না, পুরুষরা সবাই নিচের তলায় চলে গেছে। ওরা চারজন দশটা দশ পর্যন্ত ফেরেনি। পেটারের খোলা জানালা দিয়ে দুজন লক্ষ রাখছিল। ল্যান্ডিং-এর দরজা বন্ধ, বইয়ের তাক বন্ধ। রাত-পোশাকের ওপর আমরা একটা করে সোয়েটার চড়িয়ে নিলাম। তারপর এসে ওরা বলল কী হয়েছে:

পেটার যখন ল্যান্ডিং-এ ছিল তখন দুটো দুমদুম আওয়াজ শোনে। ও নিচে যায় এবং দেখে গুদামের দরজার বাঁদিকের পাল্লার একটা বড়ো প্যানেল নেই। ও দৌড়ে ওপরে আসে বাড়ির 'হোমগার্ডদের' সতর্ক করলে চারজন নিচে যায়। ওরা যখন গুদামে ঢোকে তখন দেখে চোরেরা তাদের কাজ করছে। একটুও না ভেবে মিস্টার ভ্যান ডান চেঁচিয়ে ওঠেন, 'পুলিশ'। বাইরে দুচারটে দ্রুত পায়ের শব্দ; চোরেরা পালায়। প্যানেলটা আবার দরজায় খাড়া করা হয় যাতে পুলিশ ফাঁকটা দেখতে না পায়, কিন্তু বাইরে থেকে একটা লাথি পড়ল, প্যানেলটা ছিটকে মেঝেয় পড়ল। চোরেদের অস্পর্ধা

২২৮

দেখে তো ওরা অবাক। পেটার আর মিস্টার ভ্যান ডানের তো রেগে মাথা রক্ত উঠে গেছে। মিস্টার ভ্যান ডান একটা কুড়ুল দিয়ে মেঝেয় একটা বাড়ি মারলেন, আবার সব চুপচাপ। আবার প্যানেলটা লাগানো হল কিন্তু সে কাজে বাধা পড়ল। বাইরের থেকে এক দম্পতি ঐ ফাঁক দিয়ে জোরালো টর্চের আলো ফেললেন। তার ফলে ভেতরটা আলোকিত হয়ে গেল। 'এ সব কী হচ্ছে...' পুরুষদের একজন মিনমিন করে বললেন কিন্তু তাঁদের ভূমিকা এখন বদলে গেল। পুলিশের বদলে চোর। তাঁরা চারজনই ওপর তলার দিকে দৌড় দিলেন। ডুসেল আর মিস্টার ভ্যান ডান ডুসেলের বইগুলো তুলে নিলেন, পেটার রান্নাঘর আর খাস কামরার জানলা দরজা খুলে দিল, ফোনটাকে মেঝের ওপর ফেলল, এবং শেষ পর্যন্ত তারা চারজন বইয়ের আলমারির পেছনের অংশে এসে পড়ল।

প্রথম পর্ব সমাপ্ত

খুব সম্ভবত টর্চওয়ালা দম্পতি পুলিশকে জানিয়েছিলেন। ঘটনাটা ঘটেছিল রবিবার রাতে, ইস্টারের রবিবার। পরের দিন ইস্টারের সোমবার। অফিস বন্ধ ছিল, তার মানে মঙ্গলবার সকাল পর্যন্ত আমরা ঘোরাফেরা করতে পারিনি। ভাবো একবার, একটা দিন দুটো রাত আতঙ্কের মধ্যে কাটিয়েছি! কিছু করার নেই, ঘুটঘুটে অন্ধকারের মধ্যে বসে থাকা—ভয় পেয়ে মিসেস ভ্যান ডান আলো নিভিয়ে দিয়েছিলেন। আমরা ফিসফিস করছিলাম আর যখনই ক্যাঁচ করে শব্দ হচ্ছিল, কেউ বলে উঠছিল, 'শ্ শ্ শ্, শ্ শ্ শ্।'

সাড়ে দশটা বাজল, এগারোটা বাজল। কোনো শব্দ নেই। বাবা এবং মিস্টার ভ্যান ডান পালা করে আমাদের কাছে ওপরে আসছেন। তারপর সোয়া এগারোটায় নিচে একটা আওয়াজ হল। ওপরে তখন তুমি শুনতে পাচ্ছ সকলের নিঃশ্বাসের শব্দ। নড়াচড়ার কোনো শব্দ নেই। বাড়ির মধ্যে পায়ের শব্দ, খাস কামরায়, রান্নাঘরে, তারপরে...সিঁড়িতে। শ্বাসপ্রশ্বাসের শব্দও বন্ধ, বুকগুলো ধকধক করছে। সিঁড়িতে পায়ের শব্দ, তারপর বইয়ের আলমারিতে খটখট শব্দ। ঐ মুহূর্তটা অবর্ণনীয়।

'ব্যস আমাদের হয়ে গেল', আমি বললাম আর মনশ্চক্ষে দেখতে পালাম ঐ রাতেই আমাদের পনেরো জনকে গেস্টাপো ধরে নিয়ে যাচ্ছে।

বইয়ের আলমারিতে আরো খটখট শব্দ, দুবার। তারপর শুনলাম একটা টিনের কৌটোর পড়ে যাওয়ার শব্দ তারপর পায়ের শব্দ মিলিয়ে গেল। আমাদের বিপদ কেটে গেল তখনকার মতো। প্রত্যেকের শরীরে যেন কাঁপুনি ধরল, শুনলাম কয়েকজনের দাঁত ঠকঠকানির শব্দ, কারোর মুখে কোনো কথা নেই। আমরা ঐভাবেই থেকে গেলাম সাড়ে এগারোটা পর্যন্ত।

বাড়িটা একেবারে নিস্তব্ধ; কিন্তু ল্যান্ডিং-এ একটা আলো জ্বলছিল, ঠিক বইয়ের আলমারিটার সামনে। পুলিশ ওটা সন্দেহজনক মনে করেছিল সেইজন্য নাকি নেবাতে ভুলে গেছে? কেউ কি ফিরে আসবে, নিবিয়ে দেবে? আস্তে আস্তে আমাদের জিভে সাড় ফিরে আসছে। বাড়ির মধ্যে কোনো লোক নেই, কিন্তু হয়তো কেউ বাইরে পাহারা দিচ্ছে। আমরা তারপর তিনটি জিনিস করলাম: কী ঘটছে অনুমান করার চেষ্টা করলাম, ভয়ে কাঁপতে কাঁপতে পায়খানায় গেলাম। আমাদের বালতিগুলো সব চিলেকোঠায় ছিল বলে আমরা সবাই পেটারের বাজে কাগজ ফেলার টিনটা ব্যবহার করলাম। মিস্টার ভ্যান ডান প্রথমে গেলেন, তারপর বাবা কিন্তু মা বিব্রত হয়ে গেলেন না। বাবা টিনটা পাশের ঘরে এনে রাখলেন, মারগট, মিসেস ভ্যান ডান এবং আমি কৃতজ্ঞ চিত্তে সেটি ব্যবহার করলাম। শেষ পর্যন্ত মা-ও গেলেন। কাগজের খুবই দরকার পড়েছিল, ভাগ্যিস আমার পকেটে কিছু ছিল।

টিনটা থেকে দুর্গন্ধ বেরোচ্ছে, ফিসফিস করে কথা চলছে, আমরা চরম পরিশ্রান্ত। তখন মধ্যরাত্রি।

'মেঝেতে শুয়েই ঘুমিয়ে পড়!' মারগট আর আমাকে একটা করে কম্বল আর বালিশ দেওয়া হল। মারগট খাবারের আলমারির সামনে শুয়ে পড়ল আর আমি টেবিলের দুটো পায়ার মাঝে বিছানা পাতলাম। মেঝেতে শুয়ে গন্ধটা অত লাগছিল না কিন্তু মিসেস ভ্যান ডান নিঃশব্দে গিয়ে কিছু ব্লিচিং পাউডার এনে ছড়িয়ে দিলেন এবং টিনের ওপর একটা তোয়ালে চাপা দিলেন।

কথা, ফিসফাস, ভয়, দুর্গন্ধ, বায়ু নিঃসরণ এবং কেবলই কারোর না কারোর টিনে গিয়ে বসা; তার মধ্যে ঘুমোনোর চেষ্টা! আমি এত ক্লান্ত ছিলাম আড়াইটে নাগাদ অঘোরে ঘুমিয়ে পড়লাম আর সাড়ে তিনটে অবধি একটাও শব্দ শুনিনি। মিসেস ভ্যান ডানের মাথাটা আমার পায়ে লাগতে আমি উঠে পড়লাম।

'দোহাই তোমাদের, আমাকে পরবার মতো কিছু দাও,' আমি বললাম। আমাকে কিছু দেওয়া হল, কিন্তু কী তা জিজ্ঞেস কোর না: আমার পাজামার ওপর উলের স্ল্যাকস, একটা লাল জাম্পার, একটা কালো স্কার্ট এবং শতছিন্ন মোজা।

মিসেস ভ্যান ডান চেয়ারে বসলেন আর মিস্টার ভ্যান ডান আমার পায়ের ওপর মাথা রেখে শুয়ে পড়লেন। সাড়ে তিনটে থেকে আমি আকাশ পাতাল ভাবনায় ডুবে গেলাম আর এত কাঁপছিলাম যে মিস্টার ভ্যান ডান ঘুমোতে পারছিলেন না। আমি পুলিশ ফিরে আসার জন্য নিজেকে তৈরি করছিলাম। আমরা তাদের বলব আমরা লুকিয়েছিলাম; যদি ওরা ভালো মানুষ হয় তাহলে আমরা নিরাপদ, আর ওরা যদি নাৎসি দরদি হয় তাহলে ঘুষ দিতে হবে!

মিসেস ভ্যান ডান কাতর কণ্ঠে বললেন, 'রেডিয়োটা লুকিয়ে ফেলতে হবে!'

'হ্যাঁ, উনুনে ফেলে দাও,' মিস্টার ভ্যান ডান বললেন। 'ওরা যদি আমাদের খুঁজে পায় তাহলে রেডিয়োটাও খুঁজে পাবে!'

বাবা বললেন, 'তাহলে ওরা আনার ডায়েরিটাও খুঁজে পাবে।'

বাড়ির সব চেয়ে ভয় পাওয়া লোকটির পরামর্শ, 'ওটাও পুড়িয়ে ফেলতে হবে।'

এই কথাটা আর পুলিশ যখন বইয়ের আলমারিতে খটখট করছিল, এই দুটোই ছিল আমার সবচেয়ে ভয়ের মুহূর্ত। আমার ডায়েরি কিছুতেই নয়; ডায়েরি চলে গেলে আমিও চলে যাব! ভাগ্য ভালো যে বাবা আর কিছু বললেন না।

এত বেশি কথাবার্তা হয়েছিল যে সে সব আর মনে করে কাজ নেই। আমি মিসেস ভ্যান ডানকে সান্ত্বনা দিলাম, তিনি খুব ভয় পেয়ে গিয়েছিলেন। আমরা পালিয়ে যাওয়া, গেস্টাপোদের জেরা, মিস্টার ক্লাইম্যানকে ফোন, সাহস সঞ্চয় করা, এই সব বলাবলি করলাম।

'আমাদের সৈন্যদের মতো আচরণ করতে হবে, মিসেস ভ্যান ডান। যদি আমাদের সময় এসে গিয়ে থাকে, বেশ, তাহলে তা হোক রানি আর দেশের জন্য, হোক স্বাধীনতা, সত্য আর ন্যায়ের জন্য, যা সব সময়েই রেডিয়োতে বলা হয়ে থাকে। একটাই খারাপ ব্যাপার, আমাদের জন্য অন্য অনেকে বিপদে পড়বে!'

একঘণ্টা পরে মিস্টার ভ্যান ডান তাঁর স্ত্রীর সঙ্গে জায়গা বদল করলেন, এবং বাবা এসে আমার পাশে বসলেন। পুরুষ দুজন একটার পর একটা সিগারেট খাচ্ছিলেন, মাঝে মাঝে দীর্ঘশ্বাস শোনা যাচ্ছিল, কেউ হয়তো আরেকবার টিনে গিয়ে বসছিলেন আর তারপর সবই একই রকম চলছিল।

চারটে, পাঁচটা, সাড়ে পাঁচটা। আমি গিয়ে জানলার কাছে গিয়ে পেটারের পাশে বসে শুনছিলাম, আমরা এত কাছাকাছি ছিলাম যে পরস্পরের শরীরের কেঁপে ওঠা বুঝতে পারছিলাম; আমরা মাঝে মাঝে একটা দুটো কথা বলছিলাম আর খুব মন দিয়ে শুনছিলাম। পাশের ঘরে ওরা ব্ল্যাক আউটের পর্দা টাঙিয়ে দিয়েছে। সকলে মিলে সব কিছুর একটা তালিকা করা হয়েছে যেটা তারা মিস্টার ক্লাইম্যানকে ফোনে বলবে, কারণ তারা সাতটায় তাঁকে ফোন করতে চায় এবং তাঁকে বলবে, কাউকে পাঠাতে। তারা একটা সুযোগ নিতে চাইছিল। দরজার বাইরে বা গুদামের ভেতরে পুলিশ থাকলে সে শুনে ফেলতে পারে সেটা একটা আশঙ্কা, আর তার চেয়েও বড়ো বিপদ হল পুলিশ যদি ফিরে আসে। আমি তালিকাটা এখানে লিখে দিচ্ছি।

চুরি: পুলিশ বাড়িতে ঢুকেছিল, *বইয়ের আলমারি* অবধি এসেছিল, কিন্তু তারপর আর এগোয়নি। চোরেরা ঢুকেছিল গুদামের দরজার প্যানেল ভেঙে, বাগানের দিক দিয়ে পালিয়ে যায়। সদর দরজা বন্ধ ছিল; কুগলার যাবার সময় নিশ্চয়ই *দ্বিতীয়* দরজা ব্যবহার করেছিলেন।

খাস কামরায় টাইপরাইটার আর গণক যন্ত্রটি কালো সিন্দুকে ঠিকঠাক আছে।

মিয়েপ আর বেপের কাচার জন্য জামাকাপড় রান্নাঘরে।

একমাত্র বেপ অথবা কুগলারের কাছে দ্বিতীয় দরজার চাবি আছে; তালাটা হয়তো ভাঙা হয়েছে।

জানকে সতর্ক করতে হবে আর সে চাবি নিয়ে অফিসে যেন ঘুরে যায় আর বেড়ালটাকে খেতে দেয়।

সব পরিকল্পনামাফিক হল। মিস্টার ক্লাইম্যানকে ফোন করা হল। দরজার প্যানেল যে ঠেকনোগুলো দিয়ে রাখা ছিল সেগুলো সরানো হল। তারপর আবার আমরা ওপরে টেবিল ঘিরে বসলাম এবং জান অথবা পুলিশের জন্য অপেক্ষা করতে লাগলাম।

পেটার ঘুমিয়ে পড়েছিল। মিসেস ভ্যান ডান আর আমি দুজনে মেঝেয় শুয়েছিলাম। নিচে জোরালো পায়ের শব্দ শুনে উঠে পড়লাম। 'জান এসেছে!'

'না, না, পুলিশ এসেছে,' বাকিরা বলল।

আমাদের বইয়ের আলমারিতে টোকা পড়ল। মিয়েপ শিস দিলেন। এটাই মিসেস ভ্যান ডানের পক্ষে বেশি হয়ে গিয়েছিল, তিনি চেয়ারে ধপ করে বসে পড়লেন, মুখটা একেবারে সাদা হয়ে গিয়েছিল। এই স্নায়ুচাপটা যদি আর এক মিনিটও বজায় থাকত তাহলে উনি অজ্ঞান হয়ে যেতেন।

জান আর মিয়েপ ভেতরে এলেন আর দারুণ দৃশ্যের মুখোমুখি হলেন। শুধু টেবিলটারই অবস্থা ছবি তুলে রাখার মতো: এক কপি *সিনেমা অ্যান্ড থিয়েটার*, খোলা পাতায় নাচিয়ে মেয়েদের ছবি, তাতে জ্যাম আর পেকটিন লেগে, যা আমরা উদরাময় সারাতে খাই, দুটো জ্যামের জার, একটা আধখানা আরেকটা সিকিখানা রুটি, পেকটিনের শিশি, একটা আয়না, একটা চিরুনি, দেশলাই, ছাই, সিগারেট, তামাক, একটা ছাইদানি, কিছু বই, একজোড়া প্যান্ট, একটা টর্চ, টয়লেট পেপার ইত্যাদি ইত্যাদি।

জান আর মিয়েপকে অবশ্যই চেঁচামেচি আর চোখের জল দিয়ে দিয়ে অভ্যর্থনা জানানো হয়েছিল। নিচের দরজার ফাঁকটায় জান একটা পাইনকাঠের তক্তা পেরেক দিয়ে মেরে মিয়েপকে নিয়ে পুলিসকে চুরির খবর দিতে চলে গিয়েছিল। মিয়েপ গুদামঘরের দরজার তলা থেকে রাতের চৌকিদার স্লিগার্স-এর লেখা একটা চিরকুট পেয়েছিলেন; সে ঐ গর্তটা দেখেছিল এবং পুলিশকে জানিয়েছিল। জান স্লিগার্স-এর সঙ্গে দেখা করবেন বলে ভেবেছিলেন।

নিজেদের এবং ঘরদোর ফিটফাট করার জন্য আধঘণ্টা সময় ছিল। ঐ আধঘণ্টার মধ্যে এইরকম ভোল বদল আমি কখনও দেখিনি। মারগট এবং আমি নিচের তলায় বিছানা গোছালাম, বাথরুমে গেলাম, দাঁত মাজলাম, হাত ধুলাম এবং চুল আঁচড়ালাম। ঘরটা খানিক সাফসুতরো করে আমি ওপরে গেলাম। টেবিলটা ইতিমধ্যেই পরিষ্কার

করা হয়ে গেছে, আমরা জল নিয়ে কফি, চা বানালাম, দুধ ফোটালাম, টেবিলে সাজালাম। বাবা এবং পেটার আমাদের আপাতকালীন পায়খানার টিন ও বালতিগুলো খালি করে গরম জল দিয়ে ধুয়ে ব্লিচিং পাউডার ছড়িয়ে দিল, সবচেয়ে বড়োটা একেবারে কানায় কানায় ভরে ছিল, ফলে এত ভারী হয়ে গিয়েছিল যে ওদের তুলতে বেশ কষ্ট হয়েছিল। আরো বিশ্রী ব্যাপার হল ওটা লিক্ করছিল, সুতরাং ওরা ওটা একটা বালতিতে নিয়েছিল।

এগারোটা নাগাদ জান ফিরে আমাদের সঙ্গে টেবিলে বসল, ততক্ষণে ধীরে ধীরে সবাই স্বাভাবিক হতে শুরু করেছে। জান এই গল্পটা বললেন:

মিস্টার স্লিগার্স তখন ঘুমোচ্ছিলেন, কিন্তু তাঁর স্ত্রী জানকে বলেছেন যে তাঁর স্বামী টহল দেবার সময় দরজার পাল্লায় ঐ ফাঁকটি দেখেন। তিনি একজন পুলিশকে ডাকেন এবং তাঁরা দুজন বাড়িতে তল্লাশির জন্য ঢোকেন। মিস্টার স্লিগার্স রাতের চৌকিদার হিসেবে প্রত্যেক রাতে তাঁর বাইকে করে দুটি কুকুর নিয়ে এলাকা টহল দেন। তাঁর স্ত্রী জানান স্লিগার্স মঙ্গলবারে এসে মিস্টার কুগলারকে সব বলবেন। পুলিশ থানার কেউই এই চুরির ব্যাপারে জানে না, তবে তারা নোট করে নেয় এবং বলে সকালে তারা আসবে।

ফেরার পথে জানের সঙ্গে মিস্টার ভ্যান হোভেনের দেখা হয়, যিনি আমাদের আলু সরবরাহ করেন। জান তাঁকে চুরির কথা বলেন, 'আমি জানি,' মিস্টার ভ্যান হোভেন শান্ত গলায় উত্তর দেন। 'গত রাতে আমি আর আমার স্ত্রী যখন তোমাদের বাড়ির পাশ দিয়ে যাচ্ছিলাম, তখনই আমি দরজায় ঐ ফাঁকটা দেখতে পাই। আমার স্ত্রী চলে যেতে চাইছিলেন, কিন্তু আমি টর্চ জ্বেলে উঁকি দিই, তখনই বোধহয় চোরগুলো পালিয়ে যায়। ঝামেলা যাতে না হয় সেই ভেবে আমি পুলিশে খবর দিইনি। কেন না তোমাদের ব্যাপারে সেটা করা সঠিক কাজ হত না। আমি কিছুই জানি না, তবে কিছু আঁচ করতে পারি।' জান তাঁকে ধন্যবাদ জানিয়ে চলে যান। মিস্টার ভ্যান হোভেন অবশ্য আঁচ করতেন যে আমরা এখানে থাকি, কারণ তিনি সব সময়েই দুপুরের খাওয়ার সময় আলু দিতে আসেন। কী ভালো লোক!

বেলা একটার সময় জান চলে গেলেন, আমরা বাসনপত্র ধুয়ে নিলাম। আমরা আটজনই বিছানায় চলে গেলাম। পৌনে তিনটেয় আমার ঘুম ভাঙল, দেখলাম মিস্টার ডুসেল ইতিমধ্যেই উঠে পড়েছেন। আমার চোখে ঘুম জড়ানো, বাথরুমে যাবার পথে হঠাৎই পেটারের সঙ্গে দেখা, ও তখনই নিচে এসেছিল। কথা হল অফিস ঘরে দেখা করব। আমি একটু ঠিকঠাক হয়ে নিচে গেলাম।

'এই সবের পরে তোমার সামনের চিলেকোঠায় যাবার সাহস হবে?' সে জিজ্ঞেস করল। আমি মাথা নেড়ে সম্মতি জানিয়ে আমার বালিশটার একটা কাপড় জড়িয়ে

বগলদাবা করে দুজনে মিলে ওপরে গেলাম। আবহাওয়া চমৎকার ছিল, এমনকি বিমান হানার সাইরেন বাজতে শুরু করলেও আমরা যেখানে ছিলাম সেখানেই বসে রইলাম। পেটার একটা হাত আমার কাঁধে রাখল, আমিও একটা হাত ওর কাঁধে রাখলাম আর আমরা চুপ করে বসে রইলাম চারটে অবধি যতক্ষণ না মারগট কফি খাওয়ার জন্য আমাদের ডাকতে এল।

আমরা রুটি খেলাম, লেমোনেড খেলাম এবং হাসি ঠাট্টা (যা আমরা শেষ পর্যন্ত আবার করতে পারছি) করলাম, সব কিছুই স্বাভাবিক হয়ে এসেছে। ঐ সন্ধ্যায় আমি পেটারকে ধন্যবাদ দিয়েছিলাম কারণ সেই ছিল আমাদের সকলের চেয়ে সাহসী।

সেই রাতের মতো বিপদে আমরা কেউ কখনও পড়িনি। ঈশ্বর সত্যিই আমাদের রক্ষা করেছেন। ভাবো একবার—পুলিশ বইয়ের আলমারির সামনে, আলো জ্বলছে, আর তারপরেও কেউ আমাদের গোপন ডেরা আবিষ্কার করতে পারল না! 'ব্যাস আমাদের হয়ে গেল!' আমি ফিসফিস করে বলেছিলাম সেই মুহূর্তে, কিন্তু আবার একবার আমরা রক্ষা পেলাম। যখন বহিরাক্রমণ ঘটে, বোমা পড়তে শুরু করে, প্রতিটি মানুষ তার নিজের জন্য ভয় পায়, কিন্তু এবার আমরা যে ভালো নিরপরাধ খ্রিষ্টান মানুষগুলি আমাদের সাহায্য করেছেন, তাদের জন্য ভয় পাচ্ছিলাম।

'আমরা রক্ষা পেয়েছি, আমাদের রক্ষা কোর!' এটুকুই আমরা বলতে পারি।

এই ঘটনাটা অনেক কিছু পরিবর্তন করে দিল। এখন থেকে ডুসেল নিচের অফিস ঘরে নয়, বাথরুমে বসবেন। পেটার সাড়ে আটটা থেকে সাড়ে নটা পর্যন্ত সারা বাড়ি টহল দেবে। পেটার আর জানলা খুলতে পারবে না কারণ কেউ একজন দেখে ফেলেছিল ওটা খোলা আছে। আমরা রাত সাড়ে নটার পর শৌচাগারে ফ্লাশ ব্যবহার করতে পারব না। মিস্টার স্লিগার্সকে রাতের চৌকিদার হিসেবে রাখা হয়েছে আর আজ রাতে আমাদের সাদা ফ্রাঙ্কফুর্টের পালঙ্কের কাঠগুলো দিয়ে নিচে একটা বেড়া বানানোর জন্য একজন ছুতোর মিস্ত্রি আসবে। গোপন ডেরায় অবিরাম বাদানুবাদ চলছে। অসতর্কতার জন্য মিস্টার কুগলার আমাদের বকাবকি করেছেন। জানও বলেছেন আমরা যেন কখনও নিচের তলায় না যাই। আমাদের এখন দেখতে হবে স্লিগার্স বিশ্বস্ত কিনা, দরজার পেছন থেকে কোনো আওয়াজ শুনলে তার কুকুরগুলো চেঁচাবে কিনা, কী ভাবে বেড়াটা তৈরি হবে, এই সব নানা জিনিস।

আমাদের খুব ভালো করে মনে করিয়ে দেওয়া হয়েছে আমরা শৃঙ্খলিত ইহুদি, এক জায়গায় আটক, আমাদের কোনো অধিকার নেই, কিন্তু হাজারটা দায় আছে। আমাদের অনুভূতিকে সরিয়ে রাখতে হবে; আমাদের সাহসী আর শক্তিশালী হতে হবে, অভিযোগ না করে অসুবিধেকে মেনে নিতে হবে, নিজেদের ক্ষমতায় যতটুকু কুলোয় ততটুকু

করতে হবে আর ঈশ্বরে বিশ্বাস রাখতে হবে। একদিন এই ভয়ঙ্কর যুদ্ধ শেষ হবে। একটা সময় আসবে যখন আমরা আবার মানুষ হয়ে উঠব, শুধুমাত্র ইহুদি নয়।

কে এসব আমাদের ওপর চাপিয়ে দিয়েছে? কে আমাদের বাকি সবার থেকে বিচ্ছিন্ন করেছে? কে আমাদের এই দুঃখ কষ্টের মধ্যে ফেলেছে? ঈশ্বরই আমাদের এমনি করে তৈরি করেছেন, কিন্তু আবার ঈশ্বরই আমাদের তুলে ধরবেন। বিশ্বের চোখে আমরা শেষ হয়ে গেছি, কিন্তু যদি এই সব দুঃখ কষ্ট সহ্য করার পর কিছু ইহুদি থেকেও যায় সেই ইহুদিদের উদাহরণ হিসেবে তুলে ধরা হবে। কে জানে হয়তো আমাদের ধর্মই বিশ্ব এবং সব মানুষকে সৎ শিক্ষা দেবে, আর হয়তো সেই কারণেই আমাদের কষ্ট ভোগ করতে হচ্ছে। আমরা কখনই কেবল ওলন্দাজ অথবা কেবল ইংরেজ অথবা অন্য কিছু হতে পারব না, আমরা সব সময় ইহুদিই থাকব। আমরা ইহুদিই থেকে যাব, আর আমরা তো তাই চাই।

সাহসী হও! আমাদের কর্তব্যকে মনে কর এবং কোনো ওজর আপত্তি না করে তা পালন কর। একটা পথ বেরিয়ে আসবে। ঈশ্বর কখনই আমাদের মানুষদের ছেড়ে যাননি। যুগ যুগ ধরে ইহুদিরা দুঃখ কষ্ট ভোগ করেছে, কিন্তু যুগ যুগ ধরেই তারা বেঁচে এসেছে আর শতাব্দীর পর শতাব্দী ব্যাপী দুঃখভোগ তাদের শক্তিশালী করে তুলেছে। দুর্বলের পতন ঘটে এবং শক্তিশালী টিঁকে থাকে এবং পরাজিত হয় না।

সেই রাতে আমার মনে হয়েছিল আমি মরেই যাব। আমি পুলিশের জন্য অপেক্ষা করেছিলাম এবং যুদ্ধক্ষেত্রে একজন সৈনিকের মতো মৃত্যুর জন্য প্রস্তুত ছিলাম। আমি সানন্দে আমার দেশকে আমার প্রাণ দিতে পারি। কিন্তু এখন, এখন আমি মৃত্যুর মুখ থেকে ফিরে এসেছি, যুদ্ধের শেষে আমার প্রথম ইচ্ছে হল ওলন্দাজ নাগরিক হওয়া। ওলন্দাজদের আমি ভালোবাসি, ভালোবাসি এই দেশকে, আমি এই ভাষাকে ভালোবাসি আর আমি এখানেই কাজ করতে চাই। এমনকি আমায় যদি রানিকেও লিখতে হয় লিখব, আমার লক্ষ্যে না পৌঁছনো পর্যন্ত হাল ছাড়ব না!

বাবা-মায়ের ওপর নির্ভরতা আমার দিন দিন কমছে। আমর বয়স কম বলে আমি বেশি সাহসের সঙ্গে জীবনের মুখোমুখি হতে পারি আর মায়ের চেয়ে আমার ন্যায় বিচারের বোধও অনেক বেশি। আমি জানি আমি কী চাই, আমার একটা লক্ষ্য আছে, আমার মতামত, একটা ধর্ম এবং ভালোবাসা আছে। আমি যদি আমি হয়ে উঠতে পারি তাতেই আমি সন্তুষ্ট। আমি জানি আমি একজন মেয়ে, যার ভেতরের শক্তি আছে, যে সাহসী!

যদি আমাকে ঈশ্বর বাঁচিয়ে রাখেন, মা যা করেছেন আমি তার চেয়ে অনেক বেশি

সাফল্য অর্জন করব, আমি আমার কণ্ঠস্বরকে শোনাব, আমি বেরিয়ে পড়ব, বিশ্ব জুড়ে মানবজাতির জন্য কাজ করব।

আমি এখন জানি প্রথমে প্রয়োজন সাহস আর আনন্দ!

তোমার, আনে এম ফ্রাঙ্ক

শুক্রবার, এপ্রিল ১৪, ১৯৪৪

প্রিয় কিটি,

এখানে প্রত্যেকে খুব টান টান হয়ে রয়েছে। পিম প্রায় ফেটে পড়ার মুখে; মিসেস ভ্যান ডান সর্দিজ্বরে বিছানায়, বিড়বিড়িয়ে ক্ষোভ প্রকাশ করছেন; মিস্টার ভ্যান ডান সিগারেটের অভাবে ফ্যাকাশে মেরে গেছেন; ডুসেল, যাঁকে অনেক আরাম বিসর্জন দিতে হয়েছে, তিনি সামান্য কারণে খিটখিট করছেন ইত্যাদি ইত্যাদি। ইদানীং আমাদের কপাল ভালো নয়। শৌচাগারে লিক করছে এবং কলের প্যাঁচ আটকে যাচ্ছে। তবে আমাদের অনেক চেনা জানা আছে, আমরা তাড়াতাড়িই এগুলো সারিয়ে নিতে পারব।

তুমি তো জানো আমি মাঝে মাঝে আবেগপ্রবণ হয়ে পড়ি, তবে কখনও কখনও এমন হবারও কারণ আছে: যখন আমি আর পেটার জঞ্জাল আর ধুলোর মধ্যে একটা শক্ত কাঠের বাক্সের ওপর খুব কাছাকাছি হয়ে বসে থাকি, আমাদের হাত থাকে পরস্পরের কাঁধের ওপর, পেটার আমার চুলের গুচ্ছ নিয়ে খেলা করে; যখন বাইরে পাখিরা গান গায়, যখন গাছে গাছে মুকুল ধরে, যখন রোদ ডাক পাঠায় আর আকাশ হয়ে ওঠে গভীর নীল—তখন কত কী যে ইচ্ছে হয়!

আমার চারপাশে দেখি অসন্তুষ্ট আর রুষ্ট মুখ, যা কিছু শুনি তা হল দীর্ঘশ্বাস আর চাপা নালিশ। তোমার মনে হবে আমাদের জীবন হঠাৎ খুব খারাপের দিকে মোড় নিয়েছে। সত্যি বলতে কী জিনিসগুলো ততটাই খারাপ যতটা তুমি তৈরি করেছ। এই গোপন ডেরায় কেউ একটা ভালো উদাহরণ হয়ে ওঠার চেষ্টাই করে না। আমাদের প্রত্যেকেরই দেখা উচিত কী করে নিজেদের মানসিকতার পরিবর্তন করা যায়!

প্রত্যেকদিন তুমি শুনবে, ‘যদি এসবের শেষ হত!’

কাজ, ভালোবাসা, সাহস আর আশা
আমাকে ভালো করে তুলেছে, আমাকে সব কিছু আয়ত্ত করতে সাহায্য করেছে!

আমার সত্যিই মনে হচ্ছে আমার মাথাটা একটু গুলিয়ে গিয়েছে, তবে কেন তা জানি না। আমার লেখাগুলো এলোমেলো, চলে যাচ্ছি একটা থেকে আরেকটায়, আর কখনও কখনও আমার গভীর সন্দেহ হচ্ছে যে কেউ কি আমার এই আবোল তাবোলে আগ্রহী হবে। তারা সম্ভবত এটাকে বলবে, 'এক হাবাগোবার ভাবনাচিন্তা'। আমার ডায়েরি মিস্টার বোলকেস্টাইন বা মিস্টার গেরব্রান্ডির* অবশ্যই কোনো কাজে লাগবে না।

তোমার, আনে এম ফ্রাঙ্ক

শনিবার, এপ্রিল ১৫, ১৯৪৪

প্রিয় কিটি,

'একটার পর একটা খারাপ ব্যাপার। কখন এর শেষ হবে?' আবার তোমাকে একথা বলতে হবে। কী ঘটেছে অনুমান কর তো? পেটার সামনের দরজার হুড়কো খুলতে ভুলে গিয়েছিল। তার ফলে মিস্টার কুগলার আর গুদামের কর্মীরা ঢুকতে পারেনি। তিনি কেগ কোম্পানির দিকে গিয়ে আমাদের অফিসের রান্নাঘরের জানলা ভেঙে ঢুকেছেন। গোপন ডেরার জানলাগুলো খোলা ছিল, ওদিককার লোকজন সেটা দেখেছে। ওরা কী ভাবছে? আর ভ্যান মারেন? মিস্টার কুগলার রেগে আগুন। দরজাগুলো আরো শক্তপোক্ত করার জন্য কোনো উদ্যোগ না নেবার জন্য ওঁকে আমরা দোষ দিই আর এদিকে আমরা এই রকম নির্বুদ্ধিতা করে ফেললাম! পেটার ভয়ানক ভেঙে পড়েছে। টেবিলে বসে যেই মা বললেন আর কারো চেয়ে পেটারের জন্যই তাঁর বেশি কষ্ট হয়, আর ও শুনেই কাঁদতে শুরু করল। আমরাও সমান দোষী, যেহেতু মিস্টার ভ্যান ডানের মতো আমরাও সাধারণত রোজ জিজ্ঞেস করি ও দরজা খুলেছে কিনা, আজ কেউ জিজ্ঞেস করেনি। হয়তো আমি ওকে পরে সান্ত্বনা দেব। আমি তো ওকে সাহায্য করতেই চাই!

এখানে রইল গোপন ডেরার গত কয়েক সপ্তাহের জীবনযাপন নিয়ে তাজা সংবাদ বুলেটিন: এক সপ্তাহ আগের শনিবার, বশে হঠাৎ অসুস্থ হয়ে পড়েছিল। ও স্থির হয়ে বসেছিল আর মুখ দিয়ে ক্রমাগত লালা ঝরে পড়ছিল। মিয়েপ তক্ষুণি ওকে তুলে একটা তোয়ালে মুড়িয়ে তার বাজারের ব্যাগে নিয়ে কুকুর বেড়ালের

---

* গেরিট বোলকেস্টাইন ছিলেন লন্ডনে নির্বাসিত ডাচ সরকারের শিক্ষামন্ত্রী এবং পিটার গেরব্রান্ডি ছিলেন ঐ সরকারের প্রধানমন্ত্রী। ২৯ মার্চ, ১৯৪৪-এর চিঠি দ্রষ্টব্য।

চিকিৎসাকেন্দ্রে নিয়ে গেলেন। বশের এক ধরনের আন্ত্রিকের অসুখ হয়েছিল, ডাক্তার ওকে ওষুধ দিলেন। পেটার কয়েকবার তাকে দিয়েছিল, কিন্তু বশে গাঢাকা দিতে লাগল। আমি বাজি ধরতে পারি ও প্রেমিকার সঙ্গে প্রেম করতে বেরোচ্ছিল। কিন্তু এখন ওর নাকটা ফুলে আছে, যখনই ওকে ধরা হচ্ছে মিউ মিউ করে উঠছে—ও সম্ভবত খাবার চুরি করার চেষ্টা করছিল তখন কেউ ওকে মেরেছে। মুশ্চির কয়েক দিন ধরে গলায় আওয়াজ নেই। ঠিক যখন আমরা ঠিক করলাম ওকেও ডাক্তারের কাছে নিয়ে যাওয়া হবে, ও ঠিক হয়ে গেল।

আমরা এখন চিলেকোঠার জানলা প্রতি রাতে একটু ফাঁক করে রাখি। পেটার আর আমি প্রায় সন্ধ্যাতেই ওখানে বসি।

রাবার সিমেন্ট আর তেল রংকে ধন্যবাদ, আমাদের শৌচাগার খুব তাড়াতাড়িই মেরামত হয়ে যাবে। ভাঙা কল বদলানো হয়েছে।

সৌভাগ্যক্রমে, মিস্টার ক্লাইমান এখন ভালো বোধ করছেন। তিনি খুব শিগগিরই একজন বিশেষজ্ঞকে দেখাবেন। আমরা আশা করছি ওঁকে অপারেশন করতে হবে না।

এ মাসে আমরা আটটা র‍্যাশন বই পেয়েছি। দুর্ভাগ্যবশত, পরের দুসপ্তাহ যবের গুঁড়ো বা ছাড়ানো যবের দানার বদলে বিনস দেওয়া হবে। আমাদের সাম্প্রতিক সুখাদ্য হল পিকালিল্লি (সর্ষে ভিনিগার দেওয়া সবজির আচার)। যদি তোমার ভাগ্য ভালো থাকে তাহলে তুমি পেতে পার এক বোয়েম ভর্তি শসা আর সর্ষের সস।

সবজি বলতে গেলে আসছেই না। শুধু লেটুস, লেটুস এবং আরো লেটুস। আমাদের খাবার বলতে আলু আর ঝোল।

রুশরা ক্রিমিয়ার অর্ধেকেরও বেশি দখল করে ফেলেছে। ব্রিটিশরা ক্যাসিনোর পরে আর এগোতে পারেনি। আমাদের ওয়েস্টার্ন ওয়ালকেও হিসেবে রাখতে হবে। সেখানে অবিশ্বাস্য রকমের প্রবল বিমান হানা চলছে। হেগ-এও বোমা ফেলা হয়েছে। সব ওলন্দাজদেরই নতুন র‍্যাশন রেজিস্ট্রেশন কার্ড দেওয়া হবে।

আজকের মতো যথেষ্ট।

তোমার, আনে এম ফ্রাঙ্ক

রবিবার, এপ্রিল ১৬, ১৯৪৪

আমার প্রিয়তমা কিটি,

গতকালের তারিখটা মনে রেখো, ওটা আমার জন্য স্মরণীয় দিন। প্রত্যেক মেয়ের কাছেই কি সেই দিনটা খুব গুরুত্বপূর্ণ হয়ে দাঁড়ায় না যেদিন সে প্রথম চুম্বনটি পায়?

তাহলে আমার কাছে এই দিনটার সেই রকমই গুরুত্ব। ব্রাম আমার ডান গালে চুমু খেয়েছিল অথবা মিস্টার উডসট্রা আমার ডান হাতে—সেগুলো হিসেবের মধ্যেই আসে না। কীভাবে হঠাৎ এই চুমু খাওয়ার ব্যাপারটা ঘটল? আমি তোমাকে বলব।

গত রাতে আটটার সময় আমি পেটারের সঙ্গে তার ডিভানে বসে ছিলাম আর কিছুটা পরেই ও আমাকে হাত দিয়ে জড়িয়ে ধরল। (শনিবার বলে ও ওভারঅল পরে ছিল না।) আমি বললাম, 'একটু সরে বসি, তাহলে আলমারিতে আমার মাথাটা ঠুকে যাবে না।'

ও এতটা সরে গেল, প্রায় কোণের দিকে। আমার হাত ওর হাতের তলা দিয়ে বাড়িয়ে পিঠটা জড়িয়ে ধরল। আমরা অন্য সময়েও এভাবে বসেছি, কিন্তু গতরাতের মতো এতটা কাছাকাছি নয়। ও আমাকে খুব শক্ত করে ধরে ছিল। আমার বাঁ দিকটা ছিল ওর বুকের ওপর; আমার হৃদস্পন্দন দ্রুততর হয়ে উঠেছিল, কিন্তু আরো কিছু বাকি ছিল। যতক্ষণ না আমার মাথা ওর কাঁধে না রাখলাম ততক্ষণ ও সন্তুষ্ট হল না, ওর মাথা রইল আমার ওপরে। আমি পাঁচ মিনিট পরে সোজা হয়ে বসতে ও আমার মাথাটা হাতে ধরে ওর মাথায় ঠেকালো। ওহ্, ভীষণ ভালো লাগছিল। আমি কথা বলতে পারছিলাম না, আমার তীব্র আনন্দ হচ্ছিল; ও এলোমেলো ভাবে আমার গালে হাতে হাত বোলাচ্ছিল আর আমার চুল নিয়ে খেলা করছিল। বেশির ভাগ সময়টাই আমরা মাথায় মাথা ঠেকিয়েছিলাম।

আমি তোমাকে বলতে পারব না কিটি কী আশ্চর্য অনুভূতি আমাকে ভাসিয়ে নিয়ে যাচ্ছিল। আনন্দে আমার কথা সরছিল না, ওরও তাই।

সাড়ে নটায় আমরা উঠে পড়লাম। পেটার ওর টেনিস খেলার জুতোটা পরে নিল যাতে রাতের টহলের সময় বেশি শব্দ না হয়। আমি ওর পাশে দাঁড়িয়ে ছিলাম। নিচে নামার আগে কীভাবে আমি জানি না হঠাৎ ঘটে গেল, ও আমাকে চুমু খেল। আমার চুলের মধ্যে মুখ ডুবিয়ে, অর্ধেক বাঁ গালে, অর্ধেক কানে। আমি নিজেকে ছাড়িয়ে নিয়ে একবারও পিছনে না তাকিয়ে নিচে চলে গেলাম আর আজ সারাদিন আমি আকুল হয়ে আছি।

রবিবার সকাল, এগারোটার ঠিক আগে।

তোমার, আনে এম ফ্রাঙ্ক

সোমবার, এপ্রিল ১৭, ১৯৪৪

প্রিয়তমা কিটি,

তোমার কি মনে হয় আমার বয়সি একটি মেয়ে ডিভানে বসে একটি সাড়ে সতেরো বছরের ছেলেকে চুমু খাচ্ছে এমন ঘটনা কোনো বাবা-মা মেনে নেবে? আমার সন্দেহ যে মেনে নেবে না, কিন্তু এক্ষেত্রে আমার নিজের বিবেচনার ওপরই নির্ভর করতে হবে। ওর হাতের ঘেরে বসে থাকায় আর স্বপ্ন দেখায় কী যে শান্তি, ওর গালের সঙ্গে আমার গাল ঠেকে থাকায় কী যে রোমাঞ্চ আর আমার জন্য কেউ অপেক্ষা করে আছে এটা জানায় যে কী আনন্দ তা বলে বোঝানো যাবে না। কিন্তু, এখানে একটা কিন্তু আছে, পেটার কি এখানেই থেমে যাবে? আমি ওর প্রতিশ্রুতির কথা ভুলিনি, কিন্তু...ও তো ছেলে!

আমি জানি আমি অনেক আগে শুরু করেছি। এখনও পনেরো নয় আর ইতিমধ্যেই এতটা স্বাধীনতা নেওয়া—অন্যদের পক্ষে মেনে নেওয়া কঠিন। আমি এটা নিশ্চিত জানি যে বাগদান বা বিয়ের কোনো কথা না হয়ে থাকলে মারগট কখনও কোনো ছেলেকে চুমু খাবে না। অবশ্য আমি বা পেটার এমন কিছু ভাবিনি। বাবার আগে মা কোনো পুরুষকে যে স্পর্শ করেনি এটাও নিশ্চিত। আমি পেটারের বুকে বুক ঠেকিয়ে, ওর কাঁধে মাথা রেখে আর মাথায় মাথায় ঠেকিয়ে শুয়ে থেকেছি এটা আমার বান্ধবীরা অথবা জাক শুনলে কী বলবে!

ওহ্, আনে, কী বিশ্রী ব্যাপার! কিন্তু সত্যিই আমি মনে করি না এটা বিশ্রী ব্যাপার; আমরা এখানে বন্ধ হয়ে আছি, জগৎ থেকে বিচ্ছিন্ন, বিশেষত ইদানীং উদ্বিগ্ন, আতঙ্কিত, তখন আমরা কেন আলাদা থাকব যখন আমরা পরস্পরকে ভালোবাসি। এইরকম একটা সময়ে কেন আমরা পরস্পরকে চুম্বন করব না? একটা বয়স হওয়া পর্যন্ত কেন আমরা অপেক্ষা করব? কেন আমরা কারোর অনুমতি নেব?

আমার নিজের স্বার্থ দেখভাল করার ভার আমি নিজেই নিয়েছি। ও কখনোই আমাকে আঘাত বা দুঃখ দেবে না। আমার হৃদয় আমাকে বলছে আমরা দুজনেই সুখী হব—কেন তা আমি করব না?

যদিও আমার একটা চিন্তা আছে, কিটি, তুমি আমার দ্বিধাটা বুঝতে পারো। লুকিয়ে চুরিয়ে কিছু করতে গেলে আমার ভেতরের সততা বিদ্রোহ করে। তোমার কি মনে হয় না যে আমি কী করছি সেটা বাবাকে বলা আমার কর্তব্য? তুমি কি মনে কর আমাদের এই গোপন ব্যাপারটা তৃতীয় কাউকে বলা উচিত? মধুরতা হয়তো অনেকটাই নষ্ট হয়ে যাবে, কিন্তু ভেতর থেকে কি আমি অনেকটা স্বস্তি বোধ করব না? আমি ওর সঙ্গে এ নিয়ে কথা বলব।

হ্যাঁ, ওর সঙ্গে আমার অনেক কিছু নিয়ে আলোচনা করতে হবে, কারণ আমার মনে হয় শুধুমাত্র আদর সোহাগ করে সময় নষ্ট করে লাভ নেই। নিজেদের ভাবনা চিন্তার আদান প্রদান করার জন্য আস্থার প্রয়োজন, আমরা দুজনেই তা থেকে শক্তিশালী হয়ে উঠব।

তোমার, আনে এম ফ্রাঙ্ক

পুনশ্চ: গতকাল সকাল ছটায় আমরা ওপরেই ছিলাম। পুরো পরিবারই নিচে একটা আওয়াজ শুনতে পেয়েছিল। এবারে নিশ্চয়ই এটা কোনো প্রতিবেশীর কাজ। সাতটার সময় আমরা যখন দেখতে গেলাম তখন দরজাগুলো তো ভালো ভাবেই বন্ধ ছিল।

মঙ্গলবার, এপ্রিল ১৮, ১৯৪৪

প্রিয়তমা কিটি,

এখানে সব ঠিকই আছে। গতরাতে আবার ছুতোর মিস্ত্রি এসে দরজার প্যানেলের ওপর কয়েকটা লোহার পাত আটকে দিয়ে গেছে। বাবা এই মাত্র বললেন তাঁর স্থির বিশ্বাস মে-র বিশ তারিখের আগেই রাশিয়া, ইতালি এবং সেই সঙ্গে পশ্চিমেও বড়ো ধরনের যুদ্ধ শুরু হয়ে যাবে। যুদ্ধ যত লম্বা হবে, আমাদের এখান থেকে মুক্তির কল্পনা করাটাও কঠিন হয়ে দাঁড়াবে।

গত দশ দিন ধরে পেটারের সঙ্গে যে সব কথা বলব করেও বলা হয়নি সে সবগুলো গতকাল আলোচনা হল। আমি ওকে মেয়েদের ব্যাপারগুলো খুলে বললাম, এমনকি খুব অন্তরঙ্গ বিষয়গুলিও বলতে দ্বিধা করিনি। আমার খুব মজা লেগেছিল শুনে যে ও ভেবেছিল মেয়েদের শরীরের ফুটো এমনিই আছে। ওর কোনো ধারণাই ছিল না যে ওটা আসলে মেয়েদের দুপায়ের মধ্যে রয়েছে। পরস্পরকে চুমু খেয়ে সন্ধেটা শেষ হল। আমার ঠোঁটের পাশেই ওর ঠোঁট, সে এক চমৎকার অনুভূতি!

আমি আমার 'প্রিয় উদ্ধৃতির নোটবইটা' কখনও পেটারের কাছে নিয়ে যেতে পারি আর বিষয়গুলির আরো গভীরে যেতে পারি। আমার মনে হয় না দিনের পর দিন পরস্পরকে জড়িয়ে শুয়ে থাকাটা খুব দারুণ একটা কাজ আর আমার মনে হয় সেও তেমনই মনে করে।

শীতের পর আমাদের এখানে এখন রমণীয় বসন্ত। এপ্রিল মাসটা চমৎকার, না ঠান্ডা না গরম। আর মাঝে মাঝে হালকা বৃষ্টি। আমাদের চেস্টনাট গাছটায় পাতা গজিয়েছে, এখানে ওখানে কিছু মুকুলও দেখা যাচ্ছে।

বেপ শনিবার এসে চার গুচ্ছ ফুল উপহার দিয়ে গেলেন: তিনটে ড্যাফোডিলের, আর আমার জন্য একটা গ্রেপ হায়াসিন্থের। মিস্টার কুগলার ইদানীং গাদা গাদা খবরের কাগজ দিয়ে যাচ্ছেন।

কিটি, এখন অ্যালজেব্রা করার সময়, বিদায়।

তোমার, আনে এম ফ্রাঙ্ক

বুধবার, এপ্রিল ১৯, ১৯৪৪

ডিয়ারেস্ট ডার্লিং,

(এটা ডোরিট ক্রিসলার, ইডা হ্যুস্ট আর হ্যারল্ড পলসেন অভিনীত একটা সিনেমার নাম!)

একটা খোলা জানলার সামনে বসে প্রকৃতি উপভোগ করা, পাখির গান শোনা, তোমার দু'গালে রোদ এসে পড়া আর প্রিয়তমকে তোমার বাহুতে বেঁধে রাখা—এর চেয়ে ভালো আর কী হতে পারে? ওর হাতের ঘেরে আমি খুব শান্তিতে আর নিরাপদে থাকি, ও আমার কাছে আছে জেনেও আমার মুখে কথা ফোটে না, এটা যখন আমার এত ভালো লাগে তখন তা কী করে খারাপ হতে পারে? যেন কেউ এসে আবার বিরক্ত না করে, এমনকি মুশ্চিও নয়।

তোমার, আনে এম ফ্রাঙ্ক

শুক্রবার, এপ্রিল ২১, ১৯৪৪

আমার প্রিয়তমা কিটি,

গতকাল আমি গলা ব্যথা নিয়ে বিছানায় শুয়েছিলাম, এক বেলাতেই আমি এত বিরক্ত হয়েছিলাম আর জ্বর ছিল না বলে, আমি আজ উঠে পড়েছি। আমার গলাব্যথা প্রায় 'ফ্যেরশ্যুন্ডেন'*।

তুমি সম্ভবত জেনেছ যে গতকাল আমাদের ফ্যুরারের পঞ্চান্নতম জন্মদিন ছিল। আজ ইয়র্কের মহামান্য রাজকুমারী এলিজাবেথের আঠারোতম জন্মদিন। বিবিসি বলেছে এখনও তার বয়সের খবর ঘোষণা করা হয়নি, রাজপুত্র রাজকন্যাদের ক্ষেত্রে

---

* উধাও।

যা সাধারণত করা হয়। আমরা বলাবলি করছিলাম কোন রাজকুমারের সঙ্গে তারা এই সুন্দরীর বিয়ে দেবে, যোগ্য কারোর কথা ভাবতেই পারছি না; হয়তো তার বোন রাজকুমারী মার্গারেট রোজ বেলজিয়ামের যুবরাজ বুদুইনকে বিয়ে করবে!

এখানে আমরা এক ঝামেলা থেকে আরেক ঝামেলার মুখোমুখি। বাইরের দরজাগুলো মজবুত করতে না করতে ভ্যান মারেন এসে আবার মাথা গলিয়েছে। যতদূর মনে হয় ওই আলুর গুঁড়ো চুরি করেছিল, আর এখন সে বেপ-এর ঘাড়ে দোষ দিতে চাইছে। স্বাভাবিকভাবেই গোপন ডেরায় শোরগোল পড়বেই। বেপ তো রাগে ফুঁসছে। মিস্টার কুগলার হয়তো শেষ পর্যন্ত এই গোলমেলে চরিত্রটিকে ছেঁটে ফেলবেন।

আজ সকালে বেঠোফেনস্ট্রাটের নিলামদার এখানে এসেছিল। সে আমাদের সিন্দুকের জন্য ৪০০ গিল্ডার দাম বলেছে; আমাদের মতে, অন্য সব দরগুলোও যথেষ্ট কমই।

আমি দ্য প্রিন্স পত্রিকাকে জিজ্ঞেস করতে চাই ওরা আমরা একটা রূপকথা নেবে কিনা, অবশ্যই ছদ্মনামে। কিন্তু এখনও পর্যন্ত আমার রূপকথাগুলো এত বড়ো যে আমার মনে হয় না আমি কোনো সুযোগ পাব।

আবার দেখা হবে, প্রিয়তমা।

তোমার, আনে এম ফ্রাঙ্ক

মঙ্গলবার, এপ্রিল ২৫, ১৯৪৪

প্রিয়তমা কিটি,

গত দশ দিন ধরে ডুসেলের সঙ্গে মিস্টার ভ্যান ডানের কথাবার্তা নেই। তার কারণ চুরির পরে নেওয়া নতুন নিরাপত্তামূলক ব্যবস্থা। তার মধ্যে একটা হল রাত্রি বেলায় তিনি আর নিচের তলায় যেতে পারবেন না। পেটার আর মিস্টার ভ্যান ডান প্রত্যেক রাতে সাড়ে নটার সময় শেষ টহল দিয়ে আসে, আর তারপর আর কেউ নিচে যেতে পারবে না। রাত আটটার পরে অথবা সকাল আটটার পরে আমরা শৌচাগারে ফ্ল্যাশ ব্যবহার করতে পারব না। জানলা খোলা যেতে শুধুমাত্র সকালেই, যখন মিস্টার কুগলারের অফিসে আলো জ্বালা থাকবে আর জানলাগুলো কখনই লাঠির ঠেকনো দিয়ে ফাঁক করা থাকবে না। এই শেষোক্ত ব্যাপারটিই ডুসেলের গোসার কারণ। তিনি দাবি করছেন যে মিস্টার ভ্যান ডান তাকে ধমক দিয়েছেন কিন্তু তিনি তো নিজেই দোষী। তিনি বললেন তিনি খাবার ছাড়াও বাঁচতে পারবেন কিন্তু

বাতাস ছাড়া পারবেন না, আর সেজন্যেই জানলা খোলা রাখার একটা উপায় বার করা হয়েছে।

তিনি আমাকে বললেন, 'আমাকে এ ব্যাপারে মিস্টার কুগলারের সঙ্গে কথা বলতে হবে।'

আমি বলেছিলাম যে আমরা কখনও এই ধরনের বিষয় নিয়ে মিস্টার কুগলারের সঙ্গে আলোচনা করি না, নিজেদের মধ্যেই করি।

'সব কিছুই সব সময় আমার আড়ালে হয়। আমাকে তোমার বাবার সঙ্গে এ ব্যাপারে কথা বলতে হবে।'

শনিবার বিকেলে বা রবিবারগুলোতেও ওঁর মিস্টার কুগলারের অফিসে বসার ব্যাপারে নিষেধাজ্ঞা আছে কারণ পাশের লাগোয়া ঘরে কেগ কোম্পানির ম্যানেজার যদি থাকে তো ওঁর গলা শুনে ফেলবে। তাও ডুসেল একদিন চট করে নিচে গিয়ে সেখানে বসেছিলেন। মিস্টার ভ্যান ডান রেগে আগুন, বাবা নিচে গেলেন ডুসেলের সঙ্গে কথা বলতে। তিনি উঠে এলেন কিছু ঠুনকো অজুহাত দিয়ে, বাবা অবশ্য তাতে ভোলেননি। বাবা এখন ডুসেলের সঙ্গে কথা বলেনই না কারণ ডুসেল তাঁকে অপমান করেছিলেন। তিনি কী বলেছিলেন আমরা কেউ জানি না, তবে সেটা খুব খারাপ কিছুই হবে।

চিন্তার বিষয় যে এই দুর্বিষহ লোকটির জন্মদিন পরের সপ্তাহে। তুমি গোমড়া মুখে থাকলে কী করে তোমার জন্মদিন উদ্‌যাপন করা হবে, যাদের সঙ্গে তুমি কথাই বল না তাদের কাছ থেকে উপহার কেমন করে নেবে?

মিস্টার ভোসকুইজ্‌ল-এর অবস্থা দ্রুত খারাপ হচ্ছে। দশ দিনেরও বেশি ওঁর জ্বর রয়েছে একশো চারেরও বেশি। ডাক্তাররা বলেছেন আশা প্রায় নেই; ওঁরা মনে করেন ক্যান্সার ফুসফুসে ছড়িয়ে পড়েছে। বেচারা, আমরা তো ওঁকে সাহায্য করতে চাই, কিন্তু এখন শুধুমাত্র ঈশ্বরই ওঁকে সাহায্য করতে পারেন!

আমি একটা মজার গল্প লিখেছি 'পর্যটক ব্লারি', আমার তিনজন শ্রোতার কাছে সেটি খুব সমাদর পেয়েছে।

আমার বিশ্রী সর্দি হয়েছে, আমার থেকে মারগটের, সেই সঙ্গে বাবা মায়েরও ছোঁয়াচ লেগেছে। পেটারের যেন না হয়। ও চুমুর জন্য জোরাজুরি করছিল আর আমাকে তার এল ডোরাডো বলে ডাকছিল। তুমি কোনো মানুষকে ঐ নামে ডাকতে পারো না, দুষ্টু ছেলে! যাই হোক ও খুব মিষ্টি!

তোমার, আনে এম ফ্রাঙ্ক

বৃহস্পতিবার, এপ্রিল ২৭, ১৯৪৪

প্রিয়তমা কিটি,

আজ সকালে মিসেস ভ্যান ডান খুব খারাপ মেজাজে ছিলেন। নালিশ করেই যাচ্ছিলেন। প্রথমত তাঁর সর্দি, চোষবার ট্যাবলেট না পাওয়া এবং সব সময় নাক ঝেড়ে বিরক্ত হওয়া। তারপর তিনি গজগজ করছিলেন রোদ উঠছে না, বহিরাক্রমণ শুরু হয়নি, আমাদের জানলা দিয়ে উঁকি মারার জো নেই ইত্যাদি ইত্যাদি। আমরা তো না হেসে পারছিলাম না, তাতে খুব একটা খারাপ হয়নি কারণ উনিও হেসে ফেলেছিলেন।

আমাদের রন্ধন প্রণালীতে পোটাটো কুগেল, পেঁয়াজের অভাবে পরিবর্তিত:

> খোসা ছাড়ানো আলু সরু করে গ্রেট করে ফেল, তাতে অল্প শুকনো সরকারি ময়দা ও নুন দাও। একটা ছাঁচ বা ওভেনপ্রুফ ডিশে তরল মোম অথবা স্টিয়ারিন (ফ্যাটি অ্যাসিডের মিশ্রণ) মাখিয়ে নাও, তাতে আলুর মন্ড আড়াই ঘণ্টা বেক কর। পচা স্ট্রবেরির মোরব্বা দিয়ে পরিবেশন কর (পেঁয়াজ মিলছে না। ছাঁচ ও আলুটা মাখার জন্য তেলও অমিল!)

এই মুহূর্তে আমি গ্যোটিঙ্গেন বিশ্ববিদ্যালয়ের এক অধ্যাপকের লেখা *এমপেরার চার্লস V* পড়ছি; তিনি এই বইটি লিখতে চল্লিশ বছর ব্যয় করেছেন। পঞ্চাশ পাতা পড়তে আমার পাঁচ দিন লেগেছে। আমি তার বেশি পারিনি। বইটা ৫৯৮ পাতার। ভাবো শেষ করতে কতদিন লাগবে। তাও তো দ্বিতীয় খণ্ড ধরিনি। কিন্তু...খুবই আগ্রহ হচ্ছে!

একদিনে একটি স্কুলের মেয়েকে কী করতে হয়! আমাকেই উদাহরণ হিসেবে ধর। প্রথমত, নেলসনের শেষ লড়াই থেকে একটা অনুচ্ছেদ আমি ডাচ থেকে ইংরেজিতে অনুবাদ করলাম। তারপরে উত্তরের যুদ্ধ (১৭০০ - ২১), সেখানে যুক্ত ছিল পেটার দ্য গ্রেট, দ্বাদশ চার্লস, অগাস্টাস দ্য স্ট্রং, স্টানিসলাউস লেকজিনস্কি, মাৎসেপা, ফন গ্যোৎস, ব্রান্ডেনবুর্গ, পূর্ব পমেরানিয়া এবং ডেনমার্ক, এছাড়া যার যা তারিখ সে সব পড়েছি। তারপরে ব্রাজিলে এসে পড়েছি, যেখানে আমি পড়লাম বাহিয়া তামাক, কফির প্রাচুর্য, রিও ডি জেনেইরোর পনেরো লক্ষ অধিবাসীর কথা, পেরনামবুকো এবং সাও পাওলো সেই সঙ্গে আমাজন নদীর বৃত্তান্ত। তারপরে নিগ্রো, মুলাটো, মেস্টিজো, শ্বেতাঙ্গ, নিরক্ষরতার হার ৫০ শতাংশের বেশি—এবং ম্যালেরিয়া বিষয়ে। কিছু সময় বাকি ছিল বলে আমি একটা বংশলতিকায় চোখ বুলিয়েছিলাম: জন দ্য ওল্ড, উইলিয়াম

লুইস, আর্পেস্ট কাসিমির I, হেনরি কাশিমির I থেকে লিটিল মারগ্রিয়েট ফ্রান্সিসকা (ওটাওয়াতে ১৯৪৩ সালে জন্ম) পর্যন্ত।

বেলা বারোটায় চিলেকোঠায় পড়া শুরু করে দিলাম। পড়লাম ডিন, প্রিস্টস, মিনিস্টার, পোপ এবং...একটা বেজে গেল!

বেলা দুটোয় বেচারা মেয়েটি আবার পড়তে বসল। বিষয়: আমাদের জগৎ এবং নতুন জগতের বাঁদরকুল। কিটি তাড়াতাড়ি বল তো জলহস্তীর পায়ে কটা করে আঙুল আছে?

এরপরে এসেছিল বাইবেল, নোয়ার নৌকা, শেম, হাম আর জাফেৎ। এরপর পঞ্চম চার্লস। তারপরে পেটারের সঙ্গে ইংরেজিতে কর্নেলের ওপর থ্যাকারের বই। ফরাসি ভাষাজ্ঞানের পরীক্ষা, এবং তারপর মিসিসিপির সঙ্গে মিসৌরির তুলনা!

আজকের পক্ষে যথেষ্ট। আসি।

তোমার, আনে এম ফ্রাঙ্ক

শুক্রবার, এপ্রিল ২৮, ১৯৪৪

প্রিয়তমা কিটি,

পেটার শিফকে নিয়ে আমার স্বপ্ন (জানুয়ারির গোড়ায় দেখ) আমি কখনও ভুলিনি। এমনকি এখনও আমার গালে তার গালের স্পর্শ পাই, সেই অসামান্য দ্যুতি সব কিছুকে ভরিয়ে দিয়েছিল। পেটারের সঙ্গেও কখনও কখনও সেই একই অনুভূতি হয়, কিন্তু অত গভীর ভাবে নয়...কাল রাতের আগে পর্যন্ত। আমরা ডিভানে বসে ছিলাম, রোজকার মতো পরস্পরকে জড়িয়ে। হঠাৎ প্রতিদিনের আনে সরে গিয়ে তার ভেতরে দ্বিতীয় আনে তার জায়গা নিয়েছে। দ্বিতীয় আনে, যে কখনও আত্মবিশ্বাসী অথবা মজার ছিল না, যে শুধু জানত ভালোবাসতে এবং সুভদ্র থাকতে।

আমি ওর গায়ে শক্ত করে সেঁটে বসে রইলাম আর আবেগের একটা ঢেউ এসে আমাকে ভাসিয়ে দিল। চোখ দিয়ে জল ঝরতে লাগল, বাঁ চোখের জল পড়তে লাগল ওর ওভারঅলে আর ডান চোখের জল নাক বয়ে গড়িয়ে ঝরে পড়ল ঐ একই জায়গার পাশেই। ও কি বুঝতে পেরেছিল? ও যে বুঝেছে তা বোঝাবার জন্য কোনো নড়াচড়া করল না। ও কি আমার মতো করে অনুভব করে? ও প্রায় কোনো কথাই বলেনি। ও কি বুঝেছে তার পাশে দুটো আনে বসে আছে? আমার প্রশ্নের কোনো উত্তর মিলবে না।

সাড়ে আটটার সময় আমি উঠে জানলার কাছে গেলাম, এখানে দাঁড়িয়েই আমরা পরস্পরের কাছে বিদায় নিই। আমি তখনও কাঁপছিলাম, আমি তখনও দ্বিতীয় আনে। ও আমার কাছে এল, আমি দুহাতে ওর গলা জড়িয়ে ধরলাম আর ওর বাঁ গালে চুমু খেলাম। আমি ওর অন্য গালে চুমু খেতে গিয়ে ওর ঠোঁটের সঙ্গে ঠোঁট ঠেকে গেল আর আমরা একসঙ্গে আমাদের ঠোঁটে চাপ দিলাম। একটু হতচকিত হয়ে আমরা পরস্পরকে আলিঙ্গন করতে লাগলাম, বারবার, কখনোই যেন থামবে না!

পেটারের স্নেহ প্রয়োজন। জীবনে এই প্রথম সে একটি মেয়েকে আবিষ্কার করেছে; সে দেখেছে এমনকি সব চেয়ে গোলমেলে মানুষেরও অন্তরাত্মা থাকে হৃদয় থাকে, আর যখনই সে তোমার সঙ্গে একা হয় তখন রূপান্তরিত হয়ে যায়। পেটার জীবনে এই প্রথম নিজেকে এবং তার বন্ধুত্ব অন্য কাউকে সঁপেছে। ওর ছেলে কিংবা মেয়ে কোনো বন্ধু কখনও ছিল না। আমরা এখন একে অপরকে পেয়েছি। আমি তো ও জানতামই না, কেউ-ই কখনও ছিল না আমার যাকে আমি বিশ্বাস করে গোপন কথা বলতে পারি, আর এখন এটা...

একই প্রশ্ন আমার মনের মধ্যে খচখচ করছে: 'এটা কি ঠিক?' আমার নিজেকে এত তাড়াতাড়ি প্রকাশ করা কি ঠিক, পেটারের যতটা আবেগ এবং আকাঙ্ক্ষা, আমারও কি ততটা আবেগপ্রবণ হওয়াটা কি ঠিক? একটি মেয়ে হিসেবে এতটা দূর পর্যন্ত নিজেকে কি নিয়ে যেতে পারি?

এর শুধুমাত্র একটাই সম্ভাব্য উত্তর: 'আমি অপেক্ষা করেছি অনেক...আর তা অনেক দিন। আমি খুব নিঃসঙ্গ আর এখন আমি সান্ত্বনা খুঁজে পেয়েছি!'

সকালগুলোতে আমরা স্বাভাবিকই থাকি, বিকেলগুলোতেও, কিছু ব্যতিক্রম ছাড়া। কিন্তু সন্ধ্যাগুলোতে সারাদিনের চেপে রাখা ইচ্ছে, আনন্দ আর পরম সুখ ভেসে ওঠে, তখন আমরা শুধু একে অন্যের কথাই ভাবি। প্রত্যেক রাতে আমাদের শেষ চুম্বনের পরে, আমার মনে হয় ওর চোখের দিকে আর না তাকিয়ে ছুটে চলে যাই। অন্ধকারের মধ্যে দূরে আরো দূরে এবং একা!

সিঁড়ির চোদ্দোটা ধাপ নিচে আমার জন্য কী অপেক্ষা করে থাকে? উজ্জ্বল আলো, প্রশ্ন আর সশব্দ হাসি। আমাকে স্বাভাবিক ব্যবহার করতে হয় আর ভাবি ওরা কেউ কিছু লক্ষ্য করেনি।

কাল রাতে যে আঘাত পেয়েছি তা থেকে খুব দ্রুত নিজেকে সামলে নেবার পক্ষে আমার হৃদয় খুবই নরম। সেই সুভদ্র আনে মাঝে মধ্যে দেখা দেয় আর আরেকজন এসে পড়লে সে সহজে চলে যেতে চায় না। পেটার আমার একটা অংশে পৌঁছতে পেরেছে, স্বপ্নে ছাড়া আর কেউ সেখানে পৌঁছতে পারেনি! ও আমাকে অধিকার করে ফেলেছে আর আমার ভেতরটা বাইরে নিয়ে এসেছে। নিজেদের গুছিয়ে নিতে কি

তারা কি একটু নিভৃত সময় চায় না? পেটার তুমি আমাকে কী করে দিয়েছ? তুমি আমার কাছে কী চাও?

কোথায় এর পরিণতি? আমি এখন বেপকে বুঝতে পারি। এখন আমি নিজের অনুভূতির মধ্যে দিয়ে বুঝতে পারছি কোথায় তার দ্বিধা। আমি যদি আরও বড়ো হতাম আর পেটার যদি আমাকে বিয়ে করতে চাইত, আমার উত্তর কী হত? আনা সত্যি কথা বল। তুমি ওকে বিয়ে করতে পারবে না। কিন্তু ওকে চলে যেতে দেওয়াটাও তোমার পক্ষে খুব কঠিন। পেটারের এখনও চরিত্রবল খুবই কম, ইচ্ছাশক্তিও কম, শক্তি এবং সাহসও খুবই কম। ও এখনও ছোটো, আবেগের দিক থেকে আমার চেয়ে পরিণত নয়; ও যা চায় তা হল সুখ আর মনের শান্তি। আমার বয়স কি সত্যিই চোদ্দো? আমি কি সত্যিই শুধু একটা বোকা স্কুলবালিকা? আমি কি সত্যিই সব কিছুতেই অনভিজ্ঞ? বেশিরভাগের চেয়েই আমার অভিজ্ঞতা অনেক বেশি; আমার যা অভিজ্ঞতা আছে, আমার বয়সি কারোরই তা নেই।

আমি নিজেকে নিয়ে ভয় পাচ্ছি, ভয় পাচ্ছি আমার আকাঙ্ক্ষা আমাকে বড়ো তাড়াতাড়ি সমর্পণের দিকে নিয়ে যাচ্ছে। পরে অন্য ছেলেদের বেলায় কী করে তা শুধরে যাবে? সত্যিই কঠিন, হৃদয় আর মনের চিরন্তন সংগ্রাম। দুয়ের জন্যই স্থান এবং কাল আছে, কিন্তু কী করে আমি নিশ্চিত হব যে আমি সঠিক সময়টাই বেছেছি?

তোমার, আনে এম ফ্রাঙ্ক

মঙ্গলবার, মে ২, ১৯৪৪

প্রিয়তমা কিটি,

শনিবার রাতে পেটারকে জিজ্ঞেস করলাম যে ও কি মনে করে আমাদের ব্যাপারটা বাবাকে বলা উচিত? এটা নিয়ে আলোচনা করার পর ও বলল যে আমার বলা উচিত। আমার তো শুনে বেশ লাগল; বোঝা গেল যে ওর বেশ বোধবুদ্ধি আছে। আমি যেই নিচের তলায় গেলাম, তখন বাবার সঙ্গে জল আনতে গেলাম। সিঁড়িতেই বাবাকে বললাম, 'বাবা, তুমি নিশ্চয়ই বুঝেছ যে যখন আমি আর পেটার একসঙ্গে থাকি আমরা ঠিক ঘরের দুপ্রান্তে বসে থাকি না। তোমার কি মনে হয় সেটা ভুল?'

বাবা উত্তর দেবার আগে একটু সময় নিলেন, 'না, আমি ভুল বলছি না। কিন্তু আনে, আমাদের যখন এত গা ঘেঁষাঘেঁষি করে থাকতে হয় তখন তোমার একটু সাবধান থাকা দরকার। তিনি এ প্রসঙ্গে আরো কিছু কথা বললেন, তারপর আমরা ওপর তলায় গেলাম।

রবিবার সকালে বাবা আমাকে ডাকলেন, বললেন, 'আনে, তোমার কথাগুলো আমি ভেবে দেখলাম।' (ওহ্, আমি জানি এরপর কী আসছে!) 'এই গোপন ডেরায় এটা খুব একটা ভালো ব্যাপার নয়। আমি ভেবেছিলাম তোমরা দুজনে বন্ধু। পেটার কি তোমার প্রেমে পড়েছে?'

আমি বললাম, 'একেবারেই নয়।'

'দেখো, আমি তোমাদের দুজনকেই বুঝি। কিন্তু তোমাকেই একটু সংযত থাকতে হবে; অত ঘন ঘন তুমি ওপর তলায় যেয়ো না। তোমার সাধ্যের অতিরিক্ত উৎসাহ ওকে দিয়ো না। এসব ব্যাপারে ছেলেরাই সব সময় এগিয়ে আসে, আর মেয়েরা ঠিক করে তারা কতটা এগোবে। এই ঘেরাটোপের বাইরে, যেখানে তোমার বাধাবন্ধ নেই, সেখানে ব্যাপারটা আলাদা। সেখানে ছেলেমেয়েরা ঘুরে ফিরে বেড়াতে পারে, খেলাধুলো কিংবা আরো অনেক কিছু করতে পারে। কিন্তু এখানে তোমরা কেবলই যদি একসঙ্গে থাকো এবং কোথাও যদি যেতে চাও, যেতে পারবে না। তোমরা ঘণ্টায় ঘণ্টায় একে অন্যকে দেখছ—প্রায় সব সময়েই। তুমি একটু সাবধান থেকো আনে আর ব্যাপারটাকে এত গুরুত্ব দিয়ো না।'

'আমি তা দিইনি বাবা, কিন্তু পেটার ভদ্র ছেলে, চমৎকার ছেলে।'

'হ্যাঁ, কিন্তু ওর চরিত্রবল ততটা নেই। ওকে সহজেই প্রভাবিত করা যায় ভালোর দিকে, এমনকি মন্দের দিকেও। আমি আশা করি ও ভালোই হবে, কারণ ও মূলত একজন ভালো মানুষ।'

আমরা আরো কিছুক্ষণ কথা বললাম এবং বাবা ওর সঙ্গে কথা বলতে রাজি হলেন।

রবিবার বিকেলে যখন আমরা সামনের চিলেকোঠায় বসে আছি পেটার জিজ্ঞেস করল, 'আনে, তুমি কি তোমার বাবার সঙ্গে কথা বলেছ?'

আমি বললাম, 'হ্যাঁ। বলছি, কী কথা হয়েছে। উনি এটাকে ভুল বলে মনে করেন না, কিন্তু এত কাছাকাছির মধ্যে থাকলে, খিটিমিটি লাগতে পারে।'

'আমরা তো ইতিমধ্যেই ঠিক করেছি ঝগড়া করব না আর আমি আমার কথা রাখব।'

'আমিও রাখব পেটার। কিন্তু বাবা মনে করেন না আমরা সম্পর্কের ব্যাপারে সিরিয়াস। তিনি মনে করেন আমরা শুধুই বন্ধু। তুমি কি মনে কর আমরা তাই-ই?'

'হ্যাঁ, আমি তাই মনে করি, আর তুমি?'

'আমিও তাই মনে করি। আমি বাবাকে এটাও বলেছি যে আমি তোমাকে বিশ্বাস করি। আমি সত্যিই তোমাকে বিশ্বাস করি। পেটার, আমি যতটা বাবাকে বিশ্বাস করি

২৪৯

ততটাই। আর আমি তোমাকে আমার বিশ্বাসের যোগ্য বলে মনে করি। তাই তো পেটার?

'আশা করি, তাই।' (লজ্জায় ওর মুখটা লাল হয়ে উঠল।)

আমি বললাম, 'আমার তোমার ওপর বিশ্বাস আছে। আমি বিশ্বাস করি তুমি ভালো মনের মানুষ আর তুমি অনেক দূর এগোবে।'

এরপর আমরা নানা বিষয়ে কথা বললাম। পরে আমি বললাম, আমরা যদি এখান থেকে বেরোতে পারি, আমি জানি তুমি আমার ব্যাপারে আর কিছু ভাববে না।'

সে একেবারে জ্বলে উঠল। 'এটা ঠিক নয়, আনে। আমি তোমাকে আমার ব্যাপারে এভাবে ভাবতে দেব না।'

ঠিক তখনই নিচে থেকে কে যেন ডাকল।

বাবা ওর সঙ্গে কথা বলেছেন, ও আমাকে সোমবার সেকথা বলল। 'তোমার বাবা মনে করেন আমাদের সম্পর্ক ভালোবাসায় পরিণত হবে। কিন্তু আমি তাঁকে বলেছি আমরা সংযত থাকব।'

বাবা আমাকে বারে বারে ওপরে যেতে দিতে চান না, কিন্তু সেটা আমার পছন্দ নয়। আমি যে পেটারের সঙ্গে থাকতে পছন্দ করি সে কারণে নয়, আমি যে বলেছি আমি ওকে বিশ্বাস করি, সেই কারণে। আমি ওকে বিশ্বাস করি, আর সেটা ওর কাছে প্রমাণ করতে চাই, কিন্তু আমি যদি বিশ্বাস নেই বলে নিচের তলায় বসে থাকি তাহলে সেটা সম্ভব হয় না।

না, আমি যাচ্ছি!

এদিকে ডুসেলের নাটকটা মিটে গেছে। শনিবার সন্ধেয় ডিনার টেবিলে চমৎকার ডাচ ভাষায় তিনি ক্ষমা চাইলেন। মিস্টার ভ্যান ডান তক্ষুণি মিটিয়ে নিলেন। ডুসেল নিশ্চয় সারাদিন ধরে তাঁর বক্তৃতাটা মুখস্থ করেছিলেন।

রবিবার, ডুসেলের জন্মদিন ঘটনাবিহীনভাবে কেটে গেল। আমরা ওঁকে এক বোতল ১৯১১-এর পুরোনো ওয়াইন উপহার দিলাম। ভ্যান ডানেরা (ওঁদের এখনও উপহার দেবার ক্ষমতা আছে) দিলেন এক বোতল আচার আর এক প্যাকেট দাঁড়ি কামানোর ব্লেড। মিস্টার কুগলার দিলেন এক বোতল লেবুর সিরাপ (লেমোনেড বানানোর জন্য), মিয়েপ একটা বই *লিটল মার্টিন* এবং বেপ একটা চারাগাছ। উনি আমাদের প্রত্যেককে একটা করে ডিম খাওয়ালেন।

তোমার, আনে এম ফ্রাঙ্ক

বুধবার, মে ৩, ১৯৪৪

প্রথমে সাপ্তাহিক খবর! আমরা রাজনীতি থেকে ছুটি পেয়েছি। বলার মতো খবর একেবারেই কিছু নেই। আমি ধীরে ধীরে বিশ্বাস করতে শুরু করেছি বহিরাক্রমণ ঘটবে। ওরা রাশিয়ানদের সব রকম নোংরা কাজ করতে দেবে না; আর রাশিয়ানরা এই মুহূর্তে কিছু করছেও না।

মিস্টার ক্লাইমান এখন প্রতিদিন অফিসে আসেন। তিনি পেটারের ডিভানের জন্য নতুন স্প্রিং আনিয়েছেন, কাজেই পেটারকে এখন সেগুলো লাগানোর কাজ করতে হবে। তবে কাজটা করতে ও বিশেষ উৎসাহী নয়। মিস্টার ক্লাইমান বেড়ালদের গায়ের মাছি তাড়ানোর পাউডার খানিকটা এনেছেন।

আমি কি তোমাকে বলেছি আমাদের বশে উধাও হয়ে গেছে? গত বৃহস্পতিবার থেকেই সে নিপাত্তা। সে সম্ভবত বেড়ালদের স্বর্গে পৌঁছে গেছে। কোনো পশু প্রেমিক বোধহয় তাকে কোনো সুস্বাদু পদ বানিয়ে খেয়ে ফেলেছে। হয়তো কোনো মেয়ে বশের লোম দিয়ে বানানো টুপি পরবে। এজন্য পেটারের ভীষণ মন খারাপ।

গত দুসপ্তাহ ধরে শনিবারগুলোতে আমরা বেলা সাড়ে এগারোটায় দুপুরের খাবার খাচ্ছি। সকালে আমাদের এককাপ করে পরিজ দিয়ে চালিয়ে নিতে হবে। আগামীকাল থেকে প্রতিদিন এমনই চলবে; এতে একবেলার খাবার বাঁচবে। শাক সবজি এখনও খুবই অমিল। আজ সন্ধেবেলা পচা লেটুস সেদ্ধ খেতে হল। কাঁচা লেটুস, পালং আর সেদ্ধ লেটুস, ব্যস। আর এর সঙ্গে পচা আলু যোগ করে একেবারে রাজকীয় আহার।

দুমাসেরও বেশি আমার পিরিয়ড হয়নি, শেষ পর্যন্ত গত রবিবার শুরু হয়েছে। বিভ্রান্ত এবং বিব্রত হওয়া সত্ত্বেও আমি খুশি যে শেষ পর্যন্ত হয়েছে।

তুমি নিশ্চয়ই কল্পনা করতে পারো যে আমরা প্রায়ই হতাশ হয়ে বলাবলি করি, 'এই যুদ্ধের কারণ কী? কেন মানুষ একসঙ্গে মিলে শান্তিতে থাকতে পারে না? কেন এই ধ্বংস?'

প্রশ্নগুলো তো বোঝা যায়, কিন্তু এখনও পর্যন্ত কেউই এর কোনো সন্তোষজনক উত্তর খুঁজে পায়নি। কেন ইংলন্ড আরো বড়ো আরও উন্নত প্লেন আর বোমা বানিয়ে চলেছে আর সেই সঙ্গে নতুন বাড়ি ভেঙে আবার তৈরি করেছে? কেন যুদ্ধের জন্য লাখে লাখে পাউন্ড খরচ হচ্ছে প্রতিদিন, যেখানে চিকিৎসার জন্য, শিল্পী আর গরীবদের জন্য এক পেনিরও সংস্থান নেই? কেন মানুষ না খেয়ে থাকবে যেখানে পৃথিবীর অন্যান্য প্রান্তে পর্বতপ্রমাণ খাবার পচে যাচ্ছে? কেন মানুষের এত খ্যাপামো?

আমি বিশ্বাস করি না যে যুদ্ধের জন্য শুধুমাত্র রাজনীতিক আর পুঁজিপতিরাই দায়ী। না তা নয়, সাধারণ মানুষও এর জন্য প্রতিপদে দোষী; তা না হলে মানুষ এবং

রাষ্ট্র অনেক আগেই বিদ্রোহ করত! মানুষের মধ্যে একটা বিধ্বংসী প্রবণতা রয়েছে, সেই প্রবণতা উন্মত্ততার, মেরে ফেলার, খুন করার। যতদিন না মানবজাতির মধ্যে ব্যক্তি নির্বিশেষে রূপান্তর না ঘটে ততদিন যুদ্ধ চলতেই থাকবে এবং যা কিছু যত্ন করে গড়া হয়েছে, উন্নতি করা হয়েছে এবং বড়ো করে তোলা হয়েছে সে সবই ভেঙেচুরে ধ্বংস হয়ে যাবে। আবার সব গোড়া থেকে শুরু করতে হবে!

আমি মাঝে মাঝে ভেঙে পড়ি কিন্তু মরীয়া হয়ে পড়ি না। আমাদের এই আত্মগোপন করা জীবনকে এক দারুণ রোমাঞ্চকর অভিযাত্রা বলে মনে করি, যা একই সঙ্গে বিপদসঙ্কুল এবং প্রণয়ে ভরপুর আর প্রতিটি অভাব অপ্রাপ্তির কথা আমার ডায়েরির মজাদার সংযোজন। আমি অন্য মেয়েদের চেয়ে আলাদা জীবনযাপনের জন্য আর পরে সাধারণ গৃহবধূ হিসেবে গণ্য না হবার জন্য আমার মনকে তৈরি করে নিয়েছি। এখানে আমি যে অভিজ্ঞতার মুখোমুখি হচ্ছি তা একটা আকর্ষণীয় জীবনের সূচনা আর সেই কারণেই, একমাত্র সেই কারণেই সবচেয়ে বিপজ্জনক মুহূর্তগুলোর মজার দিকটা নিয়ে আমাকে হাসতে হয়।

আমার বয়স কম আর আমার অনেক সুপ্ত গুণ আছে; আমি কম বয়সি এবং শক্তসামর্থ্য, বেঁচে আছি একটা রোমাঞ্চকর অভিযানের মধ্যে দিয়ে; আমি ঠিক তার মাঝখানেই রয়েছি, আমার পক্ষে সারাদিন অভিযোগ করা সাজে না কারণ তা থেকে মজা পাওয়া অসম্ভব! আমি অনেক কিছুই পেয়েছি: হাসি খুশি, প্রফুল্ল স্বভাব আর দৃঢ়তা। প্রতিদিন আমি অনুভব করি আমি বুঝদার হয়ে উঠছি, মুক্তি এগিয়ে আসছে, চারপাশের মানুষজনের ভালোত্ব অনুভব করছি। প্রতিদিন আমি ভাবি যে এই রোমাঞ্চকর অভিযান কী আকর্ষণীয় আর মজাদার! এই সব কিছু নিয়ে কেন আমি হতাশ হয়ে পড়ব?

তোমার, আনে এম ফ্রাঙ্ক

শুক্রবার, মে ৫, ১৯৪৪

প্রিয় কিটি,

বাবা আমার ওপর অসন্তুষ্ট। উনি ভেবেছিলেন রবিবারে আমাদের কথা হওয়ার পর আমি প্রতি সন্ধ্যায় ওপরে যাওয়া বন্ধ করে দেব। উনি চান না কোনো রকম 'ক্লুটশেরেট'* চলুক। কথা শুনলেই গা জ্বলে যায়। এ নিয়ে কথা বলাটাই তো যথেষ্ট খারাপ—কেন

---

* গলা জড়াজড়ি।

তিনি এ ব্যাপারটা নিয়ে বলে আমাকে কষ্ট দেবেন? আমি আজ এ নিয়ে ওঁর সঙ্গে কথা বলব। মারগট আমাকে কিছু ভালো উপদেশ দিয়েছে।

মোটমাট আমি যা বলতে চাই তা হল:

বাবা, আমার মনে হচ্ছে তুমি আমার কাছ থেকে একটা ব্যাখ্যা আশা করছ, আমি তা দেব। তুমি আমার ব্যাপারে হতাশ হয়েছ, তুমি আমার কাছ থেকে আরো সংযম আশা করেছিলে, তুমি চেয়েছিলে চোদ্দো বছরের একটি মেয়ে যেমন আচরণ করে আমি তেমনই করি। কিন্তু সেখানেই তোমার ভুল হয়েছে!

১৯৪২-এর জুলাই, যবে থেকে আমরা আছি তখন থেকে কয়েক সপ্তাহ আগে পর্যন্ত আমার সময়টা খুব সহজ ছিল না। তুমি যদি জানতে রাতে আমি কত কেঁদেছি, কত অসুখী আর মনমরা হয়ে থেকেছি, কত নিঃসঙ্গবোধ করেছি, তাহলে তুমি বুঝতে কেন আমি ওপরে যেতে চাই! আমি এখন এমন একটা জায়গায় পৌঁছেছি যেখানে আমার মা কিংবা অন্য কারোর সাহায্য দরকার নেই। এটা রাতারাতি ঘটেনি। আমি আজ যতটা স্বাধীন হতে পেরেছি তার জন্য আমি অনেক লম্বা এবং কঠিন লড়াই করেছি, অনেক চোখের জল ফেলেছি। তুমি ঠাট্টা করতে পারো, বিশ্বাস নাও করতে পারো, আমার তাতে কিছু আসে যায় না। আমি জানি আমি একজন স্বাধীন মানুষ আর আমি মনে করি না আমার কাজের জন্য তোমার কাছে জবাবদিহি করতে হবে। আমি তোমাকে বলছি শুধুমাত্র এই কারণে যে আমি চাই না তুমি ভাবো যে আমি তোমার অগোচরে কিছু করছি। একজনই আছে যার কাছে আমি দায়বদ্ধ, সে হল আমি।

যখনই আমার সমস্যা হয়েছে, প্রত্যেকে—তার মধ্যে তুমিও আছ—চোখ কান বন্ধ করে রেখেছিল এবং আমাকে সাহায্য করেনি। বরং উলটে আমাকে হইহই না করার জন্য সাবধান করা হয়েছিল। সারাক্ষণ যাতে অতিষ্ঠ হয়ে না থাকতে হয় সেজন্য আমি হইহই করতাম। আমার ভেতরের স্বর যাতে শুনতে না হয় সেজন্য আমাকে অতিরিক্ত সচেতন থাকতে হয়। গত দেড় বছর ধরে দিনের পর দিন আমি অভিনয় করে গেছি। আমি কখনও অভিযোগ করিনি অথবা মুখোশটা খুলিনি, কোনো কিছুই ঘটেনি, আর এখন...এখন লড়াইটা শেষ। আমি জিতে গেছি। শরীর, মন দুদিক থেকেই আমি স্বাধীন। আমার আর মাকে প্রয়োজন নেই। আমি লড়াইয়ের মধ্য থেকে উঠে আসা একজন শক্তপোক্ত মানুষ।

এখন তা শেষ হয়েছে, এখন আমি জানি যে লড়াইটা জেতা হয়ে গেছে, আমি নিজের পথে চলতে চাই, যে পথ আমার নিজের কাছে ঠিক বলে মনে হয়। আমাকে আর চোদ্দো বছরের খুকি বলে ভেবো না, কারণ এই সব দুঃখকষ্ট আমাকে বড়ো করে তুলেছে; আমার কাজের জন্য আমার কোনো অনুশোচনা নেই, আমার যা সঠিক বলে মনে হবে আমি তেমনই ব্যবহার করব।

বুঝিয়ে-সুজিয়ে আমার ওপরে যাওয়া বন্ধ করতে পারবে না। হয় তুমি নিষিদ্ধ করে দেবে অথবা সব পরিস্থিতিতে আমাকে বিশ্বাস করবে। যাই তুমি কর না কেন, আমাকে একা থাকতে দিয়ো!

তোমার, আনে এম ফ্রাঙ্ক

শনিবার, মে ৬, ১৯৪৪

প্রিয়তমা কিটি,

কাল রাতের খাবারের আগে আমি বাবার পকেটে আমার লেখা একটা চিঠি রেখে দিই। মারগট বলল যে, বাবা সেটা পড়েছেন এবং সারা সন্ধে বিচলিত হয়ে ছিলেন। (আমি ওপর তলায় বাসন ধুচ্ছিলাম!) বেচারা পিম, আমার জানা উচিত ছিল এই চিঠির ফল কী হতে পারে! বাবা যা স্পর্শকাতর! আমি সঙ্গে সঙ্গে পেটারকে বলে দিয়েছিলাম ও যেন কিছু প্রশ্ন না করে বা বলে। পিম এ ব্যাপারে আমাকে কিছুই বলেননি। পরে বলবেন কি?

এখানে সব কিছুই প্রায় স্বাভাবিক। জান, মিস্টার কুগলার এবং মিস্টার ক্লাইমান জিনিসপত্রের দাম আর বাইরের মানুষজন সম্পর্কে যা বলছেন তা বিশ্বাস করাই কঠিন; আধ পাউন্ড চায়ের দাম ৩৫০ গিল্ডার, আধ পাউন্ড কফির দাম ৮০ গিল্ডার, এক পাউন্ড মাখন ৩৫ গিল্ডার, একটা ডিম ১.৪৫ গিল্ডার। লোকে এক আউন্স বুলগেরীয় তামাকের জন্য ১৪ গিল্ডার খরচ করছে! সকলেই কালোবাজারে কেনাকাটা করছে; প্রায় প্রতিটি ফাইফরমাশ খাটা ছেলের কাছে কিছু না কিছু পাওয়া যাচ্ছে। রুটির দোকানের ছেলেটা রিফুর জন্য খানিকটা সুতো যোগাড় করে দিয়েছে—নিম্নমানের ঐ সুতোর দাম ৯০ সেন্ট—দুধওয়ালা র‍্যাশন বই যোগাড় করে আনছে, কবর দেওয়ার লোকটি এনে দিচ্ছে চিজ। তালা ভাঙা, চুরি, খুন এসব নিত্য নৈমিত্তিক ঘটনা। এমনকি পুলিশ এবং রাতের চৌকিদাররাও এই কাজে নেমে পড়েছে। প্রত্যেকেই নিজের পকেটে কিছু না কিছু ভরতে চায়, আর বেতন বৃদ্ধি বন্ধ হয়ে যাওয়ায় মানুষ চুরি জোচ্চুরির দিকে ঝুঁকেছে। পুলিশ প্রতিদিন পনেরো, ষোলো, সতেরো কী তার বেশি বয়সের বেপাত্তা হয়ে যাওয়া মেয়েদের খোঁজে ব্যস্ত রয়েছে।

আমি এলেনকে (পরী) নিয়ে আমার গল্পটা শেষ করার চেষ্টা করছি। মজা করার জন্যই আমি বাবাকে তাঁর জন্মদিনে, সব কপিরাইট সমেত উপহার দেব।

পরে দেখা হবে! (আসলে এটা সঠিক শব্দবন্ধ নয়। ইংলন্ড থেকে জার্মান অনুষ্ঠান

প্রচার ওরা সব সময় '*আউফ হ্বিডারহ্যোরেন*'* বলে শেষ করে। সুতরাং আমার বলা উচিত, 'যতক্ষণ না আবার আমরা লিখছি।')

তোমার, আনে এম ফ্রাঙ্ক

রবিবার সকাল, মে ৭, ১৯৪৪

প্রিয়তমা কিটি,

কাল বিকেলে বাবার সঙ্গে আমার বহুক্ষণ কথা হল। আমি কেঁদে চোখ ফুলিয়ে ফেলেছি আর বাবাও কেঁদেছেন। তুমি জানো কিটি তিনি আমাকে কী বলেছেন?

'আমি আমার জীবনে অনেক চিঠি পেয়েছি, কিন্তু কোনোটাই এটার মতো কষ্টদায়ক ছিল না। যে তুমি বাবা-মায়ের কাছ থেকে এত ভালোবাসা পেয়েছ, যে তুমি, যার বাবা-মা সব সময় যে কোনো ব্যাপারেই তোমাকে আগলেছে, সেই তুমি বলছ যে তোমার কাজকর্মের ব্যাপারে আমাদের কাছে কোনো জবাবদিহি করবে না। তুমি মনে কর তোমার ওপর অন্যায় করা হয়েছে আর তোমাকে যা খুশি করার জন্য ছেড়ে দেওয়া হয়েছে। না আনা, তুমি আমাদের ওপর বড়ো রকমের অবিচার করছ!

'হয়তো তুমি যেভাবে লিখেছ সেভাবে বলতে চাওনি। না, আনা, এইরকম ভর্ৎসনা করার মতো কোনো কাজ আমরা করিনি!'

ওহ্ আমি শোচনীয়ভাবে ব্যর্থ হয়েছি। আমার সারা জীবনে এটাই সবচেয়ে নিকৃষ্ট কাজ। আমি কেঁদে কেটে নিজের গুরুত্ব বাড়াবার চেষ্টা করছিলাম যাতে বাবা কিছুটা মর্যাদা দেন। আমি অবশ্যই কষ্ট পেয়েছি আর মায়ের ব্যাপারে যা যা বলেছি সব সত্যি। কিন্তু পিম, যিনি এত ভালো এবং যিনি আমার জন্য সব কিছু করেছেন, তাঁকে দোষ দেওয়াটা অত্যন্ত নিষ্ঠুর কাজ হয়েছে।

আমি নিজেকে খুব গুরুত্বপূর্ণ ভেবে ফেলেছিলাম, সেটা থেকে টেনে নামিয়ে দেওয়াটা ঠিকই হয়েছে কারণ আমি খুব আত্মগর্বী হয়ে উঠেছিলাম। মিস আনে যা কিছু করে সব কিছু ঠিক নয়। যাঁরা ভালোবাসেন তাঁদের কাউকে এইরকম দুঃখ দেওয়া অত্যন্ত নিন্দার, অত্যন্ত হীন কাজ!

বাবা যেভাবে আমাকে ক্ষমা করে দিলেন, তাতে আমি খুবই লজ্জিত হয়ে পড়লাম; উনি বললেন উনি চিঠিটা আগুনে ফেলে দেবেন আর তিনি এতটাই ভালো ব্যবহার করলেন যে, মনে হল তিনিই যেন কোনো অপরাধ করেছিলেন। দেখ আনে তোমাকে

---

* যতক্ষণ না আবার কথা বলছি

এখনও অনেক কিছু শিখতে হবে। অন্যদের নিচু নজরে দেখা এবং সব সময়ে তাদের দোষ ধরার বদলে এই সময়েই শেখাটা শুরু কর।

আমাকে অনেক দুঃখ পেতে হয়েছে, আমার বয়সি কাকেই বা পেতে হয়নি? আমি অনেক কিছুর ভান করেছি, তবে তা অনেকটা না বুঝেই করেছি। আমি নিঃসঙ্গবোধ করি কিন্তু কখনও বেপরোয়া হয়ে উঠিনি। বাবার মতো নয়, যিনি একবার নিজেকে শেষ করে দেবেন বলে হাতে ছুরি নিয়ে রাস্তায় ছুটে বেরিয়ে গিয়েছিলেন। আমি অতদূর পর্যন্ত কখনও যাইনি।

আমি নিজের সম্পর্কে অত্যন্ত লজ্জিত, সত্যিই লজ্জিত। যা হয়ে গেছে তা তো আর ফিরে আসবে না, কিন্তু আবার যাতে না হয় সেদিকে লক্ষ রাখতে হবে। আমি আবার গোড়া থেকে শুরু করতে চাই, আর এটা এখন আর কঠিন হবে না কারণ পেটার আমার সঙ্গে রয়েছে। ওকে সঙ্গে নিয়ে আমি জানি আমি পারব! আমি আর এখন একলা নই। ও আমাকে ভালোবাসে, আমি ওকে ভালোবাসি, আমার বই আছে, লেখালেখি আছে, ডায়েরি আছে। আমি ততটা অসুন্দরী নই, অথবা নির্বোধ নই, আমার হাসিখুশি স্বভাব, আমি সৎ চরিত্রের হয়ে উঠতে চাই!

হ্যাঁ, আনে, তুমি খুব ভালো করেই জানো তোমার চিঠিটা খুবই রূঢ় এবং অসত্য ছিল, কিন্তু তুমি সেটার জন্যই গর্বিত ছিলে! বাবাকেই আমি আরেক বার দৃষ্টান্ত হিসেবে নেব এবং নিজেকে উন্নত করব।

তোমার, আনে এম ফ্রাঙ্ক

সোমবার, মে ৮, ১৯৪৪

প্রিয়তমা কিটি,

আমি কি আমাদের পরিবার সম্পর্কে কখনও সেভাবে কিছু বলেছি? আমার মনে হয় না বলেছি, কাজেই এখন বলব। বাবা খুব ধনী বাবা-মায়ের সন্তান, জন্মেছিলেন ফাঙ্কফুর্ট অ্যাম মাইন-এ। মাইকেল ফ্রাঙ্ক একটা ব্যাঙ্কের মালিক এবং লক্ষপতি ছিলেন এবং অ্যালিস স্টার্ন-এর বাবা-মা ধনী এবং বিশিষ্ট মানুষ ছিলেন। মাইকেল ফ্রাঙ্ক বড়োলোক অবস্থাতেই শুরু করেননি; তিনি একজন স্ব-নির্ভর মানুষ ছিলেন। যুবক বয়সে বাবা বড়োলোকের ছেলের মতোই জীবন কাটিয়েছেন। প্রত্যেক সপ্তাহে পার্টি, বল নাচ, ভূরি ভোজন, সুন্দরী মেয়ে, ওয়ালট্স নাচ, বিশাল বাড়ি ইত্যাদি ইত্যাদি। ঠাকুর্দা মারা যাবার পর বেশির ভাগ অর্থই চলে গেল আর এই যুদ্ধ এবং মুদ্রাস্ফীতির পর বিশেষ কিছুই আর রইল না। যুদ্ধের আগে পর্যন্ত বেশ কিছু ধনী আত্মীয় স্বজন

ছিল। কাজেই বাবা অত্যন্ত ভালো ভাবে মানুষ হয়েছিলেন আর গতকাল নিশ্চয়ই তিনি খুবই হেসেছিলেন কারণ তাঁর পঞ্চান্ন বছরের জীবনে এই প্রথম তাঁকে কড়াই মাজতে হয়েছিল।

মায়ের পরিবার এতটা সম্পদশালী না হলেও বেশ বড়োলোক ছিল। বল নাচের আসর, নৈশ ভোজ আর আড়াই শো লোক নিয়ে বাগদানের আসরের গল্প আমরা হাঁ করে শুনতাম।

আমরা এখন বড়োলোক শব্দটা থেকে অনেক দূরে, আমি এখন আমার সব আশা যুদ্ধ শেষ না হওয়া অবধি মুলতুবি রেখেছি। আমি তোমাকে বলতে পারি আমি মা এবং মারগটের মতো সাদামাটা জীবন কাটাতে পারব না। আমি ভাষা শিখতে এবং শিল্পের ইতিহাস নিয়ে পড়াশুনো করতে একবছর করে প্যারিস এবং লন্ডনে কাটাতে চাই। মারগটের সঙ্গে তুলনা কর, যে প্যালেস্টাইনে সদ্যোজাত বাচ্চাদের নার্স হতে চায়। আমার সুন্দর সুন্দর পোশাক আর মানুষ দেখার ইচ্ছে। আমি তোমাকে আগেও অনেকবার বলেছি, আমি দুনিয়াটা ঘুরে দেখতে চাই আর সব রকম রোমাঞ্চকর কাজ করতে চাই আর কিছু অর্থপ্রাপ্তি হলেও মন্দ হয় না।

আজ সকালে মিয়েপ বললেন তাঁর খুড়তুতো বোনের বাগ্‌দানের পার্টির কথা, যেখানে তিনি শনিবার গিয়েছিলেন। বোনের বাবা-মা তো ধনীই, বরের পরিবার আরোই ধনী। যে সব খাবার-দাবার সেখানে পরিবেশন করা হয়েছিল মিয়েপ তার বর্ণনা দিয়ে আমাদের জিভে জল এনে দিয়েছিলেন: মাংসের বল দিয়ে সবজির সুপ, চিজ, মাংসের রোল, ডিম আর রোস্ট করা গোরুর মাংস দিয়ে রচনারোচক ক্ষুধাবর্দ্ধক পদ, চিজ রোল, ক্রিম কেক, ওয়াইন আর সিগারেট, আর তুমি যত চাও তত খেতে পারো।

মিয়েপ দশটা শ্নাপস* আর তিনটে সিগারেট খেয়েছিলেন—ইনিই নাকি মদ্যপান বিরোধিতার প্রবক্তা? মিয়েপই যদি অতগুলো খেয়ে থাকেন তাহলে ওঁর স্বামীটি কতগুলো খেয়েছিলেন? ঐ পার্টিতে সবাই নিশ্চয়ই মাতাল হয়েছিলেন। ওখানে মার্ডার স্কোয়াডের দুজন অফিসার ছিলেন, যাঁরা বাগ্‌দত্তদের ছবি তোলেন। তুমি দেখ আমরা কখনও মিয়েপের চিন্তার বাইরে থাকি না, কারণ তিনি তৎক্ষণাৎ ঐ দুজনের নাম ঠিকানা লিখে নেন, কারণ কখনও যদি কিছু ঘটে তো ঐ দুই ভদ্র ডাচ মানুষকে আমরা যোগাযোগ করতে পারব।

আমাদের জিভে জলের বান ডেকেছিল। আমরা, যারা প্রাতরাশে দুচামচ পরিজ ছাড়া আর কিছু পাই না, খিদেয় একেবারে মরোমরো হয়ে গিয়েছিলাম; আমরা, যারা

---

* জিনের মতো কড়া অ্যালকোহলযুক্ত পানীয়।

দিনের পর দিন আধা সেদ্ধ পালং (ভিটামিনের জন্য) এবং পচা আলু ছাড়া কিছুই পাই না; আমরা, যারা খালি পেট ভর্তি করি সেদ্ধ লেটুস, কাঁচা লেটুস, পালং, আরো আরো পালং দিয়ে—সেই আমরা হয়তো শেষে পাপই*-এর মতো পালোয়ান হয়ে উঠব, যদিও তার কোনো লক্ষণ এখনও পর্যন্ত দেখা যাচ্ছে না!

মিয়েপ যদি আমাদের পার্টিতে নিয়ে যেতেন তাহলে অন্য অতিথিদের জন্য কোনো রোল পড়ে থাকত না। যদি আমরা ওখানে থাকতাম, যা চোখে পড়ত সবই সাবাড় করে ফেলতাম, এমনকি আসবাবপত্রও। আমি সত্যি বলছি তোমায় আমরা ওঁর মুখের কথাগুলো যেন গিলছিলাম। আমরা এমন ভাবে ঘিরে বসেছিলাম যেন আমরা আমাদের জীবনে এত সুস্বাদু খাবার আর অভিজাত লোকেদের কথা কখনও শুনিনি! আর এরা নাকি সব বিশিষ্ট লক্ষপতিদের নাতনি? এই পৃথিবী এক আজব জায়গা!

তোমার, আনে এম ফ্রাঙ্ক

মঙ্গলবার, মে ৯, ১৯৪৪

প্রিয়তমা কিটি,

পরী এলেনকে নিয়ে গল্পটা আমি শেষ করেছি। সুন্দর নোট কাগজে কপি করেছি, লাল কালি দিয়ে নকশা করেছি আর পাতাগুলো একসঙ্গে সেলাই করেছি। পুরো ব্যাপারটা চমৎকার দেখাচ্ছে, কিন্তু আমি বুঝতে পারছি না জন্মদিনের উপহার হিসেবে এটা যথেষ্ট কিনা। মারগট আর মা দুজনেই কবিতা লিখেছে।

আজ বিকেলে মিস্টার কুগলার খবর নিয়ে এলেন যে, আগামী সোমবার থেকে মিসেস ব্রোক প্রত্যেকদিন বিকেলে অফিসে দুঘণ্টা করে থাকবেন। ভাবো একবার! অফিস স্টাফরা কেউ ওপর তলায় আসতে পারবে না, আলুর চালান আসবে না, বেপ দুপুরের খাবার খেতে আসতে পারবেন না, আমরা শৌচাগার ব্যবহার করতে পারব না, আমরা চলাফেরা করতে পারব না, এছাড়া বহুরকম অসুবিধে হবে! মহিলার হাত থেকে নিস্তার পাবার জন্য আমরা বহুরকম ফন্দি আঁটলাম। মিসেস ভ্যান ডান ভেবেছিলেন ওঁর কফিতে ভালো পরিমাণ জোলাপ মিশিয়ে দেবার কৌশলটা কাজ করতে পারে। মিস্টার কুগলার বললেন, 'না, প্লিজ করবেন না, তাহলে আমরা ওঁকে 'বগ'† থেকে সরাতেই পারব না।'

---

* এলজি ক্রাইসলার সেগার সৃষ্ট একটি কার্টুন চরিত্র, যে পালং থেকে অতিমানবিক শক্তিলাভ করেছিল।

† পায়খানা।

হাসির হররা উঠল। 'বগ?' মিসেস ভ্যান ডান জিজ্ঞেস করলেন। 'এর মানে কী?' একটা ব্যাখ্যা দেওয়া হল। 'এই শব্দটা ব্যবহার করাটা কি ঠিক?' তিনি বোকার মতো জিজ্ঞেস করলেন। ফিকফিক করে হেসে বেপ বললেন, 'ভাবুন, আপনি বিয়েনকর্ফ-এ বাজার করতে গেছেন আর "বগ" কোনদিকে জিজ্ঞেস করলেন, ওরা তো বুঝতেই পারবে না আপনি কোন বিষয়ে কথা বলছেন।'

যেমন ডুসেল প্রত্যেকদিন ঠিক সাড়ে বারোটায়, যেমন এখন বসে আছেন 'বগ'-এ, উদাহরণ হিসেবে বোঝানো হল। আজ বিকেলে সাহসী হয়ে একটা গোলাপি কাগজ নিয়ে লিখলাম:

মিস্টার ডুসেলের শৌচাগারের সময়সারণি:

সকালে সোয়া ৭টা থেকে সাড়ে ৭টা।

দুপুরে ১টার পর

এছাড়া, যখন প্রয়োজন!

আমি এটা বাথরুমের সবুজ দরজায় সেঁটে দিলাম, তখন তিনি ভেতরেই ছিলেন। আমি আরো লিখতেই পারতাম, 'সময়সীমা লঙ্ঘন করলে আটকে রাখা হতে পারে!' কারণ আমাদের শৌচাগারে ভেতর বাইরে দুদিক থেকেই ছিটকিনি লাগানো যায়।

মিস্টার ভ্যান ডানের সাম্প্রতিক রসিকতা:

আদম আর ইভকে নিয়ে বাইবেলের একটি পাঠ শোনার পর তেরো বছরের একটি বাচ্চা তাঁর বাবাকে জিজ্ঞেস করল, 'বাবা, আমাকে বল, আমি কী করে জন্মালাম?'

বাবা উত্তর দিলেন, 'সারস তোমাকে সমুদ্র থেকে তুলে নিয়ে এসেছিল, মায়ের বিছানায় তোমাকে রেখে দিয়েছিল এবং তার পায়ে খুব জোরে ঠোক্কর মেরেছিল। এত রক্ত বেরিয়েছিল যে তাকে এক সপ্তাহ বিছানায় শুয়ে থাকতে হয়েছিল।'

পুরোপুরি সন্তুষ্ট না হয়ে বালকটি মায়ের কাছে গেল। 'বল মা, তুমি কী করে জন্মালে আর আমিই বা কী করে জন্মালাম?'

তার মা-ও সেই একই গল্প বলল। শেষ পর্যন্ত আরো কিছু শুনবে বলে সে তার দাদুর কাছে গেল। 'বল দাদু, তুমি কী করে জন্মালে আর তোমার মেয়েই বা কী করে জন্মাল।' আর এই নিয়ে তৃতীয়বারও সে একেবারে একই গল্প শুনল।

সেই রাতে সে তার ডায়েরিতে লিখল: 'ভালোরকম খোঁজ খবর করার পর, আমি এই সিদ্ধান্তে এসেছি গত তিন প্রজন্ম ধরে আমাদের পরিবারে কোনো যৌনমিলন ঘটেনি!'

আমার এখনও কিছু কাজ আছে; তিনটে বাজে।

তোমার, আনে এম ফ্রাঙ্ক

পুনশ্চ: নতুন ঘর ঝাড়পোঁছের মহিলাটির উল্লেখ করতে গিয়ে আমার মনে হল যে বলা দরকার তিনি বিবাহিত, ষাট বছর বয়স এবং কানে কম শোনেন! লুকিয়ে থাকা আটটি লোক যে শোরগোল করে তাদের পক্ষে এটা খুবই সুবিধাজনক।

ও কিটি, কী চমৎকার আবহাওয়া। যদি আমি বাইরে যেতে পারতাম!

বুধবার, মে ১০, ১৯৪৪

প্রিয়তমা কিটি,

কাল বিকেলে চিলেকোঠায় বসে আমরা ফরাসি চর্চা করছিলাম, এমন সময় হঠাৎ আমি শুনলাম আমার পিছনে জল ছিটকে পড়ার শব্দ। আমি পেটারকে জিজ্ঞেস করলাম, কী হতে পারে। উত্তর না দিয়ে পেটার ছুটে ওপরে গেল—বিপর্যয়ের দৃশ্যটি দেখে মুশ্চিকে ঠেলে সরিয়ে দিল তার হিসি-পটি করার বাক্সে। সেটি ভিজে ছিল বলে সে তার পাশে বসে কর্মটি সারছিল। এরপর কিছু চিৎকার চেঁচামেচি হল, আর মুশ্চি ইতিমধ্যে হিসি শেষ করে নিচে পালিয়েছে। তার বাক্সটির মতো কিছু খুঁজতে গিয়ে মুশ্চি কিছু কাঠের চোকলা পেয়ে যায়, আর সেগুলো ছিল মেঝের একটা ফাটলের ওপর। ঐ ছোট্ট পুকুরটি থেকে তৎক্ষণাৎ তরল টপটপ করে নিচে পড়তে থাকে, দুর্ভাগ্যক্রমে আলুর পিপের ওপরে। ছাদ থেকে চুঁইয়ে চিলেকোঠার মেঝের আরো সব ফাঁক ফোকর দিয়ে ছোটো ছোটো হলুদ রঙের ফোঁটা খাবার টেবিলের ওপর রাখা ডাঁই করে রাখা মোজা আর বইয়ের ওপর পড়তে থাকে।

এই মজার দৃশ্যে আমি তো হাসিতে ফেটে পড়েছি। মুশ্চি চেয়ারের নিচে কুন্ডলি পাকিয়ে বসে, পেটারের হাতে জল, ব্লিচিং পাউডার আর ন্যাতা আর মিস্টার ভ্যান ডান সবাইকে শান্ত করার চেষ্টা করছেন। ঘরটাকে তো তাড়াতাড়িই ঠিক করা হল কিন্তু বেড়ালের হিসির গন্ধ যে কী বিকট সে তো সবাই জানে। আলুগুলো তা প্রমাণ করে দিয়েছিল, কাঠের চোকলাগুলোও, বাবা সেগুলো একটা বালতিতে করে নিচে নিয়ে গিয়েছেন পোড়ানোর জন্য।

বেচারা মুশ্চি! তুই কি করে জানবি যে তোর বাক্সের জন্য নরম মাটি পাওয়া যে অসম্ভব?

আনে

বৃহস্পতিবার, মে ১১, ১৯৪৪

প্রিয়তমা কিটি,

একটি নতুন হাসির ঘটনা!

পেটারের চুল কাটতে হবে, এবং যথারীতি তার মা-ই কেশবিন্যাসকারিণী। সাতটা পঁচিশ নাগাদ পেটার তার ঘরে অন্তর্হিত হল, এবং সাড়ে সাতটায় আবির্ভূত হল নীল রঙের সাঁতারের পোশাক ও টেনিস জুতো পরে।

'তুমি কি আসছ?' মাকে জিজ্ঞেস করল।

'হ্যাঁ, এক মিনিট, কিন্তু আমি কাঁচিটা খুঁজে পাচ্ছি না।'

পেটার তাঁকে খোঁজায় সাহায্য করল, তাঁর প্রসাধন দ্রব্য রাখার ড্রয়ার তছনছ করে। তিনি গজগজ করলেন, 'এরকম উলটো পালটা করে দিয়ো না পেটার।'

আমি পেটারের উত্তর শুনতে পেলাম না, সেটা উদ্ধত কিছু একটা হবে কারণ তার মা তার বাহুতে একটা চাপড় কষালেন। সে আবার তার মায়ের পশ্চাদ্দেশে থাপ্পড় মারল, তার মা তাঁর সর্বশক্তি দিয়ে একটা ঘুঁষি মারলেন তখন হাত তুলে মুখে একটা ছদ্ম আতঙ্কের ভাব ফুটিয়ে বলল, 'চল, চল, বুড়ো মেয়ে!'

মিসেস ভ্যান ডান বসে পড়লেন। পেটার তাঁর কবজি ধরে টেনে উঠিয়ে সারা ঘর ঘুরতে লাগল। তিনি হাসলেন, কাঁদলেন, বকলেন, লাথি ছুঁড়লেন কিন্তু কিছুই করতে পারলেন না। পেটার তার বন্দিনীকে চিলেকোঠার সিঁড়ির মুখ অবধি টেনে নিয়ে গেল, তারপর তাঁকে দয়া করে যেতে দিল। মিসেস ভ্যান ডান ঘরে ফিরে এসে বড়ো শ্বাস ফেলে চেয়ারে বসলেন।

আমি মজা করে বললাম, 'ডি এন্টফ্যুরুং ডের মুটার।'[*]

'হ্যাঁ, কিন্তু ও আমায় ব্যথা দিয়েছে।'

আমি গিয়ে দেখে জল দিয়ে তাঁর লাল হয়ে ওঠা কবজিকে একটু ঠান্ডা করলাম। পেটার তখনও সিঁড়িতে, আবার অধৈর্য হয়ে উঠছিল, হাতে একটা বেল্ট নিয়ে লাফ দিয়ে এসে ঘরে ঢুকল, যেন সিংহকে পোষ মানাবে। মিসেস ভ্যান ডান নড়লেন না, তাঁর লেখার টেবিলে বসে রইলেন, একটা রুমাল খুঁজতে লাগলেন। 'তোমাকে প্রথমে ক্ষমা চাইতে হবে।' 'ঠিক আছে, আমি ক্ষমা চাইছি, কিন্তু যদি না চাই, আমাদের মাঝরাত অবধি এখানে থাকতে হবে।'

---

[*] মাকে অপহরণ, সম্ভবত প্রসঙ্গটি এসেছে মোৎসার্ট-এর অপেরা *দ্য অ্যাবডাকশন ফ্রম দ্য সেরাগলিও* থেকে।

মিসেস ভ্যান ডানকে ইচ্ছে না থাকা সত্ত্বেও হাসতে হল। তিনি উঠে পড়লেন, দরজার দিকে গেলেন, গিয়ে মনে হল আমাদের কাছে একটা ব্যাখ্যা দেওয়া দরকার। (আমরা বলতে আমি বোঝাচ্ছি বাবা, মা এবং আমি; আমরা ধোয়াধুয়ির কাজে ব্যস্ত ছিলাম।) তিনি বললেন, 'ও বাড়িতে এরকম ছিল না। আমি এত জোরে বেল্ট দিয়ে মারতাম যে ও উড়ে গিয়ে সিঁড়িতে পড়ত। ও এত উদ্ধত কখনও ছিল না। ওর একটা ভালো রকম মার দরকার, এটাই প্রথম বার নয় অবশ্য। এখনকার সময়ে বেড়ে ওঠা, এখনকার ছেলেমেয়েদের কাছে এটাই তো আমাদের পাওনা। আমি আমার মাকে কখনও এভাবে ধরিনি। মিস্টার ফ্রাঙ্ক, আপনি কি কখনও আপনার মায়ের সঙ্গে এরকম ব্যবহার করেছেন?' তিনি অত্যন্ত বিচলিত হয়ে জোরে জোরে এদিক ওদিক হাঁটছিলেন, যা মাথায় আসছিল তাই বলছিলেন, তখনও তিনি ওপরে যাননি। শেষ পর্যন্ত, অনেকক্ষণ বাদে তিনি বেরিয়ে গেলেন।

পাঁচ মিনিটের মধ্যেই তিনি ঝড়ের বেগে সিঁড়ি দিয়ে নেমে এলেন। গালগুলো ফুলে গেছে, রাগে, অ্যাপ্রনটা চেয়ারে ছুঁড়ে ফেললেন। আমি যখন জিজ্ঞেস করলাম, তিনি ঠিক আছেন কিনা, তিনি উত্তর দিলেন তিনি নিচে যাবেন। তারপর এমন জোরে নেমে গেলেন যেন ঘূর্ণি ঝড় চলে গেল, সম্ভবত তাঁর পুট্টির বাহুডোরে আশ্রয় নিতে গেলেন।

আটটা পর্যন্ত আসেননি, তারপর স্বামীর সঙ্গে উঠে এলেন, পেটারকে চিলেকোঠা থেকে টেনে বার করা হল, কঠোর তিরস্কার করা হল সেই সঙ্গে গালাগালির বর্ষণ: অসভ্য অপদার্থ ছোকরা, খারাপ উদাহরণ, আনা এই, মারগট ঐ, আমি আর বাকি শুনতে পারিনি।

আজ আবার সব শান্ত হয়ে গেছে!

তোমার, আনে এম ফ্রাঙ্ক

পুনশ্চঃ মঙ্গল আর বুধবার আমাদের প্রিয় রানি জাতির উদ্দেশ্যে ভাষণ দিয়েছিলেন। নেদার ল্যান্ডস-এ যাতে সুস্বাস্থ্য নিয়ে ফিরতে পারেন সেজন্য তিনি ছুটিতে যাচ্ছেন। তিনি এই ধরনের শব্দ ব্যবহার করেছিলেন, 'শীঘ্রই, যখন আমি হল্যান্ডে ফিরব', 'দ্রুত মুক্তি', 'বীরত্ব' আর 'গুরু দায়িত্ব'।

এর পরে ছিল প্রধানমন্ত্রী গেরব্রান্ডির বক্তৃতা। তাঁর কণ্ঠস্বরটি ছোটো বাচ্চার মতো এমন উচ্চস্বরে বাঁধা যে, মায়েরা শুনলেই চেঁচিয়ে উঠবেন 'উফ্' বলে। অনুষ্ঠান শেষ হয় এক পাদ্রির ঈশ্বরের কাছে প্রার্থনা দিয়ে, যেখানে তিনি বলেন, সব ইহুদিদের, যারা বন্দীশিবিরে, জেলখানায় আর জার্মানিতে যাঁরা কর্মরত তাঁদের সবাইকে যেন ঈশ্বর রক্ষা করেন।

তোমার, আনে

বৃহস্পতিবার, মে ১১, ১৯৪৪

প্রিয়তমা কিটি,

যেহেতু আমি আমার প্রিয় ঝরনা কলম সমেত আমার টুকিটাকি জিনিস রাখার 'জাঙ্ক বক্স' ওপরতলায় ফেলে এসেছি আর আমার যেহেতু বড়োদের দিবানিদ্রায় ব্যাঘাত ঘটানোর অনুমতি নেই তাই তোমাকে এই পেনসিলে লেখা চিঠি দিয়েই কাজ চালাতে হবে।

এখন আমি ভয়ানক ব্যস্ত, আর এটা অদ্ভুত শোনালেও বলতে হবে যে এই পাহাড় প্রমাণ কাজ সারার মতো যথেষ্ট সময় আমার হাতে নেই। আমি কি তোমাকে আমাকে কী কী করতে হবে তার একটা তালিকা দেব? তাহলে বলি, কালকের আগেই গ্যালিলিও গ্যালিলির জীবনীর প্রথম খণ্ডটা শেষ করতে হবে, কারণ ওটা লাইব্রেরিতে ফেরত যাবে। আমি গতকাল ওটা পড়তে শুরু করেছি এবং ৩২০ পাতার বইয়ের ২২০ পাতা পড়ে ফেলেছি, কাজেই ওটা হয়ে যাবে। আগামী সপ্তাহে আমাকে পড়তে হবে *প্যালেস্টাইন অ্যাট দ্য ক্রসরোডস* এবং গ্যালিলির দ্বিতীয় খণ্ড। এছাড়া গতকাল আমি সম্রাট পঞ্চম চার্লস-এর জীবনীর প্রথম খণ্ড শেষ করেছি এবং যেসব নোট নিয়েছি এবং তথ্য সংগ্রহ করেছি তার ওপর ভিত্তি করে বেশ কিছু বংশতালিকার কাজ করতে হবে। তারপরে বিভিন্ন বই থেকে বিদেশি শব্দ খুঁজে তিন পাতা ভর্তি করতে হবে, মুখস্ত করতে হবে, জোরে জোরে পড়তে হবে। চার নম্বর: আমার চিত্রতারকারা খুবই ওলটপালট হয়ে আছে, সেগুলো ঠিকঠাক করতে হবে কিন্তু সে সব করতে কয়েক দিন লেগে যাবে। কিন্তু যেহেতু অধ্যাপিকা আনে আগেই জানিয়েছে যে, সে গলা অবধি কাজে ডুবে আছে, সেহেতু তাদের কিছু দিন অগোছালো অবস্থাতেই থাকতে হবে। তারপর থেসেউস, ইদিপাস, পেলেউস, অর্ফিউস এবং হারকিউলিস—এরা সবাই জট ছাড়ানোর অপেক্ষায় রয়েছে, এদের বিভিন্ন কার্যকলাপ পোশাকের বহুরঙা সুতোগুলোর মতো আমার মনে আঁকাবাঁকা নকশা বুনছে। মিরন আর ফিদিয়াসকে নিয়েও পড়াশুনো করতে হবে না হলে একেবারেই ভুলে যাব তাদের ভূমিকা। এই একই কথা প্রযোজ্য সাত বছরের যুদ্ধ আর ন বছরের যুদ্ধের ক্ষেত্রে। আমি তো এখন সব গুলিয়ে ফেলতে বসেছি। আমার মতো স্মৃতিশক্তি নিয়ে তুমি কী করবে! আশি বছরে যখন পৌঁছব তখন কী রকম ভুলো মন হয়ে যাব বল তো!

ওহ্, আরেকটা জিনিস। বাইবেল। আরো কতদূর পড়লে স্নানরতা সুসানার গল্পটা পাব? সোডোম আর গোমোরা বলতে কী বোঝায়? ওহ্, কত কী পড়বার বুঝবার

রয়েছে। আর ওদিকে প্যালেস্টাইনের শার্লোটেকে বিপদের মধ্যে ফেলে রেখে এসেছি।

তুমি তো দেখতে পাচ্ছ কিটি আমি কী রকম টইটম্বুর হয়ে আছি!

এবার অন্য প্রসঙ্গ। তুমি অনেক দিন ধরেই জানো যে আমার সবচেয়ে বড়ো ইচ্ছে হল সাংবাদিক হওয়ার এবং পরে নামী লেখক হওয়ার। আমাদের অপেক্ষা করতে হবে এবং দেখতে হবে এই মহান ইচ্ছেগুলো (নাকি মতিভ্রম!) সত্যি হয়ে ওঠে কিনা, তবে এখনও পর্যন্ত আমার বিষয়ের অভাব নেই। তবে যাই হোক যুদ্ধের পরে *গোপন ডেরা* নামে একটা বই প্রকাশ করব। দেখতে হবে পারব কিনা, তবে ডায়েরিটা খুব কাজে লাগবে।

আমাকে 'ক্যাডিস লাইফ'টা শেষ করতে হবে। গল্পের শেষটা আমার ভাবা আছে। স্বাস্থ্যনিবাসে সুস্থ হয়ে ক্যাডি বাড়ি ফিরে গেল এবং হানস্‌কে লিখতে লাগল। ১৯৪১ নাগাদ হানস্-এর নাৎসি অনুরক্তির কথা তার জানতে বাকি রইল না। ক্যাডি ইহুদিদের দুর্দশা এবং তার বন্ধু ম্যারিয়ানের বিষয়ে গভীর ভাবে উদ্বিগ্ন ছিল, তাই তাদের সম্পর্কে ফাটল দেখা দিল। তাদের দেখা হল কিন্তু বিচ্ছেদ সম্পূর্ণ হল যখন হানস্ আরেকটি মেয়ের সঙ্গে জড়িয়ে পড়ল। ক্যাডি ভেঙে পড়লেও যেহেতু সে একটা ভালো কাজ পেতে চায় সেজন্য সে নার্সিং পড়তে শুরু করল। স্নাতক হওয়ার পর বাবার বন্ধুর আগ্রহে সুইজারল্যান্ডে একটা টিবি স্বাস্থ্যনিবাসে নার্স হিসেবে যোগ দিল। প্রথম ছুটিতে সে লেক কম্বোতে গেল, যেখানে তার হানস্-এর সঙ্গে দেখা হয়ে গেল। সে ক্যাডিকে বলল দুবছর আগে সে সেই মেয়েটিকে বিয়ে করছিল, কিন্তু তার স্ত্রী মানসিক রোগগ্রস্ত হয়ে পড়ে। এখন সে আবার তার ছোট্ট ক্যাডিকে দেখতে পেয়েছে, বুঝতে পেরেছে যে সে তাকে কত ভালোবাসে এবং তাকে বিয়ে করতে চায়। ক্যাডি তাকে প্রত্যাখ্যান করে, যদিও তার এরকম মনোভাব থাকা উচিত নয় তবুও সে তাকে আগের মতোই ভালোবাসে। কিন্তু তার অভিমান তাকে দূরে সরিয়ে রাখল। হানস্ চলে গেল, কয়েক বছর পরে ক্যাডি জানতে পারল, সে হাসপাতালে ভর্তি এবং অসুস্থতার সঙ্গে লড়াই করছে।

ছাব্বিশ বছর বয়সে ক্যাডি সাইমন নামে এক বিত্তশালী ব্যক্তিকে বিয়ে করে। সে তাকে ভালোবাসে ঠিকই কিন্তু হানস্-এর মতো নয়। তার দুটি মেয়ে ও একটি ছেলে, লিলিয়ান, জুডিথ আর নিকো। সে এবং সাইমন সুখীই ছিল তবে তার মনের মধ্যে সব সময়েই হানস্ ছিল। এক রাতে সে হানস্‌কে স্বপ্ন দেখল আর বিদায় জানাল।

এটা ভাবপ্রবণ প্রলাপ নয়: এটা বাবার জীবনের ওপর ভিত্তি করে লেখা।

তোমার, আনে এম ফ্রাঙ্ক

শনিবার, মে ১৩, ১৯৪৪

আমার প্রিয়তমা কিটি,

গতকাল ছিল বাবার জন্মদিন এবং বাবা-মায়ের উনিশতম বিবাহ বার্ষিকী। নিচের ঝাড়পোছ করার মেয়েটি আসেনি...আর এ বছরে এমন ঝলমলে রোদ কখনও দেখা যায়নি। আমাদের চেস্টনাট গাছ ফুলে ভরে গেছে। সবুজ পাতায় ছেয়ে গেছে। গতবারের চেয়ে গাছটাকে বেশি সুন্দর দেখাচ্ছে।

বাবা মিস্টার ক্লাইমানের কাছ থেকে লিনেয়াসের একটি জীবনী পেয়েছেন, ডুসেলের কাছ থেকে ক্যানালস অফ আমস্টারডাম, ভ্যান ডানদের তরফ থেকে একটা বড়ো বাক্স (এত সুন্দরভাবে মোড়া, মনে হয় যেন পেশাদারী হাতে করা), তাতে ছিল তিনটে ডিম, এক বোতল বিয়ার, এক জার দই আর একটা সবুজ টাই। এর পরে আমাদের দেওয়া এক জার সিরাপ নেহাতই নগণ্য। মিয়েপ আর বেপ-এর দেওয়া লাল কার্নেশনের চেয়ে আমার গোলাপের গন্ধ ছড়িয়েছিল দারুণ। আদরে প্রশয়ে বাবা একেবারে মাখোমাখো। সাইমন বেকারি থেকে নানা ধরনের পেস্ট্রি এল, দারুণ সুস্বাদু! বাবা আমাদের মশলাদার কেক খাওয়ালেন, পুরুষদের বিয়ার আর মেয়েদের দই। সবই বেশ রসনালোভন ছিল।

তোমার, আনে এম ফ্রাঙ্ক

মঙ্গলবার, মে ১৬, ১৯৪৪

প্রিয়তমা কিটি, একটু মুখ বদলাবার জন্য (যেহেতু এসব নিয়ে অনেকদিন কথা হয়নি) মিস্টার এবং মিসেস ভ্যান ডানের গতরাতের ছোট্ট একটু কথোপকথনের কথা বলব:

মিসেস ভ্যান ডান: জার্মানরা অতলান্তিক দেওয়াল দুর্ভেদ্য করার জন্য অনেকটা সময় পেয়েছে আর তারা ব্রিটিশদের আটকাবার জন্য সর্বশক্তি নিয়োগ করবে। জার্মানদের শক্তি দেখলে অবাক হতে হয়!

মিস্টার ভ্যান ডান: হ্যাঁ, সত্যিই অবাক হওয়ার মতো!

মিসেস: হ্যাঁ!

মিস্টার: ওরা এত শক্তিশালী যে শেষ পর্যন্ত ওরা জিতবেই, এটাই তো তুমি বলতে চাইছ?

মিসেস: হয়তো তাই। এর উলটোটা হওয়ার ব্যাপারেও আমি নিশ্চিত নই।

মিস্টার: আমি এ ব্যাপারে কথা বলব না।

মিসেস: তুমি তো সব সময়েই শেষ কথা বলতে চাও। আর প্রত্যেক বারই তুমি উত্তেজিত হয়ে পড়।

মিস্টার: না, আমি তা করি না। আমি সব সময়েই উত্তর সংক্ষিপ্ত রাখতে চাই।

মিসেস: কিন্তু তোমার তো সব সময়েই একটা না একটা জবাব থাকে আর সব সময়ে তুমিই ঠিক! তোমার ভবিষ্যদ্বাণীগুলি বেশিরভাগ সময়েই বেঠিক হয়, এটাও তো জানো!

মিস্টার: অনেকগুলো তো হয়েছে।

মিসেস: না হয়নি। তুমি বলেছিলে গত বছর বহিরাক্রমণ ঘটবে, ফিনরা লড়াই থেকে সরে যাবে, গত শীতে ইতালীয় প্রচার থেমে যাবে, আর রাশিয়ানরা লেমবার্গ দখল করে ফেলবে। তোমার ভবিষ্যদ্বাণীর ওপর আমার একেবারেই ভরসা নেই।

মিস্টার: (উঠে দাঁড়িয়ে) : তুমি তোমার এই বকবকানি বন্ধ করবে? আমি তোমায় দেখিয়ে দেব কে ঠিক; তোমার এই খোঁচা মারা স্বভাবটা পালটাবে? তোমার এই গজর গজর করাটা আমি এক মিনিটও সহ্য করতে পারি না। অপেক্ষা কর, একদিন নিজের কথা নিজেই ফিরিয়ে নেবে।

(প্রথম অঙ্কের সমাপ্তি।)

আমি তো না হেসে পারিনি, মা-ও তাই, এমনকি পেটারও হাসি চাপার জন্য ঠোঁটে ঠোঁট চেপে রেখেছিল। বড়োরা বড়ো নির্বোধ। ছোটোদের ব্যাপারে একগাদা মন্তব্য করার আগে তাদের কিছু জিনিস শিখে নেওয়া দরকার!

গত শুক্রবার থেকে রাতে আবার আমরা জানলা খুলে রাখছি।

তোমার, আনে এম ফ্রাঙ্ক

আমাদের গোপন ডেরার পরিবার কিসে আগ্রহী
(পাঠক্রম এবং পাঠ্যবস্তুর একটা ক্রমানুসারী সমীক্ষা)

মিস্টার ভ্যান ডান: কোনো পাঠক্রম নেই; নাউরস এনসাইক্লোপিডিয়া এবং অভিধানে বহু জিনিস দেখেন; পছন্দ করেন গোয়েন্দা গল্প, চিকিৎসা সংক্রান্ত বই এবং মামুলি অথবা উত্তেজক দুধরনের গল্পই পছন্দ করেন।

মিসেস ভ্যান ডান: ইংরেজির একটা ডাক যোগে শিক্ষার পাঠক্রম; ভালোবাসেন জীবনীমূলক উপন্যাস, কখনও কখনও অন্যান্য বইও পড়েন।

মিস্টার ফ্রাঙ্ক: শিখছেন ইংরেজি (ডিকেন্স), অল্পস্বল্প লাতিন; উপন্যাস কখনও পড়েন না, মানুষ ও দেশ বিষয়ে গম্ভীর এবং শুকনো বর্ণনা পড়তে পছন্দ করেন।

মিসেস ফ্রাঙ্ক: ইংরেজির একটা ডাক যোগে শিক্ষার পাঠক্রম; গোয়েন্দা গল্প ছাড়া সবই পড়েন।

মিস্টার ডুসেল: শিখছেন ইংরেজি, স্প্যানিশ এবং ডাচ ভাষা কিন্তু লক্ষ্যণীয় উন্নতি নেই; সবই পড়েন; সংখ্যাগরিষ্ঠের মতামতে চলেন।

পেটার ভ্যান ডান: শিখছে ইংরেজি, ফরাসি (ডাকযোগে), ডাচ, ইংরেজি, জার্মানে শর্টহ্যান্ড, ইংরেজিতে ব্যবসায়িক চিঠিপত্র লেখা, কাঠের কাজ, অর্থনীতি, কখনও অঙ্ক; কালেভদ্রে পড়ে, পড়লেও ভূগোল।

মারগট ফ্রাঙ্ক: ডাকযোগে শিক্ষার পাঠক্রমে ইংরেজি, ফরাসি এবং লাতিন; ইংরেজি, জার্মান এবং ডাচে শর্টহ্যান্ড; ত্রিকোণমিতি, জ্যামিতি, মেকানিক্স, পদার্থবিদ্যা, রসায়ন, অ্যালজেব্রা, ভূগোল, ইংরেজি সাহিত্য, ফরাসি সাহিত্য, জার্মান সাহিত্য, ডাচ সাহিত্য, বুক কিপিং, ভূগোল, আধুনিক ইতিহাস, জীবনবিজ্ঞান, অর্থনীতি; সব বিষয়ই পড়ে, ধর্ম ও ঔষধশাস্ত্র বিষয়ে বিশেষ আগ্রহ।

আনে ফ্রাঙ্ক: ফরাসি, ইংরেজি, জার্মান ও ডাচে শর্টহ্যান্ড, ভূগোল, অ্যালজেব্রা, ইতিহাস, ভূগোল, শিল্পের ইতিহাস, পুরাণ, জীবনবিজ্ঞান, বাইবেল ইতিহাস, ডাচ সাহিত্য; পড়তে ভালোবাসে জীবনী, সে একঘেয়ে কিংবা উত্তেজক যাই হোক এবং ইতিহাস বই (কখনও ইতিহাস এবং লঘু বিষয়)।

শুক্রবার, মে ১৯, ১৯৪৪

প্রিয়তমা কিটি,

গতকালটা খুব খারাপ কেটেছে। বমি (সবাইকে ছেড়ে আমাকে), মাথা ব্যথা, পেটে ব্যথা আরো কিছু যা তুমি কল্পনা করতে পারো। আজকে অনেক ভালো। ভয়ানক ক্ষুধার্ত কিন্তু রাতের জন্য যে বাদামি বিনস হয়েছে সেটা আমি খাব না।

পেটার আর আমার মধ্যেকার ব্যাপার ঠিকঠাকই চলছে। বেচারা পেটারের আমার চেয়ে বেশি মায়া মমতা পাওয়া প্রয়োজন। ও যখন শুভরাত্রির চুমোটা পায় তখন লজ্জায় লাল হয়ে যায় তারপর আরেকটা জন্য প্রায় ভিক্ষে করে। আমি কি নিছকই বশের একটা ভালো বিকল্প? আমি কিছু মনে করি না। কেউ ওকে ভালোবাসে জেনেই ও খুশি।

আমার শ্রমসাধ্য জয়ের পর আমি পরিস্থিতি থেকে নিজেকে কিছুটা সরিয়ে এনেছি, কিন্তু এটা ভেবো না যে আমার ভালোবাসা কমে গেছে। পেটার খুবই মিষ্টি ছেলে কিন্তু আমি আমার মনের ভেতরের দরজায় তালা দিয়ে দিয়েছি; যদি সে কখনও

জোর করে তালা ভাঙতে চায় তাহলে তাকে শক্তপোক্ত লোহার হুক ব্যবহার করতে হবে।

তোমার, আনে এম ফ্রাঙ্ক

শনিবার, মে ২০, ১৯৪৪

প্রিয়তমা কিটি,

গতরাতে আমি চিলেকোঠা থেকে নেমে এসে ঘরে ঢুকতে গিয়ে দেখি কার্নেশন ফুলসুদ্ধ সুন্দর ফুলদানিটা মাটিতে পড়ে গেছে। মা হামাগুড়ি দিয়ে বসে জল মুছছেন আর মারগট মেঝে থেকে আমার কাগজগুলো তুলছে। 'কী হয়েছে?' বিপদ অনুমান করে আমার উদ্বিগ্ন প্রশ্ন, আর তারা উত্তর দেবার আগেই ক্ষতির পরিমাণটা বোঝাবার চেষ্টা করলাম। আমার সব বংশতালিকার ফোল্ডার, আমার লেখার খাতা, আমার পড়ার বই সব মেঝেতে ভাসছে। আমার কাঁদো কাঁদো অবস্থা। আমি এত বিচলিত হয়েছিলাম যে জার্মান বলতে শুরু করেছিলাম। আমার একটা কথাও মনে ছিল না কিন্তু মারগট পরে বলেছিল আমি হড়বড় করে বলেছিলাম, উ্যানবেরসেহবারের শাডেন, শ্রেকলিশ, এন্টেসেটৎসেলিশ, নি ৎসু এর্সেটৎসেন* আরো অনেক কিছু। বাবা হাসিতে ফেটে পড়েছিলেন, মা আর মারগটও যোগ দিয়েছিল। আমার কান্নার কারণ হল আমার সমস্ত কাজ আর বিস্তারিত নোট সব নষ্ট হয়ে গেল।

আমি ভালো করে দেখলাম আর সৌভাগ্যক্রমে 'অপরিমেয় ক্ষতির' পরিমাণ তত বেশি নয় যতটা আমি ভেবেছিলাম। আমি চিলেকোঠায় গিয়ে জুড়ে যাওয়া পাতাগুলো যত্ন করে ছাড়ালাম, তারপর কাপড় শুকোবার তারে মেলে দিলাম। ব্যাপারটা এমন মজার হল যে এমনকি আমিও হেসে ফেললাম। পঞ্চম চার্লস, উইলিয়াম অফ অরেঞ্জ এবং মারি আঁতোয়ানেৎ-এর পাশে মারিয়া দ্য মেদিচি।

মিস্টার ভ্যান ডান রসিকতা করে বললেন, 'রাসেনশান্ডে'।†

আমার কাগজগুলো পেটারের দায়িত্বে দিয়ে আমি নিচে নেমে গেলাম।

'কোন বইটা নষ্ট হয়েছে?' আমি মারগটকে জিজ্ঞেস করলাম। সে সেগুলো উলটে পালটে দেখছিল। 'অ্যালজেব্রা' মারগট বলল। কিন্তু দুর্ভাগ্য অ্যালজেব্রা বইটা পুরোপুরি নষ্ট হয়নি। ওটা ফুলদানির ভেতরে পড়লেই ভালো হত। আর কোনো বইকেই আমি

---

* অপরিমেয় ক্ষতি, ভয়ঙ্কর, সাংঘাতিক, ক্ষতিপূরণ হবার নয়।

† সাম্প্রদায়িক বিশুদ্ধতার প্রতি অপমান।

ঐ বইটার মতো অপছন্দ করিনি। প্রথম পাতায় অন্তত কুড়িটা মেয়ের নাম লেখা, বইটা আগে যাদের ছিল। পুরোনো, হলদে হয়ে যাওয়া পাতা, হিজিবিজিতে ভর্তি আর কাটাকুটি। এর পরের বার যখন আমার মেজাজ খারাপ হবে তখন বইটা ছিঁড়ে কুটিকুটি করে ফেলব।

তোমার, আনে এম ফ্রাঙ্ক

সোমবার, মে ২২, ১৯৪৪

প্রিয়তমা কিটি,

গত বিশে মে বাবা মিসেস ভ্যান ডানের কাছে পাঁচ জার দই বাজি হেরেছেন; বহিরাক্রমণ এখনও হয়নি। আমি খুব নিরাপদে বলতে পারি গোটা আর্মস্টারডাম, গোটা হল্যান্ড, বলতে গেলে ইউরোপের গোটা পশ্চিম উপকূল, একেবারে স্পেন অবধি, সবাই দিনরাত্তির বহিরাক্রমণ নিয়ে কথা বলছে, তর্ক করছে বাজি ফেলছে আর...আশা করছে।

উৎকণ্ঠা ভীষণ ভাবে বাড়ছে; আমরা যারা নিজেদের 'ভালো' ডাচ বলে মনে করি, তারা সকলেই ইংরেজদের ওপর বিশ্বাস রেখেছি তা নয়, প্রত্যেকেই ইংরেজদের ধোঁকাবাজিকে কর্তৃত্বব্যঞ্জক রণনীতি বলে মনে করি তাও নয়। মানুষ কাজ দেখতে চায়—মহান, বীরত্বপূর্ণ কাজ।

কেউই তার নাকের বাইরে কিছু দেখে না, কেউই এটা ভাবে না যে ইংরেজরা তাদের নিজেদের দেশ আর নিজের দেশবাসীর জন্য লড়াই করছে; সকলেই মনে করে যত তাড়াতাড়ি সম্ভব হল্যান্ডকে রক্ষা করাটাই ইংল্যান্ডের কর্তব্য। আমাদের জন্য ইংরেজদের কিসের দায়? ডাচেরা কী করেছে যে তারা খোলাখুলি ভাবে উদার সাহায্য আশা করছে, না, ডাচেরা এটা খুবই ভুল করছে। ব্রিটিশরা যতই ধোঁকা দিয়ে থাকুক, ছোটো বড়ো দেশ যেগুলো জার্মানরা এখন অধিকার করে নিয়েছে, যুদ্ধের জন্য তাদের চেয়ে বেশি দোষ ব্রিটিশদের ওপর দেওয়া ঠিক নয়। ব্রিটিশদেরও অজুহাত খাড়া করা উচিত নয়; জার্মানি যখন নিজেকে নতুন করে অস্ত্র সজ্জিত করছিল, তারা তখন ঘুমোচ্ছিল, কিন্তু অন্য দেশগুলোও, যেগুলো জার্মানির সীমান্তবর্তী, তারাও ঘুমোচ্ছিল। ব্রিটেন এবং বাকি বিশ্ব আবিষ্কার করেছে যে মাথা বালিতে ডুবিয়ে রাখলে কাজ হয় না, আর এখন তাদের, প্রত্যেককেই, বিশেষত ইংল্যান্ডকে এই উটপাখি নীতির জন্য অনেক মূল্য চোকাতে হবে।

কোনো দেশই বিনা কারণে তার জনশক্তি ক্ষয় করতে চায় না। আর অন্য দেশের স্বার্থে তো নয়ই, আর ইংরেজরা তার ব্যতিক্রম নয়। বহিরাক্রমণ, স্বাধীনতা একদিন

২৬৯

আসবেই; কিন্তু ব্রিটেন আর অধিকৃত দেশগুলো তার দিনক্ষণ ধার্য করতে পারবে না।

গভীর দুঃখ আর আতঙ্কের সঙ্গে আমরা শুনেছি যে বহু মানুষ ইহুদিদের সম্পর্কে তাদের মনোভাব বদল করেছে। আমাদের বলা হয়েছে এমন সব মহলে ইহুদিবিদ্বেষ মাথা চাড়া দিয়ে উঠেছে যা আগে ভাবাই যেত না। এই ঘটনা আমাদের খুব বেশি রকম প্রভাবিত করেছে। এই ঘৃণার কারণ বোঝা যায়, হয়তো সেগুলো মানবিকও, কিন্তু ব্যাপারটা ঠিক নয়। খ্রিষ্টানরা বলে ইহুদিরা জার্মানদের কাছে তাদের গোপন কথা বলে দিয়েছে, তাদের সাহায্যকারীদের ফাঁসিয়ে দিয়েছে এবং ভয়ানক দুর্ভাগ্য ও শাস্তির মধ্য দিয়ে যেতে হয়েছে। অনেকের ভাগ্যেই তা জুটেছে। এ সবই তো সত্যি। কিন্তু সব কিছুর মতো এ ব্যাপারটা দুদিক থেকেই দেখা দরকার: আমাদের জায়গায় থাকলে খ্রিষ্টানরা কি আলাদা আচরণ করত? ইহুদি খ্রিষ্টান যেই হোক না কেন জার্মানদের চাপের মুখে তারা কি মুখ বন্ধ করে থাকতে পারে? সবাই জানে এটা প্রকৃত পক্ষে অসম্ভব, তাহলে কেন লোকে ইহুদিদের কাছে অসম্ভব কিছু চায়?

গোপন মহলে বলা হচ্ছে যে সব জার্মান ইহুদি যুদ্ধের আগে হল্যান্ডে দেশান্তরিত হয়েছিল, এখন তাদের পোলান্ডে পাঠিয়ে দেওয়া হয়েছে, তাদের আর ফিরতে দেওয়া হবে না। তাদের এক সময় শরণার্থীর অধিকার দেওয়া হয়েছিল হল্যান্ডে, কিন্তু হিটলার চলে গেলে তাদের জার্মানিতে ফিরে যেতে হবে।

যখন তুমি এটা শুনলে তখন তুমি আশ্চর্য হয়ে ভাববে কেন আমরা এই দীর্ঘ এবং কঠিন লড়াই চালিয়ে যাচ্ছি, আমাদের সব সময়েই বলা হয় আমরা স্বাধীনতা, সত্য আর ন্যায়বিচারের জন্য লড়াই করছি! যুদ্ধ তো এখনও শেষ হয়নি, ইতিমধ্যেই বাদানুবাদ শুরু হয়েছে আর ইহুদিদের হীন চোখে দেখা হচ্ছে। এটা দুঃখের এবং খুবই দুঃখের যে এই নিয়ে অজস্রবার পুরোনো প্রবচটি সত্য বলে প্রমাণিত হল: 'একজন খ্রিষ্টান কিছু করলে তার জন্য সে নিজেই দায়ী, আর একজন ইহুদি কিছু করলে তার জন্য সব ইহুদিই দায়ী।'

সত্যি কথা বলতে কী, আমি এটা বুঝি না যে হল্যান্ড, একটা ভালো, সৎ, মর্যাদাবান মানুষের দেশ, তারা কেন আমাদের এভাবে বিচার করবে? আমরা তো দুনিয়ার সব চেয়ে নিপীড়িত, দুর্ভাগ্যপীড়িত আর করুণাযোগ্য মানুষ।

আমার একটাই আশা: এই ইহুদিবিদ্বেষ চলে যাবে, ডাচেরা তাদের সত্যিকারের চেহারাটা দেখাবে, তাদের হৃদয় যা ন্যায় বলে জানে তা থেকে তারা সরে যাবে না, কারণ ইহুদিবিদ্বেষ অন্যায়।

আর তারা যদি ঐ ভয়ানক হুমকিকে কার্যকর করে, তাহলে হল্যান্ডে থেকে যাওয়া দুর্বল ইহুদিদের ছোট্ট দলটিকে চলে যেতে হবে। আমাদের বোঝা কাঁধে নিয়ে চলে

যেতে হবে এই সুন্দর দেশটা ছেড়ে, এই ভেবে যে দেশ আমাদের সাদরে ডেকে নিয়েছিল আর সে এখন পিঠ ফিরিয়েছে।

আমি হল্যান্ডকে ভালোবাসি। আমার কোনো পিতৃভূমি না থাকায় আমি আশা করেছিলাম এটাই হবে আমার পিতৃভূমি। আর এখনও তো তাই আশা করি।

তোমার, আনে এম ফ্রাঙ্ক

বৃহস্পতিবার, মে ২৫, ১৯৪৪

প্রিয়তমা কিটি,

বেপ বাগদত্তা! এই খবরটা খুব অবাক হবার মতো নয়, যদিও আমরা কেউই বিশেষ খুশি হইনি। বের্টুস হয়তো সুন্দর, সমর্থ, খেলাধুলো করা তরুণ যুবক, কিন্তু বেপ তাকে ভালোবাসে না, আর ওকে বিয়ে না করার ব্যাপারে পরামর্শ দেবার জন্য সেটাই যথেষ্ট কারণ।

বেপ চেষ্টা করছে এই দুনিয়ায় নিজের পায়ে দাঁড়াতে; আর বের্টুস তাকে পিছনের দিকে টানতে চায়; সে একজন শ্রমিক, নিজে থেকে কিছু করার আগ্রহ বা আকাঙ্ক্ষা তার নেই। আমার মনে হয় না এই ব্যাপারটা বেপকে সুখী করবে। আমি বুঝতে পারি সে তার সিদ্ধান্তহীনতা থেকে বেরোতে চায়; চার সপ্তাহ আগে সে বের্টুসকে বাতিল করার সিদ্ধান্ত নিয়েছিল, কিন্তু তারপরে তার মন আরো ভেঙে গেল। কাজেই সে তাকে চিঠি লিখল, আর এখন সে বাগদত্তা।

মা বলে বেপ-এর যদি বের্টুস-এর সঙ্গে প্রেমের সম্পর্ক গড়ে উঠত তাহলে ভালো হত। আমি জানি না, আমার বেপ-এর জন্য দুঃখ হয়, আমি ওর একাকীত্ব অনুভব করতে পারি। তবে যাই হোক, ওরা যুদ্ধের পরেই বিয়ে করবে, কারণ বের্টুস গা-ঢাকা দিয়ে আছে কোথাও। তাছাড়া ওদের কোনো অর্থ সামর্থ্য নেই, কনের সাজপোশাকও নেই। বেপ-এর জীবনে সম্ভাবনা বলে কিছু নেই তবুও আমরা সবাই ওকে শুভ কামনা জানিয়েছি। আমার শুধু একটাই আশা যে বের্টুস তার প্রভাবে উন্নতি করবে অথবা বেপ আরেকজন পুরুষকে খুঁজে পাবে যে জানবে কেমন করে বেপকে বুঝতে হয়।

তোমার, আনে এম ফ্রাঙ্ক

ঐ একই দিনে

প্রতিদিনই কিছু না কিছু ঘটে। আজ সকালে মিস্টার ভ্যান হোভেন গ্রেফতার হয়েছেন। তিনি দুজন ইহুদিকে তাঁর বাড়িতে গোপনে থাকতে দিয়েছিলেন। এটা

আমাদের পক্ষে একটা বড়ো ধাক্কা। শুধু এজন্য নয় যে ঐ হতভাগ্য ইহুদিরা এক অতল গহ্বরের কিনারায় এসে টাল সামলাতে চেয়েছিল, মিস্টার ভ্যান হোভেনের পক্ষেও এটা মর্মান্তিক।

পৃথিবীর ওলট পালট অবস্থা। সবচেয়ে সুভদ্র মানুষদের পাঠানো হচ্ছে কনসেনট্রেশন ক্যাম্পে, জেলে আর নির্জন কুঠুরিতে, আর নিচের থেকেও নিচে যারা তারা শাসন করছে ছোটো থেকে বৃদ্ধ আর গরিব আর বড়োলোকদের। একজন ধরা পড়ে কালোবাজারির জন্য তো অন্যজন দুর্ভাগাদের সাহায্য করার জন্য। তুমি যদি নাৎসি না হও তুমি জানতেই পারবে না তোমার কপালে পরদিন কী আছে।

মিস্টার ভ্যান হোভেনের ব্যাপারটা আমাদের পক্ষে বিরাট ক্ষতি। বেপ-এর পক্ষে ঐ পরিমাণ আলু বয়ে নিয়ে আসা সম্ভব নয় আর আনা উচিতও নয়, সুতরাং একমাত্র উপায় খাওয়া কমানো। আমি তোমাকে বলব আমরা কী ভাবছি। তবে এতে আমাদের জীবনযাপনের কষ্টের কিছু লাঘব হবে না। মা বলেছেন আমরা প্রাতরাশ খাব না, দুপুরে পরিজ আর রুটি খাব রাতে আলুভাজা আর যদি সম্ভব হয় সপ্তাহে একবার বা দুবার সবজি অথবা লেটুস। ব্যস, এটুকুই। আমাদের খিদে মরবে না, কিন্তু ধরা পড়ার চেয়ে তো ভালো।

তোমার, আনে এম ফ্রাঙ্ক

শুক্রবার, মে ২৬, ১৯৪৪

আমার প্রিয়তমা কিটি,

শেষ পর্যন্ত আমি জানলার ফ্রেমের ফাটলের সামনে আমার টেবিলে শান্তি মতো বসতে পেরেছি এবং তোমাকে সব কিছু লিখছি, সব কিছু, যা আমি তোমাকে বলতে চাই।

গত কয়েক মাসের মধ্যে নিজেকে এত অতিষ্ঠ কখনও লাগেনি। এমনকি ঐ চুরির ঘটনার পরেও ভেতর থেকে এমন করে ভেঙে পড়িনি। একদিকে মিস্টার ভ্যান হোভেনের খবর, ইহুদি সমস্যা (যা নিয়ে প্রত্যেকে বাড়িতে বিশদে আলোচনা করছে), বহিরাক্রমণ, (যা ঘটতে এখনও দেরি আছে), অখাদ্য খাবার। মানসিক চাপ, বিশ্রী আবহাওয়া, পেটারের ব্যাপারে আমার হতাশা, অন্যদিকে বেপ-এর বাগদান, হুইটসানের* অভ্যর্থনা, ফুল, মিস্টার কুগলারের জন্মদিন, কেক এবং ক্যাবারে, সিনেমা আর কনসার্টের গল্প। সেই পার্থক্য, সেই বিরাট পার্থক্য থেকেই যাবে। একদিন আমরা

---

* হুইটসান: ইস্টারের ছ সপ্তাহ পরে সপ্তম রবিবার থেকে সপ্তাহকালের উৎসব।

আমাদের আত্মগোপন করে থাকা জীবনের মজার দিকটা নিয়ে হাসাহাসি করি আর পরের দিন (আর এরকম দিনই বেশি) আতঙ্কিত হয়ে পড়ি আর ভয়, অনিশ্চয়তা আর হতাশা আমাদের মুখে ফুটে ওঠে।

আমাদের গুরুভার দায়িত্ব মিয়েপ আর মিস্টার কুগলার বহন করেন। এই সব লুকিয়ে থাকা মানুষগুলোর জন্য মিয়েপ যতটা পারেন সবই করেন আর মিস্টার কুগলার করেন এই আটজনের বিশাল দায়িত্ব পালনের মধ্য দিয়ে, যা মাঝে মাঝে এত বেশি হয়ে যায় যে অতিরিক্ত স্নায়ু চাপে আর পরিশ্রমে তাঁর মুখ দিয়ে কথা বেরোয় না। মিস্টার ক্লাইম্যান এবং বেপও খুব ভালোভাবে আমাদের দেখাশুনো করেন, কিন্তু তাঁরা কয়েক ঘণ্টা বা কয়েক দিনের জন্য এই গোপন ডেরার বোঝা মন থেকে নামিয়ে রাখতে পারেন। তাঁদের নিজেদের অনেক সমস্যা আছে, মিস্টার ক্লাইম্যানের স্বাস্থ্য এবং বেপ-এর বাগদান যেগুলো খুব আশাব্যঞ্জক নয়। কিন্তু তাঁরা বেড়িয়ে আসতে পারেন, বন্ধুদের সঙ্গে দেখা করতে পারেন। সাধারণ মানুষ হিসেবে প্রতিদিনের জীবন যাপনের মাধ্যমে অনিশ্চয়তার মেঘ খানিকটা সরে যায় অন্তত কিছু সময়ের জন্য। আর আমাদের তো কখনও সরেনি, কখনও সরে না, এই দুবছরে একবারও না। আর কত কাল এই ক্রমাগত বেড়ে চলা অসহনীয় দুর্ভার চাপের মধ্যে আমাদের থাকতে হবে?

নর্দমা আবার আটকে গেছে। আমরা জল ঢালতে পারছি না, ঢাললেও সামান্য; আমরা পায়খানায় ফ্ল্যাশ করতে পারছি না, কাজেই আমাদের পায়খানার বুরুশ সঙ্গে নিয়ে যেতে হচ্ছে; আমাদের নোংরা জলগুলো একটা বড়ো মাটির পিপেয় রাখতে হচ্ছে। আজ তো হয়ে গেল কিন্তু কী হবে যদি কলের মিস্ত্রি একা না পেরে ওঠে? বাকি মিস্ত্রিরা তো মঙ্গলবারের আগে আসতে পারবে না।

মিয়েপ 'শুভ হুইটসান' লেখা একটা কিশমিশ রুটি পাঠিয়েছেন। এটা অনেকটা ঠাট্টার মতো হয়েছে কারণ আমাদের মনমেজাজ 'শুভ' শব্দটার থেকে অনেক দূরে।

ভ্যান হোভেনের ঘটনাটার পর থেকে আমরা আরো আতঙ্কিত হয়ে আছি। সব দিক থেকে তুমি শুনতে পাবে 'শশহ' শব্দ, আর আমরা সব কিছু আরও নিশ্চুপে করছি। পুলিশ ওখানে দরজা ভেঙে ঢুকেছে; এখানেও তা করতে পারে! যদি একদিন আমরাও...না, এটা আমি অবশ্যই লিখব না। কিন্তু আজ এই কথাটা মনের ভেতরে তলিয়ে যাচ্ছে না, বরং উলটে যে সব ভয়ের অনুভূতি আমার ভেতরে ছিল সেগুলো যেন তার সমস্ত ভয়াবহতা নিয়ে আমার সামনে এসে দাঁড়িয়েছে।

আজ রাত আটটার সময় আমাকে একা নিচের তলায় পায়খানায় যেতে হল। সেখানে কেউ ছিল না, কারণ সবাই রেডিয়ো শুনছিল, আমি মনে সাহস আনার চেষ্টা করছিলাম কিন্তু খুবই কঠিন কাজ। বাড়ির নিচের তলার এই বিশাল নিস্তব্ধ ঘরগুলোর চেয়ে আমি সব সময় ওপরতলাতেই বেশি নিরাপদ বোধ করি। যখন এখানে একা

থাকি ওপর থেকে চাপা রহস্যময় শব্দ আর রাস্তা থেকে হর্নের আওয়াজ আসে। আমি তাড়াতাড়ি কাজ সারতে চাই, মনে মনে বলি, কাঁপুনি যেন না ধরে।

বাবার সঙ্গে কথা হবার পর মিয়েপ আমাদের সঙ্গে আরো ভালো ব্যবহার করছেন। কিন্তু এই বিষয়টা আমি তোমাকে বলিনি। মিয়েপ এক বিকেলে ওপরে উঠে এলেন, তাঁর চোখ মুখ লাল এবং বাবাকে সরাসরি জিজ্ঞেস করলেন আমরা কি মনে করি তারাও এই ইহুদি বিরোধিতার পক্ষে! বাবা তো প্রথমে হতবুদ্ধি হয়ে পড়লেন তারপর নিজেকে সামলে নিয়ে তাঁর এই ধারণা দূর করার চেষ্টা করলেন, কিন্তু মিয়েপ-এর কিন্তু সংশয় মিটতে সময় লাগল। এখন তারা আমাদের কাজে আরও আসা যাওয়া করছেন এবং আমাদের সমস্যার ব্যাপারে আরও সহানুভূতি দেখাচ্ছেন, যদিও আমরা আমাদের দুঃখদুর্দশা নিয়ে ওঁদের বিব্রত করব না। ওঁরা এত ভালো, মহৎ মানুষ!

আমি নিজেকে বারে বারে প্রশ্ন করি আমরা যদি আত্মগোপন না করতাম সেটাই কি ভালো হত না, আমরা যদি মারা যেতাম তাহলে এই দুঃখদুর্দশার মধ্যে দিয়ে যেতে হত না, তাহলে বিশেষ করে অন্যদের এই দায়ভার থেকে বাঁচানো যেত। কিন্তু আমরা সবাই এই ভাবনা থেকে সরে আসি। আমরা এখনও জীবনকে ভালোবাসি, আমরা প্রকৃতির কণ্ঠস্বরকে ভুলে যাইনি, আমরা আশা করি, আশা করি...সব কিছুর জন্য।

তাড়াতাড়ি কিছু একটা হোক, এমনকি একটা বিমানহানা ঘটুক। এই উদ্বেগের চেয়ে বেশি মনোবল ধ্বংসকারী আর কিছু হতে পারে না। যতই নিষ্ঠুর হোক, সমাপ্তি আসুক; তাহলে অন্তত আমরা জানতে পারব, আমরা জিতব না হারব।

তোমার, আনে এম ফ্রাঙ্ক

বুধবার, মে ৩১, ১৯৪৪

প্রিয়তমা কিটি,

শনি, রবি, সোম আর মঙ্গল, এই চারদিন এত গরম গেছে যে আমি আমার ঝরনা কলম হাতে নিতেই পারিনি, সেজন্য আমি তোমাকে কিছু লিখতে পারিনি। শুক্রবারে নর্দমাগুলো আটকে গিয়েছিল, শনিবারে সেগুলো ঠিক করা হয়। মিস্টার ক্লাইম্যান বিকেলে এসেছিলেন এবং আমাদের জোপি এবং জ্যাক ভ্যান মারসেন সম্পর্কে অনেক কথা বললেন, ওঁরা একই হকি ক্লাবে ছিলেন। রবিবারে বেপ এসে দেখে গেলেন কেউ চুরি করতে ঢুকেছিল কিনা আর আমাদের সঙ্গে প্রাতরাশ করলেন। হুইট সোমবারে মিস্টার গিজ পাহারাদারের কাজ করলেন। হুইট সোমবারে মিস্টার গিজ পাহারাদারের কাজ করলেন এবং মঙ্গলবারে আমরা শেষ পর্যন্ত জানলাগুলো খোলার অনুমতি

পেলাম। এত সুন্দর আর উষ্ণ হুইট সপ্তাহান্ত আমরা খুব কমই পেয়েছি। 'গরম' শব্দটা বলাই ভালো। এই গোপন ডেরায় গরম আবহাওয়া খুবই বিশ্রী। অজস্র অভিযোগের ধারণা দিতে আমি তোমাকে সংক্ষেপে গলদঘর্ম দিনগুলোর বর্ণনা দিচ্ছি।

শনিবার: 'চমৎকার, কী দারুণ আবহাওয়া', আমরা সবাই সকালে বললাম। 'যদি এতটা গরম না হত', আমরা বিকেলবেলা বললাম, তখন জানলাগুলো বন্ধ করে দেওয়া হল।

রবিবার: 'অসহ্য গরম, মাখন গলে যাচ্ছে, বাড়িটায় একটাও ঠান্ডা জায়গা নেই, রুটিগুলো শুকিয়ে যাচ্ছে, দুধ টকে যাচ্ছে, জানলাগুলো খোলা যাচ্ছে না। আমরা এই হতভাগা সমাজ-খেদানো লোকগুলো দমবন্ধ হয়ে মরছি আর বাকি সবাই হুইটসান ছুটিতে মজা করছে।'

সোমবার: 'আমার পায়ে ব্যথা, পরার মতো পাতলা জামা নেই, এই গরমে বাসন মাজতে পারি না!' মিসেস ভ্যান ডান ভোর থেকে রাত পর্যন্ত গজগজ করে চলেছেন। বিশ্রী ব্যাপার।

আমিও গরম সহ্য করতে পারছি না। আজ হাওয়া বইছে বলে ভালো লাগছে, কিন্তু রোদটাও জোরালো।

তোমার, আনে এম ফ্রাঙ্ক

শুক্রবার, জুন ২, ১৯৪৪

প্রিয় কিটি,

'তুমি যদি চিলেকোঠায় যাও, একটা ছাতা সঙ্গে নিয়ো, পারলে বড়ো দেখে!' ওটা তোমাকে 'ঘরোয়া বর্ষণ' থেকে বাঁচাবে। একটা ডাচ প্রবাদ আছে: 'অসহায় অবস্থা থেকে নিরাপদ বিপন্মুক্ত অবস্থায়', কিন্তু এটা অবশ্যই যুদ্ধের সময় (বন্দুক) এবং আত্মগোপনকারী মানুষদের (আবর্জনার ঝুড়ি) পক্ষে প্রযোজ্য নয়। মুশ্চির এখন অভ্যাস হয়েছে খবরের কাগজ অথবা মেঝের ফাটলে নিজেকে খালাস করার, কাজেই আমাদের এখন হিসির ছ্যারছ্যারানি এবং তার চেয়েও খারাপ, ঐ বদ গন্ধকে ভয় পাবার যথেষ্ট কারণ রয়েছে। গুদামে নতুন মুরটিয়ের ঐ একই সমস্যা। চুরি করতে ঢোকেনি এমন কেউ সহজেই বুঝতে পারবে ঐ বদগন্ধ, গোলমরিচ আর থাইমের গন্ধকে ছাপিয়ে সারা বাড়িতে ছড়িয়ে পড়েছে।

গোলাগুলির শব্দভীতি কাটাতে একটা সদ্য-নতুন প্রেসক্রিপশন আমি পেয়েছি। যখন গোলাগুলির শব্দ বেড়ে উঠবে তখন সব চেয়ে কাছের কাঠের সিঁড়িতে চলে যাও।

কয়েকবার ওপর নিচ কর, একবার অন্তত হোঁচট খাও। হ্যাঁচোর প্যাঁচোর এবং দৌড়নো এবং পড়ে যাবার শব্দে তুমি আর গোলাগুলির শব্দ শুনতেই পাবে না, আর ভয়ও কমে যাবে। তোমার বিশ্বস্ত আনে এই ম্যাজিক ফর্মুলা সাফল্যের সঙ্গে ব্যবহার করেছে!

তোমার, আনে এম ফ্রাঙ্ক

সোমবার, জুন ৫, ১৯৪৪

গোপন ডেরায় নতুন ঝামেলা। মাখনের ভাগ নিয়ে ডুসেল এবং ফ্রাঙ্ক দম্পতির মধ্যে সমস্যা। ডুসেল অবশ্য আত্মসমর্পণ করেছেন। মিসেস ভ্যান ডানের সঙ্গে তাঁর খুবই বন্ধুত্ব, ফষ্টিনষ্টি, চুমু খাওয়া, বন্ধুত্বপূর্ণ মৃদু হাসি। ডুসেল মহিলা সঙ্গিনীর অভাব বোধ করতে শুরু করেছেন।

ভ্যান ডানেরা বুঝতে পারছেন না যদি নিজেদের জন্য একটা মশলাদার কেক বানানোর সঙ্গতি না থাকে তাহলে মিস্টার কুগলারের জন্মদিনের জন্য সেটা কেন বানাব। সবই তুচ্ছ ব্যাপার। ওপর তলার মেজাজমর্জি: খারাপ। মিসেস ভ্যান ডানের ঠান্ডা লেগেছে। ডুসেলের কাছে ব্রিউয়ারের ইস্ট ট্যাবলেট রয়েছে, আমাদের কাছে একটাও নেই।

পঞ্চম বাহিনী রোম দখল করেছে। শহরটাকে ধ্বংস করা হয়নি, বোমাবর্ষণও করা হয়নি। হিটলারের জন্য বড়ো প্রচার।

খুব অল্পই আলু আর সবজি রয়েছে। রুটির একটা বড়ো টুকরোয় ছাতা পড়েছে। শার্মিনকেল্টে (গুদামের নতুন বেড়াল) গোলমরিচের গন্ধ সহ্য করতে পারে না। সে আবর্জনার ঝুড়িতে ঘুমোচ্ছে আর কাঠের চোকলায় তার কাজকর্ম সারছে। ওকে রাখা অসম্ভব। কালে বন্দরের কাছে ফ্রান্সের পশ্চিম উপকূলে বিরতিহীন বোমাবর্ষণ চলছে। কেউ ডলার কিনছে না। সোনার ব্যাপারেও লোকের উৎসাহ নেই। আমাদের কালো টাকার বাক্সের তলানি দেখা যাচ্ছে। পরের মাসগুলোতে কী করে চলবে?

তোমার, আনে এম ফ্রাঙ্ক

মঙ্গলবার, জুন ৬, ১৯৪৪

আমার প্রিয়তমা কিটি,

বিবিসি বারোটার সময় ঘোষণা করল 'আজ ডি-ডে'। 'আজ সেই দিন।' বহিরাক্রমণ শুরু হয়েছে!

আজ সকাল আটটায় ব্রিটিশরা জানিয়েছে কালে, বুলইন, ল্য আর্ভ, শেরবুর্গ আর সেই সঙ্গে কালে বন্দরের কাছে (যেমন আগেই চলছিল) ভারী ধরনের বোমা বর্ষণ করা হয়েছে। এছাড়া ঐ অধিকৃত এলাকাগুলিতে সতর্কতামূলক ব্যবস্থা হিসেবে, যারা উপকূলের বারো মাইলের ভেতরে থাকে, তাদের সবাইকে বোমা বর্ষণের সতর্ক বার্তা দেওয়া হয়েছে। যেখানে সম্ভব হবে সেখানে বোমা বর্ষণের একঘণ্টা আগে ব্রিটিশরা প্যামফ্লেট ছড়াবে।

জার্মান খবর অনুযায়ী ব্রিটিশ ছত্রী বাহিনী ফ্রান্সের উপকূলে নেমেছে। বিবিসির খবর অনুযায়ী, ব্রিটিশ রণতরী জার্মান নৌবাহিনীর সঙ্গে লড়াই করছে।

গোপন ডেরা সকাল নটায় প্রাতরাশের টেবিলে উপসংহারে পৌঁছল: এটা একটা মহড়া অবতরণ, যেমন এক বছর আগে দিয়েপ্পেতে হয়েছিল।

বিবিসি দশটায় জার্মান, ডাচ, ফরাসি এবং অন্যান্য ভাষায় সম্প্রচার করল: বহিরাক্রমণ শুরু হয়েছে! কাজেই এটা 'প্রকৃত' বহিরাক্রমণ। বিবিসি এগারোটায় জার্মান ভাষায় সম্প্রচার করল: সুপ্রিম কমান্ডার জেনারেল ডিউইট আইজেনহাওয়ারের বক্তৃতা।

বিবিসি ইংরেজিতে সম্প্রচার করল: 'আজ সেই দিন।' জেনারেল আইসেনহাওয়ার ফরাসি জনগণের উদ্দেশ্যে বললেন: 'কঠিন লড়াই আসছে, কিন্তু তারপরে আসছে জয়। এই ১৯৪৪ সাল সম্পূর্ণ বিজয়ের বছর। ভাগ্য সুপ্রসন্ন হোক।'

বেলা একটায় ইংরেজিতে বিবিসির সম্প্রচার: এগারো হাজার বিমান যাওয়া-আসা করছে অথবা স্থল সেনাকে সহায়তা করছে এবং শত্রু বাহিনীর পেছন থেকে আক্রমণ চালাচ্ছে; চার হাজার রণতরী এবং ছোটো নৌকো শেরবুর্গ আর ল্য আর্ভ-এ ক্রমাগত সৈন্য ও মালপত্র নামাচ্ছে। ইংরেজ আর মার্কিন সৈন্যরা প্রবল যুদ্ধে জড়িয়ে পড়েছে। বক্তৃতা দিলেন গেরব্রান্ডি, বেলজিয়ামের প্রধানমন্ত্রী, নরওয়ের রাজা হাকন, ফ্রান্সের দ্য গল, ইংল্যান্ডের রাজা এবং শেষে চার্চিল।

গোপন ডেরায় তুমুল উত্তেজনা! এটাই কি সেই বহু প্রতীক্ষিত মুক্তির সূচনা? যে মুক্তি নিয়ে আমরা এত কথা বলেছি, যা আমাদের কাছে পরম আকাঙ্ক্ষিত, রূপকথার চেয়েও বেশি সেই মুক্তি কি সত্যিই ঘটবে? এই ১৯৪৪ সাল কি বিজয় নিয়ে আসবে? আমরা এখনও জানি না। কিন্তু আশা যখন আছে জীবনও আছে। নবীন সাহসে ভরে উঠেছি, আমরা আবার শক্তিশালী হয়ে উঠব। বহু ভয়, বহু দুর্ভোগ, বহু যন্ত্রণাকে অতিক্রম করার মতো সাহসী হয়ে উঠতে হবে। ধীর স্থির থাকতে হবে, দাঁতে দাঁত চেপে ঠোঁট শক্ত করে রাখতে হবে। ফ্রান্স, রাশিয়া, ইতালি এমনকি জার্মানিও চিৎকার করে তাদের মর্মপীড়ার কথা বলতে পারে, কিন্তু আমাদের সে অধিকার নেই!

ওহ্ কিটি, এই বহিরাক্রমণের সবচেয়ে ভালো ব্যাপারটা হল আমি বুঝতে পারছি বন্ধুরা আসছে। ঐ ভয়ানক জার্মানরা আমাদের এতদিন ধরে যেভাবে দমিয়ে রেখেছিল ভয় দেখিয়ে রেখেছিল যে বন্ধু আর মুক্তির চিন্তাই আমাদের কাছে এখন সব কিছু! এটা এখন আর শুধু ইহুদিদের ব্যাপার নয়, পুরো হল্যান্ড আর অধিকৃত ইউরোপের ব্যাপার। হয়তো মারগট বলবে, আমি সেপ্টেম্বর কিংবা অক্টোবরে স্কুলে যেতে পারব।

তোমার, আনে এম ফ্রাঙ্ক

পুনশ্চ: আমি তোমাকে নতুন খবর হলেই জানাব!

আজ সকালে এবং গতরাতে জার্মান লাইনের পিছনে খড় ও রবার দিয়ে তৈরি নকল বোমা ফেলা হয়েছে, বিমান থেকে সেগুলো মাটিতে পড়ামাত্র ফেটেছে। অনেক ছত্রীসেনা নেমেছে মুখে কালো রং মেখে যাতে তাদের অন্ধকারে দেখা না যায়। রাতে এবং সকাল ছটায় ফরাসি উপকূল বরাবর সাড়ে পাঁচ হাজার টন বোমা ফেলা হয়েছে। আজ কুড়ি হাজার বিমান কাজে নেমে পড়েছে। উপকূলবর্তী জার্মান গোলন্দাজ বাহিনীকে ধ্বংস করে ফেলা হয়েছে; একটা ছোটো সেতুমুখ ইতিমধ্যেই তৈরি করা হয়েছে। খারাপ আবহাওয়া সত্ত্বেও সব কিছুই ঠিকঠাক চলছে। সেনা বাহিনী এবং সাধারণ মানুষের এখন 'একটাই ইচ্ছা, একটাই আশা।'

শুক্রবার, জুন ৯, ১৯৪৪

প্রিয়তমা কিটি,

বহিরাক্রমণের বড়ো খবর! মিত্রপক্ষ ফ্রান্সের উপকূলে বাইয়ু নামে ছোটো গ্রাম দখল করেছে আর এখন কায়েন দখল করার জন্য লড়ছে। যেখানে শেরবুর্গ রয়েছে সেই উপদ্বীপটি তারা বিচ্ছিন্ন করতে চাইছে। প্রত্যেক সন্ধ্যায় সামরিক সংবাদদাতা সৈন্যবাহিনীর অসুবিধা, সাহস এবং লড়াকু মনোভাবের খবর দেন। এই খবরগুলো যোগাড় করতে তারা অনেক বিস্ময়কর কাজ করেন। কিছু আহত মানুষ যারা ইতিমধ্যে ইংল্যান্ডে ফিরেছে তারা অনেকে রেডিয়োতে বলেছে। খারাপ আবহাওয়া সত্ত্বেও বিমানগুলো টহল দিয়ে যাচ্ছে। আমরা বিবিসি-র খবরে শুনলাম ডি-ডের দিন চার্চিলও সৈন্যবাহিনীর সঙ্গে অবতরণ করতে চেয়েছিলেন, কিন্তু আইজেনহাওয়ার এবং অন্য জেনারেলরা বুঝিয়ে-সুঝিয়ে তাঁকে নিরস্ত করেন। ভাবো একবার, বৃদ্ধ লোকটির কী সাহস, বয়স সত্তর তো হবেই!

এখানে উত্তেজনা থিতিয়ে গিয়েছে; তবুও আমরা সবাই আশা করছি যুদ্ধ শেষ পর্যন্ত এ বছরের শেষ নাগাদ মিটে যাবে। খুব তাড়াতাড়িই ঘটবে! ভ্যান ডানের ক্রমাগত ঘ্যান ঘ্যান অসহ্য; এখন তিনি আর বহিরাক্রমণ নিয়ে আমাদের মাথা খারাপ করে দিতে পারছেন না তবে সারাদিনই ভ্যাজর ভ্যাজর করছেন খারাপ আবহাওয়া নিয়ে। ওঁকে যদি এক বালতি ঠান্ডা জলের মধ্যে ফেলে দিয়ে লফট্-এ তুলে রাখা যেত তো বেশ হত।

মিস্টার ভ্যান ডান আর পেটার বাদে গোপন ডেরার প্রত্যেকে সংগীত রচয়িতা, পিয়ানো বাদক এবং কিশোর প্রতিভা ফ্রাঞ্জ লিস্ৎ-এর জীবনী *হাঙ্গেরিয়ান র‍্যাপসোডি* ট্রিলজি পড়েছে। বইটা খুবই সুখপাঠ্য, যদিও আমার মতে মেয়েদের ব্যাপারে বেশি ঝোঁক রয়েছে। লিস্ৎ তাঁর সময়ে একমাত্র বিখ্যাত পিয়ানো বাদক ছিলেন তাই নয়, তাঁর বেশ ভালো রকমের মহিলা প্রীতি ছিল, এমনকি সত্তর বছর বয়সেও। তাঁর সম্পর্ক ছিল কাউন্টেস মারি দাগুল্ত, রাজকুমারী ক্যারোলিন স্যুয়ান-হ্বিটগেনস্টাইন, নর্তকী লোলা মন্টেজ, পিয়ানো বাজিয়ে অ্যাগনেস কিংসওয়ার্থ, পিয়ানো বাজিয়ে সোফি মেন্টের, সার্কাসীয় রাজকুমারী ওলগা জানিনা, ব্যারনেস ওলগা মেয়েনডর্ফ, অভিনেত্রী লিল্লা কী-যেন-পুরোটা, ইত্যাদি ইত্যাদি, এর কোনো শেষ নেই। বইয়ের যে অংশগুলো সংগীত এবং অন্যান্য শিল্পকলা নিয়ে সেগুলো বেশি আগ্রহসঞ্চারী। যে সব মানুষের নাম উল্লেখ করা হয়েছে তাঁরা হলেন শুমান, ক্লারা ভিক, হেক্টর বের্লিয়োজ, জোহানেস ব্রামস, বেঠোভেন, জোয়াকিম, রিচার্ড হ্বাগনার, হানস ফন বুলো, অ্যান্টন রুবিনস্টাইন, ফ্রেডেরিক চোপিন, ভিক্টর উগো, ওনোরা দে বালজ্যাক, হিলার, হুমেল, চের্নি, রসিনি, চেরুবিনি, পাগানিনি, মেন্ডেলসন ইত্যাদি ইত্যাদি।

লিস্ৎ বেশ সুভদ্র মানুষ ছিলেন, উদার এবং বিনয়ী যদিও অত্যধিক অহংকারী। তিনি অন্যদের সাহায্য করতেন, শিল্পকে সবার উর্ধ্বে রাখতেন, কনিয়াক আর মহিলা বিষয়ে অত্যাধিক প্রীতি ছিল, চোখের জল সহ্য করতে পারতেন না, খুবই ভদ্র মানুষ ছিলেন, কারোর উপকার করতে পিছ পা হতেন না, অর্থের ব্যাপারে আগ্রহ ছিল না আর ভালোবাসতেন ধর্মীয় স্বাধীনতা আর এই দুনিয়াটাকে।

তোমার, আনে এম ফ্রাঙ্ক

মঙ্গলবার, জুন ১৩, ১৯৪৪

প্রিয়তমা কিটি,

আরেকটা জন্মদিন চলে গেল। আমি এখন পঞ্চদশী। আমি বেশ কিছু উপহার পেয়েছি: স্প্রিঙ্গারের পাঁচ খণ্ডের চারুকলা ইতিহাসের বই, একসেট অন্তর্বাস, দুটো বেল্ট, একটা রুমাল, দু বোতল দই, এক বোতল জ্যাম, দুটো মধু বিস্কুট (ছোটো), বাবা-মায়ের কাছ থেকে উদ্ভিদ বিদ্যার বই, মারগটের কাছ থেকে সোনার ব্রেসলেট, ভ্যান ডানদের কাছ থেকে একটা স্টিকার অ্যালবাম, ডুসেলের কাছ থেকে স্বাস্থ্যবর্ধক পানীয় এবং মিষ্টি মটর, মিয়েপ দিয়েছিলেন মিষ্টি, বেপ দিয়েছিলেন মিষ্টি আর এক্সারসাইজ খাতা আর সবচেয়ে উল্লেখযোগ্য হল মিস্টার কুগলারের কাছ থেকে পাওয়া *মারিয়া তেরেসা* বই আর ফুল ক্রিম চিজের তিনটে স্লাইস। পেটার দিয়েছিল একগুচ্ছ পিয়োনি ফুল; বেচারা একটা উপহারের জন্য বহু চেষ্টা করেছিল কিন্তু যোগাড় করতে পারেনি।

খারাপ আবহাওয়া—প্রবল বৃষ্টি, দমকা হাওয়া, অশান্ত সমুদ্র সত্ত্বেও বহিরাক্রমণ বেশ জোরালো ভাবেই চলছে।

গতকাল চার্চিল, স্মাটস, আইজেনহাওয়ার এবং আর্নল্ড ফরাসি গ্রামগুলো দেখতে গিয়েছিলেন—যে গ্রামগুলো ইংরেজরা অধিকার করে মুক্ত করে দিয়েছিল। চার্চিল টর্পেডো বোটে ছিলেন, যা থেকে গোলা ছোঁড়া হয়। অনেকের মতোই ওঁকে দেখে মনে হয় ভয় কাকে বলে জানেন না—হিংসে করার মতোই ব্যাপার!

এই গোপন দুর্গে থেকে আমাদের পক্ষে ওলন্দাজদের মেজাজমর্জি বোঝা কঠিন। সন্দেহ নেই যে বহু মানুষ খুশি হয়েছে যে অলস (!) ইংরেজরা জামার হাতা গুটিয়ে কাজে নেমে পড়েছে। যারা বলতে থাকে যে তারা ইংরেজদের দ্বারা অধিকৃত হতে চায় না তারা বোঝে না তারা কতটা অন্যায্য কথা বলছে। তাদের যুক্তির সার-সংক্ষেপ হল: ব্রিটেন যুদ্ধ করবে, সংগ্রাম করবে, তার নিজের সন্তানদের উৎসর্গ করবে হল্যান্ড এবং অন্য অধিকৃত দেশগুলোকে মুক্ত করতে। তারপর আর ইংরেজদের আর হল্যান্ডে থেকে যাওয়া উচিত নয়: তাদের সমস্ত অধিকৃত দেশগুলোর কাছে নত হয়ে তাদের ক্ষমা প্রার্থনা করা উচিত এবং ডাচ ইস্ট ইন্ডিজকে পূর্বাবস্থায় ফিরিয়ে দিয়ে তার আইনসঙ্গত মালিকের হাতে সমর্পণ করে তারপর দুর্বল ও নিঃস্ব অবস্থায় ব্রিটেনে ফিরে যাবে। কী নির্বোধের দল! আর ইতিমধ্যেই আমি বলেছি, অনেক ওলন্দাজই নিজেদের শ্রেষ্ঠ বলে মনে করে। যদি ব্রিটেন জার্মানির সঙ্গে একটা শান্তি চুক্তিতে সই করে তাহলে হল্যান্ড আর তার প্রতিবেশীদের কী হবে? যেটা হবার যথেষ্ট সম্ভাবনা আছে। হল্যান্ড তখন জার্মানি হয়ে যাবে আর তাহলেই সব শেষ হবে যাবে।

যে সমস্ত ওলন্দাজেরা ইংরেজদের নিচু নজরে দেখে, ব্রিটেন এবং তার বুড়ো লর্ডদের সরকারকে তুচ্ছতাচ্ছিল্য করে, তাদের ভিতু বলে, আবার জার্মানদেরও ঘৃণা করে, তাদের একটা ভালো রকম ঝাঁকুনি দেওয়া দরকার, যেভাবে ন্যাতানো বালিশকে ধাঁই ধপধপ করে ঠিক করা হয় তেমন করে। হয়তো ঐ করেই তাদের মাথার বন্ধ তালা খুলবে!

ইচ্ছে, ভাবনা, অভিযোগ আর কটুবাক্য আমার মাথার মধ্যে ঘুরছে। লোকে যতটা মনে করে আমি সত্যিই ততটা আত্মভিমানী নই; আমি আমার দোষ ত্রুটিগুলো অন্য অনেকের চেয়ে অনেক ভালোভাবে জানি, তবে একটাই পার্থক্য: আমি এটাও জানি যে আমি নিজেকে বদলাতে চাই, বদলিয়েছি এবং ইতিমধ্যে অনেকটাই বদলিয়েছি!

আমি মাঝে মাঝে নিজেকে প্রশ্ন করি কেন সবাই এখনও ভাবে যে আমি নিজেকে খুব জাহির করি এবং সবজান্তা? আমি কি সত্যিই খুব উদ্ধত? আমিই কি একমাত্র, যে উদ্ধত, আর ওরা? আমি জানি এটা অদ্ভুত মনে হলেও ততটা নয়। আমার বিরুদ্ধে মুখ্য অভিযোগকারী মিসেস ভ্যান ডান এবং ডুসেল পুরোপুরি বোধশক্তিহীন বলে পরিচিত, তাঁরা কিছুই ঠিকমতো বলে উঠতে পারেন না, ওঁদের সম্পূর্ণ 'নির্বোধই' বলা যায়! নির্বোধ লোকেরা সাধারণত অন্যেরা তাদের চেয়ে ভালো কিছু করলে সহ্য করতে পারে না; তার শ্রেষ্ঠ উদাহরণ হলেন মিসেস ভ্যান ডান আর ডুসেল। মিসেস ভ্যান ডান আমাকে নির্বোধ ভাবেন কারণ আমি ওঁর মতো বুদ্ধিহীনতার রোগে ভুগি না, তিনি ভাবেন আমি নিজেকে জাহির করি কারণ উনি নিজে তার চেয়ে বেশি জাহির করেন, তিনি মনে করেন আমার পোশাকগুলো লম্বায় ছোটো কারণ তাঁর গুলো আরও ছোটো এবং তিনি মনে করেন আমি সবজান্তা কারণ তিনি আমার দ্বিগুণ কথা বলেন সে সব বিষয়ে যে সব বিষয়ে তিনি কিছুই জানেন না। একই কথা ডুসেনের পক্ষেও প্রযোজ্য। আমার প্রিয় প্রবাদ হল 'যেখানে ধোঁয়া সেখানেই আগুন,' আর আমি সত্যিই কবুল করছি যে আমি সবজান্তা।

আমার ব্যক্তিত্বের একটা সমস্যা হল যে আমি নিজেকে অন্য কারোর চেয়ে বেশি ধমকাই আর গালমন্দ করি; এর পরে যদি মা তাঁর উপদেশ চাপিয়ে দেন, তখন অনুশাসনের বোঝা এত ভারী হয়ে যায় যে তখন আমি মরীয়া হয়ে যাই। তখন আমি লম্বা লম্বা কথা বলি এবং প্রত্যেকের কথার প্রতিবাদ করি যতক্ষণ না পুরোনো পরিচিত আনের সেই ধুয়ো অনিবার্য ভাবে উঠে আসে আবার: 'কেউ আমায় বোঝে না!'

এই শব্দবন্ধ আমার অংশ, যতই বোকার মতো শোনাক না কেন, এর মধ্যে কিছু সত্যি আছে। কখনও কখনও আমি আত্মধিক্কারে এমন ভাবে চাপা পড়ে যাই তখন

আমি একান্তভাবে চাই সান্ত্বনাবাক্য, যা আমাকে ঐ অবস্থা থেকে উদ্ধার করবে। যদি কেউ এমন থাকত যে আমার অনুভূতিকে গভীরভাবে বুঝবে। হায়, এমন মানুষ এখনও খুঁজে পেলাম না, তবে আমার সন্ধান চলবেই।

আমি জানি তুমি পেটারের কথা ভাবছ, তাই না কি? এটা সত্যি, পেটার আমাকে ভালোবাসে, তবে প্রেমিকার মতো নয়, বন্ধুর মতো, ওর ভালোবাসা দিনে দিনে বাড়ছে কিন্তু কোনো রহস্যময় শক্তি আমাদের আটকে রেখেছে, আর আমি জানি না কী সেটা।

ওর প্রতি আমার তীব্র আকাঙ্ক্ষার ব্যাপারটা মাঝে মাঝে অতিরঞ্জিত মনে হয়। কিন্তু সেটা সত্যি নয় কারণ যদি আমি এক বা দুদিন ওর ঘরে যেতে না পারি তখন আমার আকাঙ্ক্ষা তীব্র হয়ে যায়। পেটার বেশ ভালো এবং হৃদয়বান, কিন্তু আমি অস্বীকার করতে পারি না যে সে আমাকে নানা ভাবে হতাশ করেছে। ওর ধর্মের প্রতি বিরাগ, খাদ্যাখাদ্য এবং অন্যান্য বিষয়ে কথাবার্তায় আমি বিশেষ পাত্তা দিই না। তবে এখনও আমি নিশ্চিত যে কখনও ঝগড়া না করার চুক্তিতে আমরা স্থির থাকব। পেটার শান্তিপ্রিয়, সহনশীল এবং সহজ মানুষ। ও আমাকে অনেক কথাই বলতে দেয়। যেগুলো ওর মা বললে ও কখনই শুনবে না। ও বইয়ে পড়ে যাওয়া কালি চোষ কাগজ দিয়ে শুষে নেয় এবং নিজের জিনিস গোছগাছ করে রাখে। তবে কেন ও অন্তরের কথা নিজের মধ্যে গোপন করে রেখে দেয়? কেন কখনও আমাকে ঢুকতে দেয় না? জানি ও আমার চেয়ে অনেক বেশি চাপা, কিন্তু আমি আমার অভিজ্ঞতা (এমনকি যদিও আমাকে সব সময় দোষ দেওয়া হয় যে আমার যা কিছু জানা সবই তাত্ত্বিক, কিছুই ব্যবহারিক নয়) থেকে জানি সব চেয়ে বেশি অমিশুক মানুষও খুব বেশি করে চায় তেমন কাউকে যার সঙ্গে সে মন খুলে কথা বলতে পারে।

পেটার আর আমি দুজনেই চিন্তাশীল বছরগুলো গোপন ডেরায় কাটিয়েছি। আমরা প্রায়ই ভবিষ্যৎ অতীত আর বর্তমান নিয়ে আলোচনা করেছি কিন্তু আমি ইতিমধ্যেই তোমাকে বলেছি যে আসল জিনিসটারই নাগাল পেতে আমি ব্যর্থ হয়েছি, যদিও আমি জানি সেটা আছে।

আমি কতকাল বাইরে যেতে পারিনি সেজন্যই কী প্রকৃতি নিয়ে এত খ্যাপামো করি? একটা সময়ের কথা মনে করতে পারি যখন চমৎকার নীল আকাশ পাখিদের কলকাকলি, চাঁদের আলো আর ফুল কিছুই আমাকে মুগ্ধ করতে পারত না। এখানে আসার পর মনোভাব বদলে গেছে। যেমন, হুইটসানের এক রাতে খুব গরম ছিল, চাঁদ দেখব বলে আমি চেষ্টা করে রাত সাড়ে এগারোটা অবধি জেগে ছিলাম। কিন্তু হায় আমার সব চেষ্টা বৃথা হল কারণ চাঁদের আলো এত জোরালো ছিল সাহস করে জানলাই খুলতে পারলাম না। কয়েক মাস আগে, আরেকবার আমি ওপর তলায় ছিলাম,

জানলাটা তখন খোলা ছিল, ওটা বন্ধ না করা অবধি আমি নিচে যেতে পারিনি। অন্ধকার, বৃষ্টিমুখর সন্ধ্যা, ঝোড়ো বাতাস, মেঘেদের ছুটোছুটি আমাকে মন্ত্রমুগ্ধ করে রেখেছিল। দেড় বছরের মধ্যে ঐ প্রথমবার আমি রাত্রিকে মুখোমুখি দেখলাম। ঐ সন্ধ্যার পরে চোর, ইঁদুর অধ্যুষিত ঘর অথবা ডাকাতির ভয়ের চেয়েও বড়ো হয়ে উঠেছিল রাত্রিকে দেখার আকাঙ্ক্ষা। আমি নিজে নিজেই নিচে চলে গিয়ে রান্নাঘর আর খাস কামরার জানলা দিয়ে বাইরে তাকিয়ে থেকেছি। বহু মানুষ ভাবে প্রকৃতি সুন্দর, বহু মানুষ কখনও কখনও তারা ভরা আকাশের নিচে ঘুমোয়, বহু মানুষ হাসপাতালে এবং বন্দীশালায় সেই দিনের অপেক্ষায় থাকে যখন তারা মুক্ত হয়ে প্রকৃতিকে উপভোগ করবে। কিছু মানুষ বিচ্ছিন্ন প্রকৃতি থেকে, যেমন আমরা, যে প্রকৃতিকে ধনী দরিদ্র সবাই ভাগ করে নিতে পারে।

আকাশ, মেঘ আর চাঁদের দিকে তাকিয়ে আর তারাগুলোর দিকে তাকিয়ে আমি শান্ত আর আশাবাদী হয়ে উঠি তখন সেটা আর নিছক কল্পনা থাকে না। ভ্যালেরিয়ান কিংবা ব্রোমাইডের চেয়ে অনেক ভালো ওষুধ। প্রকৃতি আমাকে নম্র হয়ে শেখায়, সাহসের সঙ্গে প্রতিটি আঘাতের মোকাবিলা করতে শেখায়!

দু-একটা বিরল মুহূর্ত ছাড়া বাকি সময় আমার কপালে ছিল ধুলো জমে থাকা জানলায় ঝোলানো নোংরা পর্দার মধ্য দিয়ে প্রকৃতি দেখা; ওতে দেখার আনন্দ মাটি হয়ে যায়। প্রকৃতিই হল এমন একটা কিছু যার কোনো বিকল্প হয় না!

অনেক প্রশ্নের মধ্যে একটা প্রশ্ন আমাকে প্রায়ই খোঁচায়, কেন মেয়েরা ছেলেদের চেয়ে ন্যূন বলে গণ্য হবে। এটা অনুচিত বলে দেওয়াটা সহজ, কিন্তু আমার পক্ষে তা যথেষ্ট নয়; আমি সত্যিই এই অন্যায়ের কারণ জানতে চাই।

অনেকে আগে থেকেই ধরে নেওয়া হয়েছে শারীরিক শক্তিতে পুরুষরা দড় বলে তারা মেয়েদের ওপর আধিপত্য করবে; পুরুষরাই রোজগার করবে...। এখনও পর্যন্ত মেয়েরা মুখ বুজে এসব মেনে নিচ্ছে, এটা নির্বুদ্ধিতা, যতদিন এসব চলবে, তত গভীরভাবে দাগ কেটে বসে যাবে। সৌভাগ্যবশত, শিক্ষা, কাজ আর প্রগতি মেয়েদের চোখ খুলে দিয়েছে। অনেক দেশেই সমানাধিকারকে স্বীকৃতি দেওয়া হয়েছে; বহু মানুষ, বিশেষত মহিলারা, এমনকী পুরুষরাও এখন বুঝতে পারছে এতদিন ধরে সহ্য করে আসাটা কতটা ভুল! আধুনিক মেয়েরা সম্পূর্ণ মুক্তির অধিকার পেতে চায়!

এটাই সব নয়। সেই সঙ্গে মহিলাদের সম্মান করতে হবে! সাধারণভাবে বলতে গেলে, সারা পৃথিবীতেই পুরুষরা শ্রদ্ধার আসনে বসে আছে, সুতরাং মহিলারাই বা কেন তাদের অংশ বুঝে নেবে না? সৈনিক এবং সমর নায়কদের সম্মান জানানো হয় স্মৃতিরক্ষা করা হয়, অভিযাত্রীরা অবিনশ্বর খ্যাতি পেয়ে থাকে, শহীদদের গভীরভাবে শ্রদ্ধা করা হয়, কিন্তু কতজন মেয়েদের সৈনিক হিসেবে দেখতে চায়?

মেন এগেনস্ট ডেথ বইয়ে এই তথ্য জেনে আশ্চর্য হয়ে গেছি যে সন্তান জন্মের সময় মেয়েরা সাধারণভাবে যে যন্ত্রণা, কষ্ট আর অসুস্থতা ভোগ করে থাকে তা যে কোনো সমরনায়কের চেয়ে বেশি। আর এই যন্ত্রণা সহ্য করার পুরস্কার কী? সন্তানের জন্ম দিতে গিয়ে তার শরীর নষ্ট হয়ে গেলে তাকে সরিয়ে দেওয়া হয়, তার সন্তানরা তাকে ছেড়ে যায়, তার সৌন্দর্যও চলে যায়। মহিলারা মানবজাতির ধারাকে বহমান রাখতে যে লড়াই করে যন্ত্রণা ভোগ করে এবং আরও শক্তপোক্ত আরও সাহসী যোদ্ধা তৈরি করে তা ওইসব বড়ো বড়ো কথা বলা স্বাধীনতা সংগ্রামীদের একত্রিত করলেও তার তুলনা হবে না!

আমি বলতে চাইছি না যে মহিলাদের সন্তান ধারণ বন্ধ করে দেওয়া উচিত, বরং উলটো, প্রকৃতি তাই চায়, আর তাই-ই হওয়া উচিত। আমি নিন্দা করি আমাদের মূল্যবোধকে আর সেইসব পুরুষদের যারা সমাজে মহীয়সী, দৃঢ়চেতা এবং সুন্দরী নারীদের অধিকারকে স্বীকৃতি দিতে চায় না।

ওই বইটির লেখক পল দে ক্রাইফ-এর সঙ্গে আমি সম্পূর্ণ একমত যখন তিনি বলেন, পৃথিবীর যে অংশটা আমরা সভ্য বলে মনে করি সেই সব অংশে পুরুষদের অবশ্যই বোঝা দরকার জন্ম এখন আর অনিবার্য আর অপরিহার্য বলে ভাবা হয় না। পুরুষদের পক্ষে কথা বলাটা সোজা—তাদের তো আর মহিলাদের মতো কষ্ট ভোগ করতে হয় না! আমি বিশ্বাস করি পরবর্তী শতাব্দীতে যাবার পথে এই ভাবনা আসবে যে মহিলাদেরই কর্তব্য হবে সন্তানধারণ করা এবং সব মহিলাদের জন্য সম্মান আর স্বীকৃতির পথ তৈরি করে দেওয়া, যাঁরা বিনা অভিযোগে অথবা অযথা বাগাড়ম্বর ছাড়াই নিজেদের দায়ভার বহন করবেন।

তোমার, আনে এম ফ্রাঙ্ক

শুক্রবার, জুন ১৬, ১৯৪৪

প্রিয়তমা কিটি,

নতুন ঝামেলা: মিসেস ভ্যান ডান ক্ষিপ্ত হয়ে আছেন। উনি বলছেন গুলি খাওয়া, জেলে থাকা, ফাঁসিতে ঝোলা এবং আত্মহত্যার কথা। তিনি ঈর্ষান্বিত কারণ পেটার আমাকে ওর মনের কথা বলে, ওঁকে নয়, ওঁর ফষ্টিনষ্টিতে ডুসেল যথেষ্ট সাড়া দিচ্ছেন না এবং ভয় পাচ্ছেন ওঁর ফার কোটের টাকা বোধহয় তাঁর স্বামী সিগারেট খেয়ে উড়িয়ে দিচ্ছেন। তিনি ঝগড়া করছেন, গালমন্দ করছেন, কাঁদছেন, নিজের জন্য দুঃখিত হচ্ছেন, হাসছেন এবং আবার সব নতুন করে শুরু করছেন।

এইরকম এক বোকা ঘ্যানঘেনে মহিলাকে নিয়ে কী করা যায়? ওঁকে কেউ গুরুত্ব দেয় না, চরিত্র বল নেই, সকলের কাছেই উনি গজ গজ করেন আর ওঁকে দেখায় যেন 'ফন হিন্টেন ল্যুৎসেউম, ফন ফওর্নে মুজেউম।'* আরও খারাপ ব্যাপার হল, পেটার উদ্ধত হয়ে উঠছে, মিস্টার ভ্যান ডান খিটখিটে আর তার মা নিন্দুক। হ্যাঁ, সকলেই বিশ্রী অবস্থায়! এখানে একটা নিয়মই মনে রাখতে হবে সেটা হল সব কিছুতেই হাসো এবং কারোর ব্যাপারে ঢুকো না! এটা একটু অহংকারী শোনালেও, যারা নিজের তৈরি অসুখে ভুগছে তাদের হাত থেকে রেহাই পাবার একমাত্র উপায়।

মিস্টার কুগলারের একটা কাজে চার সপ্তাহের জন্য আলক্‌মারে যাবার কথা। ওপেকটা থেকে একটা চিঠি এবং ডাক্তারের সার্টিফিকেট দিয়ে তাঁর যাওয়াটা ঠেকাতে চাইছেন। মিস্টার ক্লাইমান আশা করছেন শীঘ্রই তাঁর পাকস্থলিতে অস্ত্রোপচার হবে। গতকাল রাত এগারোটা থেকে সব ব্যক্তিগত ফোন কেটে দেওয়া হয়েছে।

তোমার, আনে এম ফ্রাঙ্ক

শুক্রবার, জুন ২৩, ১৯৪৪

বিশেষ কিছুই হচ্ছে না এখানে। ব্রিটিশরা শেরবুর্গের ওপর বড়ো ধরনের হামলা শুরু করেছে। পিম এবং মিস্টার ভ্যান ডানের মতে আমরা ১০ই অক্টোবরের আগেই মুক্তি পাব। রাশিয়ানরা সামরিক তৎপরতা শুরু করেছে; তারা গতকাল ভিতেব্‌স্ক-এর কাছে আক্রমণ চালিয়েছে, ঠিক তিন বছর আগে এই দিনে জার্মানরা রাশিয়াকে আক্রমণ করেছিল।

বেপ-এর মনোবল একেবারে তলানিতে ঠেকেছে। আমাদের আলু প্রায় ফুরিয়ে এসেছে; এখন থেকে আমাদের মাথা পিছু গুনে নিতে হবে, তাহলেই সেগুলো নিয়ে যা করার করা যাবে। সোমবার থেকে, মিয়েপ এক সপ্তাহ ছুটি নিচ্ছেন। মিস্টার ক্লাইমানের ডাক্তার এক্স রে-তে কিছু পাননি। তিনি একটা অস্ত্রোপচার আর ঘটনাগুলোর ঘটে যাওয়া এই দুইয়ের মধ্যে টানাপোড়েনে রয়েছেন।

---

* ভালো দেখতে কিন্তু কাছ থেকে দেখলে বোঝা যায় বয়সের ছাপ পড়েছে।

মঙ্গলবার, জুন ২৭, ১৯৪৪

আমার প্রিয়তমা কিটি,

আমার মেজাজ বদলেছে, সব কিছু ভালোভাবেই চলছে। আজ শেরবুর্গ, ভিতেব্‌স্ক, স্লোবিন-এর পতন হয়েছে। তারা নিশ্চয়ই অনেককে বন্দী করেছে আর জিনিসপত্র দখল করেছে। শেরবুর্গের কাছে পাঁচজন জার্মান জেনারেল মারা পড়েছে, দুজনকে বন্দী করা হয়েছে। এখন ওরা একটা বন্দর দখল করতে পারল, ব্রিটিশরা যা নামাতে চায় তাই নামাতে পারবে। বহিরাক্রমণ শুরু হবার মাত্র তিন সপ্তাহের মাথায় তারা কোঁত্যাঁতেঁ উপদ্বীপ দখল করে নিয়েছে। বড়ো সাফল্য!

সেই ডি-ডের পর তিন সপ্তাহ ধরে এমন একটা দিন যায়নি যে ঝড়বৃষ্টি হয়নি, কী এখানে কী ফ্রান্সে, কিন্তু এই দুর্ভাগ্য ইংরেজ এবং মার্কিনিদের শক্তি প্রদর্শন থেকে দমিয়ে রাখতে পারেনি। জার্মানরা অবশ্যই তাদের আশ্চর্য অস্ত্র ব্যবহার করেছিল, কিন্তু সেটা একটা ছোটো পটকার মতো, কোনো টোলই ফেলতে পারেনি, ইংল্যান্ডের ছোটোখাটো ক্ষতি ছাড়া। আর জেরি* খবরের কাগজে চিৎকৃত হেডলাইন বেরিয়েছিল। তবে ‘জেরিল্যান্ডে’ বসে যখন তারা বুঝতে পারবে যে বলশেভিকরা সত্যিই এগিয়ে এসেছে, তখন জুতোর মধ্যে তাদের পা কাঁপবে।

যে সমস্ত জার্মান মহিলারা সামরিক বাহিনির জন্য কাজ করে না, তাদের ছেলেপিলেসুদ্ধ উপকূলবর্তী এলাকা থেকে গ্রোনিঙ্গেন, ফ্রিজল্যান্ড আর গেল্ডারল্যান্ডে পাঠিয়ে দেওয়া হচ্ছে। মুসের্ট† ঘোষণা করেছে যদি আক্রমণ হল্যান্ড অবধি পৌঁছয় তাহলে সে সামরিক বাহিনিতে যোগ দেবে। মোটা শুয়োরটা কি লড়াই করার পরিকল্পনা করছে? তা সেটা তো সে রাশিয়াতেই করলে পারত। কিছুক্ষণ আগে ফিনল্যান্ড শান্তির প্রস্তাব খারিজ করে দিয়েছে, আর এখন আলোচনাও ভেস্তে দিয়েছে। বোকার দল, পরে ভুগবে!

কী মনে হয়, ২৭-এ জুলাই আমরা কত দূরে থাকব?

তোমার, আনে এম ফ্রাঙ্ক

---

* জার্মান

† ডাচ ন্যাশনাল সোস্যালিস্ট (নাৎসি) পার্টির নেতা।

শুক্রবার, জুন ৩০, ১৯৪৪

প্রিয়তমা কিটি,

Bad weather from one at a stretch to the thirty June.*

ভালো বলিনি? হ্যাঁ, আমি ইতিমধ্যেই অল্প-স্বল্প ইংরেজি জানি; সেটা প্রমাণ করার জন্য *অ্যান আইডিয়াল হাজব্যান্ড* পড়ছি, অভিধানের সাহায্য নিয়ে! যুদ্ধ জোরকদমে চলছে: বোবরুয়স্ক, মোগিলেভ আর ওরশার পতন হয়েছে, অনেক বন্দী।

এখানে সব ঠিক আছে। মেজাজ মর্জির উন্নতি হচ্ছে, যারা বেশিরকম আশাবাদী তারা বিজয়োন্মত্ত। ভ্যান ডানেরা চিনি উধাও করছেন, বেপ চুলের ছাঁট পালটেছে, মিয়েপ এক সপ্তাহের ছুটিতে গেছে। এগুলোই তাজা খবর! আমার সামনের দাঁতে একটা খুব বাজে রকম রুট ক্যানাল করা হয়েছে। ভয়ঙ্কর যন্ত্রণাদায়ক ব্যাপার। এত কষ্ট হয়েছিল ডুসেল ভেবেছিলেন আমি অজ্ঞান হয়ে যাব, প্রায় সেরকমই হয়েছিল। মিসেস ভ্যান ডানেরও সঙ্গে সঙ্গে দাঁতে ব্যথা হল!

তোমার, আনে এম ফ্রাঙ্ক

পুনশ্চ: আমরা বাসেল থেকে শুনেছিলাম যে বার্নড† *মিন্না ফন বার্নহেলম্*-এ সরাইওয়ালার ভূমিকায় অভিনয় করেছে। মা বলেন ওর একটা 'শৈল্পিক ঝোঁক' আছে।

বৃহস্পতিবার, জুলাই ৬, ১৯৪৪

প্রিয়তমা কিটি,

যখন পেটার অপরাধী কিংবা ফাটকাবাজ হয়ে ওঠার কথা বলে তখন আমার রক্ত হিম হয়ে যায়; অবশ্যই সে ঠাট্টা করেই বলে কিন্তু আমার মনে হয় ও নিজের দুর্বলতাকে ভয় পায়। মারগট আর পেটার সব সময় আমায় বলে, আমার যদি তোমার মতো বুকের পাটা আর শক্তি থাকত, আমার যদি তোমার মতো উদ্যম আর অফুরন্ত কর্মশক্তি থাকত, তাহলে আমি...!'

---

* আনের ইংরেজি লেখা

† মামাতো ভাই বার্নহার্ড (বাডি) এলিয়াস

আমার ওপর অন্যদের প্রভাব না পড়তে দেওয়াটা কী সত্যিই খুব প্রশংসনীয়? নিজের বিবেককে অনুসরণ করাটাই কি সঠিক?

সত্যি বলতে কী, আমি ভাবতেই পারি না কী করে একজন বলে 'আমি দুর্বল' আর তারপর তেমনই থেকে যায়। তুমি যদি নিজের সম্পর্কে জানোই, তাহলে কেন লড়াই কর না, কেন নিজের চরিত্রকে উন্নত করার চেষ্টা কর না? তাদের উত্তর সব সময় হয়ে থাকে: 'কারণ না করাটাই অনেক সহজ!' তাদের উত্তর আমাকে নিরুৎসাহ করে দেয়। সহজ? তার মানে কপট এবং অলস জীবনযাপনই সহজ? না, এটা সত্যি হতে পারে না। এটা সত্যি হতে পারে না যে মানুষ সহজেই প্রলুব্ধ হবে আলস্যে... আর অর্থে। আমার উত্তর কী হওয়া উচিত এ নিয়ে আমি অনেক ভেবেছি, কীভাবে আমি পেটারের নিজের ওপর বিশ্বাস ফিরিয়ে আনব, আর সবচেয়ে বড়ো কথা, কী করে ভালোর জন্য নিজেকে বদলাতে পারবে? আমি জানি না আমি ঠিক ভাবে ভাবছি কি না।

আমি প্রায়ই কল্পনা করেছি কেউ যদি আমাকে তার সব গোপন কথা বলে তাহলে সেটা খুব একটা ভালো ব্যাপার। আমি এখন সেই জায়গায় পৌঁছেছি এবং বুঝতে পারছি অন্যের ভাবনা ভেবে তার সঠিক উত্তরটা খুঁজে বার করাটা কতটা কঠিন। বিশেষত 'সহজ' আর 'অর্থ' এই ধারণাগুলো আমার কাছে নতুন আর সম্পূর্ণ অচেনা।

পেটার আমার ওপর নির্ভর করতে শুরু করেছে আর সেটা আমি চাই না, কোনো পরিস্থিতিতেই নয়। তোমার নিজের দু-পায়ের ওপর দাঁড়ানোটা কঠিন, কিন্তু যখন তুমি তোমার চরিত্র এবং আত্মার প্রতি বিশ্বস্ত থাকবে তখনও তা কঠিনতর।

আমি যেন সমুদ্রের স্রোতে ভেসে চলেছি, ওই ভয়ংকর শব্দ 'সহজ'-এর একটা কার্যকরী প্রতিষেধক খুঁজে খুঁজে দিন কাটাচ্ছি। কী করে আমি ওকে বোঝাই যে, যা সহজ এবং সুন্দর বলে বোধ হয়, সেটা ওকে এমন গভীরে এমন জায়গায় টেনে নিয়ে যাবে যে, সেখানে সে কোনো বন্ধু, সহায়তা অথবা সৌন্দর্য খুঁজে পাবে না, এতটাই নিচে যে সে কখনও ওপরে উঠে আসতেই পারবে না।

আমরা সকলেই বেঁচে আছি, কিন্তু আমরা জানি না কেন এবং কিসের জন্য; আমরা সকলেই সুখ খুঁজে বেড়াচ্ছি; আমরা সবাই আলাদা আলাদা জীবনযাপন করলেও আসলে তা একই। আমরা তিনজন ভালো পরিবারে মানুষ হয়েছি, আমরা ভালো শিক্ষার সুযোগ পেয়েছি এবং নিজেরাই কিছু করতে পারব। সুখী জীবন আশা করার পক্ষে অনেক কারণ আছে, কিন্তু ...আমাদের তা অর্জন করতে হবে। আর সেটা অর্জন করাটা খুব সহজ নয়। সুখ অর্জন করা মানে ভালো করা এবং ভালো কাজ করা, ফাটকাবাজি কিংবা আলস্য করে নয়। আলস্য ব্যাপারটা লোভনীয় কিন্তু শুধুমাত্র কাজই তোমাকে প্রকৃত তৃপ্তি দিতে পারে।

যে সব লোক কাজ ভালোবাসে না আমি তাদের বুঝতে পারি না, কিন্তু সেটা পেটারের সমস্যা নয়। ওর কোনো লক্ষ্যই নেই, তাছাড়া সে মনে করে যে, সে খুবই নির্বোধ এবং কিছু করার মতো যোগ্যতা তার নেই। বেচারা, ও কখনও জানলই না যে অন্যকে সুখী করতে পারলে কেমন লাগে, আর আমি সেটা ওকে শেখাতেও পারব না। ওর কোনো ধর্মভাব নেই, যিশুকে তুচ্ছতাচ্ছিল্য করে, ঈশ্বরের নামে অভক্তি দেখায়। আমি যদিও গোঁড়া নই কিন্তু ওকে যখন নিঃসঙ্গ, অবজ্ঞাপূর্ণ এবং দুর্দশাগ্রস্থ দেখি তখন খুব কষ্ট পাই।

যে সব মানুষের ধর্মভাব আছে তাদের সুখী হওয়া উচিত, তবে দেবযানে বিশ্বাসী হওয়ার মতো পুণ্যফল সকলের কপালে জোটে না। চিরন্তন শাস্তির ভয়ে তোমাকে জীবনযাপন করতে হয় না; শুদ্ধিকরণ, স্বর্গ এবং নরক এসব ধারণা বহু মানুষের পক্ষেই মেনে নেওয়া কঠিন, তবুও ধর্ম, যে কোনো ধর্ম একজন মানুষকে সঠিক পথে রাখে। ঈশ্বরের ভয়ে নয়, নিজের মর্যাদাবোধকে তুলে ধরা এবং নিজের বিবেককে মেনে চলা চাই। যদি প্রতিটি দিনের শেষে মানুষ নিজের ব্যবহার আর কোনটা ভালো কোনটা মন্দ বিচার করে তাহলেই প্রত্যেকে কত মহান আর ভালো হতে পারে। তারা যদি প্রত্যেক দিনের শুরুতে স্বাভাবিকভাবেই ভালো কিছু করার চেষ্টা করে কিছুকাল পরেই অবশ্যই বড়ো ধরনের সাফল্য অর্জন করবে। প্রত্যেকেই এই বিধান মেনে চলতে পারে; এতে কোনো খরচ নেই এবং অবশ্যই কার্যকরী। যারা জানে না তাদের অভিজ্ঞতা দিয়েই জানতে হবে 'শান্ত বিবেক তোমাকে শক্তি দেয়!'

তোমার, আনে এম ফ্রাঙ্ক

শনিবার, জুলাই ৮, ১৯৪৪

মিস্টার ব্রোকস বেভারহ্বিক-এ ছিলেন এবং নিলাম থেকে স্ট্রবেরি পেয়েছেন। সেগুলো প্রচুর ধুলোবালি মাখা হলেও পরিমাণে অনেক। অফিস এবং আমাদের জন্য চব্বিশ ঝুড়ির কম তো নয়ই। সেই সন্ধেতেই আমরা ছটা বোয়েম ভর্তি করলাম আর আট বোয়েম জ্যাম বানিয়ে ফেললাম। পরের দিন সকালে মিয়েপ অফিসের জন্য জ্যাম তৈরি করতে শুরু করে দিয়েছিলেন।

সাড়ে বারোটায় বাইরের দরজা বন্ধ করে দেওয়া হল, ঝুড়িগুলো হিঁচড়ে রান্নাঘরে আনা হল, বাবা, পেটার, মিস্টার ভ্যান ডান সিঁড়িতে পড়ো পড়ো অবস্থায় দাঁড়িয়ে আছেন। আনে জল গরমের যন্ত্র থেকে জল নিয়ে এল, মারগট বালতি আনতে গেল, সবাই কাজের জন্য তৈরি! এক পেট খিদে নিয়ে আমি ভিড়ে ঠাসা অফিসের রান্নাঘরে ঢুকেছিলাম। মিয়েপ, বেপ, মিস্টার ক্লাইম্যান, জান, বাবা, পেটার: গোপন ডেরার

লোকেরা এবং তাদের যোগান দেবার লোক। সবাই মিলেমিশে আর সেটাও কিনা দিনের মাঝখানে! পরদা এবং জানলা খোলা, জোর গলা, দরজায় ধাক্কা—আমি তো উত্তেজনায় কাঁপছিলাম। আমি ভাবতে শুরু করেছিলাম, 'আমরা কি সত্যিই লুকিয়ে আছি?' অনুভূতিটা এমনই হয়েছিল যেন আমরা শেষ পর্যন্ত বাইরের জগতে বেরোতে পারব। প্যানটা ভর্তি হয়ে গিয়েছিল সুতরাং আমি দৌড়ে ওপরে গেলাম, যেখানে পরিবারের সবাই রান্নাঘরের টেবিল ঘিরে স্ট্রবেরির বোঁটা ছাড়াচ্ছে। অন্তত তাই তাদের করার কথা কিন্তু বালতিতে ফেলার চেয়ে মুখে বেশি যাচ্ছিল। তাড়াতাড়ি আরেকটা বালতি লাগবে। পেটার নিচে গেল কিন্তু তখনই দোরঘণ্টি দু-বার বেজে উঠল। যেখানকার বালতি সেখানে রেখে পেটার দৌড়ে ওপরে উঠে এল এবং পেছনে বইয়ের তাকওয়ালা দরজাটা বন্ধ করে দিল। আমরা অধৈর্য হয়ে অপেক্ষা করছি; স্ট্রবেরিগুলো ধুতে হবে, কিন্তু বাড়ির নিয়ম মেনে চলতে হবে: 'নিচে লোক থাকলে কল খোলা বারণ—তারা জলের শব্দ শুনতে পাবে।'

জান একটার সময় এসে বললেন ডাকপিয়ন এসেছিল। পেটার আবার দৌড়ে নিচে গেল। ডিং ডিং...আবার দোরঘণ্টি এবং ফিরে আসা। আমি শুনতে চাইলাম কেউ আসছে কিনা, প্রথমে বইয়ের তাকের কাছে দাঁড়িয়ে তারপর সিঁড়ির মাথায় উঠে। শেষ পর্যন্ত পেটার আর আমি রেলিং-এ ঝুঁকে কান খাড়া করে চোরের মতো নিচের তলার আওয়াজ শোনার চেষ্টা করলাম। কোনো অচেনা গলা নয়। পেটার পা টিপে টিপে আধা সিঁড়ি নেমে ডাকল, 'বেপ!' আরেকবার: 'বেপ!' তার গলা রান্নাঘরের হই চই-এ ডুবে গেল। সুতরাং সে রান্নাঘরে ছুটে গেল আর আমি ওপর থেকে ভয়ে ভয়ে তাকিয়ে রইলাম। 'এক্ষুনি ওপরে চলে যাও পেটার, অ্যাকাউন্টেন্ট এসেছে, পালাও!' মিস্টার কুগলারের গলা। পেটার হাঁপাতে হাঁপাতে ওপরে এসে বইয়ের তাক লাগানো দরজা বন্ধ করল।

মিস্টার কুগলার শেষ পর্যন্ত দেড়টায় এলেন। 'হে ভগবান, সারা পৃথিবী স্ট্রবেরিতে ভরে গেছে। আমি স্ট্রবেরি দিয়ে সকালের জলখাবার খেয়েছি, জান দুপুরের খাবার তাই খেয়েছে, ক্লাইমানও বিকেলের জলখাবার হিসেবে খেয়েছে। মিয়েপ সেগুলো সেদ্ধ করছে, বেপ বোঁটা ছাড়াচ্ছে আর আমি যেখানে যাচ্ছি তারই গন্ধ পাচ্ছি। আমি ওপরে এলাম ওই লাল বস্তুগুলো থেকে রেহাই পেতে আর এখানে কী দেখছি? এখানেও লোকেরা স্ট্রবেরি ধুচ্ছে!'

বাকি স্ট্রবেরিগুলো ক্যানবন্দী করা হল। সন্ধেতেই দুটো ভর্তি বোয়েম খোলা হল। বাবা দ্রুত সেগুলো জ্যাম বানিয়ে ফেললেন। পরদিন সকালে আরও দুটো খোলা হল; বিকেলে চারটে। মিস্টার ভ্যান ডান বীজানুমুক্তকরণের জন্য যথেষ্ট তাপ দিতে পারেননি, কাজেই বাবা প্রত্যেক সন্ধেয় সে কাজটা শেষ করছিলেন। আমরা স্ট্রবেরি

দিয়ে পরিজ খাই, ঘোল দিয়ে পরিজ খাই, রুটি দিয়ে পরিজ খাই, মিষ্টি হিসেবে খাই, চিনি দিয়ে খাই, বালি কিচকিচেও খাই। দু-দিন ধরে শুধু স্ট্রবেরি, স্ট্রবেরি আর স্ট্রবেরি, তারপর হয় শেষ হল নয়তো বোয়েমে ঢুকে তালাবন্ধ হল।

মার্গারেট একদিন চেঁচিয়ে বলল, 'এই আনে, মিসেস ভ্যান হোভেন আমাদের কুড়ি পাউন্ড মটরশুঁটি দিয়েছেন।'

আমি বললাম, 'ভদ্রমহিলা খুবই ভালো কিন্তু ছাড়াতে গিয়ে...ওরে বাবা!'

'শনিবার তোমরা সবাই মিলে মটরশুঁটি ছাড়িয়ে ফেলবে,' মা খাবার টেবিলে ঘোষণা করলেন।

আর সত্যিই আজ সকালের জলখাবারের পর আমাদের সবচেয়ে বড়ো কলাই করা প্যানটি টেবিলের ওপর এসে গেল, একেবারে কানায় কানায় ভরে গেল। তুমি যদি মনে কর খোলা ছাড়ানো খুব কঠিন কাজ তাহলে তোমাকে দানাগুলোর ওপরের খোসাটা ছাড়াতে হবে। আমার মনে হয় না বেশি লোক জানে যে একবার ওই খোসাটা ছাড়িয়ে ফেললে দানাগুলো নরম, সুস্বাদু আর ভিটামিনে ভরপুর। আর বড়ো সুবিধা হল শুধু দানা হলে তুমি যতটা খাবে এরকম হলে তার প্রায় তিনগুণ খাবে।

মটরশুঁটি ছাড়ানোর ব্যাপারটা খুবই যত্ন করে করতে হয় যা একজন পণ্ডিত দাঁতের ডাক্তার বা খুঁতখুঁতে রাঁধুনির পক্ষেই সম্ভব। কিন্তু আমার মতো অল্পবয়সির কাছে এটা একটা আতঙ্ক। আমরা সাড়ে নটায় কাজ শুরু করেছিলাম; আমি এসে বসেছিলাম সাড়ে দশটায়, উঠেছিলাম এগারোটায়, আবার বসেছিলাম সাড়ে এগারোটায়। আমার কানে ধুয়োর মতো বাজছিল আগাটায় চাপ দাও, শিরাটা খুলে ফেল, দানাগুলো প্যানে ফেল ইত্যাদি ইত্যাদি। আমার চোখে ভাসছে: সবুজ, সবুজ, সবুজ পোকা, শিরা, পচাশুঁটি, সবুজ, সবুজ। একঘেঁয়েমি কাটাতে আমাকে কিছু করতে হয়, সারা সকাল বক বক করি, যা মাথায় আসে তাই বলি, সবাইকে হাসাই। এই বৈচিত্র্যহীনতা আমাকে মেরে ফেলছে। প্রত্যেকটা শিরা আমি টানছি আর ঠিক করে নিচ্ছি আমি কখনোই নিছক গৃহবধূ হতে চাই না।

শেষ পর্যন্ত আমরা সকালের জলখাবার খেলাম বারোটায়, কিন্তু সাড়ে বারোটা থেকে শোয়া একটা আবার মটরশুঁটি ছাড়াতে হয়েছিল। যখন আমি থেমেছিলাম তখন আমার মাথা ঘুরছিল, অন্যদেরও। আমি বিকেল চারটে অবধি ঘুমিয়েছিলাম, তবুও ওই বিশ্রী মটরশুঁটিগুলোর জন্য মাথা ভোঁ ভোঁ করছিল।

শনিবার, জুলাই ১৫, ১৯৪৪

প্রিয়তমা কিটি,

আমরা লাইব্রেরি থেকে একটা বই পেয়েছিলাম তার নামটাই বেশ চনমনে *হোয়াট ডু ইউ থিঙ্ক অফ দ্য মর্ডার্ন ইয়ং গার্ল?* আমি আজ এই বিষয়টা নিয়ে আলোচনা করব।

লেখক আজকালকার যুবসমাজকে মাথা থেকে পা পর্যন্ত সমালোচনা করেছেন যদিও তাদের 'অপদার্থ' বলে বাতিল করে দেননি। বরং তিনি বিশ্বাস করেন তাদের আরও বড়ো, আরও ভালো এবং আরও সুন্দর পৃথিবী গড়ে তোলার ক্ষমতা আছে, কিন্তু তারা সত্যিকারের সৌন্দর্য নিয়ে না ভেবে অগভীর জিনিসগুলো নিয়েই ব্যস্ত থাকে। কোনো কোনো অনুচ্ছেদ পড়ে আমার মনে হয়েছে লেখিকার অপছন্দের লক্ষ যেন আমি, সেজন্যই আমি শেষ পর্যন্ত আমার ভেতরটা খুলে ধরতে পারি এবং আক্রমণের বিরুদ্ধে নিজেকে রক্ষা করতে পারি।

যে আমাকে কিছুটা সময়ের জন্য দেখেছে সে অবশ্যই লক্ষ্য করেছে আমার চরিত্রের একটা বৈশিষ্ট্য আছে: তা হল আমার আত্মজ্ঞান। যা কিছু আমি করি, একজন অচেনা মানুষের মতো নিজেকে নিরীক্ষণ করতে পারি। কোনোরকম পক্ষপাতিত্ব না করে অথবা কোনোরকম অজুহাত খাড়া না করে আমি প্রতিদিনের আনের মুখোমুখি হতে পারি এবং লক্ষ করতে পারি সে কী করছে, ভালো মন্দ দুটোই। এই আত্মসচেতনতা কখনও আমাকে ত্যাগ করে না, আর যখনই আমি মুখ খুলি, আমি ভাবি, 'তোমার অন্যরকম ভাবে ভাবা উচিত' অথবা 'ওটা ঠিকই হয়েছে'। আমি নিজেকে এতভাবে দোষ দিই যে আমি বাবার ভারী ভারী কথাগুলো এখন বুঝতে শুরু করেছি: 'প্রতিটি শিশুকে নিজেকেই মানুষ হয়ে উঠতে হবে।' বাবা-মায়েরা শুধু সন্তানদের উপদেশ দিতে পারেন অথবা সঠিক পথ নির্দেশ করতে পারেন। শেষ পর্যন্ত মানুষ নিজেই নিজের চরিত্রকে গড়ে তোলে। এছাড়া আমি জীবনের মুখোমুখি হই যথেষ্ট সাহসের সঙ্গে। আমার নিজেকে শক্তিমন্ত ও অনেক দায়বহনে সক্ষম বলে মনে হয়, খুব নবীন এবং মুক্ত মনের হয়! আমি যখন এটা প্রথম বুঝতে পেরেছিলাম আমি খুব খুশি হয়েছিলাম, কারণ এর অর্থ আগামী জীবনে যা যা আঘাত আছে সব সইতে পারব।

কিন্তু এসব কথা আমি অনেকবারই বলেছি। এখন আমি 'বাবা এবং মা আমাকে বোঝে না' অধ্যায়টিতে আসি। আমার বাবা-মা আমাকে আদর দিয়ে নষ্ট করেছেন, ভালো ব্যবহার করেছেন, ভ্যান ডানদের বিরুদ্ধে আমার পক্ষ নিয়েছেন এবং বাবা মায়েদের পক্ষে যা করা সম্ভব তাই করেছেন। তা সত্ত্বেও আমি অনেকটা সময় একলা, নিঃসঙ্গ, অবহেলিত বোধ করেছি এবং লোকে আমাকে ভুল বুঝেছে। আমার

বিপ্লবীয়ানা ঠেকাতে বাবা সব কিছুই করেছেন, কিন্তু কোনো কাজে আসেনি। আমার ব্যবহারকে চোখের সামনে এনে আমি নিজেই নিজেকে সারিয়ে তুলেছি।

আমার লড়াইতে বাবা আমাকে কেন সমর্থন করেননি? যখনই তিনি আমার দিকে সাহায্যের হাত বাড়াতে চেয়েছেন কেন তিনি ব্যর্থ হয়েছেন? উত্তরটা হল: তিনি ভুল পথ নিয়েছিলেন। তিনি সব সময়েই আমার সঙ্গে এমনভাবে কথা বলতেন যেন আমি একটা ছোটো বাচ্চা যে একটা খারাপ পরিস্থিতিতে রয়েছে। এটা অদ্ভুত শোনাচ্ছে, কারণ বাবাই হচ্ছেন একমাত্র সেই মানুষ যিনি আমার মধ্যে বিশ্বাসের বোধ এনে দিয়েছিলেন এবং আমি যে একজন কাণ্ডজ্ঞানসম্পন্ন মানুষ সেই বোধটা তৈরি করে দিয়েছিলেন। কিন্তু একটা জিনিস তিনি খেয়াল করেননি: আমার সমস্ত অসুবিধাগুলোকে জয় করার লড়াইটাই অন্য সব কিছুর চেয়ে বেশি জরুরি। আমি শুনতে চাইনি এইসব কথাগুলো: 'একেবারে বয়ঃসন্ধিকালের সমস্যা,' অথবা 'অন্য মেয়েরা' বা 'এ ব্যাপারটা তোমার চলে যাবে' ইত্যাদি। অন্য সব মেয়েদের সঙ্গে যেমন ব্যবহার করা হয়, তেমন আমার সঙ্গে হোক সেটা আমি চাইনি, চেয়েছি আনে তার নিজের অধিকারেই সম্মান পাক আর তিনি সেটা বোঝেননি। তাছাড়া, আমি কারোর কাছে মন খুলে কথা বলতে পারি না, যদি না সে আমাকে তার অনেক কথা বলে। আর আমি তো তাঁর সম্পর্কে খুব কমই জানি, কাজেই তাঁর সঙ্গে খুব ঘনিষ্ঠতা হতে পারে না। পিম সব সময়েই বয়স্ক বাবার মতো আচরণ করেন, তাঁরও নাকি এ ধরনের মানসিকতা ছিল। তবে কিন্তু তিনি আমাকে বন্ধু হিসেবে ভাবতে পারবেন না, যতই চেষ্টা করুন না কেন। তার ফলে আমার ডায়েরি আর কখনও-সখনও মারগটের সঙ্গে ছাড়া জীবন সম্পর্কে আমার দৃষ্টিভঙ্গি অথবা আমার সুচিন্তিত তত্ত্বগুলোর কথা কাউকে বলি না। আমার যা কিছু করার তা সব সময় আমার বাবার কাছ থেকে আড়াল করে রেখেছি, কখনই আমার আদর্শের কথা তাঁকে বলিনি, ইচ্ছে করেই নিজেকে তাঁর থেকে আলাদা করে রেখেছি।

অন্য কোনো ভাবে কিছু করা সম্ভব ছিল না। আমি নিজেকে সম্পূর্ণ আমার অনুভূতি দিয়ে চলতে দিয়েছি। এটা অহংকারের মতো শোনালেও আমি আমার মনের শান্তির জন্য যেটা ঠিক সেটাই করেছি। কাজের মাঝখানে আমাকে যদি সমালোচনা মেনে নিতে হয় তাহলে আমার মনের শান্তির এবং আত্মবিশ্বাস, যা আমি কঠিন পরিশ্রমে অর্জন করেছি, তা খোয়াব। হয়তো এটা খুব অকরুণ শোনাবে কিন্তু পিমের কাছ থেকে আমি সমালোচনা শুনতে পারব না। আর সেটা আমি আমার মনের ভেতরের কথা তাঁকে কখনও বলিনি সে কারণে নয়, বরং আমি খিটখিটে হয়ে তাঁকে আরও দূরে সরিয়ে দিয়েছি বলে।

এই ব্যাপারটা আমি প্রায়ই ভাবি: কেন পিম আমাকে মাঝে মাঝে এত বিরক্ত করেন? উনি আমাকে কিছু শেখাতে আসুন এটা আমি সহ্য করতে পারি না, ওর স্নেহের ভাবটাও যেন জোর করে করা। আমি একা থাকতে চাই এবং যতক্ষণ না আমি নিশ্চিত হই যে কখন আমি ওঁর সঙ্গে কথা বলব ততক্ষণ আমি চাই উনি আমাকে উপেক্ষাই করুন! আমি বিচলিত হয়ে তাঁকে যে বিশ্রী চিঠিটা লিখেছিলাম সেজন্য আমি এখনও অপরাধবোধে ভুগি। বলিষ্ঠ এবং সর্ব অর্থে সাহসী হওয়া কী যে শক্ত!

তবুও এটাই আমার সবচেয়ে বড়ো হতাশা নয়। না, বাবার চেয়ে পেটারের কথা আমি অনেক বেশি ভাবি। আমি খুব ভালো করে জানি আমিই ওর ওপর আধিপত্য বিস্তার করেছি, উলটোটা নয়। আমি আমার মনের মধ্যে একটা ছবি তৈরি করেছি, এবং আঁকতে চেয়েছি শান্ত, মিষ্টি, সংবেদনশীল করে যার প্রয়োজন বন্ধুত্ব আর ভালোবাসা! একজন জীবন্ত মানুষের কাছে আমার মনের কথা খুলে বলার প্রয়োজন ছিল। আমি চেয়েছিলাম একজন বন্ধু যে আমাকে আবার আমার পথ বলে দেবে। আমি যা করতে চেয়েছিলাম, তা করেছিলাম তাকে আমার কাছে টেনে নিয়েছিলাম, ধীরে কিন্তু নিশ্চিতভাবে। যখন আমি শেষ পর্যন্ত তাকে বন্ধু হিসেবে পেলাম, খুব স্বাভাবিকভাবেই তা অন্তরঙ্গতায় গড়িয়েছিল, এখন আমি যখন ভাবি তখন মনে হয় অতটা ঠিক হয়নি। আমরা খুব ব্যক্তিগত কথাই বলাবলি করতাম কিন্তু আমার হৃদয়কে স্পর্শ করে এমন কথা বলা হয়নি। আমি এখনও পেটারকে ভালো করে বুঝি না। ওর ব্যাপারটা কী ভাসা ভাসা, নাকি লজ্জা পায়, এমনকী আমাকেও? কিন্তু এসব কথা থাক, আমি একটা ভুল করেছি: আমি ওর ঘনিষ্ঠ হতে গিয়ে অন্তরঙ্গতায় জোর দিয়েছি, আর তা করতে গিয়ে বন্ধুত্বের অন্যান্য সম্ভাবনাগুলো খারিজ করে দিয়েছি। পেটার ভালোবাসা পাওয়ার জন্য আকুল আর আমি দেখতে পাচ্ছি দিন দিন ও আমাকে আরও বেশি পছন্দ করছে। আমাদের একসঙ্গে কাটানো সময়টা ওকে খুব তৃপ্ত করে কিন্তু আমার মধ্যে আর একবার শুরু করার ইচ্ছা জাগিয়ে তোলে। যে বিষয়গুলো বাইরে নিয়ে আসার জন্য আমার আকুলতা সেগুলো নিয়ে কখনও আলোচনা করি না। পেটার বুঝতে পারেনি যে আমি ওকে জোর করেই কাছে টেনে এনেছি আর ও আমাকেই আঁকড়ে ধরেছে। আমি সত্যিই ওকে ঝেড়ে ফেলার এবং দু-পায়ে দাঁড়ানোর কোনো পথ দেখছি না। আমি খুব তাড়াতাড়িই বুঝতে পেরেছিলাম সম্পর্কের আত্মীয়তায়ও বাঁধা পড়বে না, কিন্তু তবুও ওকে ওর ক্ষুদ্র জগত থেকে বার করে এনে যৌবনবন্ত দিগন্তে ছড়িয়ে দিতে চেষ্টা করেছি।

'হৃদয়ের গহনে যৌবন বার্ধক্যের চেয়েও নিঃসঙ্গতর।' আমি এটা কোনো বইয়ে পড়েছিলাম এবং মনে থেকে গেছে। যতদূর বুঝি কথাটা ঠিক।

সুতরাং তুমি যদি ভাবো ছোটোদের চেয়ে বড়োদের টিঁকে থাকাটাই বেশি কঠিন তাহলে জবাব হল না, অবশ্যই না। বয়সে যারা বড়ো তাদের সব ব্যাপারেই একটা মতামত আছে এবং নিজেদের ও কাজের ব্যাপারে তারা নিশ্চিত। আর আমাদের মতো কমবয়সিদের পক্ষে আমাদের মতে টিঁকে থাকা দ্বিগুণ কঠিন যখন আদর্শ ভেঙেচুরে যাচ্ছে, যখন মানুষের প্রকৃতির নিকৃষ্ট দিকটা প্রাধান্য পাচ্ছে এবং যখন প্রত্যেকেই সত্য, ন্যায় বিচার ও ঈশ্বরের প্রতি সন্দিহান হয়ে পড়ছে।

যদি কেউ দাবি করে যে এই গোপন ডেরায় বয়স্করা বেশি কঠিন সময়ের মধ্যে দিয়ে যাচ্ছেন তাহলে সে বুঝতেই পারবে না যে আমাদের ওপর সমস্যার প্রভাব কতটা গুরুতর। এইসব সমস্যা সামলাবার পক্ষে আমরা খুব ছোটো, কিন্তু সেগুলো আমাদের ঘাড়ের ওপর পড়তে থাকে, যতক্ষণ না সেগুলো থেকে রেহাই পাওয়ার রাস্তা ভাবি, যদিও আমাদের সমাধানগুলো পরিস্থিতির মুখোমুখি হয়ে বানচাল হয়ে যায়। এমন সময়ে এই হল সমস্যাঃ আমাদের মধ্যে আদর্শ, স্বপ্ন এবং হৃদয়ে পোষণ করা আশা জেগে ওঠে আর তা কঠোর বাস্তবের মুখোমুখি হয়ে গুঁড়ো গুঁড়ো হয়ে যায়। এটা খুবই আশ্চর্যের যে অবাস্তব এবং অযৌক্তিক হলেও আমি আমার সব আদর্শ বিসর্জন দিইনি। আমি সেগুলোকে লালন করি কারণ আমি এখনও বিশ্বাস করি সব কিছু সত্ত্বেও মানুষের ভেতরটা ভালো।

বিশৃঙ্খলা, দুঃখক্লেশ এবং মৃত্যুর ওপর ভিত্তি করে আমার জীবনের ভিত্তি নির্মাণ করা অসম্ভব। আমি দেখতে পাচ্ছি পৃথিবীটা ধীরে ধীরে ঊষর জনহীন প্রান্তরে রূপান্তরিত হচ্ছে, আমি শুনতে পাচ্ছি আসন্ন বজ্রনির্ঘোষ যা একদিন আমাদেরও ধ্বংস করে দেবে, আমি অনুভব করতে পারছি লক্ষ লক্ষ মানুষের দুঃখযন্ত্রণা। তবুও আমি যখন আকাশের দিকে মুখ তুলে তাকাই আমি যেন অনুভব করি সব কিছু ঠিক হয়ে যাবে, এই নিষ্ঠুরতার অবসান হবে এবং আবার ফিরে আসবে শান্তি আর সুস্থিতি। আমি আমার আদর্শগুলোকে আঁকড়ে ধরে থাকি। হয়তো সেইদিন আসবে যেদিন আমি সেগুলো বুঝতে পারব!

তোমার, আনে এম ফ্রাঙ্ক

শুক্রবার, জুলাই ২১, ১৯৪৪

প্রিয়তম কিটি,

শেষপর্যন্ত আমি আশাবাদী হয়ে উঠছি। এখন সব কিছু ঠিকঠাক চলছে। ভালোই চলছে! বিরাট খবর! হিটলারকে হত্যা করার চেষ্টা হয়েছিল, আর সে চেষ্টা কোনো ইহুদি কমিউনিস্ট অথবা ইংরেজ পুঁজিপতির দ্বারা হয়নি, করেছিল একজন জার্মান

জেনারেল, যে শুধুমাত্র একজন কাউন্টই নয়, বয়সেও তরুণ। ফ্যুরার প্রাণে বেঁচেছে 'দৈবক্রমে': সামান্য দু একটা পোড়া আর আঁচড়ের ওপর দিয়েই গেছে। কাছাকাছি যে কজন অফিসার আর জেনারেল ছিল তারা হয় মারা গেছে অথবা আহত হয়েছে। ষড়যন্ত্রের মূল চক্রীকে গুলি করে মারা হয়েছে।

আমাদের কাছে এটাই সবচেয়ে বড়ো প্রমাণ যে বহু অফিসার এবং জেনারেল যুদ্ধের ব্যাপারে বিরক্ত এবং তারা চায় হিটলার চুলোয় যাক, যাতে তারা একজন সামরিক স্বৈরশাসককে বসাতে পারে এবং মিত্রশক্তির সঙ্গে শান্তি চুক্তি করে নিজেদের আবার সশস্ত্র করে কয়েক দশক পরে আবার যুদ্ধ শুরু করতে পারে। বিধাতা বোধহয় ইচ্ছে করেই হিটলারকে সরিয়ে দিতে দেরি করছেন, কেননা জার্মানরা নিজেরাই নিজেদের মেরে মিত্রপক্ষের কাজ সহজ ও সস্তা করে দেবে। রুশ এবং ইংরেজদেরও কাজ কমে যাবে, তারা দ্রুত তাদের নিজেদের শহর পুনর্নির্মাণের কাজ শুরু করে দেবে। কিন্তু আমরা সে জায়গায় এসে পৌঁছইনি, সেই গৌরবোজ্জ্বল পর্বে পৌঁছনোর আগেই সে কথা ভাবতে চাই না। তুমি সম্ভবত লক্ষ্য করেছ যে আমি সত্য বলছি, সেই সামাজিক সত্য এবং সত্য ছাড়া কিছুই নয়। একবার অন্তত আমি উচ্চ আদর্শ নিয়ে কচকচি করছি না।

এছাড়া হিটলার অত্যন্ত দয়াপরবশ হয়ে তার অনুগত এবং তার প্রতি নিবেদিতপ্রাণ লোকেদের কাছে ঘোষণা করেছে যে আজ থেকে সমস্ত সামরিক কর্মী গেস্টাপোর অধীনে থাকবে এবং যদি কোনো সৈনিক জানতে পারে তার কোনো ওপরওয়ালা হিটলারের জীবনহানির কোনো কাপুরুষোচিত চেষ্টার সঙ্গে জড়িত তাহলে সে সেই ওপরওয়ালাকে দেখামাত্র গুলি করতে পারে!

এইবার একটা সাংঘাতিক কাণ্ড শুরু হবে। ছোট্ট জনির পা ব্যথা করছে আর তার অফিসার তাকে ধমক দিয়েছে। জনি সঙ্গে সঙ্গে রাইফেল বাগিয়ে বলবে, 'তুই ফ্যুরারকে খুন করতে গিয়েছিলি? এই নে!' একটা গুলি আর সেই উন্নাসিক অফিসার যে ধমক দেবার দুঃসাহস দেখিয়েছিল সে চিরন্তন জীবনে (নাকি চিরন্তন মৃত্যু?) পাড়ি দেবে। শেষ পর্যন্ত প্রত্যেকবার যখন কোনো অফিসার কোনো সৈনিকের মুখোমুখি হবে অথবা আদেশ দেবে, সে প্রকৃতপক্ষে তার প্যান্ট ভিজিয়ে ফেলবে কারণ তার চেয়ে সৈনিকের বক্তব্যই জোরালো।

আমি যা বলছি, তুমি কি তা বুঝতে পারছ নাকি আমি একটা থেকে আরেকটা বিষয়ে চলে যাচ্ছি বলে অসুবিধে হচ্ছে! আমার কিছু করার নেই, অক্টোবরে স্কুলে যাবার সম্ভাবনায় আমি এত খুশি যে যুক্তি-টুক্তির কথা মনে নেই! এই দেখ, আমি এক্ষুনি তোমাকে বললাম না আমি আশা করতে চাই না। খুবই দুঃখিত, ওরা তো এমনি এমনি আমাকে 'একটা অসঙ্গতির বোঝা' বলে না!

তোমার, আনে এম ফ্রাঙ্ক

মঙ্গলবার, আগস্ট ১, ১৯৪৪

প্রিয়তমা কিটি,

'একটা অসঙ্গতির বোঝা' বলে আগের চিঠিটা শেষ করেছিলাম আর শুরুও করলাম সেইটা দিয়েই। তুমি কি বলতে পারো এই 'অসঙ্গতির বোঝা'-টা কী? 'অসঙ্গতি' বলতে কী বোঝায়? অনেক শব্দের মতোই এটাকে দু-ভাবে ব্যাখ্যা করা যায়: একটা বাইরের অসঙ্গতি, আরেকটা ভেতরকার। প্রথমটার অর্থ অন্য লোকের মতামত গ্রাহ্য না করা, সবজান্তা ভাব করা, শেষ কথাটা আমিই বলব, অর্থাৎ যে সমস্ত অপ্রীতিকর ব্যাপারগুলোর জন্য আমি পরিচিত। আর অন্যটার জন্য আমার পরিচিতি নেই, সে আমার গোপন কথা।

আমি তোমাকে অনেকবারই বলেছি, আমার মধ্যে দ্বৈত সত্তা রয়েছে। একটা সত্তার মধ্যে রয়েছে উদ্বেলিত আনন্দ, আমার চপলতা, আমার জীবনের আনন্দ আর সর্বোপরি সব কিছুর লঘু দিকটা তারিফ করার ক্ষমতা। তার অর্থ ফষ্টিনষ্টি, চুমু খাওয়া, জড়িয়ে ধরা, অশ্লীল রসিকতা এ সবের মধ্যে কোনো অন্যায় দেখি না। আমার এই দিকটাই সাধারণত, অন্য দিকটাকে, যেটা অনেক বিশুদ্ধ, গভীর এবং সূক্ষ্ম, সেটাকে ধ্বস্ত করে দেবার জন্য অপেক্ষা করে থাকে। আনের ভালো দিকটা কেউ জানে না সেজন্যই বেশির ভাগ লোক আমাকে পছন্দ করে না। আমি একটা বিকেলের জন্য একজন মজাদার ভাঁড় হয়ে উঠতে পারি আর ওতেই ওদের এক মাসের খোরাক হয়ে যাবে। একজন গভীর চিন্তাশীল মানুষের কাছে আমি একটা রোমান্টিক সিনেমার মতো—একটু নিছকই বিনোদন, একটু হাসিমজা, যা খুব তাড়াতাড়িই ভুলে যাওয়া যায়: খুব খারাপ নয় আবার খুব ভালোও নয়। আমার বলতেই খারাপ লাগছে যে আমি যখন জানি এটা সত্যি, তখন আমি সেটা স্বীকার করি না কেন? আমার হালকা ভাসাভাসা দিকটা সবসময়েই আমার গভীরতর দিকটার ওপর অপ্রত্যাশিত সুবিধা পেয়ে যায় এবং জিতে যায়। তুমি কল্পনাই করতে পারবে না কত বার আমি এই আনেকে সরিয়ে দেবার চেষ্টা করেছি, যে আনে বলে মেয়েটার অর্ধেকমাত্র—তাকে লুকিয়ে ফেলতে, প্রতিহত করতে—কিন্তু তা কাজ করেনি। কেন, তা আমি জানি।

সাধারণত আমাকে লোকে যেভাবে জানে তারা আমার আরেকটা দিক, ভালো এবং সূক্ষ্মতর দিক আছে সেটা পাছে আবিষ্কার করে ফেলে সেজন্য আমি ভয়ে ভয়ে থাকি। ভয় পাই, ওরা আমাকে উপহাস করবে, ভাববে আমি হাস্যকর এবং ভাবালু এবং কোনো গুরুত্বই দেবে না। গুরুত্ব না পাওয়াতেই আমি অভ্যস্ত আর 'হালকা মনের' আনেই তাতে অভ্যস্ত এবং সে তা মেনে নেয়; 'গভীরতর আনে' সেখানে দুর্বল। আমি যদি ভালো আনেকে জোর করে পাদপ্রদীপের সামনে পনেরো মিনিটের জন্যেও নিয়ে আসি,

আর তাকে যদি বলতে বলা হয় তাহলে সে ঝিনুকের মতো গুটিয়ে যায়, আর এক নম্বর আনে বলতে শুরু করে। আমি বোঝবার আগেই সে উধাও হয়ে যায়।

সুতরাং ভালো আনে লোকজনের ভিড়ে যাবে না। সে একবারের জন্যও দেখা দেয়নি, যদিও যখন আমি একা থাকি সে সব সময়েই থাকে। আমি জানি আমি ঠিক কীরকম হতে চাই, আমি কেমন...ভেতরে ভেতরে। কিন্তু দুর্ভাগ্যবশত আমি আমার জন্যই শুধু ওইরকম। আর হয়তো সে কারণেই—না, আমি নিশ্চিত সেই কারণেই—আমি ভাবি আমি ভেতরে ভেতরে খুশি আর অন্য লোকেরা ভাবে আমি বাইরে ফুর্তিবাজ। ভেতরের শুদ্ধ আনে আমাকে দিশা নির্দেশ করে কিন্তু বাইরে আমি দড়ি দিয়ে বেঁধে রাখা নাচন কোঁদন করা ছোট্ট ছাগলছানা বই আর কিছু নই।

আমি তোমাকে আগেই বলেছি আমি যা অনুভব করি তা বলি না, সেজন্যই আমার নাম হয়েছে ছেলেধরা, ঢলানি, সবজান্তা এবং প্রেমকাহিনীর পড়ুয়া। ফুর্তিবাজ আনে হাসে, ফিচেল উত্তর দেয়, কাঁধ ঝাঁকায় এবং ভাব করে তার কিছুতেই কিছু আসে যায় না। শান্ত আনের প্রতিক্রিয়া ঠিক তার উলটো। আমি যদি সম্পূর্ণ সৎ হই তাহলে আমাকে স্বীকার করতেই হবে এটা আমাকে আঘাত করে, আমি নিজেকে বদলাতে খুব চেষ্টা করি কিন্তু আমাকে সর্বক্ষণ লড়াই করতে হয় আরও শক্তিশালী এক শত্রুর বিরুদ্ধে।

আমার ভেতরে এক কণ্ঠস্বর রুদ্ধ গলায় বলে, 'তুমি দেখ। তোমার কী হাল! তোমাকে ঘিরে রয়েছে নেতিবাচক উপদেশ, হতাশার চাহনি এবং ভেংচানো মুখ, মানুষ, যাদের তুমি অপছন্দ কর, আর এই সবই ঘটেছে কারণ তুমি তোমার নিজের ভালোতর অর্ধেকের উপদেশ শোনো না।' বিশ্বাস কর, আমি শুনতে চাই, কিন্তু তাতে কিছু হয় না, কারণ আমি যদি শান্ত এবং গম্ভীর হয়ে থাকি প্রত্যেকে মনে করে আমি নতুন কোনো ঢং করছি আর আমাকে নিজেকে বাঁচাতে হয় হাসি তামাশা করে। তারপর আমি আর এমনকি আমার পরিবারের লোকেদের সঙ্গে কথা বলি না, তারা ধরে নেয় আমি অসুস্থ, অ্যাসপিরিন আর স্নায়বিক রোগের ওষুধ গেলাতে চায়, গলায় কপালে হাত ঠেকিয়ে জ্বর দেখতে চায়, পেট পরিষ্কার হয়েছে কিনা জানতে চায় এবং আমার মেজাজ ভালো নেই বলে ভর্ৎসনা করা হয়। এটা আমি বেশিক্ষণ চালাতে পারি না কারণ প্রত্যেকে আমার ওপর নজর রাখে, আমি তখন রেগে যাই, তারপর দুঃখী হয়ে পড়ি এবং শেষে হৃদয়ে ঝাঁকি দিয়ে খারাপ দিকটা বাইরে আর ভালো দিকটা ভেতরে নিয়ে যাই আর পথ খোঁজার চেষ্টা করি আমি যা হতে চাই এবং আমি যা হতে চেয়েছি যদি...যদি পৃথিবীতে আর কোনো মানুষ না থাকে।

তোমার, আনে এম ফ্রাঙ্ক

আনের ডায়েরি এখানেই শেষ।

উত্তরভাষ

১৯৪৪ সালের চৌঠা আগস্ট সকালে দশটা থেকে সাড়ে দশটার মধ্যে একটা গাড়ি ২৬৩ প্রিনজেনগ্রাখট-এর সামনে এসে দাঁড়িয়েছিল। বেশ কয়েকজন নেমে এসেছিল: একজন এস এস সার্জেন্ট, কার্ল যোসেফ সিলবারবাউয়ার, পুরো ইউনিফর্মে এবং নিরাপত্তা পুলিশের তিন ডাচ সদস্য, সশস্ত্র কিন্তু অসামরিক পোশাকে। কেউ তাদের খবর দিয়েছিল।

তারা গোপন ডেরার আটজনকে গ্রেফতার করেছিল, সেই সঙ্গে তাদের দুজন সহায়তাকারী ভিক্টর কুগলার এবং জোহানেস ক্লাইমানকেও—যদিও মিয়েপ গিস এবং এলিজাবেথ (বেপ) ভোসকুইজ্‌লকে বাদ দিয়েছিল—সমস্ত মূল্যবান জিনিস এবং নগদ অর্থ যা তারা পেয়েছিল সব নিয়ে গিয়েছিল।

গ্রেফতারির পরে কুগলার এবং ক্লাইমানকে আমস্টারডামের একটা কারাগারে নিয়ে যাওয়া হয়েছিল। ১৯৪৪-এর ১১ই সেপ্টেম্বর কোনোরকম বিচার ছাড়াই তাদের আমার্সফুর্ট-এর (হল্যান্ড) একটা শিবিরে স্থানান্তরিত করা হয়। শারীরিক অবস্থা খুব খারাপ হওয়ায় ক্লাইমানকে ১৯৪৪-এর ১৮ই সেপ্টেম্বর মুক্তি দেওয়া হয়। তিনি ১৯৫৯ অবধি আমৃত্যু আমস্টারডামে ছিলেন।

কুগলার ১৯৪৫ সালের ২৮-এ মার্চ তাঁর গ্রেফতারি রদ করাতে পেরেছিলেন, যখন তাঁকে এবং তাঁর সহকারাবন্দীদের বাধ্যতামূলক শ্রমিক হিসেবে জার্মানিতে পাঠানো হচ্ছিল। তিনি ১৯৫৫ সালে কানাডায় দেশান্তরিত হন এবং ১৯৮৯ সালে টরন্টোতে মারা যান।

এলিজাবেথ (বেপ) ভোসকুইজ্‌ল ১৯৮৩ সালে আমস্টারডামে মারা যান।

মিয়েপ সানত্রাওশিটৎস গিস নেদারল্যান্ডের হুর্ন-এ ২০১০ সালে মারা যান; তাঁর স্বামী জান মারা যান ১৯৯৩ সালে।

গ্রেফতারির পরে গোপন ডেরার আটজন বাসিন্দাকে প্রথমে আমস্টারডামের একটা কারাগারে নিয়ে যাওয়া হয় সেখান থেকে উত্তর হল্যান্ডের ওয়েস্টারবর্ক-এ ইহুদিদের জন্য তৈরি একটা ট্রানজিট শিবিরে স্থানান্তরিত করা হয়। তাদের ১৯৪৪ সালের তেসরা সেপ্টেম্বর ওয়েস্টারবর্ক থেকে ছেড়ে যাওয়া শেষ পরিবহনে তুলে দেওয়া হয়, তিনদিন পরে তাঁরা আউসহ্বিৎস-এ (পোল্যান্ড) পৌঁছন।

অটো ফ্রাঙ্কের সাক্ষ্য অনুযায়ী হারমান ভ্যান পেলসকে (ভ্যান ডান) ১৯৪৪-এর অক্টোবর অথবা নভেম্বরে আউসহ্বিৎস-এর গ্যাস চেম্বারে ঢুকিয়ে মেরে ফেলা হয়। এর কিছু দিন পরেই গ্যাস চেম্বার ভেঙে ফেলা হয়।

আউগুস্টে ভ্যান পেলস্‌কে (পেট্রোনেলা ভ্যান ডান) আউসহ্বিৎস থেকে ব্যের্গেন-বেলজেন, সেখান থেকে বুখেনওয়াল্ড, সেখান থেকে টেরেজিয়েনশ্টাড্‌ট-এ ১৯৪৫ সালের নয়ই সেপ্টেম্বরে পাঠানো হয় এবং মনে করা হয় এরপর আরেকটা বন্দী শিবিরে পাঠানো হয়েছিল। এটা নিশ্চিত যে তিনি বেঁচে নেই, তবে তাঁর মৃত্যু তারিখ জানা যায়নি।

পেটার ভ্যান পেলস্‌কে (ভ্যান ডান) ১৯৪৫ সালের ১৬ই জানুয়ারি আউসহ্বিৎস থেকে মাউথাউজেন (অস্ট্রিয়া) পর্যন্ত 'মৃত্যু মিছিলে' যোগ দিতে বাধ্য করা হয় এবং ১৯৪৫ সালের ৫ই মে বন্দীদের মুক্ত করে দেবার তিন দিন আগে সে মারা যায়।

ফ্রিটৎস ফেফার (অ্যালবার্ট ডুসেল) ১৯৪৪ সালের বিশে ডিসেম্বর মারা যান নয়েনগামে বন্দী শিবিরে, যেখানে তাঁকে বুখেনওয়াল্ড অথবা জাকজেনহাউজেন থেকে নিয়ে আসা হয়েছিল।

এডিথ ফ্রাঙ্ক ১৯৪৫ সালের ৬ই জানুয়ারি ক্ষুধা এবং চরম পরিশ্রান্তিতে আউসহ্বিৎস-বির্কেনাউতে মারা যান।

মারগট এবং আনে ফ্রাঙ্ককে অক্টোবরের শেষে আউসহ্বিৎস থেকে হ্যানোভারের (জার্মানি) কাছে ব্যের্গেন-বেলজেন বন্দী শিবিরে নিয়ে আসা হয়। ১৯৪৪-৪৫-এর শীতে টাইফাস মহামারির প্রাদুর্ভাব ঘটে, তার ফলে বন্দী শিবিরের পরিস্থিতির শোচনীয় অবনতি ঘটে। মারগট এবং তার কিছুদিন পরে আনে সহ কয়েক হাজার বন্দী মারা যায়। আনে সম্ভবত ফেব্রুয়ারির শেষে কিংবা মার্চের শুরুতে মারা যায়। দুটি মেয়ের দেহ সম্ভবত ব্যের্গেন-বেলজেনের গণকবরে ছুঁড়ে ফেলা হয়েছিল। এই শিবিরটি ১৯৪৫ সালের ১২ই এপ্রিল ব্রিটিশ সেনারা এসে মুক্ত করে।

আটজনের মধ্যে একমাত্র অটো ফ্রাঙ্কই বন্দী শিবিরে বেঁচে ছিলেন। রাশিয়ার বাহিনী এসে আউসহ্বিৎসকে মুক্ত করলে তিনি ওডেশা এবং মার্সেই হয়ে জন্মভূমি আমস্টারডামে প্রত্যাগমন করেন। তিনি ১৯৪৫ সালের তেসরা জুন আমস্টারডামে ফেরেন এবং ১৯৫৩ সাল অবধি থাকেন। তারপর তাঁর বোন এবং তাঁর পরিবার ও পরে তাঁর ভাই যেখানে থাকতেন সেই বাসেল-এ (সুইজারল্যান্ড) চলে যান। তিনি এলফ্রিডে মার্কোভিটস গাইরিঙ্গারকে পুনর্বিবাহ করেন। যিনি ভিয়েনার বাসিন্দা, আউসহ্বিৎস থেকে বেঁচে ফিরেছিলেন কিন্তু স্বামী ও ছেলেকে মাউথাউজেনে হারিয়েছিলেন। অটো ফ্রাঙ্ক ১৯৮০ সালের ১৯-এ আগস্ট মৃত্যুর আগে পর্যন্ত বাসেল-এর বাইরে বির্সফেলডেন-এ থাকতেন, যেখান থেকে তাঁর কন্যার ডায়েরি সারা পৃথিবীর মানুষের কাছে ছড়িয়ে দিয়েছিলেন।

আনে ফ্রাঙ্ক (১২ জুন ১৯২৯-ফেব্রুয়ারি/মার্চ ১৯৪৫): অটো ফ্রাঙ্ক ও এডিথ ফ্রাঙ্কের দ্বিতীয় সন্তান আনের জন্ম ফ্রাঙ্কফুর্ট আম মাইন-এ। নাৎসি বাহিনীর দমননীতি থেকে বাঁচতে এই ইহুদি পরিবার ১৯৩৩ সালে জার্মানি থেকে হল্যান্ডের আমস্টারডামে চলে যায়। সেখানে একটা মন্টেস্সরি স্কুলে আনে ভর্তি হয়। ১৯৪০ সালে নাৎসিরা হল্যান্ড অধিকার করে নিলে সেখানে ইহুদি বিরোধী নানা নিয়মকানুন চালু হয়। আনেকে ইহুদি লাইসিয়ামে ভর্তি হতে হয়। দুবছরের একটু বেশি সময় গোপন ডেরায় অজ্ঞাতবাসে থাকার সময় আনে কয়েকটা ছোটো গল্প লেখে এবং একটি উপন্যাসও লিখতে শুরু করে। ডাচ ভাষায় লেখা ডায়েরিটিই তার সবচেয়ে গুরুত্বপূর্ণ সাহিত্যকৃতি। এটি ৭০টিরও বেশি ভাষায় অনূদিত হয়েছে।

শান্তনু গঙ্গোপাধ্যায় (১৯৫৭): সাহিত্য অকাদেমির এই প্রাক্তন সহ-সম্পাদকের অনুবাদে প্রকাশিত হয়েছে ইউ. আর. অনন্তমূর্তির গল্প সংকলন *সূর্যের ঘোড়া ও অন্যান্য গল্প* (নির্মলকান্তি ভট্টাচার্যের সঙ্গে যৌথভাবে), উত্তর-পূর্বাঞ্চলের গল্প সংকলন *মাটির গান* ও এভাল্ড ফ্লিসারের স্লোভেনীয় উপন্যাস *মেঘের ওপর কথামালা*। আকাশবাণী কলকাতা ও দিল্লির প্রাক্তন সংবাদ পাঠক অধুনা অনুবাদ ছাড়াও বই সম্পাদনা, বাচিক শিল্প, নাটক নির্দেশনা ও অভিনয়ের কাজে যুক্ত।